WESTEND

Sven Böttcher
Mathias Bröckers

DIE GANZE WAHRHEIT ÜBER ALLES

Wie wir unsere Zukunft
doch noch retten können

WESTEND

Mehr über unsere Autoren und Bücher:
www.westendverlag.de

Mehr über die ganze Wahrheit über alles:
www.die-ganze-Wahrheit.info

Die Deutsche Nationalbibliothek verzeichnet diese Publikation in der Deutschen Nationalbibliografie; detaillierte bibliografische Daten sind im Internet über http://dnb.d-nb.de abrufbar.

Das Werk einschließlich aller seiner Teile ist urheberrechtlich geschützt. Jede Verwertung ist ohne Zustimmung des Verlags unzulässig. Das gilt insbesondere für Vervielfältigungen, Übersetzungen, Mikroverfilmungen und die Einspeicherung und Verarbeitung in elektronischen Systemen.

ISBN 978-3-86489-122-9
© Westend Verlag GmbH, Frankfurt/Main 2016
Umschlaggestaltung: pleasant_net, Büro für strategische Beeinflussung
Illustration: Donata Kindesperk/brauchichnpulli
© Ärzte-Zitat: DEINE SCHULD – T: FARIN URLAUB/Die Ärzte/PMS Musikverlag GmbH
Satz: Publikations Atelier, Dreieich
Druck und Bindung: CPI – Clausen & Bosse, Leck
Printed in Germany

Glaub keinem, der dir sagt, dass du nichts verändern kannst.
Die das behaupten, haben nur vor Veränderungen Angst.
Es sind dieselben, die erklären, es sei gut so, wie es ist,
Und wenn du etwas ändern willst, dann bist du automatisch Terrorist.
Es ist nicht deine Schuld, dass die Welt ist, wie sie ist,
es wär nur deine Schuld, wenn sie so bleibt.
Es ist nicht deine Schuld, dass die Welt ist, wie sie ist,
es wär nur deine Schuld, wenn sie so bleibt.
Weil jeder, der die Welt nicht ändern will,
ihr Todesurteil unterschreibt.
Die Ärzte

Inhalt

Vorwort	9
Arbeit	14
Aufklärung	20
Autos und Mobilität	21
Banken	25
Bienen	29
BIP	30
Börsen	34
Bücher	38
Commons	39
Computer	40
Cyborgs	45
Das Netz	49
Demokratie	54
Deutsch	60
Drogen	64
Eigentum	69
Energie	70
Entwicklungshilfe (und humanitäre Spenden)	75
Erderwärmung	80
Evolution	86
Familie und Kinder	87
Fleisch	90
Frauen und Männer	94
Freihandel	99
Freiheit	103
Geld	106
Götter	112
Hunger	117
Ideal	120
Imperativ, kategorischer	121
Journalismus	122
Kapitalismus	128
Konsumismus	133
Kreationismus	134
Krieg	135

Landwirtschaft	140
Lebensmittel	144
Marktwirtschaft, freie	145
Maschinen	150
Medikamente	155
Müll	161
Musik	166
Nationen und Nationalismus	167
Öffentlich-rechtlich	172
Patente und Urheberrechte	173
Politik	174
Recht	175
Rentenversicherung	179
Ressourcen	184
Saatgut	189
Schulden	192
Schule	196
Sex	200
Sicherheit	201
Souveränität	202
Staat	204
Steuern und Steueroasen	208
Terrorismus	212
USA	217
Verantwortung	222
Verschwörungstheorien	223
Verteilung	227
Wachstum	231
Waffen	235
Wasser	239
Weltbevölkerung	243
Werbung	248
Werte	253
Wettbewerb	254
Wissenschaft	257
Zuwanderer	262
Zukunft	267
Nachwort	271
Dank	275
Anmerkungen	276
Weiterlesen, Weitersehen *Literatur & Dokumentationen*	324

Vorwort

Das Schicksal jedes Volkes und jeder Zeit hängt von den Menschen unter 25 Jahren ab.

Johann Wolfgang von Goethe

Die ganze Wahrheit über alles ist, dass wir die Welt problemlos paradiesisch verbessern könnten; dass kein Mensch mehr verhungern müsste; dass es nicht einmal in der kurzen Übergangsphase von unserem derzeitigen zum kommenden System zu Blutvergießen, Not oder Elend kommen müsste. Die ganze Wahrheit ist, dass wir alles zum Guten wenden könnten, im Handumdrehen. Und dass neun von zehn Menschen das auch gern täten, selbst wenn sie dafür ein paar Opfer bringen müssten.

Zur ganzen Wahrheit gehört aber auch, dass *wir* das nicht mehr schaffen – wir, die über 25-Jährigen, die Alten. Weil wir verwirrt sind und abgelenkt, gehetzt und desillusioniert; weil wir nicht mehr daran glauben, dass wir die Zukunft positiv gestalten können; weil wir meinen, neun von zehn Menschen seien unsere Konkurrenten und wollten uns ans Leder; weil wir Angst haben, vor allem.

Deshalb ist im Folgenden ständig die Rede von »wir« und von »ihr« – wenn wir euch meinen, unsere Kinder und Enkel. Dabei ist uns bewusst, dass ihr jedes »ihr werdet« als Zumutung empfindet, denn wieso solltet ihr euch ausgerechnet von Gescheiterten wie uns erzählen lassen, was ihr tun werdet. Oder solltet.

Wir können nur hoffen, dass ihr diesen Impuls nachsichtig ignoriert, indem ihr doppelt mildernde Umstände walten lasst. Erstens nämlich ist uns nichts Besseres eingefallen als »Was ihr daraus machen werdet«, um in den nachfolgenden, durchgehend konsequent formatierten Kapiteln die →Zukunft als tatsächlich machbar zu beschreiben, zweitens habt ihr zwar recht, wenn ihr uns als gescheitert betrachtet, aber das bedeutet ja nun noch lange nicht, dass wir bloß alte Besserwisser sind. Wir sind allerdings alt, tatsächlich, und wir sind ein bisschen müde. Sowie umzingelt von alten Leuten, mit denen einfach kein Staat mehr zu machen ist und erst recht kein Paradies.

Aber ihr könnt das. Oder könntet. Mal sehen.

Nun ist Besserwissen oder sogar besser wissen allein noch lange kein Grund, ein ganzes Buch vollzuschreiben und anderen Leuten auf den Keks zu gehen. Dazu gehört zwingend auch noch ein gerüttelt Maß Sorge, die sich hoffentlich nachvollziehbar vermitteln lässt. Denn es ist beileibe nicht so, dass »wir« *alle* schon immer desinteressiert oder Deppen gewesen wären, die sich einen Dreck um den Planeten oder unsere Mitbewohner desselben geschert hätten. Sogar heute ist es noch so (ob ihr's glaubt oder nicht), dass viele von uns Alten sich nicht nur diffus unwohl fühlen oder diffus depressiv. Viele von uns bekommen trotz unserer allgegenwärtigen Hektik und Sorge noch immer gelegentlich klare Gedanken zu fassen, die sich regelrecht trotzig anfühlen. Gedanken wie: »Es kann doch nicht sein, dass wir Nahrungsmittel für 14 Milliarden Menschen herstellen – und dass trotzdem Menschen verhungern!«, »Es kann doch nicht sein, dass wir die ganze Welt mit Waffen ausrüsten, obwohl keiner Krieg führen will!«, »Es kann doch nicht sein, dass hierzulande Altersarmut für viele droht, obwohl wir alles haben!«, »Es kann doch nicht sein, dass wir unseren Planeten bis zur Unbewohnbarkeit aufheizen!«, »Es kann doch keine Steueroasen geben!«

Die Reihe ließe sich beliebig fortsetzen.

Tatsächlich ist es so, dass viele von uns Alten in solchen Momenten immer noch aufbrechen, zumindest gedanklich, und diesen klaren und einfachen Gedanken nachgehen. Also von dieser schlichten Eingangsfeststellung »Das geht so nicht, das kann nicht sein« förmlich hinabsteigen in die tieferen Gründe, weshalb es eben doch so ist. Und hierbei erleben wir, mutig und klar gestartet, unweigerlich immer dasselbe. Direkt unter der Oberfläche, direkt hinter der Eingangsfeststellung, erwarten uns Experten, bewaffnet mit Unmengen dicker Bücher und großkalibrigen Faktenarsenalen, die uns wortreich erklären, weshalb die Dinge zwingend so sind, wie sie nun mal sind: weshalb Menschen verhungern, der Planet immer wärmer wird, wir Unmengen Waffen herstellen, wir gegen Ende unseres Lebens von Almosen werden leben müssen etc. pp. Und schaffen wir es tatsächlich, mit sturem Blick und Ohren zu, an diesen Fachkräften vorbeizukommen und noch etwas tiefer einzudringen in die Materie, erwartet uns spätestens drei Meter weiter unten eine wahrhaft beeindruckende Konstruktion – eine Konstruktion aus Drähten, Kabeln, Leuchtdioden und reichlich Sprengstoff sowie dem Warnschild: »Keinen Schritt weiter, Explosionsgefahr!« Denn hier, auf dieser gedachten Ebene kurz nach Passieren der Expertenschar für dies (Wirtschaft), das (Rüstung) oder jenes (Energie), erweist sich unsere Suche nach einer einfachen Antwort auf unsere einfache Frage plötzlich als lebensgefährlich. Weil *nichts* einfach ist. Sondern alles zusammenhängt.

So stehen wir also vor dieser beeindruckenden Sperre und studieren, noch immer nicht geschlagen, die bunten Kabelverbindungen: Wohlstand folgt aus Wachstum, Wachstum aus Kapitalismus, Kapitalismus braucht Wettbewerb, Wettbewerb braucht Verlierer, Verlierer hungern, Hungernde rebellieren, wenn man sie nicht mit Waffen zurückhält, Globalisierung bedeutet mehr Wohlstand für alle, ausreichend Nahrung lässt sich nur mit Hilfe des Kapitalismus erzeugen, ohne Kapitalismus kein Wachstum, ohne Wachstum keine Zukunft und keine Renten.

Es ist völlig egal, über welche klare Eingangsfrage wir an diesen Punkt hinabsteigen: Wir stehen immer wieder vor der gleichen Bombe, die uns beim Lösen auch nur eines einziges Drahtes sofort zu pulverisieren droht. Und Pulverisieren bedeutet in diesem Fall ganz konkret (sicherheitshalber steht's auch noch kleingedruckt auf dem Warnschild): »Wenn Sie das hier anrühren, gehen bei Ihnen zu Hause die Lichter aus und die Heizung gleich mit, und es kommen auch keine Frachtschiffe mehr, Sie werden also verhungern. Sofern Sie nicht vorher im Bürgerkrieg zwischen Einheimischen, Ausländern und Asylanten erschossen werden.«

Und so korrigieren wir unsere eingangs klare Feststellung, dass »das« doch eigentlich gar nicht sein kann, wenden uns ab, überzeugt, dass es eben *nicht geht*. Jedenfalls nicht anders. Dass zwar zutrifft: »*So geht es nicht weiter*«, aber erst recht: »*Es geht nicht anders*«. Dass zutrifft: »Ohne *Wachstum geht es nicht*« und ebenso zutrifft: »Mit *Wachstum geht es nicht*«. Dass zwar nichts richtig gut ist, aber alles doch immer noch besser als die Alternative. Die Pulverisierung. Licht aus, Heizung aus, Bürgerkrieg. Wer würde bei einer solchen Ausgangslage irgendein Kabel aus einer Konstruktion ziehen, bei einer Chance von höchstens 1 zu 1000, nicht das falsche zu erwischen? Da gehen wir doch lieber auf Nummer Sicher. Unter.

So also machen wir weiter wie gehabt, sogar wir vielen, die unzufrieden und unglücklich sind. Immer weiter. Wir haben es doch versucht. Sind hinabgestiegen und tief in die Materie eingedrungen. Und haben gefunden: Es geht nicht anders.

Das allerdings ist nicht wahr. Und diese Unwahrheit ist gefährlich, und nur deshalb gibt es dieses Buch. Denn die Bombe da unten ist eben nicht »unentschärfbar«, obendrein würde sie, selbst wenn wir die Drähte schlicht durchschlügen, eben *nicht* explodieren, weil sämtliche Plastiksprengstoffpakete in dieser Konstruktion bloß Knetgummi-Attrappen sind. Auch kennen wir die Ratten, die diese Attrappe da hingebastelt haben, und können euch nicht nur versichern, sondern, besser, beweisen, dass die nur mit Wasser kochen (dabei aber durchaus Blut und Wasser schwitzen, wenn sie an *euch* denken).

Ein zweiter Aspekt ist aber ebenso wichtig. Und der betrifft die Eingänge. Denn diese Eingänge hinter unserer unweigerlich klaren Feststellung »Das kann nicht sein, das muss man doch besser machen können!« tragen ja fast immer Namen, und diese Namen sind Ideen, meist schon vor langer Zeit in Stein gemeißelt – von →*Demokratie* bis →*Entwicklungshilfe*, →*Familie* bis →*Freiheit,* von →*Arbeit* bis →*Rentenversicherung.* Dummerweise haben aber andere so lange an eben diesen Ideen herumgebastelt und gemeißelt, dass heute niemand mehr erkennt, was ursprünglich gemeint war.

Deshalb dieses Buch – und deshalb die strenge Form, der scheinbar redundante, tatsächlich aber nur Klarheit schaffende Dreisatz aus »Was gemeint war/Was wir daraus gemacht haben/Was ihr daraus machen werdet«. Es geht eben nicht nur darum aufzuzeigen, was zu tun ist, es geht auch und vor allem um die zwei Schritte davor. Zunächst darum, die Originalideen zu restaurieren und wieder in ihrer ganzen Klarheit erstrahlen zu lassen, also Staub und Fälschungen zu entfernen, um im zweiten Schritt (»Was wir daraus gemacht haben«) aufzuzeigen, wo wir uns weshalb verirrt und in welche Richtung wir uns verlaufen haben. Beide Schritte sind wichtig und hoffentlich erhellend für euch, denn ohne dieses Wissen stünde alles »Was ihr daraus machen werdet« nicht einmal auf tönernen Füßen, sondern auf Treibsand.

Darum sei sicherheitshalber ausdrücklich klargestellt, vorweg, damit euch nie wieder jemand weismachen kann, es habe an mangelhaften *Ideen* gelegen: Ihr ahnt ja gar nicht, wie gut die Ideen unserer Vorfahren und -denker waren! Und es ist wichtig, dass ihr das nicht nur ahnt, sondern wisst, damit ihr nicht alles »Alte« in einen Topf werft und zukünftig ablehnt, als mitschuldig, als Teil der kaputten Welt am Vorabend der Revolution – die euch bevorsteht. Die Ideen gehören nicht auf den Müll oder den Scheiterhaufen; die Ideen waren gut und richtig. *Wir* haben Schindluder damit getrieben. Lasst euch nicht einreden, es habe an den Ideen gelegen, es lag nur an uns. Uns Deppen. Wir haben das verbockt.

Zugegeben, wir sind ein bisschen spät dran mit diesem Eingeständnis, diesen Hinweisen. Vielleicht zu spät. Schließlich lassen wir euch zurück auf einem Minenfeld, die Zünder sind eingestellt auf Detonationszeitpunkte zwischen »gleich« und »in 20 Jahren«, und dummerweise liegen viele der auf »gleich« gestellten Minen verdammt nah bei den designierten Spätzündern. Aber man weiß ja nie. Vielleicht ist der Laden ja doch noch zu retten. So oder so. Vor dem Knall oder nach dem Knall.

Wir notieren das Nachfolgende also: für beide Fälle.

Begeben wir uns daher kurz gemeinsam nach unten, zu dem Punkt, an dem *wir* grundsätzlich umkehren – der schrecklichen Bombe, die uns vor Angst schlottern und Reißaus nehmen lässt. Und lesen noch mal unsere Alptraum-Warnung auf dem gelben Schild mit schwarzem Rand: »Wenn Sie das hier anrühren, gehen bei Ihnen zu Hause die Lichter aus und die Heizung gleich mit, und es kommen auch keine Frachtschiffe mehr, Sie werden also verhungern. Sofern Sie nicht vorher im Bürgerkrieg zwischen Einheimischen, Ausländern und Asylanten erschossen werden.«

Ernsthaft? Licht und Heizung? Gehen aus? Bei uns zuhause? Echt?

Vielleicht ist das die wichtigste kleine Wahrheit in der ganzen Wahrheit über alles: Das Warnschild auf dieser beeindruckenden Bombe ist ausgemachter Quatsch. Grober Bullshit. Ein Schreckgespenst aus dem Ramschregal, ausstaffiert allein von denen, die vom derzeitigen Zustand profitieren: den zehn Prozent, denen alles gehört, die profitieren von dem für uns, den verbleibenden 90 Prozent, ungünstigen Stand der Dinge und die uns und euch gern verarschen. Weil sie wissen, dass es gerechter zugehen könnte. Und würde. Wenn wir ihren Bluff durchschauen würden. Oder ihr das tätet.

Aber niemand von euch muss sich Sorgen machen, wenn das System zerbricht. Ihr habt alles. Euch kann nichts passieren. Ihr könnt die ganze Welt ändern. Mit einem neuen Start, einem neuen Anfang, einem »New Deal«. Denn es geht eben *nicht* alles kaputt. Kaputt geht es nur dann, und zwar garantiert, wenn ihr die Kabel NICHT rauszieht!

Also: Die haben euch reingelegt! Augen auf. Kabel raus. Mit Franklin D. Roosevelt im Sinn. Denn der (genau, der mit dem ersten »New Deal«) fand in seiner kämpferischen Amtsantrittsrede im März 1933 die legendären Worte: »Wir haben nichts zu fürchten außer der Furcht selbst.« Und diese FDR-Kampfansage galt nicht etwa Hitlers Nazis (die klaren Worte in deren Richtung folgten später) [1], sondern den Typen, die kurz zuvor die ganze Welt förmlich an die Wand gefahren hatten, am Schwarzen Freitag 1929; den gefährlichsten Feinden der Freiheit, der Demokratie, der Gerechtigkeit und des Weltfriedens: Bankern, Freihändlern und Börsenspekulanten.

Recht hat FDR immer noch.

Also, wenn ihr uns fragt: Das schreit nach »ran an die Attrappe«. Denn es gibt einen anderen Weg. Ins Licht. Mit Licht rund um die Uhr. (Sowie, aller Voraussicht nach, sogar im *worst worst case*, Netzzugang und Bio-Sonntagsbraten).

Arbeit

> *Der Tag ist nicht weit, an dem das ökonomische Problem in die hinteren Ränge verbannt werden wird, dort, wohin es gehört. Dann werden Herz und Kopf sich wieder mit unseren wirklichen Problemen befassen können – den Fragen nach dem Leben und den menschlichen Beziehungen, nach der Schöpfung, nach unserem Verhalten und nach der Religion.*
>
> John Maynard Keynes

Was gemeint war: Wahlweise *Plage, unwürdige Tätigkeit* oder *Mühe*, wörtlich abstammend vom indogermanischen *orbho* wie dem lateinischen *labor* und dem romanischen *trabajo*.[1] Arbeit ist der unerfreuliche Gegensatz zur erfreulichen Muße[2], die den griechischen Philosophen als Schwester der Freiheit galt – und nie als Möglichkeit zum »Nichtstun« gedeutet wurde, sondern als Gelegenheit, sich ohne Fremdbestimmung wichtigen Dingen zu widmen, schöpferisch, frei und zum Nutzen der Gemeinschaft forschend und vorausdenkend. Arbeit hingegen hält uns von all diesem Wesentlichen ab, ist daher lästig und, sofern man keine Sklaven hat, auf das Mindestmaß zu beschränken, also auf die Besorgung und Herbeischaffung des zum Leben Erforderlichen.

Was wir daraus gemacht haben: Einen irren Kult, der in völliger Verdrehung der Tatsachen Arbeit, »Fleiß« und »Tüchtigkeit« in die Nähe unserer selbstgemachten →*Götter* rückt und »Muße« in die Nähe von Sünde, eben als »aller Laster Anfang«. Spätestens mit Luther war sonnenklar: »Von Ledig- und Müßiggang kommen die Leute um Leib und Leben.« Und: »Der Mensch ist zum Arbeiten geboren wie der Vogel zum Fliegen«, was ja nicht zufällig so ähnlich klingt wie unseres Gottes Ansage, wir sollten unser »Brot im Schweiße unseres Angesichts essen«.

Uns hätte natürlich irgendwann mal auffallen können, dass Gott und gottgefällige Arbeit erst mit dem *Brot* auf der Bildfläche erschienen waren, und zwar nicht zufällig. Denn unsere heidnisch jagenden und sammelnden Vorfahren hatten schon deshalb nichts vom Schweiß auf Brot gewusst, weil sie ja gar kein Brot gekannt hatten – und nicht nur deshalb gesünder gewesen waren als wir, sondern auch wesentlich weniger Stunden des Tages gearbeitet hatten.

Die Adelung der Arbeit als gut und gottgewollt ergibt sich also historisch erst mit der landwirtschaftlichen Revolution, dem »größten Betrug der Geschichte«[3] (→*Landwirtschaft*), sprich der Domestizierung des Menschen durch den Weizen (wer das für einen Tippfehler hält, der denke mal drüber nach, wer von den beiden von diesem folgenschweren Wendepunkt ans *domus* gefesselt war, also ans Haus). Mit dem Beginn unserer Sesshaftigkeit dank Weizen und Nutztierzucht (um 10 500 v. Chr.) ergab sich eben nicht nur eine wahre Bevölkerungsexplosion, sondern saßen wir auch mitten drin in der Wachstums-»Luxusfalle« (wie Yuval Noah Harari das nennt), aus der es bis heute kein Entrinnen gibt.

Sämtliche Erinnerungen an unser archaisches Wissen, dass Arbeit Last und Plage ist, mussten fortan minimiert werden – und was eignete sich diesbezüglich besser als Worte von ganz oben? So wurden Gebet und Arbeit vermählt und gut gereimt gesegnet als »ora et labora«, und tatsächlich nahm die Arbeit ja lange Zeit ständig zu, nicht nur im Rahmen der landwirtschaftlichen Revolution, sondern erst recht im Zuge der neuerlich wachstumsbeschleunigenden industriellen Revolution.

Trotz dieser ungeheuerlichen Beschleunigung und der unausweichlichen Sachzwänge aber zeichnete sich ein allmähliches Ende der Arbeitslast schon früh ab, spätestens mit der Produktion von →*Maschinen*, die die früheren Sklavenarbeiten klaglos zu verrichten begannen und uns wieder in die Nähe der temporär durch den »Kult der Tüchtigkeit«[4] verschütteten Muße transportierten. Und so war nicht nur den irritierten Philosophen, sondern sogar unserem Paradeökonomen John Maynard Keynes klar, dass »bald ein Punkt erreicht wird, viel früher vielleicht, als irgendeinem von uns bewusst ist, an dem diese Bedürfnisse in dem Sinne befriedigt sind, dass wir unsere Energien fürderhin lieber anderen als wirtschaftlichen Zielen widmen«[5]. Noch 1930 konstatierte Keynes daher: »Drei Stunden täglicher Arbeit müssen reichen, um den alten Adam in uns zufriedenzustellen.« (Und er wollte noch weniger nur deshalb nicht für jedermann vorschlagen, weil er fürchtete, ganz ohne Arbeit werde es der Mensch schlicht nicht aushalten.)

Zwischen 1930 und heute ist diesbezüglich also einiges schiefgegangen. Oder alles. Denn erreicht sind unsere Ziele längst, nachdem wir der Reihe nach Dampfmaschinen, Elektrizität, Fließbänder, Automatisierung und Computer erfunden haben, die uns fast alle zum Erzeugen und Heranschaffen des Lebensnotwendigen erforderliche Arbeit abnehmen. Und auch das wenige, was uns bleibt, »droht« uns die vierte, die digitale Revolution wegzunehmen: Sage und schreibe 47 Prozent unserer Arbeitsplätze werden im Lauf der kommenden zehn bis 20 Jahre automatisiert wegfallen[6], und »betroffen« sind hiervon nicht nur gering qualifizierte Tätigkeiten wie das Sortieren und Ausliefern von Waren, sondern mehr und mehr auch anspruchsvolle Aufgaben wie juristische Recherchen oder medizinische Diagnosen[7], denn schon 2020 werden 50 Milliarden unserer überaus smarten →*Maschinen* im »Internet der Dinge« vernetzt sein[8] (→*Das Netz*).

Anders als die alten Griechen oder der alte Keynes sehen wir dieser paradiesischen Zukunft aber nicht frohlockend entgegen, sondern schlotternd. Und dass wir sie als bedrohlich empfinden, als »schlimm«, sah schon Hannah Arendt kommen, in den fleißigen 50er Jahren des letzten Jahrhunderts, als sie sachlich feststellte, der modernen Gesellschaft gehe die Arbeit aus – »und damit die einzige Tätigkeit, auf die sie sich noch versteht«.

Verheerender als wir kann man schwerlich verpeilt sein, wohl wahr. Arbeit ist unser Gott, Arbeit ist unsere Bibel: Arbeits*los*, also gottlos zu werden ist die irrationale Urangst der Industriegesellschaft, eine tatsächlich klassenlose Angst, unter der Manager und Chefärzte genauso leiden wie Maurer und Taxifahrer. Aber statt uns dieser Angst zu stellen und zur Besinnung zu kommen, haben wir uns etwas ganz Originelles ausgedacht: Unmengen Arbeit, die keiner braucht.

Greifen wir spaßeshalber zu einem Bild. Wir sehen also hundert Leute, die unter freiem Himmel auf dem Boden sitzen, die, weil es ihnen zu kalt und zu doof ist da draußen, Häuser bauen, Land bewirtschaften, in die Minen gehen und Erze abbauen, Maschinen erfinden und zusammenbasteln. Am Ende des schweißtreibenden Tuns haben alle hundert Dach und Brot, Blue-Ray und Auto, Waschmaschine und Funkgerät, und alle schweren Arbeiten erledigen die Maschinen. Und so den Punkt zum Aufhören und Chillen erreicht, zum Erhalten des Erreichten, zum Reparieren der unweigerlich kaputtgehenden Teile, zum Musikmachen, Reden und Alte-Leute-Pflegen. Vorwiegend also: zur Muße.

Aber die hundert wissen: dann haben wir ja keine Arbeit mehr. Und kein →*Geld*. Und kein →*BIP*. Und kein →*Wachstum*. Und dann müssen wir alle sterben! Bestimmt! (Wieso auch immer, nicht drüber nachdenken.)

Also sind wir den anderen Weg weitergegangen, den bis hierher erfolgreichen: haben einen von uns als Brandstifter engagiert, der Hütte 1 anzündet. Die muss dann wieder aufgebaut werden (Arbeit), Polizisten müssen den Brandstifter suchen, und da das nicht reicht, muss eine Verwaltung her, die den neuen Bauherrn und die Minen kontrolliert. Und da auch das nicht reicht, erfinden wir ein gewinnorientiertes Gesundheitswesen statt menschenfreundlicher Ärzte, ein Krankenkassensystem und, da das immer noch nicht reicht, auch gleich ein paar schicke neue Krankheiten dazu.⁹ Und sobald das erste Haus wieder steht, zünden wir am besten mal das Krankenhaus an, das macht ja gleich doppelt und dreifach Arbeit.

Das könnte man natürlich auch wesentlich einfacher haben, indem man einfach alles stehen und liegen ließe – und die Arbeit gleich mit.

Aber dafür haben wir einfach keinen Sinn, kein Konzept. Wir können all das nicht fassen, und wir können, wollen es nicht einmal messen. In all unseren dicken (Voll)-Beschäftigungsstatistiken fehlt sogar die schlichte Frage, wer eigentlich etwas Sinnvolles schafft – und wer heile Sachen anzündet und/oder nur nutzlos Zettel sortiert, also sich und anderen Arbeit macht, die niemand braucht, die aber wieder von Verwaltern von Verwaltern kontrolliert werden muss, die ihrerseits Kontrolleure verwalten, die Zettel sortieren. Niemand fragt: Wer arbeitet sinnvoll? Wohl wissen wir, dass nur mehr 25 Prozent unserer angeblich fast 40 Millionen Beschäftigten in der Landwirtschaft, im Baugewerbe und im produzierenden Gewerbe tätig sind und die verbleibenden 75 Prozent »Dienstleistungen« erbringen¹⁰, aber wie viele dieser Dienstleistungen erforderlich sind, interessiert außer dem →BIP niemand. Die Unterscheidung von produktiver Arbeit und Beschäftigungstherapie ist uns, kurz gesagt, völlig egal, die Arbeit ist vom Zweck zum Mittel geworden und legitimiert sich nur noch selbst: Arbeit ist gut, deshalb ist mehr Arbeit besser.

Wohl wahr: Wir sind ungeheuer beschränkt, und wir Deutschen gehen diesbezüglich energisch voran. Wir sind weltweit führend in Sachen »Angst«¹¹, und mit Selbstständigkeit im Denken, Fühlen oder gar Handeln lässt sich diese im Ergebnis verheerend demente Haltung natürlich nicht vereinbaren. Deshalb legen wir die Hände ängstlich abwertend als Dreieck in den Schoß, im von Mutti versicherten Glauben (sic!), es werde schon alles gut und genau so weitergehen. Selbstständig? Nicht mit uns! Das sollen mal schön die anderen machen.¹² Wir suchen uns lieber Arbeit, festangestellt.

Hinter all diesem Aussitzen und Realität-Verweigern verbirgt sich aber nur unsere Unfähigkeit zu begreifen, dass unser einst erfolgreiches Konzept zum Überleben und zur sinnvollen Verbesserung unserer Lebensumstände sich überholt hat – und zwar ab dem Zeitpunkt, an dem die Grundbedürfnisse der einzelnen »Stammesmitglieder« gedeckt sind. Spätestens seit dem Erreichen dieses Punktes ist die viele Arbeit, die wir uns machen, zerstörerisch geworden – nicht nur für unsere Umwelt, sondern, Gipfel der fleißigen Absurdität, für uns selbst, körperlich wie seelisch: Unsere Arbeitskrankentage wegen psychischer Leiden haben sich 2003 verdoppelt[13], Millionen kommen nur noch mittels Hirndoping über die alltägliche Ziellinie »Feierabend«[14] (→*Medikamente*), weil sie sich zu selbstzerstörerischem, ständig zunehmendem Tempo gezwungen sehen.[15] Die Kosten sind hoch (26 Milliarden p.a. allein wegen psychischer Erkrankungen an Produktionsausfällen, Ausgaben für die Wiederherstellung der Gesundheit hier nicht berücksichtigt)[16] – in volkswirtschaftlicher, aber erst recht in menschlicher Hinsicht. Und fast die Hälfte derer, die vor Erreichen des Rentenalters zerrüttet die Segel streichen, tun dies wegen Depressionen, Angststörungen und anderer seelischer Leiden.[17] Der studierte Ökonom müsste das, wäre er ehrlich, eine vollendete »Lose-Lose-Situation« nennen.[18] Aber ehe er das macht, bemüht er doch lieber gebetsmühlenartig den Mythos vom *Homo oeconomicus*, der ohne Arbeit eben partout nicht leben kann, der kein Herz, keine Moral und auch sonst nichts Menschliches hat und überhaupt nur dann aufsteht, wenn er persönlich was Geldwertes davon hat. Wäre dem so, gäbe es zwar keine Hausärzte, kein Ehrenamt und keine Schriftsteller, aber wenn's darum geht, uns nicht durch die Tür zum Paradies schreiten zu lassen, ist dem Ökonomen ja jedes Mittel recht.

Verdenken können wir's ihm nicht. Denn auch ihm droht ja jenseits der Tür, im Paradies, die gefühlt größte Strafe von allen: die Arbeitslosigkeit.

Was ihr daraus machen werdet: Vor allem zwei Erkenntnisse: 1) der Mensch lebt nicht vom Brot allein (erst recht nicht dort, wo das Getreide von Maschinen geerntet und das Brot vom Automaten gebacken wird, also förmlich von den Bäumen fällt), 2) die Konzepte zur Behebung von Mangelzuständen (Vergangenheit) unterscheiden sich fundamental von den Konzepten zur Behebung von Überfluss (Jetzt und Zukunft). Arbeit muss also zwingend, wie das →*Wachstum* selbst, in letztgenanntem Zustand *weniger* werden, woraus sich keineswegs ein Mangel an Wohlstand ergibt. Es wird auch zukünftig zu wenig Arbeit für alle geben, aber ihr werdet dem »zu wenig« jede negative Konnotation nehmen und wissen: Das Weniger an Arbeit ist gerecht oder wenigstens gerechter als heute zu verteilen. Euer aller Arbeitszeit wird verkürzt sein. Ihr werdet mit der 15-Stunden-Woche problemlos auskommen.[19]

Ihr werdet selbstständiger sein, selbstständiger arbeiten und selbstständiger denken, weil ihr wisst: »Sich selbstständig machen heißt nichts anderes, als sich zuständig zu machen.« (Catharina Bruns)[20]

Ihr werdet daher Arbeit, Brot und Geld trennen, gedanklich wie praktisch. Ihr werdet vernachlässigte, wichtige Arbeiten nicht nur hinsichtlich ihrer Bezahlung aufwerten, sondern auch in der gesellschaftlichen

Wahrnehmung, und ihr werdet eure 50 Prozent Zettelsortierer arbeitslos machen. Brot werden sie trotzdem haben und Aufschnitt dazu, und zum Trinken nicht nur Wasser, sondern Saft und Wein. Sowie, unbezahlbar: Muße.

Woher ihr das dafür erforderliche Geld nehmen sollt? So was könnten ja eigentlich nur eure phantasielosen Vorfahren fragen. Ihr werdet Geld und Arbeit entkoppeln und eure Steuern auf den Konsum erheben. Und vor allem werdet ihr nicht vergessen, endlich auch die nichtmenschliche Arbeit indirekt zu besteuern, mithin die sogenannte Automatisierungsdividende zu vergesellschaften. Aber dieses entscheidende Detail ist euch ja längst klar, seitdem ihr den Kardinalfehler unseres Arbeitssystems erkannt und die →*Maschinen* endlich in die Pflicht genommen habt.

Aufklärung

Was gemeint war: Seit Ende des 18. Jahrhunderts – unser Ausgang aus unserer selbst verschuldeten Unmündigkeit, unsere Antwort auf das finstere, abergläubische Mittelalter: der Versuch, alle fortschrittbehindernden Strukturen mittels Verstandestätigkeit zu überwinden, auf den Punkt gebracht von Immanuel Kant mit den Worten *sapere aude!* (Habe Mut, dich deines eigenen Verstandes zu bedienen!) Und zwar mit dem erklärten Ziel, alle Vorurteile und alle Intoleranz durch Orientierung an naturwissenschaftlichen Erkenntnissen und an den Naturgesetzen und -rechten aus der Welt zu schaffen.

Was wir daraus gemacht haben: Aufklärungstornados über Syrien (ohne UN-Mandat).

Was ihr daraus machen werdet: Aufklärung 2.0 (im Sinn der Erfinder).

Autos und Mobilität

Ich glaube an das Pferd. Das Automobil ist eine vorübergehende Erscheinung.

Wilhelm II., um 1900

Was gemeint war: Sich selbst fortbewegen, autonom und mobil sein. Es ist kein Wunder, dass das um 1900 entstehende Automobil zur Offenbarung, zur Signatur des 20. Jahrhunderts wurde. Seit sich die Menschen das Reittier untertan machten und das Rad erfanden, steht die anstrengungslose Überwindung des Raums für die Erfüllung des Traums von Autonomie und Freiheit. Als »Prothesengötter« (Sigmund Freud), die sich zur Erlangung gottähnlicher Fähigkeiten (überall sein, alles sehen usw.) mit Krücken, Werkzeugen, Medien ausstatten, konnten die Menschen dem automobilen Versprechen individueller Freiheit nicht widerstehen.

Was wir daraus gemacht haben: Wir haben bei der Realisierung dieses Traums etwas übersehen und – wie so oft, wenn die »Wunschmaschine« erst einmal angelaufen ist – ihren Schatten unterschätzt: »Das Werkzeug wird vom Diener zum Despoten.« Der das sagte, der Philosoph und Universalgelehrte Ivan Illich, rechnete dann am Beispiel des Automobils auch gleich vor, wie es dazu kommt, indem er die aufgewendete Arbeitszeit – den Input an Energie und den Gewinn an Zeit – ins Auge fasste:

»Der typische amerikanische arbeitende Mann wendet 1600 Stunden auf, um sich 7500 Meilen fortzubewegen: Das sind weniger als fünf Meilen pro Stunde. In Ländern, in denen eine Transportindustrie fehlt, schaffen die Menschen dieselbe Geschwindigkeit und bewegen sich dabei, wohin sie wollen – und sie wenden für den Verkehr nicht 28 Prozent, sondern nur drei Prozent bis acht Prozent ihres gesellschaftlichen Zeitbudgets auf. Der Verkehr in den reichen Ländern unterscheidet sich von dem Verkehr in armen Ländern nicht dadurch, dass für die Mehrheit mehr Kilometer auf die Stunde der einzelnen Lebenszeit entfallen, sondern dadurch, dass mehr Stunden mit dem Zwangskonsum der großen Energiemengen verbracht werden, welche die Transportindustrie ›abpackt‹ und ungleich verteilt.«[1]

Diese Energierechnung stammt aus dem Jahr 1974. Doch seitdem ist der Autofahrer nur unwesentlich schneller geworden – wenn überhaupt.

Eine Autorin der *FAZ* rechnete 2013 mit aktuellen Zahlen nach, wie viele Stunden an Arbeitszeit sie investieren muss, um die Kosten für 18 000 Jahreskilometer mit ihrem Kleinwagen zu finanzieren. Sie ging von einem durchschnittlichen Stundenlohn und von einem durchschnittlichen Tempo von 50 km/h aus und kam am Ende – unter Einberechnung der immobilen Arbeitsstunden, die sie für ihr »schnelles« Fortbewegungsmittel aufwendet – auf ein Tempo von 26 km/h. Wobei sie die »externen« Kosten (wie Lärm, Smog, Ölkriege) noch außer Acht ließ, die Ivan Illich seinerzeit geschätzt und einbezogen hatte. Doch auf die Genauigkeit der ganzen Rechnung kommt es gar nicht an, wichtig ist der gedankliche Rahmen, in den sie die Fragen der Mobilität stellt: des energetischen Inputs/Outputs und der Lebenszeit, die das Individuum gewinnt oder verliert. Und nun eben 33 Stunden im Monat dafür aufwendet, um per Auto letztlich mit 26 km/h kaum schneller unterwegs zu sein als per Fahrrad.[2]

Dass auf kluge Köpfe wie Ivan Illich Mitte der 1970er Jahre niemand hören wollte, auch wenn eine »Ölkrise« das Thema Energie auf die Tagesordnung gesetzt hatte, mag an der Radikalität seiner Entschleunigungsforderung gelegen haben, die als menschen- und lebensgerechtes Fortbewegungsmittel nur das Fahrrad gelten lassen wollte.[3] Es hat aber vor allem mit einer weiteren seiner Erkenntnisse zu tun: »*Power* korrumpiert« – was nicht nur für politische Macht, sondern auch für Kilowatt gilt. Oder für PS, wie es beim Automobil genannt wurde, weil die Pferdestärke der früheren »Duomobilität« noch nicht vergessen war. Und jetzt das: 20, 30, 40 und mehr Pferde. Nicht mehr für den Gutsherrn, sondern für den kleinen Mann. Wen wundert es da noch, dass die »Prothesengötter« ob dieser Verlängerung – »Gasfuß« genannt – in Verzückung gerieten, zumal man die Familie einpacken und verreisen konnte, individuell, autonom und mobil. Das gab's noch nie. Und so stürzten sich die Massen, korrumpiert von der neuen Herrschaft über Pferdestärken, mit Wonne in das automobile Zeitalter, passten Städte und Landschaften den Erfordernissen der Benzinkutschen an, kürten sie zum Statussymbol und »heiligen Blech«, dem es nunmehr zwanghaft nicht mehr nur individuelle Zeit zu opfern galt, sondern dem sich auch die gesamte Wirtschaft unterordnete. Mehr Autos, mehr Arbeitsplätze in der Autoindustrie, Wirtschaftswunder, Exportweltmeister ...

Wenn die Archäologen der Zukunft dereinst das Jahrhundert des Automobils rekonstruieren, wie es in Deutschland damit begann, dass man eine Pferdekutsche mit einem Verbrennungsmotor ausrüstete, dann werden sie um die Feststellung nicht herumkommen, dass sich bei den damaligen Eingeborenen ein regelrechter Kult um diese Art der individuellen Fortbewegung entwickelte. Obwohl sie ansonsten bisweilen durchaus zu rationalem Denken fähig waren und die Energiegesetze halbwegs verstanden hatten, waren sie von diesem ineffizienten und despotischen Werkzeug so begeistert, dass ihnen mehr als ein Jahrhundert lang nichts anderes einfiel, als es zu perfektionieren: mit immer mehr Autos (aus 4,4 Millionen Pkw in Deutschland 1960 waren 2014 schon 44,4 Millionen geworden) und mit immer besseren, schnelleren, schwereren Autos. Ein VW Käfer hatte 1960 satte 34 PS, 1995 verfügte ein Neuwagen im Schnitt über 95 PS, und 2014 sind es sagenhafte 140 PS. Und das alles für ein Vehikel, das 95 Prozent seiner Lebenszeit rumsteht, rostet und kostet – und für das wir 33 Stunden im Monat arbeiten, obwohl wir es nur eine Stunde am Tag brauchen. Um dabei dann das göttliche Gefühl des »Gasfußes« und scheinbar schwereloser Beschleunigung kaum noch genießen zu können, denn es gibt viel zu viele Autos, die meistens auch noch zu denselben Zeiten unterwegs sind, was heißt: Stau. Dort verbrachten deutsche Autofahrer 2012 im Schnitt 36 Stunden, in Städten wie Stuttgart, Hamburg oder Köln waren es fast 60 Stunden. Deren Kosten, die in unsere Effizienzrechnung noch gar nicht eingegangen sind, betragen 7,5 Milliarden Euro pro Jahr, insgesamt verursacht jedes zugelassene Auto in Deutschland direkte und indirekte Folgekosten von 2000 Euro pro Jahr, die nur zum Teil von den Autofahrern selbst getragen werden. Laut einer Studie des Europäischen Parlaments bezuschusst jeder EU-Bürger den Autoverkehr mit 750 Euro per anno, selbst wenn er ausschließlich zu Fuß geht oder radelt.[4]

Was ihr daraus machen werdet: Ihr könntet noch 50 Jahre so weiter machen, denn etwa so lange reichen die globalen Ölreserven noch. Ihr könntet auch noch ein paar mehr Wälder und Wiesen in Straßen und Parkplätze verwandeln und den Smog und Feinstaub in euren Städten zumindest so weit in den Griff bekommen, dass ihr nicht *dauernd* mit Mundschutz rumlaufen müsst wie jetzt schon die »Pekinesen«. Aber es würde nicht funktionieren: Selbst wenn das Öl reicht, habt ihr nicht genügend Stahl und →*Ressourcen*, um ganz China mit einer Kleinwagenflotte zu bestücken, wie sie bei uns herumsteht. Und die →*Erderwärmung* macht ohnehin einen Strich durch diese Rechnung. Ihr könntet auch aus den deutschen Premium-Limousinen noch ein paar mehr PS bei noch weniger Verbrauch herauskitzeln und euch eine Weile in der Illusion wiegen, dass man in einigen Jahren 44,4 Millionen Autos in Deutschland mal eben auf Elektroantrieb aus erneuerbarer →*Energie* umstellen könnte. Aber ihr seid doch nicht blöd. Ihr könnt rechnen. Und fallt anders als die »Prothesengötter« des 20. Jahrhunderts auf den

Schwindel der Beschleunigung und die Illusion der Geschwindigkeit nicht mehr ohne weiteres herein.

Euer Status und eure Identität werden sich nicht mehr über die vor der Haustür rostende Blechkiste definieren, und ihr werdet einen Teufel tun, fast ein Viertel eurer Arbeitszeit zu investieren, damit sie dort weiter rosten kann. Ihr werdet den umgekehrten Weg gehen wie Anfang des vorigen Jahrhunderts die Öl- und Autoindustrie, die die öffentlichen Verkehrsmittel in amerikanischen Städten übernahm und stilllegte, und die Despotie des Automobils wieder in ein Werkzeug verwandeln. Etwas, das man nutzt, wenn man es braucht, wie es mit Carsharing schon jetzt für immer mehr Stadtbewohner zur Selbstverständlichkeit geworden ist. Auch weil sie ihre Städte endlich wieder vom Auto befreien wollen, wie etwa in Kopenhagen, wo schon 60 Prozent der Bewohner das Rad für sämtliche Strecken in der Stadt nutzen. Weil ihr digital mobil seid und zunehmend lokal arbeiten könnt, wird die Bedeutung des physischen Transports über größere Strecken ohnehin zurückgehen – und auch wer *kein* Kilometergeld für die Fahrt zum Arbeitsplatz geltend macht, darf künftig eine Steuerpauschale abziehen, weil er die Allgemeinheit *nicht* mit einem Auto belastet und belästigt. Falls er radelt, und damit zusätzlich die Krankenkassen entlastet, gibt's sogar doppeltes Kilometergeld. Also: Ihr schafft das!

Banken

> *Wenn die Amerikaner je zulassen, dass die Banken die Währung ausgeben, dann werden sie den Menschen ihr gesamtes Eigentum rauben.*
>
> Thomas Jefferson, US-Präsident von 1801–1809

Was gemeint war: Banken sind eine nützliche Idee. Schließlich will niemand dauernd mit seinem gesamten Geld in der Tasche herumlaufen oder seine Wohnung derart einbruchsfest machen, dass unter dem Kopfkissen ein sicherer Platz ist. Banken verwahren also Geld, das vorübergehend nicht als Tauschmittel benötigt wird. Wenn wir der Bank dieses Geld für eine festgesetzte Zeit überlassen, zahlt die Bank dafür einen Bonus: Zinsen. Während dieser Zeit verleiht sie das Geld weiter und bekommt dafür etwas höhere Zinsen, als sie den Geldbesitzern auszahlt. So bieten Banken dem Sparer eine sichere Aufbewahrung und Vermehrung seines Geldes – und dem Häuslebauer oder Unternehmer günstige Kredite zur Finanzierung ihrer Vorhaben.

Was wir daraus gemacht haben: Im Kapitel über →*Geld* wird deutlich, dass dieses Bank-Idyll ein Trugbild ist. Freilich eines, das die Banken- und Finanzwelt am liebsten von sich selbst zeichnet, um die Verhältnisse um das Geld und ihre Geschäfte zu vernebeln. Dass es mehr als 300 Jahre dauerte, bis die 1694 gegründete Bank of England in einem Bulletin 2014 offen darlegte, dass und wie sie Geld aus dem Nichts erschafft, hat einen guten Grund.[1] Der Pionier des Automobilbaus Henry Ford hat ihn einst so benannt: »Würden die Menschen das Geldsystem verstehen, hätten wir eine Revolution noch vor morgen früh.« Die es natürlich zu verhindern gilt, weshalb die Bankenwelt und die sogenannte Finanzwissenschaft sich seit je als Nebelwerfer betätigen, um den magischen Trick der Gelderzeugung zu verschleiern. Dieser Trick ist so extrem einfach, dass man kaum glauben kann, dass damit schon so lange derart erfolgreich gearbeitet werden konnte, ohne dass die von Ford angesprochene Revolution ausgebrochen ist. Er besteht aus einem simplen Federstrich beziehungsweise der digitalen Eingabe eines Kontostandes: In dem Augenblick, in dem die Bank mir 100 Euro Kredit einräumt, erschafft sie neues Geld. Technisch gesehen ist das für die Bank eine »Bilanzverlängerung«, die sie als Forderung ihrer Bilanz hinzufügt, praktisch aber hat sie aus dem Nichts neues Geld erschaffen. Dieses sogenannte Giralgeld ist durch keinerlei Gegenwert in den Tresoren oder den Bilanzen der Bank gedeckt, als Sicherung dient einzig das Vertrauen in meine Fähigkeit, den Kredit samt Zinsen zurückzuzahlen.

Da die sogenannte Mindestreserve der Banken, also das, was sie an echten Werten vorhalten muss, gerade einmal sieben Prozent beträgt[2], benötigt die Bank für meinen 100-Euro-Kredit de facto nur sieben Euro. In dem Moment, wo dieser Hunderter meinem Konto gutgeschrieben wird, sind 93 Euro, die es zuvor nicht gab, neu geschaffen. Sie waren vorher nicht vorhanden, sie gehörten auch niemand anderem, sie kommen tatsächlich aus dem Nichts. Real vorhanden sind nur die sieben Euro, die meine Bank sich vorher von der Zentralbank geliehen hat. Jetzt aber, da ich die 100 Euro abhebe, gehören sie gleich zweien: mir, der ich damit einkaufen gehen kann, und der Bank, die jetzt eine Forderung auf Rückzahlung von 100 Euro an mich hat. Obwohl sie nur sieben Euro davon wirklich besitzt, will sie nun aber nicht nur die aus der Luft geschaffenen 93 Euro von mir zurück, sondern verlangt auch noch Zinsen für den Gesamtbetrag. Sofern ich mir mit der Rückzahlung zum Beispiel zwölf Jahre Zeit lasse und ein Zinssatz von sechs Prozent vereinbart ist, muss ich am Ende 200 Euro zurückzahlen – das Doppelte von dem, was mir die Bank geliehen hat, und das Zigfache der sieben Euro, die ihr wirklich gehörten. Zudem erhält die Bank während dieser Zeit jedes Jahr ihre sechs Prozent (= sechs Euro) Zinsen, mit denen sie jedes Jahr wieder knapp 100 Euro neues Geld erschaffen kann, das sie wiederum mit Zinsen verleiht usw. usf.

Dass viele von dieser magischen Luftnummer noch nie gehört haben, obwohl sie den Kern des Geschäftsmodells unserer Banken darstellt, zeigt nur, wie nachhaltig deren Verschleierungsstrategie bis heute funktioniert. Und es macht deutlich, warum die »Finanzmärkte« innerhalb der letzten Jahrzehnte zu einer Weltmacht aufgestiegen sind, gegen die kaum eine Regierung noch irgendetwas bestellen kann: Wer mit solchen Luftnummern unendlich viel Geld erschaffen kann, wird einfach unendlich reich.

Und hier sind wir an einem entscheidenden Punkt: Wenn Geld eine soziale Institution ist, dessen Wert durch das Vertrauen seiner BenutzerInnen (also von uns allen) geschaffen wird; und wenn wir BenutzerInnen die Aufgabe an unsere *Regierungen* delegiert haben, ein Zahlungsmittel herauszugeben, dem wir alle vertrauen können – wie kommt es dann, dass unsere Regierungen dieses wichtige (und wie oben gesehen äußerst einträgliche) Monopol der Geldschöpfung privaten Banken überlassen konnten? Gute Frage, für deren historische Beantwortung uns hier der Raum fehlt[3], die aktuell aber für eine geradezu absurde Situation verantwortlich ist: Wir, die GeldbenutzerInnen, erlauben privaten Banken, unser Geld per Luftnummer herzustellen, um es uns dann bei ihnen zu leihen. Wir, der über das Geldmonopol verfügende →*Staat*, stellen privaten Banken über unsere Zentralbank sieben Euro zu einem geringen Zinssatz zur Verfügung, um uns dann 100 Euro zu hohen Zinsen bei ihnen zu leihen. Benötigt ein Staat Kredit, kann er diesen also *nicht* über seine eigene Zentralbank bekommen, sondern muss ihn bei privaten Banken aufnehmen – und dafür teuer bezahlen (→*Schulden*).

Wir haben also nicht nur die Kontrolle über das Geld, sondern auch das Geschäft damit aus der Hand gegeben. Zudem haben wir zugelassen, dass Banken neben klassischen Bankaufgaben (Kontoführung, Zahlungsverkehr, Kreditvergabe an Privatpersonen und Unternehmen) auch »Investmentbanking« betreiben, das heißt mit hochspekulativen Derivaten, synthetischen Finanzprodukten und undurchsichtigen Wetten an den →*Börsen* aktiv werden. Sprich: Wir haben den Banken erlaubt, für sieben Euro im Finanzcasino 100-Euro-Chips zu kaufen und damit zu zocken – also mit einem vielfachen Hebel, was wunderbar ist, solange sich Gewinne vervielfachen, aber die reine Hölle, wenn es zu Verlusten kommt.

Gegen derart hochriskante Investments ist grundsätzlich überhaupt nichts einzuwenden, wenn auch das hohe Risiko eines Totalverlusts vom Investor getragen wird, doch genau das geschah ja bei den jüngsten Bankenkrisen eben nicht. Wir, die Steuerzahler, der Staat, haben diese Banken gerettet, nachdem sie das »billige« Geld, das sie von uns erhalten hatten, bei diesen hochriskanten Spekulationen genutzt und verbrannt haben. Und hier wird es geradezu grotesk, denn den Banken als den eigentlichen Verursachern der Krise ist es gelungen, daraus eine Staatsschuldenkrise zu machen: Die Staaten retteten die schuldigen Banken und stehen nun bei ihnen noch fetter in der Kreide als zuvor.

Was ihr daraus machen werdet: Ihr werdet die strikte Trennung von klassischen Geschäftsbanken und Investmentbanken wiederherstellen.[4] Ihr werdet den Geschäftsbanken das Privileg einräumen, sich über die Zentralbanken zu finanzieren, Geld für Privatpersonen und Unternehmen zu schöpfen und deren Einlagen anzulegen. Ihr werdet Investmentbanken verbieten, sich ihr Kapital über diese Geschäftsbanken zu beschaffen, und so verhindern, dass ihre Hochrisikogeschäfte im Verlustfalle Sparer und Kleinanleger in den Abgrund ziehen; ihr werdet diese Investmentbanken und das Finanzcasino (→*Börsen*) so gestalten, dass ihre Akteure jederzeit in Konkurs gehen können, ohne die Allgemeinheit zu belasten.

In einem zweiten Schritt werdet ihr das Geld wieder zu »Vollgeld« (→*Geld*) machen, d.h. das Monopol der Zentralbank auf Münzen und Banknoten wird auch auf alle unbaren Zahlungsmittel ausgedehnt. Nicht mehr private Banken erzeugen dann nach Gusto neues Geld, sondern die gesamte Geldschöpfung steht wieder unter der Hoheit der Zentralbank. So kommt nicht nur der Geldschöpfungsgewinn ungeschmälert dem öffentlichen Haushalt zugute, es wird auch verhindert, dass dauernd zu viel Geld geschöpft wird und neue Finanzblasen entstehen. Überschießende Finanzmarktspekulationen werden eingedämmt, Verzerrungen der Realwirtschaft durch Finanzwetten werden verhindert. So werdet ihr ein sicheres Geld schaffen, das in Bankkrisen nicht mehr verschwinden kann. Ihr werdet auch dafür sorgen, dass anonymes, von der Zentralbank bereitgestelltes Münz- und Papiergeld nicht abgeschafft wird, und zudem dezentrale, regionale und digitale Parallelwährungen wie »Taler« und »Bitcoin« nutzen, also eure eigenen »Peer-to-Peer«–Banken schaffen (→*Geld*). Und weil ihr euch die staatliche Souveränität über die soziale Institution Geld zurückerobert habt, werdet ihr Währungs- und Finanzkrisen künftig souverän vermeiden.

Bienen

Was gemeint ist: Der Klebstoff, der unsere gesamte landwirtschaftliche Versorgung zusammenhält beziehungsweise dessen Produzenten, die für den Menschen seit 11 500 Jahren überlebenswichtigsten Wesen. Bienen verhelfen uns zu mehr als einem Viertel unserer weltweit benötigten Lebensmittel, ihr Wertschöpfungsanteil liegt bei (nicht von den Bienen in Rechnung gestellten) 200 Milliarden Dollar. Leben und Gesundheit von Millionen Menschen hängen davon ab, dass die weltweiten Bienen ihren Bestäubungsjob zuverlässig verrichten.

Was wir daraus gemacht haben: Für die nahe Zukunft werden 700 000 bis 1,4 Millionen Todesopfer pro Jahr (nicht Bienenopfer, sondern Menschenopfer) prognostiziert sowie 13,2 Millionen Menschenlebensjahre bei eingeschränkter Gesundheit.[1] Ursache dieser drohenden Katastrophe sind die Verkleinerung der den Bienen zur Verfügung stehenden Lebensräume, allzu warme Winter (→*Erderwärmung*), Viren, Faulbrut, Milben, die beunruhigend unerklärliche *Colony Collapse Disorder* sowie Pestizide, die wir zum Schutz unseres →*Saatgutes* einsetzen. All dies hat in den vergangenen wenigen Jahren die weltweite Bienenpopulation dramatisch dezimiert, zuletzt starb 2014–2015 die Hälfte der Population in Nordamerika (ein Drittel im Süden der USA).[2] In Europa bietet sich das gleiche Bild: In Deutschland hat ein Drittel der Bienenvölker den letzten Winter nicht überlebt (normalerweise sterben »nur« zehn Prozent)[3], damit ist seit 1952 die Zahl der hiesigen Bienenvölker von 2,5 Millionen auf 500 000 zurückgegangen.

Was ihr daraus machen werdet: Im Wissen um die Wahrheit (fälschlich Einstein zugeschrieben, trotzdem wahr[4]): »Wenn die Biene von der Erde verschwindet, hat der Mensch nur noch vier Jahre zu leben«, werdet ihr eure Bienen ganz egoistisch retten. Denn vier Jahre sind euch garantiert zu wenig →*Zukunft*.

BIP

> *Das BIP misst weder unseren Verstand noch unseren Mut,*
> *weder unsere Weisheit noch unser Mitgefühl [...].*
> *Es misst, kurz gesagt, alles außer dem,*
> *was das Leben lebenswert macht.*
>
> Robert Kennedy, 1968

Was gemeint war: Das BIP, das sogenannte Bruttoinlandsprodukt, gibt den Gesamtwert der binnen eines Jahres in einer Volkswirtschaft erzeugten Waren und Dienstleistungen an. Die Veränderungsrate des BIP beschreibt mithin die Veränderung der volkswirtschaftlichen Aktivität, ein steigendes BIP drückt wirtschaftliches →*Wachstum* aus. Als Maßstab für gesellschaftlichen Wohlstand und Lebensqualität kann das BIP ausdrücklich *nicht* dienen.[1]

Was wir daraus gemacht haben: Genau das, als was das BIP nicht dienen kann: Die Zahl gilt uns als Gradmesser für gesellschaftlichen Wohlstand. Da wir alle gern oder zwanghaft alles Mögliche messen (→*Wettbewerb*), gleichzeitig aber nichts verstehen, was nicht in einen kurzen Hauptsatz passt, ist unsere Betrachtung des BIP verkürzt auf eine einfache »gefühlte« Wahrheit, verkündbar binnen weniger Sekunden im *heute-journal*. Steigt das BIP, wissen wir: Es geht uns gut. Stagniert das BIP (oder sinkt gar), wissen wir: Es geht uns schlecht – und demnächst garantiert an den Kragen.

Diese unsere allzu schlichte Wahrnehmung des Indikators ist nicht nur reiner Blödsinn, sondern gefährlich. Nicht nur entspricht das Bestreben, Wohlstand und Wachstum mittels des BIP zu ermitteln, dem zum Scheitern verurteilten Versuch, »den Blutdruck mit Hilfe eines Thermometers zu bestimmen« (Meinhard Miegel), mehr noch: Das BIP ist längst zur positiven Zahl einer *negativen* Entwicklung geworden. Und zwar nicht nur, weil es keine Moral kennt und vieles schlicht »nicht auf dem Schirm hat« (wie z.B. unbezahlte Arbeit oder den Verbrauch von natürlichen Ressourcen), sondern auch, weil es aus einer längst vergangenen Zeit des Mangels stammt und spätestens mit dem Übergang in unsere Epoche der erfüllten Bedürfnisse auf verheerende Weise irreführend geworden ist.

Sich das an einem fast beliebigen Beispiel klarzumachen ist vergleichsweise simpel. Fahren Sie morgens in Ihrem privaten Pkw unfallfrei zur Arbeit, erzeugt diese Fahrt keinen nennenswerten Zuwachs des BIP – abgesehen von ein paar Euro für Ihre Tankfüllung, ein paar Cent anteiliger Inspektionsrechnung und ggf. dem Preis einer Frühstückssemmel an der Tanke. Verursachen Sie hingegen auf Ihrer Fahrt eine Massenkarambolage auf der Autobahn, erzeugen Sie einen gewaltigen positiven Zuwachs an Dienstleistungen und Warenproduktion, denn statt der unfallfreien 6,50 Euro für Sprit und Semmel sorgen Sie für einen Zuwachs von zirka 500 006,50 Euro in Form von Dienstleistungen (Krankenwagen, Notfallärzte, Sanitäter, Hubschraubereinsatz, Reparaturwerkstätten, Schrottpressen, personeller Aufwand bei Versicherungen, Anwälten, Gerichten, Sachverständigen, Bestattungsinstitut, Krematorium) sowie bei der Warenproduktion: Die aufgrund von mehreren Totalschäden erforderliche Fertigung mehrerer Neuwagen veranlasst das BIP zu einem gewaltigen Freudensprung.

Der Vorfall ist zwar fraglos eine Katastrophe und unter keinerlei Umständen positiv zu bewerten, aber genau das »tut« das BIP. Beziehungsweise tun wir, indem wir das BIP falsch lesen.

Das Beispiel lässt sich problemlos überall hin übertragen. Die EHEC-Katastrophe, an der hierzulande 2011 nach dem Genuss von Sprossengemüse Hunderte von Menschen erkrankten und über 50 starben, war fürs BIP ein Segen, gesund bleibende Sprossenesser sind es nicht, jedes gesundheitsgefährdende Medikament treibt das BIP hinauf, gesunde Menschen sind komplette Wachstumsbremsen, ein Besuch beim Psychiater ist besser als ein Gespräch unter Freunden, und jeder Einsatz der Mordkommission schafft einen BIP-Zuwachs, während allgemeiner Frieden gefährliche Stagnation bedeutet.

Wir gehen aber noch ein paar Schritte weiter. Wo keine Unfälle oder Katastrophen unserer Beruhigungszahl auf die Sprünge helfen, helfen wir uns selbst, indem wir, wenn schon nicht lebensgefährliche, so doch möglichst viele sinnlose Transaktionen schaffen – beispielsweise, da unbezahlte Arbeit ins BIP grundsätzlich nicht einfließt, indem wir zwei nebeneinander wohnende Mütter von jeweils drei Kindern animieren, als Tagesmütter berufstätig zu werden und die insgesamt sechs Kinder einfach morgens über den Gartenzaun zu tauschen. Das gefällt zwar weder den Kindern noch den Müttern, ist aber gut fürs BIP, denn beide Mütter tragen jetzt als Dienstleistende zu dessen Steigerung bei.[2] Ebenso wie alles bezahlte Zettelsortieren (→*Arbeit*), also die Hin- und Herverwaltung von Dingen, für deren Hin- und Herverwaltung es keinen vernünftigen Grund gibt – außer eben: dem BIP.

Kurz: Das BIP ist, wie schon die Erfinder wussten, als Gradmesser unseres Wohlstandes vollkommen untauglich, denn es berücksichtigt alles Wesentliche nicht – was nicht zuletzt daran liegt, dass wir allem Wesentlichen keinen Preis zugeordnet haben. Das BIP erfasst den Abbau von →*Ressourcen* lediglich positiv als Wirtschaftstätigkeit, nicht aber gleichzeitig (mit negativem Vorzeichen) als Verlust an Vorräten und/oder gar als Vernichtung von Lebensgrundlagen; das BIP erfasst weder ehrenamtliche Tätigkeiten noch Hausarbeit, Kinderbetreuung oder häusliche Pflege, noch Freiwilligkeit oder Mitmenschlichkeit, geschweige denn Dinge wie Glück und Zufriedenheit. Das BIP kennt nur Preise, keine →*Werte*, und was nichts kostet, ist auch nichts wert.

Gewonnen haben wir mit dem BIP-Denken nichts. Verloren in der Regel allerdings Lebensqualität, Sinn und – siehe Massenkarambolagen, kontaminierte Sprossen oder andere Katastrophen – eine Menge Leben. Und was unseren eleganten Indikator mal wieder so richtig durch die Decke gehen ließe, auf wahnsinnig beruhigende Zehn-Prozent-Wachstumsraten, wäre folgerichtig ein gescheiter Wiederaufbau. Dazu fehlt uns ja eigentlich nur noch der ultimative BIP-Booster, das historisch bewährte Wachstums-Vorprogramm →*Krieg*.

Was uns da im *heute-journal* allabendlich so sanft Richtung Schlummer beruhigt, ist also tatsächlich ein Grund für haufenweise schlaflose Nächte.

Was ihr daraus machen werdet: Eine Zahl mit Moral. Denn erst die Bewertung von wirtschaftlichen Transaktionen als im Sinn eurer gemeinsamen Ziele »wünschenswert« (+) oder »nicht wünschenswert« (-) erzeugt eine Kennzahl, die tatsächlich Aussagekraft hat. Unsere Versuche, uns auf einen brauchbaren Faktor zu einigen, sind wie üblich gescheitert – vom Human Development Index (HDI) über den Happy Planet Index (HPI) und den Human Sustainable Development Index (HSDI) bis zum Global Competitiveness Index (GCI), vom Gini-Koeffizienten bis zum Bhutan-Glücksfaktor[3], aber ihr werdet euch umgehend auf eine geeignete Lösung einigen (möglichst noch *vor* dem Knall). Sollte euch übergangsweise nichts wirklich Geniales im Sinn von »wahren Werten« einfallen, bewertet halt das, was euch wichtig ist, indem ihr es mit Preisschildern verseht – vor allem die Natur (respektive den Verbrauch an Natur) sowie, tatsächlich, das »Wohlergehen«. Das ist zwar unbezahlbar, aber solange es sich nicht anders fassen lässt, bekommt es eben ein Preisschild als Krücke (und hängt damit das neue iPhone vermutlich spielend ab). Monetär angemessen erfassen werdet ihr aber in diesem Übergangsmodell auch wertvolle Tätigkeiten wie die von Müttern oder

Pflegern oder Lehrern. Dazu müsstet ihr ja nur Mütter, Pfleger und Lehrer gescheit hoch bezahlen – und Manager, Wirtschaftsexperten oder sinnlose Zettelsortierer eben gescheit schlecht. Sobald ihr diese Neubewertung rasch verabschiedet habt, ist der Weg kurz zu einem gescheiten Mix aus BIP und dem Nationalen Wohlfahrtsindex NWI.[4] Das Auffinden der endgültig *alle* seligmachenden Kennzahl könnt ihr ja dann getrost euren Kindern überlassen. Hauptsache ist, dass ihr das BIP so schnell wie möglich dorthin schickt, wo es hingehört, nämlich als bizarre Verirrung in die Geschichtsbücher.

Börsen

> *Ich sehe ungeheure Konglomerate*
> *an Stelle der vereinzelten Kapitalisten treten.*
> *Ich sehe die Börse dem Fluche verfallen,*
> *dem jetzt die Spielbanken gefallen sind.*
>
> Friedrich Nietzsche, 1871

Was gemeint war: Die Beteiligung an Unternehmungen war schon in antiker Zeit möglich; die Möglichkeit, sie in Form von Unternehmensanteilen (Aktien) auf einem Markt zu erwerben, entwickelte sich im 17. Jahrhundert zuerst in den Niederlanden und in England. Nicht zufällig in zwei Kolonialmächten, die teure Handelsflotten ausrüsten mussten, um ihren gewinnträchtigen Fernhandel zu betreiben. Mit Beginn der Industrialisierung im 19. Jahrhundert wurden die Börsen dann zum wichtigsten Instrument der Kapitalbeschaffung für Unternehmen – und zu einem immer größeren Markt der Spekulation.

Was wir daraus gemacht haben: Dass das erste Buch über den Börsenhandel von seinem Autor Joseph de la Vega 1688 in Amsterdam unter dem Titel *Die Verwirrung der Verwirrungen* veröffentlicht wurde, war kein Zufall. Die »Vier Dialoge über die Börse in Amsterdam« zeigen vielmehr, dass die schwer durchschaubare Komplexität der Finanz- und Aktienmärkte keineswegs ein Kind unserer Tage ist, sie herrschte vielmehr von Anfang an. Termingeschäfte, Optionskontrakte, Leerverkäufe, Puts und Calls – das gesamte Arsenal der Spekulation war schon damals im Einsatz und ihr Missbrauch – Manipulationen und Insiderhandel – stand von Beginn an auf der Tagesordnung.

Während de la Vega zeigt, wie Akteure mit den besseren Informationen und größerer Marktmacht die Kurse jederzeit manipulieren können, macht ein weiterer Klassiker der Börsengeschichte schon 1841 auf ein Phänomen aufmerksam, das den Handel ebenfalls bis heute begleitet: *Außerordentliche Verwirrungen und der Wahn der Massen* lautet der Titel des Werks von Charles McKay. Es beschreibt Zustände der Bildung von Spekulationsblasen, Massenpanik und Hysterie, die bis heute keine Ausnahmen, sondern die Regel sind. Allen Regulierungen und Kontrollmaßnahmen zum Trotz, die stets eingeführt wurden, wenn die Börsen mal wieder »gekracht« waren – um sie nach ihrer Erholung meist wieder abzuschwächen oder ganz abzuschaffen.

Die Börsen verschaffen Unternehmen eine gute Möglichkeit, sich über die Ausgabe von Aktien und Anleihen Investitionskapital zu besorgen sowie sich mit Termin- und Optionskontrakten gegen Ernteausfälle, Währungsschwankungen und dergleichen zu versichern. Gegen einen kleinen Beitrag können sich Unternehmen so zu einem bestimmten Termin einen Festpreis für den Kauf oder Verkauf einer Ware sichern. Diesen volkswirtschaftlich sinnvollen und segensreichen Funktionen der Börsen standen von Beginn an die Schattenseiten und Gefahren der Spekulation gegenüber. In einem weiterem Klassiker, John Maynard Keynes' *Allgemeiner Theorie*, hieß es 1936 dazu:

»Spekulanten mögen unschädlich sein als Seifenblasen auf einem steten Strom unternehmerischen Tuns. Aber die Lage wird ernst, wenn das unternehmerische Tun die Seifenblase auf einem Strudel der Spekulation wird. Wenn die Kapitalentwicklung eines Landes zum Nebenerzeugnis der Tätigkeit eines Spielcasinos wird, wird die Aufgabe voraussichtlich schlecht erledigt werden.«[1]

Mit »voraussichtlich schlecht« hatte Keynes, der selbst beim Schwarzen Freitag 1929 sein Vermögen verloren hatte, sehr dezent ausgedrückt, welch katastrophalen Effekt es auf die Wirtschaft hat, wenn es sich nicht mehr lohnt, in »unternehmerisches Tun« zu investieren, weil im Casino weitaus höhere Renditen erzielt werden. Im Zuge des New Deal zog US-Präsident Roosevelt dann einige strikte Leitplanken ein, die das Übergreifen der Spekulation auf die Realwirtschaft verhindern sollten. Als er 1934 Kopfschütteln und Erstaunen erntete, weil er ausgerechnet den erfolgreichen Börsenzocker Joseph Kennedy (den Vater des späteren Präsidenten John F. Kennedy) als Leiter der zur Regulierung der Finanzmärkte neu gegründeten Börsenaufsicht Securities and Exchange Commission (SEC) einsetzte, soll er lachend mit der Weisheit geantwortet haben: »Man braucht eben einen Dieb, um Diebe zu fangen.«[2] Des Weiteren wurde Banken per Gesetz verboten, Kredite zu vergeben, die mit Aktien oder Anleihen besichert waren, oder Darlehen an Börsenmakler zu geben, weil man als Ursache des Crashs die mit Krediten angeheizten Spekulationsblasen ausgemacht hatte. Da der Handel mit Derivaten und anderen spekulativen Finanzprodukten ebenfalls verboten wurde, war das Bankengeschäft im Wesentlichen auf die Kreditvergabe an Unternehmen und Häuslebauer reduziert[3] (→*Banken*), Investmentbanking fand nur in äußert bescheidenem Rahmen statt – was aber der Wirtschaft keineswegs schadete. Im Gegenteil: Von 1945 bis 1971 entfaltete sich in Amerika und Europa jenes Wachstum, das heute als »Wirtschaftswunder« bezeichnet wird. Dass in diesen Jahrzehnten das Wort »Finanzkrise« unbekannt war, weil solche Krisen nicht vorkamen, dass an den Börsen keine größeren Crashs zu verzeichnen waren und die ökonomische Entwicklung einen Aufschwung nahm, wie er historisch weder zuvor noch seitdem jemals stattgefunden hat – diese weitgehend unfallfreie Fahrt auf den Highways der »sozialen →*Marktwirtschaft*« verdankte sich den regulierenden Leitplanken, die als Lehre aus dem Schwarzen Freitag und der Großen Depression in den 30er Jahren eingezogen worden waren. Und die dafür sorgten, dass über die Börsen das Investitionskapital für diesen Aufschwung generiert und in diesen Jahrzehnten tatsächlich so etwas wie »Wohlstand für alle« geschaffen werden konnte.

Mit der Aufkündigung des Goldstandards (→*Geld*) 1971 und nunmehr ständig schwankenden Währungen und Zinsen, gegen die man sich als Unternehmen mit Optionen versichern musste, bekamen die Spekulanten dann wieder einen ersten Fuß in die Börsentür. Sukzessive wurden Derivate von den Behörden zum Handel wieder zugelassen, und der Umsatz mit diesen Wetten explodierte seit den 80er Jahren geradezu – auf mittlerweile über 700 Billionen Dollar weltweit.[4] Mit der realen Wirtschaft, deren Leistung kaum ein Zehntel dieser Summe beträgt, hat dieser virtuelle Finanzberg eigentlich nichts mehr zu tun – oder nur noch insofern, als Regierungen und Notenbanken alle Hände voll damit zu tun haben, seinen Zusammenbruch zu verhindern, denn dieser würde die Realwirtschaft wie ein Tsunami treffen und erschüttern.

Ebenfalls mit der Realwirtschaft nichts mehr zu tun hat der sogenannte »Hochfrequenzhandel«, bei dem mittlerweile über 70 Prozent des gesamten Börsenhandels von Computern abgewickelt werden, deren Algorithmen in Millisekunden Milliardenwerte hin und her schieben. Da auch hier wie schon in den Anfängen der Börse jeder Informationsvorsprung bares Geld bedeutet, sind die wenigen Big Player, die über die schnellsten Verbindungen zu den Börsenrechnern verfügen, dem gesamten Rest der Börsenkunden und vor allem den Millionen Privatmenschen mit ihrem Online-Brokerkonto hoffnungslos überlegen. Sprich: Von einem halbwegs fairen Börsenspiel kann in Zeiten des »Algo-Tradings« (→*Computer*) schon aus technischen Gründen keine Rede sein – wenige tausendstel Sekunden machen einen definitiven und uneinholbaren Unterschied.[5] Auch wenn sich die klassischen Börsenmanipulationen – der Händler, der den Auftrag zum Kauf einer großen Menge bestimmter Aktien ausführt, kauft vorher auf eigene Rechnung über einen Strohmann und profitiert risikolos vom Kursaufschwung, oder die Großbanken, die bei ihren Absprachen des Libor (Inter-Bank-Zinses) erwischt wurden, oder andere Insidergeschäfte – nie vollständig verhindern lassen, wäre ein faires Börsencasino durchaus machbar. Doch wir haben es seit den 70er Jahren zugelassen, dass nahezu sämtliche Leitplanken entfernt, sämtliche Limitierungen der Spekulation aufgehoben und ein Derivat-Monster geschaffen werden konnte, das jederzeit wie ein Meteor auf die Erde stürzen und in den globalen Volkswirtschaften unermesslichen Schaden anrichten kann.

Was ihr tun werdet: Ihr werdet diesem Monster die Luft rauslassen – langsam, vorsichtig aber effektiv und nachhaltig. Ihr werdet wie das →*Geld* auch die Börsen wieder unter öffentliche Kontrolle bringen. Ihr werdet verhindern, dass jemals wieder irgendwelche Zocker mit Steuergeldern gerettet werden müssen, weil sie »to big to fail« sind. Ihr werdet auf dem Börsenhighway wieder jene Leitplanken einziehen, die einst die Große Depression beendeten und ab 1945 zum Wirtschaftswunder führten. Ihr werdet das Börsencasino nicht schließen, das zur Kapitalbeschaffung für Unternehmen und Start-ups nach wie vor sehr nützlich ist, aber ihr werdet die reinen Spekulationsgeschäfte stark regulieren und besteuern. Dazu werdet ihr z.B. die 2002 aufgehobene Besteuerung von Veräußerungsgewinnen wieder einführen. Aber ihr werdet die Zocker weiter nach Herzenslust zocken lassen, ohne dass sie die Risiken auf den Steuerzahler abwälzen können; ihr werdet euch über jede Transaktion freuen, wenn an einem einzigen Tag Finanzprodukte im Wert von 16 Billionen Dollar bewegt werden (das 70-Fache der realen weltweiten Wertschöpfung), weil ihr a) eine Transaktionssteuer auf diese Geschäfte erhebt und b) die Steuerflüchtlinge, die dann auf andere Börsenplätze ausweichen, noch ganz anders zur Kasse bittet (→*Steuern und Oasen*). Weil ihr die Börsencasinos ganz einfach wieder unter Kontrolle nehmen könnt: indem ihr die Rolle des Buchmachers, des Clearings, übernehmt. In dem Moment, in dem die öffentliche Hand, der Staat, als Clearingbank die gesamte Abwicklung und Buchhaltung der Börse übernimmt, könnt ihr euch nicht nur einen perfekten Überblick über das Treiben auf den Finanzmärkten verschaffen, sondern auch für fairen Algorithmenhandel (durch festgelegte Mindesthaltezeiten) sorgen und die Spekulation mit Lebensmitteln und anderen essentiellen Produkten ebenso einschränken wie den freien OTC-Handel (over the counter, also der außerbörsliche oder direkte Handel) mit Derivaten, der dazu geführt hat, dass niemand mehr die genaue Anzahl von Leichen im Keller der Großbanken auch nur kennt, weil die meisten der Derivatgeschäfte eben OTC und nicht als offizielles Börsengeschäft abgewickelt werden. Kurz: Ihr werdet kein einziges Börsencasino schließen, aber Transparenz schaffen und für »fair trade« an den Börsen sorgen.

Bücher

Was gemeint war: Schlüssel zum Reich des Weltwissens, das dem Normalsterblichen vor Gutenbergs genialer Erfindung der Druckerpresse fest verschlossen und vernagelt war. Die Erfindung des allgemein zugänglichen Buches stellte die erste kulturelle Revolution dar und ebnete den Weg zu →*Aufklärung*, Fortschritt und →*Demokratie*.

Was wir daraus gemacht haben: Bücher vom Fließband, erschwinglich für jedermann, primär zu Unterhaltungszwecken genutzt. Als Wissensquelle inzwischen weitgehend irrelevant (→*Das Netz*).

Was ihr daraus machen werdet: Sammlerstücke. Unterhaltung vom Groschenroman (*50 Shades of Grey* ff.) bis zur Literatur wird komplett verlagert in komfortable E-Paper-E-Reader (mit zusätzlicher Möglichkeit, gedruckte Versionen »on demand« zu beziehen), »echte Bücher« werden angemessen teuer so gehandelt, dass sogar die Urheber wieder etwas davon haben, nicht nur Staat (sieben Prozent), Industrie (38 Prozent) und Vertrieb (50 Prozent).[1]

Commons

Was gemeint war: Allgemeingut, Gemeingüter, Allmende. Die Wiesen auf der Alm, die alle Bauern nutzen, die aber keinem gehören; das Wasser aus Quellen und Flüssen; das Wissen über die Welt; die wilde Natur, die Berge, das Meer; die Wege und Straßen und Parks.

Was wir daraus gemacht haben: Die Tragik der Allmende. Die These, dass Allgemeingut nichts wert ist, weil alle Menschen Egoisten sind: Wenn eine Ressource allen zur Verfügung steht, nimmt sich jeder so viel wie möglich.

Was ihr daraus machen werdet: Mit der Ökonomin Elinor Ostrom (Nobelpreis 2009) entdecken, dass diese »Tragik« keine ist, sondern dass Gemeineigentum erfolgreich verwaltet werden kann. Und dass Menschen gar nicht als Egoisten geboren, sondern dazu erzogen werden, weil ihnen kooperatives, solidarisches Handeln ausgetrieben wird. Aber das kann wieder gelernt werden.

Computer

*Wer in der Nähe eines Drachens lebt, tut gut daran,
ihn in seine Überlegungen mit einzubeziehen.*

J.R.R. Tolkien

Was gemeint war: Was der Name schon sagt – *computare* heißt rechnen, der Computer ist eine Rechenmaschine. Eine, mit der wir theoretisch alles, was berechenbar ist, berechnen können. Aber mehr eben nicht.

Was wir daraus gemacht haben: Der Computer hat sich grundsätzlich nicht gewandelt, wohl aber unsere Definition von »Berechenbarkeit«, und das vollständig. Der Computer ist dabei unverändert eine Rechenmaschine, denn er kann weiterhin nur verarbeiten, was ihm in Form von Zahlen und Rechenvorschriften vorgelegt wird. Kein Computer kann denken, fühlen oder gar verstehen. Allerdings lässt sich verblüffend viel inzwischen als lange Zahlenreihe darstellen, sogar ganze Filme, Symphonien oder das menschliche Genom.

Da das Mooresche Gesetzt[1] wohl wenigstens bis 2025 weiter gültig bleibt, werden unsere Rechner auch zukünftig exponentiell immer leistungsfähiger, gleichzeitig kleiner und gleichzeitig günstiger. Die Gedächtnis- und Verarbeitungsfähigkeit des menschlichen Gehirns, aberwitzige eine Million Milliarden Bits, wird ein 5000-Euro-Rechner[2] daher 2023 erreichen[3] – dabei allerdings eine Milliarde mal *schneller* funktionieren als unsere Gehirne.[4] Leistungssteigernd kommt hinzu, dass Rechner sich vernetzen, ihr Wissen also problemlos teilen können, anders als wir (da wir nur die menschliche Kommunikation beherrschen und alles Neue mühsam erlernen müssen).[5] Es ist folglich nur noch eine Frage der Zeit, bis unsere Rechner sich nicht mehr mit dem vergleichsweisen Kinderspiel abgeben, Schachgroßmeister abzuservieren, sondern auch wirklich komplizierte Aufgaben werden lösen können – wie das Übersetzen von Sprache oder das polyglotte Kalauern.

Fraglos ist es auf dem Weg durch die Jahrzehnte für uns erheblich einfacher geworden, unsere Computer zu bedienen – aber das liegt, wie George Dyson prägnant formulierte, auch daran, dass es für den Computer einfacher geworden ist, *uns* zu bedienen. Wir waren nämlich ungeheuer entgegenkommend. Und da unsere Computer nie so denken konnten wie wir, haben wir eben gelernt, zu denken wie sie. Das war grundsätzlich gut gemeint, nur haben wir eine Kleinigkeit übersehen, nämlich eine jedem Werkzeug gleichermaßen innewohnende ideologische Tendenz. Vulgo: Wer einen Hammer hat, sieht überall Nägel, wer einen Computer hat, hält alles für berechenbar. Die Folgen sind weitreichend, denn inzwischen haben wir die Prämisse vergessen (dass *wir* dem minderbemittelten Rechner entgegenkommen, damit der überhaupt *irgendwas* versteht) und denken tatsächlich wie er: Wir bewerten, vergleichen und evaluieren auf Teufel komm raus, und zwar auch und gerade dort, wo sich nichts mit Zahlen erfassen lässt: in der →*Schule*, in der Beziehung, im Privatleben. Wir optimieren und vergleichen, wir pressen alles in Zahlen und sind rund um die Uhr berechnend geworden, und wenn uns das alles doch mal kurz überfordert, sprechen wir davon, wir seien »abgestürzt« und imaginieren dabei längst nicht mehr einen Kletterunfall, sondern einen schwarzen Bildschirm.

Dass unser Entgegenkommen skurrile Züge angenommen hat, merken wir nicht mehr – und das, obwohl wir doch einem »Wesen« entgegenkommen, das nicht mal atmet. Oder frische Luft zu schätzen weiß. Oder Spaziergänge. Oder Freundschaft, Liebe oder schiefe Gesänge im Chor. Geschweige denn wissen kann, dass es einen großen Unterschied macht, ob man auf Japanisch denkt, auf Englisch oder auf Deutsch.

Unser sonderbares Entgegenkommen ist längst so weit gediehen, dass wir nur zu gern bereit sind, all dieses irrationale Zeug, das sich nicht mittels Zahlen ausdrücken lässt, auszusortieren und wegzuwerfen. Was sich dem armseligen Schubladen-»Denken« des Rechners entzieht, sich also nicht in Zahlen und Algorithmen fassen lässt, wird als störend empfunden, als unberechenbar, also ist es wertlos. Dass der Rechner so »denkt«, ist seiner Struktur, seiner Geschichte, seiner Programmierung geschuldet und inzwischen nicht mehr korrigierbar (obwohl unsere Programmierer längst anders könnten)[6] – aber die Folgen unseres Entgegenkommens für *uns* sind weitreichend, und wir bemerken sie nicht einmal. Denn aus unserem neuen Kalkulieren folgt nicht nur der Zwang zur dauernden Bewertung, die Rechnertechnologie hat sukzessive auch die Struktur unserer Interessen verändert – also das, *worüber* wir nachdenken, und vor allem, *wie* wir darüber nachdenken. Tatsächlich sind wir inzwischen so porentief gehirngewaschen durch unsere permanente DOS-Lebens-und-Arbeitsumgebung, dass wir *nur noch* in Ordnern denken können. Was in diesem System nirgendwo fehlerfrei hinpasst, wird nach kurzer Zeit in die Mülltonne gedrückt – nicht nur auf dem Desktop, auch und erst recht im Leben. Dumm nur, dass gerade dieses Unpassende, Schräge, Unverwechselbare, dass diese zwei Prozent den

Menschen eigentlich ausmachen. Beziehungsweise seine Individualität, denn zu 98 Prozent sind wir ja tatsächlich gleich – also problemlos abzulegen in Funktionsordnern. Der wichtigste Ordner aber, der für die schrägen zwei Prozent, fehlt leider in unserem Betriebssystem.[7] Die verbleibenden riesigen 98 Prozent allerdings scheinen tatsächlich berechenbar zu sein. Zwar verträgt sich das eigentlich nicht mit unserer Vorstellung, wir seien Individuen, aber aus dieser großen Erkenntnis der beträchtlichen »Gleichheit« der Menschen über alle Grenzen und Schranken hinaus folgen für uns keine philosophischen Fragen, sondern nur wirtschaftlich sinnvolle Effizienzsteigerungen – und zwar vorwiegend inhumane. Denn unseren Erkenntnisgewinn über den Menschen an sich verwenden wir primär, um unsere Manipulationsstrategien (→*Werbung*) unwiderstehlich zu verfeinern oder eben, rational, nur noch Leute zu versichern, die sich für den *Versicherer* rechnen.[8] Und was wir so den lieben langen Tag an Daten sammeln übereinander, von NSA bis Facebook, belegen wir obendrein mit einem fast niedlich klingenden Begriff: Big Data. Das klingt nicht mal halb so gefährlich wie Big Brother, eher nach einem Steinbruch oder einer Lagerhalle, in der alle sich was Schönes aussuchen können, aber Big Data über Menschen sind anders: »Sie warten nicht passiv ab, sondern können sich gegen uns wenden.«[9]

Solche Warnungen hören wir allerdings äußerst ungern. Oder gar nicht. Ebenso wenig wie diese: »Das Gesetz vom steigenden Ertragszuwachs sagt eine vollständige Fusion der Spezies mit der ursprünglich von ihr geschaffenen Technologie voraus.«[10] Denn ließen wir solche Gedanken zu, müssten wir ja auch gleich anerkennen, dass *immer* in der Geschichte die technische Überlegenheit einer Spezies ihr zur Herrschaft über alle anderen verholfen hat. Da nun die Maschinen/Rechner des 21. Jahrhunderts uns fraglos technisch überlegen sein werden, müssten wir uns also große Sorgen machen, dass die Zukunft uns nicht braucht[11] und »auf lange Sicht […] diese explodierende Intelligenz eine Kraft sein (wird), die sich mit den großen Kräften des Universums messen kann. Die Intelligenz wird die Naturgesetze nicht aufheben können, aber sie wird es verstehen, sich ihrer Wirkung zu entziehen.«[12] Oder eben: »Eines Tages in nicht allzu ferner Zukunft wird das Internet sich plötzlich zu einer superintelligenten KI zusammenballen, unendlich klüger als jeder einzelne Mensch und alle Maschinen zusammen. Es wird von einem Moment auf den anderen lebendig werden und die Weltherrschaft übernehmen, bevor wir kleinen unbedeutenden Menschen überhaupt wissen, wie uns geschieht.«[13] Wobei dann diese superintelligente Maschine, frei nach Irving J. Good, logischerweise sicher sein wird, »dass Menschen nicht denken können«.

Wann das passiert? Ray Kurzweil kommt mit seinen Berechnungen auf das Jahr 2035, aber der Mann ist ja auch notorisch optimistisch (und isst bis dahin, in Erwartung seiner kompletten Übertragung in einen Quantenrechner, rund um die Uhr interessante Nahrungsergänzungsmittel). Wahrscheinlich aber dauert es doch eher bis 2050. Und damit ist auch endgültig erklärt, weshalb *uns* völlig egal ist, dass die Tage des Menschen (*Homo sapiens*) gezählt sind, dass unser Nachfolger längst hinter der Bühne steht und seinen Auftritt erwartet. Denn wir müssen uns damit nicht mehr beschäftigen. Unsere alltäglichen Probleme werden ja offenkundig immer komplexer, und wir lassen uns alle Entscheidungen eben gern von unseren Rechnern abnehmen, weil deren Entscheidungen nun mal zu besseren Ergebnissen führen als unsere eigenen. Dass es rein rechnerisch eindeutig am klügsten wäre, uns weitgehend abzuschaffen (→*Weltbevölkerung*), wissen wir zwar, aber es kümmert uns nicht, denn wenn die neue Intelligenz 2050 diese Entscheidung trifft, sind wir – nach langem, frühpensioniertem Lebensabend – doch gottlob eh schon alle tot.

Was ihr daraus machen werdet: Zunächst werdet ihr → *Das Netz* (das der Rechner, das der Maschinen und das der Dinge) zurück unter eure Kontrolle bringen und es geeignet im Sinn eures Gemeinwohls organisieren statt als Motor der Ungleichverteilung von Macht und Wohlstand. Darüber hinaus aber werdet ihr euch an eine ganze Reihe von Wahrheiten erinnern, die wir schlicht vergessen hatten, und diese fest als Startscreens eurer Rechner installieren, auf dass sie euch alltäglich ein Lächeln ins Gesicht zaubern und euch erinnern, wer von euch beiden *nur* rechnen kann – und wer von euch *auch* rechnen kann, aber nicht nur. Als da wären, beispielhaft:

»Wir müssen die Tatsache wieder und wieder betonen, dass kein existierender Computer auf einem so niedrigen Präzisionsniveau arbeiten kann wie das menschliche Hirn.«[14]
»Vögel können nicht peinlich singen, Menschen schon.«[15]
»Wir sind viel näher an der Wahrheit, wenn wir unser Herz und nicht unser Gehirn als Zentrum des Verhaltens begreifen.«[16]
»Der Körper ist der Anker des Geistes und des Lebens.«[17]
»Was, wenn nur Menschen wirklich sind – und Informationen nicht?«[18]
»Unsere wirklich ernsten Probleme sind nicht technischer Natur, und sie erwachsen auch nicht aus unzureichender Information.«[19]

Ihr werdet wissen, dass alles wirklich Wichtige sich nicht zahlenmäßig darstellen lässt – von Freundschaft bis Liebe, von Sommerwind bis Winterluft, von Kummer bis Schönheit.

Und so werdet ihr eure Rechner nicht Moore lehren, sondern Moral. Und ihr werdet ihnen menschliche Werte als nicht überschreitbare Grenzen der rationalen Rechenoperationen beibringen: im Wissen, dass ihr, hieltet ihr euch weiterhin an die Regeln des Rechners, nur noch sehr begrenzt »aufwärtskompatibel« wärt und dass es nichts gefährlicheres gibt, im Menschen- wie im Rechenwesen, als Intelligenz ohne Moral.

Cyborgs

Die Grundlagen der menschlichen Psychologie gehören zu meinen Subroutinen.

Terminator Typ T-800, Modell 101

Was gemeint ist: Der *cyb*ernetic *org*anism entstammt anders als Golem, Homunculus oder Dolly[1] nicht dem alchemistischen Reagenzglas, sondern der rationalen Fabrik, ist also die »Menschmaschine« im besten kartesianischen Sinn. Und hinter der Entwicklung dieser kybernetischen Wesen steht nichts weniger als unser uralter prometheischer Traum[2], Göttern gleich Leben zu erschaffen und am besten auch gleich selbst noch unsterblich zu werden, also die uns von der Natur gesetzte letzte Grenze zu überschreiten und den Tod zu besiegen.

Was wir daraus gemacht haben: Fasziniertes Unwohlsein. Seit Mary Shelley nicht zufällig wenige Jahre nach dem ersten Auftritt der Ludditen (→*Maschinen*) ihren literarischen *Frankenstein*[3] schuf, beschäftigt uns das Thema der Menschmaschine nicht nur permanent in Literatur und Filmkunst[4], sondern längst auch konkret, in Wissenschaft, Forschung und Experiment. Die entscheidenden Fragen »Was ist menschlich?« und/oder »Was bleibt vom Menschen?« stellen sich dabei aber nur die Kunst, während die →*Wissenschaft* schlicht wertfrei neugierig ist (oder eben wertvoll neugierig, wie viel Geld sich mit allem Möglichen verdienen lässt) – und Forschung und Experiment ohnehin tun, was sie können. Fast unbemerkt von uns wächst der Cyborg dabei auf zwei verschiedenen evolutionären Wegen auf einen interessanten Treffpunkt zusammen.

Einerseits wird die künstliche Intelligenz (KI) immer schneller, kleiner und klüger (→*Computer*) und lagern wir unsere Hirnfunktionen (wie Orientierungsfähigkeit, Rechenfähigkeit, Merkfähigkeit) aus in unsere Smartphones. Dass dabei wichtige Bereiche unserer eigenen Gehirne verkümmern, nehmen wir billigend in Kauf, nutzen die fraglos überlegenen Rechenleistungen des Computers aber längst auch weitreichender als zum GPS-Navigieren. Vorreiter sind hierbei wie üblich unsere militärischen Labors[5], und unsere aus deren Fleiß resultierenden Kampfdrohnen sind nicht nur ganz konkret lebensgefährlich für afghanische Hochzeitsgesellschaften, sondern ein heikler Entwicklungsschritt auf rutschigem Boden. Noch steuern zwar wir selbst unsere Drohnen, aber dieses menschliche Mitwirken wird sich binnen kurzer Zeit im zwangsläufigen Rüstungswettlauf als ineffektiv und nachteilig erweisen: Überall dort, wo Rechner gegeneinander antreten, entpuppt sich nämlich sogar das sekundenschnelle Reagieren per Satellit als entschieden zu *langsam*[6], daher wird die KI in nächster Zukunft zwangsläufig selbst über den Waffeneinsatz entscheiden müssen – zumal ihre Entscheidungen meist besser (und, eben, schneller) sind als unsere eigenen. Dieses Prinzip wird indes nicht nur für autarke Drohnen gelten, sondern auch für unsere längst weit entwickelten, schwerbewaffneten vierbeinigen Cyborg-Soldaten. Welche Folgen das haben wird, möchten wir allerdings gar nicht so genau wissen, denn wir denken schlimmstenfalls an einen Hackerangriff auf diese potentiellen Mordsgehirne, nicht aber daran, dass das weltumspannende →*Netz* der Dinge sich spätestens 2030 zu einer völlig neuen Intelligenz zusammenballen wird und vermutlich zu dem sehr rationalen Schluss kommt, dass viele Menschen gar nicht gebraucht werden (→*Weltbevölkerung*).

Aus der anderen Evolutionsrichtung nähern aber auch wir Menschen uns dem Treffpunkt Cyborg an, nicht nur qua Auslagerung unserer Hirnfunktionen in unsere diversen Maschinen, sondern auch per maschinellem »Upgrade« unseres Selbsts. Dass Blinde mittels Kontaktlinsen oder Hornhaut-OPs wieder sehen, ist für uns längst selbstverständlich, Cochlea-Implantate[7] und Netzhautprothesen werden dies alsbald ebenfalls sein, die Neuroforschung verbindet sich unterdessen rasant mit der Robotik, künstliche Gliedmaßen lassen sich mittels Gedanken steuern (wie der erste »bionische Mensch« Jesse Sullivan[8] zeigt), selbst Affen können schon seit 2008 auch weit entfernte »dritte Arme« mittels ihrer Gedanken steuern, sofern man sie nur korrekt verkabelt[9], und Hirnimplantate sind neuerdings injizierbar – wenn auch bislang nur in Mäuseköpfe[10]. Das USB-5-Interface am menschlichen Hinterkopf ist mithin längst keine ferne Science-Fiction mehr, und wer wollte genau diese Schnittstelle *nicht* haben? Denn spätestens nach diesem technischen Quantensprung könnten wir doch endlich »lernen« wie unsere Computer, könnten wir mittels Datentransfer binnen Minuten die ganze Wikipedia im Kopf haben oder uns im Handumdrehen in die Lage versetzen, den ganzen Chopin selbst zu spielen.

Das nun noch fehlende letzte Cyborg-Puzzlestück stellt die Optimierung des Organismus »Mensch« mittels Genmanipulation dar, aber diese scheitert schon heute nicht mehr an wirtschaftlichen Gründen[11], sondern nur mehr an letzten moralischen Bedenken unsererseits. Bislang lassen wir daher nur auf Mäuserücken Ohren wachsen[12], aber unsere ethisch-religiösen Fragen werden sehr bald ganz in den Hintergrund treten, denn Wissenschaft und Forschung haben de facto das beste Argument auf ihrer Seite: Denn wer wollte das nicht, Krankheiten besiegen, Menschen heilen? Wer wollte im Weg stehen, wenn es gilt, Leid zu verringern? Gar: endlich den Tod zu besiegen? Wir werden diesen Verheißungen nicht mehr lange widerstehen können.

Gleichwohl: So richtig geheuer ist uns das Ganze nicht[13], aber unsere gleichzeitige Hoffnung und Befürchtung als »irrational« abzutun fällt wohl nur Computerexperten ein. Tatsächlich ist unser mulmiges Gefühl nichts weiter als unsere Vorahnung, dass wir uns an der Schwelle zu einer weltverändernden Revolution befinden, mit der wir uns dringend beschäftigen müssten: vor allem damit, welche Ziele sie haben könnte – und welche sie haben *sollte*. Das aber erfordert echtes Nachdenken, und dazu fehlt uns allen schlicht die Zeit im hektischen, beschleunigten Alltag. Und so findet dieses revolutionäre Zusammenwachsen von uns unbeobachtet und unkontrolliert statt – hinter unseren Rücken.

Was ihr daraus machen werdet: Ihr werdet wissen, dass es zu spät für Korrekturen ist, wenn die von euch geschaffene Intelligenz sich im quasi neuronalen, längst weltumspannenden »Netz« verbindet und intelligente Entscheidungen selbst zu treffen beginnt, ohne über das hierzu erforderliche moralische Rüstzeug zu verfügen. Daher werdet ihr die →*Wissenschaft* moralisch an die Kandare nehmen. Nicht sie verhindern (das ging nie, siehe Frankenstein, und wird nie gehen, denn die verrückten Professoren sterben ja nicht aus); aber ihr werdet wenigstens die von euch als Gemeinschaft zukünftig wieder unabhängiger finanzierten Forscher und Tüftler nötigen, Moral in ihre kommenden Geschöpfe einzubauen (→*Computer*). Weil ihr, anders als wir, wisst, dass die Singularität kein Kindergeburtstag, ein Nanobot kein »kleiner unschuldiger Helfer« und ein echter Cyborg keine Teflonpfanne ist.

Ziele und Grenzen dieser Revolution werdet ihr daher schon bald setzen – lange bevor es 2030 zu spät ist, bevor endgültig die Nivellierung der uns Menschen auszeichnenden zwei Prozent als »unberechenbar und daher lästig« abgeschlossen ist. Weil ihr wisst, dass rational und vernünftig, aber ohne alberne Moral handelnde Rechner und Cyborgs sich andernfalls entschließen werden, eure bestehende Herrschaft zu beenden und auf 90 Prozent von euch zu verzichten.

Ein Zusatzproblem werdet ihr auf dem Weg gleich mit lösen müssen, und zwar dringend: eure nahende Unsterblichkeit. Da diese unweigerlich immer greifbarer wird, werdet ihr sie nicht verbieten können (und nicht verbieten *wollen*), aber entlang der Binsenweisheit »be careful what you wish for« birgt eure Möglichkeit, euch diesen Wunsch zu erfüllen, eben wahrlich das Potenzial für welterschütternde Auseinandersetzungen.[14] Denn sind erst Einzelne von euch in der Lage, sich entweder als »Identitäts-Festplatte« oder tatsächlich als Cyborgs aus Fleisch, Blut, Drähten, Bits und Bytes dem Tod zu entziehen, entfällt für alle *anderen* ein ganz wesentlicher diesseitiger Trost, der seinen Widerhall im Kalenderspruch findet, »im Tod sind alle Menschen gleich«. Ihr werdet nicht unterschätzen, welchen Kummer das Überschreiten dieser letzten Grenze heraufbeschwört, da diese Grenze für die meisten Menschen unüberwindlich bleiben muss. Und zwar für eben jene, deren einziger Trost zu Lebzeiten darin bestand, dass auch ihr, die zu Lebzeiten Beschenkten, irgendwann sterben müsst wie sie.

Ihr seht uns ewigen Besserwissern daher sicher nach, dass hier, ausnahmsweise, auch uns tröstende oder passende Worte nach dem »Ihr werdet« schlicht nicht einfallen wollen.

Das Netz

Du bist nicht der Kunde der Industrie, du bist ihr Produkt.

Jaron Lanier

Was gemeint war: Ein internationales Rechnernetzwerk, in dem sich sämtliche weltweit vorhandenen Computer über normierte Protokolle verbinden und so beliebig Daten austauschen können. Ursprünglich ein Projekt des US-Verteidigungsministeriums (Arpanet), später das Internet, dann das Web 2.0 und zukünftig das Internet der Dinge (IoT).

Was wir daraus gemacht haben: Eine Kulturrevolution, vergleichbar mit dem Buchdruck: 2,6 Milliarden Vernetzte, die zusammen *täglich* fast 200 Milliarden E-Mails versenden und insgesamt 2,5 Trillionen Bytes Daten erzeugen – per anno also 1,3 bis 1,4 Trilliarden Bytes (1,4 Zetabyte). Wenngleich das Netz für die deutsche politische Führung noch 2013 »Neuland«[1] war, sind sogar 82 Prozent der deutschen Haushalte mehr oder weniger holprig an die globalen Netze angeschlossen, an das lebenswichtige Internet: ein »Wirtschaftsgut von zentraler Bedeutung auch für das private Leben« (laut BGH).[2]

Der Strombedarf des gesamten globalen Datenversandpaketes liegt bei derzeit circa einem Prozent der weltweiten Energieproduktion. In älteren Ohren klingt das nach furchtbar viel Verbrauch, allerdings generiert das Netz daraus ja auch einiges an Umsätzen. Wäre das Netz ein begrenzter Staat, läge es hinter den USA, China und Japan auf Platz 4 der weltweiten Volkswirtschaftscharts, und die vernetzten Marktführer Apple, Google und Microsoft könnten zusammen ganz Südeuropa aufkaufen.[3] Tun sie aber nicht, weil sie schon von Berufs wegen rechnen können.

Neben gewaltigen Modernisierungsschüben hat das Netz uns haufenweise vorher unbekannte Berufsbilder beschert sowie ein grundlegend gewandeltes Kommunikations- und Mediennutzungsverhalten, von der E-Mail bis zur permanenten »sozialen« Vernetzung via Facebook, WhatsApp, Twitter und Konsorten – und nicht zuletzt ist auch das Angebot an süchtig machenden Substanzen (→*Drogen*) um diverse legale Varianten wie World of Warcraft (WoW) erweitert worden.[4] Die Umsätze unserer Spiele- und App-Hersteller gehen weiterhin stabil durch alle Decken[5], aber weit vor allen anderen Anwendungen liegt bei unserer bisherigen Netznutzung noch immer die Übertragung ganz klassischer Bilddaten: Videos machen etwa 50 Prozent des gesamten übertragenen Datenvolumens aus, etwa 1,5 Millionen Minuten Material werden pro Sekunde übertragen und ausgeliefert, allein Googles Youtube wächst pro Minute um 300 Stunden.[6]

Das Netz hat alles verändert – unseren Alltag, unsere Arbeit, aber auch unsere Vorstellungen von Tempo, Verfügbarkeit und Freundschaft, also uns selbst. Und nicht nur diejenigen unter uns, die permanent am Smartphone online sind und deshalb gegen Litfaßsäulen oder vor Autos laufen. Während wir Alten noch immer bevorzugt allmorgendlich im Stau stehen (»Das haben wir schon immer so gemacht!«) oder zu Karstadt fahren, um festzustellen, dass die Socken in der gesuchten Größe gerade aus sind, wissen die Jüngeren und Jungen (82 Prozent der bis zu Zehnjährigen hatten 2015 Computererfahrung), dass diese Welt längst überholt ist. Da wir Alten solchen »Rotzlöffeln« aber nicht zuhören, bleibt die Welt einstweilen ineffektiv und das Netz weit unter seinen Möglichkeiten.

Welche Möglichkeiten das Netz tatsächlich bietet, haben wir bislang gar nicht begriffen. Wir sind im Grunde nicht viel weiter gekommen als ein Neandertaler, dem man einen Laptop zum Schreiben in die Hand drückt und der damit dann Buchstaben in eine Steintafel schlägt. Was wir Normalbürger indes am allerwenigsten verstanden haben an dieser »Neuland«-Technologie, ist, dass Daten ungeheuer kostbar sind (»Wieso sollen die kostbar sein, es gibt doch so viele?«). Wir halten daher Angebote wie Facebook oder Gratis-Apps für Geschenke, weil sie uns keinen Euro kosten. Und obwohl wir doch *irgendwie* wissen, dass die Netz-Industriellen das nicht alles aus purer Menschenliebe veranstalten, erscheint uns der unsichtbare Preis vernachlässigenswert gering. Uns entgeht, dass Facebook (und jeder andere, der unsere Daten liest und/oder speichert) jedem Einzelnen viel Geld *zahlen* müsste für die Preisgabe dieser persönlichen Daten – weil die Daten eben offenkundig enormen Wert haben, wie wir am Google-Börsenkurs erkennen könnten. Wir bequemen Geizigen aber sind so begeistert von unserem Alleskönner-Netz und der Möglichkeit, unsere persönlichsten Dinge mit Fremden und Maschinen zu teilen, dass wir den Programmanbietern nicht nur unsere Jugendbilder aus der Disco schicken oder aktuelle Aktfotos, sondern ihnen auch z.B. unsere komplette Krankengeschichte bereitwillig verraten – inklusive täglicher Zustandsmeldungen und minutiöser Dokumentation, wann genau wir Viagra nehmen und wann Aspirin.[7] Uns erscheint darüber hinaus trotz aller NSA-Entlarvungen als ganz und gar unbedenklich, dass unsere Smartphones *all* unsere persönlichen Daten, Termine und Kontakte kennen, unsere gesamte Kommunikation aufzeichnen sowie unseren Fingerabdruck und all unsere uns täglich zurückgelegten Schritte, GPS-genau – und diese wie alle anderen Daten für immer speichern. Diese persönlichen Daten sind das »Öl« der Netzwelt[8], aber welche Gefahr in der massenhaften Datenerhebung liegt, ist uns nicht einmal annähernd bewusst – und, offen gestanden, wollen wir das auch gar nicht so genau wissen. Sollte diese Vernetzung und Datensammelei im Jahr 2030 dazu führen, dass Krankenkassen Leute wegen ihrer Bewegungsprofile oder Amazon-Bestellungen nicht mehr versichern – hey: betrifft das etwa *uns*? Wir sind dann doch längst in →*Rente*. Uns wird daher niemand mehr vermitteln können, dass unser Umgang mit unseren kostbaren Daten komplett falsch herum geregelt ist. Es wird uns schlicht und ergreifend nicht beunruhigen – selbst dann nicht, wenn Facebook stolz verkündet, es könne in die Zukunft sehen und schon hundert Tage im Voraus zuverlässig prognostizieren, ob zwei kommunizierende User eine Affäre miteinander anfangen oder nicht.

Dazu lächeln wir doch höchstens mild romantisch, und dass die NSA weiter alle Daten auffängt, die um unseren schicken Planeten kreisen, ist uns keinen Bürgerkrieg und nicht mal einen Aufschrei wert, sondern bloß ein entspanntes: »Ich hab doch nichts zu verbergen.«

Und unser gutes, ziviles Google (Firmenmotto: »Don't be evil«)? Wir sind tatsächlich die allerdümmsten Kälber und wählen unseren Schlachter selber. Obwohl wir wissen, dass Google im US-Überwachungsimperium eine zentrale Rolle spielt; obwohl wir wissen, dass wir mit jeder Suchanfrage unsere Neigungen, unseren Freundeskreis und unsere intimsten Gedanken preisgeben – sind wir einfach zu *bequem*, binnen zehn Sekunden auf Startpage umzusteigen. Und: Facebook? *Jeder* hat Facebook. Sogar unsere Versicherungen. Unsere Banken. Und unsere öffentlich-rechtlichen Sender. Und: Privatsphäre? Oh, *bitte*! Jedes unserer vernetzten Geräte hat derzeit im Schnitt 25 Sicherheitslücken, unsere Lieblingspasswörter sind und bleiben unsere eigenen Vornamen sowie die Ziffernfolge 1234. Und: Netzneutralität? Ist den meisten von uns sogar so egal, dass wir bis heute nicht wissen, was das überhaupt heißt – und erst recht kein Problem damit haben, dass die EU gerade endgültig die Weichen gestellt hat für das kommende, rein kommerziell orientierte »Zwei-Klassen-Netz«.[9]

Uns muss man bei solch weitreichenden Entscheidungen nur versprechen, dass ab nächsten Sommer im Spanienurlaub die Roaming-Gebühren wegfallen, und zack, schon sind wir dafür.

Na ja. Mei. Mutti hatte recht, irgendwie, doch, komplett. Wir hatten nie eine Karte, nie einen Plan, nie einen Schimmer. Das Internet war bis zuletzt für uns *alle* (Jahrgänge 1890–1990): Neuland. Und so ist unsere Begeisterung auf dem Weg in eine totalitäre Überwachungswelt tatsächlich historisch einmalig, und unsere Gamer dürfen hier endlich mal ganz zu Recht konstatieren: *episch*![10]

Was ihr daraus machen werdet: Ihr werdet höllisch vorsichtig sein. Denn das Netz ist wie ein Sack glühende Kohlen – geeignet, euch Licht und Wärme auf allen Wegen zu bringen oder eure gesamte Welt niederzubrennen. Wir haben unachtsam den Weg Richtung Flammenmeer eingeschlagen, ihr werdet den Kurs gewaltig korrigieren.[11]

Ihr werdet nicht nur die Netzneutralität wiederherstellen und hüten wie eure Augäpfel, ihr werdet den Netzzugang zu einem Menschenrecht machen und die Kommerzialisierung des neuen Internet der Dinge mit engen Leitplanken versehen. Denn das IoT stellt nach Internet und Web 2.0 eine ganz neue Revolution dar – und wird euch den Arsch retten, beziehungsweise euch helfen, an dem ganzen Mist und Müll nicht zu ersticken, den wir euch hinterlassen.

Schon 2020 werden 30–33 Milliarden Dinge im IoT vernetzt sein, davon »nur« sieben Milliarden Computer und Smartphones. Die Welt wird sich infolge dieser Vernetzung wieder natürlicher anfühlen, weil die Computer, winzig und fast unsichtbar, jetzt alles durchdringen und in alles eindringen: Die Rechnerintelligenz wandert mithin in die Dinge selbst hinein. Sage und schreibe zehn Prozent der weltweiten Datenmenge werdet ihr durch dieses neue Netz bewegen, statt heute 1,3 Zetabyte also 40–44 Zetabyte, und für diesen Transport werdet ihr fünfmal so viel Energie aufwenden wie wir – vier bis fünf Prozent der weltweiten Stromerzeugung.[12]

Leute wie wir würden daraus Verheerendes machen (nicht nur achtmal so viele Katzenvideos, sondern auch 800 Millionen komplett vernetzte Katzen), aber ihr seid ja, anders als wir, keine Höhlenmenschen und wisst, dass ihr die zusätzlichen fünf Prozent Energiebedarf ganz problemlos doppelt und dreifach anderswo einsparen könnt und werdet – eben dank des IoT.

Und, nein, ihr werdet nicht kollektiv und über Nacht zu bescheidenen Buddhisten, die ein Leben lang beim stillen Betrachten von wachsenden und wieder abfallenden Blättern zufrieden und glücklich sind, eure Neugier wird groß bleiben, ihr werdet weiterhin Tag und Nacht weltverbunden sein, ihr werdet allerdings nicht mehr dauernd im Stau stehen und euren ganzen Planeten kaputtreisen, nur um bei einer Zwei-Stunden-Besprechung in Paris oder Los Angeles auch physisch anwesend zu sein. Ihr werdet lächelnd Blaise Pascal wiederentdecken und dessen kluges Diktum, alles Unglück der Menschen komme daher, »dass sie nicht in einem Zimmer ruhig sitzen können«.

Eure wirklich vernetzte (sowie ohnehin reduzierte Arbeitswelt (→*Arbeit*) erfordert nur noch einen Bruchteil der heute aufgewendeten Bewegungsenergie, eure hoch vernetzte Schwarmintelligenz wird nicht nur Halo- oder Seti-Rätsel lösen; ihr werdet online lehren und lernen und weltweit ebenso zusammenarbeiten wie lokal – die gigantischen Effizienzpotenziale einer lokalen Vernetzung[13] hatten wir vor lauter Freude über die Globalisierung ja fast völlig übersehen.

»Dezentralität« und »Effizienz« werden eure Leitsterne sein. In euren smarten Stromnetzen geht nichts mehr verloren, in euren smarten Versorgungsnetzen entstehen gar keine Überkapazitäten mehr (die bei uns in Unmengen Müll resultierten), sogar eure Supermarktregale und Toiletten werden schlauer sein als wir, eure Vorfahren. Eure Armbanduhren werden Helfer und Ärzte rufen, wo ihr selbst nicht mal mehr rufen könnt, eure Wohnzimmerwände werden Bildschirme sein und eure Hauswände Stromlieferanten für euer gemeinsames Energienetz. Eure Produkte werden selbst am besten wissen, wie man sie zusammenbaut und benutzt, und für einen Arztbesuch werdet ihr nicht mehr das Haus verlassen müssen ...

(Ja, wir könnten stundenlang weitermachen, aber ihr wisst das ja längst viel besser als wir, wie alles.)

Eure Daten? Eure Welt wird eine der »digitalen Würde« sein (Jaron Lanier): eine Welt, der jeder einzelne Mensch der kommerzielle Eigentümer seiner Daten ist; eine Welt, in der Daten nicht gratis sind, sondern kostbar und teuer. Und dabei werdet ihr ganz am Rande den seit Jahrzehnten dastehenden »Elefanten im Raum« entdecken, den wir nie gesehen haben (der allerdings ein ungeheuer mächtiger Elefant ist): Ein System wie unseres, das den Ursprung einer Information offenkundig kennt, kann die Informationsquelle auch dafür bezahlen.[14] Womit nicht nur die Datenbezahlung fast problemlos zu regeln ist; ihr werdet auf diesem Weg sogar interessante und sehr einfache Lösungen finden, eure Künstler, Erfinder und Urheber so zu schützen, dass sie (und ihre Geniestreiche) euch erhalten bleiben.

Wie? Ob ihr sogar die →*Demokratie* dank eures neuen Riesennetzes restaurieren könntet? Ach, wenn wir das noch erleben dürften, bitte, dann würden wir doch glatt versuchen, sogar noch bis ins Rentenalter hierzubleiben und euch zu applaudieren (natürlich nicht vor Ort, aber doch angemessen laut via Youtube 3.0, abhör- und verfolgungssicher).

Demokratie

> *Demokratie beruht auf drei Prinzipien:*
> *auf der Freiheit des Gewissens,*
> *auf der Freiheit der Rede und auf der Klugheit,*
> *keine der beiden in Anspruch zu nehmen.*
>
> Mark Twain

Was gemeint war: Nicht das altgriechische Modell[1], sondern unsere kühne moderne Idealvorstellung und einzige Staatsform, in der man ohne Blutvergießen die Regierung wechseln kann: Jeder volljährige Bürger hat eine Stimme, es herrscht das politisch interessierte und gut informierte sowie am Gemeinwohl orientierte Staatsvolk mittels freier Wahlen, die Minderheit beugt sich dem Willen der Mehrheit.[2]

Was wir daraus gemacht haben: Die alten Griechen haben wir früh über Bord geworfen, denn deren »Staatsvolk« bestand nicht etwa aus jedermann (und schon gar nicht aus jederfrau). An den ursprünglichen demokratischen Abstimmungen nahmen ausschließlich »freie Männer« teil, also zirka zehn Prozent der Gesamtbevölkerung, weil man nur auf diese beschränkende Weise davon ausgehen konnte, dass auch tatsächlich verantwortungsvoll und informiert im Sinne der Gemeinschaft entschieden würde – denn wer keine Ahnung hat, worum es überhaupt geht, wählt ja immer nur seinen persönlichen Vorteil, also das Falsche.[3] Nicht gemeint war daher: Jede/r wählt mit. Dieses Szenario kannten die alten Griechen nur als Alptraum unter dem Begriff »Ochlokratie« – also »Herrschaft des Pöbels«.

Dummerweise scheiterten aber die griechische Vorstellung von Demokratie ebenso wie die von Monarchie und Aristokratie daran, dass weder der eine (König), die wenigen (Fürsten) noch die vergleichsweise vielen (zehn Prozent) demokratischen Bestimmer mit ihrer Macht so umgehen konnten, dass dem beherrschten Rest des Volkes das zugesagt hätte. Im Zweifel nämlich entschieden auch die paar tausend »freien Männer« eben nicht im Sinn des Gemeinwohls, sondern sich für ihr eigenes. Quer durch die Jahrtausende wurden daher von den nicht Wahlberechtigten Mitbestimmungsrechte für alle blutig erkämpft, mittels diverser Revolutionen. Mit dem Ergebnis, dass nach und nach sowohl die

Sklaven mitwählen durften (unterwegs begrifflich befreit als »Arbeiter und Angestellte«) sowie endlich, im 20. Jahrhundert, auch die Frauen.

Über alle Zukunftsfragen entschieden hernach nicht mehr ein egoistischer König oder 5000 egoistische Männer, sondern Millionen egoistischer Männer und Frauen.

George Bernhard Shaw erkundigte sich zu den Erfolgsaussichten eines solchen Verfahrens, stellvertretend für viele nachdenkliche Gutmenschen: »Wenn der Despotismus versagt hat, weil es keinen fähigen Despoten gab, was für eine Chance hat dann die Demokratie, die eine ganze Bevölkerung von fähigen Wählern braucht?«[4]

Unser Kompromiss und scheinbarer Ausweg aus dem Dilemma bestand in der Erfindung der repräsentativen Demokratie, bei der das gesamte Wahlvolk durch einige wenige Stellvertreter ersetzt wird, die das Volk alle paar Jahre per Wahlentscheid austauschen darf. Das »ochlokratische« Problem war damit zwar nicht gelöst, denn es blieb ja beim Grundsatz »Jeder wählt mit«, aber dagegen spricht ja auch nichts, solange jeder im Bilde ist, weiß, worum es geht, und obendrein auch noch anständig ist, also nicht nur an sich denkt. Sprich: *Conditio sine qua non* für jede im Gemeinschaftssinn dienliche Entscheidung ist eine engagierte und am politischen Prozess interessierte Bevölkerung, allgemeingebildet und von unabhängigen Medien informiert.

Das ist heutzutage allerdings weniger denn je gegeben, denn wir Wahlberechtigten entsprechen vollständig der altgriechischen Definition der »Idioten«[5]: Wir sind desinteressiert und bequem, wahlweise längst desillusioniert ausgestiegen.[6] Dabei ist unsere Situation luxuriös, denn uns stehen durchschnittlich sagenhafte 5,5 Stunden pro Tag zur Verfügung, um unsere Nasen in unsere eigenen Angelegenheiten zu stecken und uns politisch zu informieren. Fünf dieser 5,5 Stunden sitzen wir vor dem Fernseher (resp. einem Youtube-Kanal)[7], die verbleibende halbe Stunde täglich studieren wir mit frischem Marker die Top 5 der für uns relevantesten Periodika: Fernsehzeitschriften.[8] Somit überlassen wir unsere politische Bildung weitgehend einem Medium, das vollständig von den Interessen der oben erwähnten zehn Prozent gesteuert wird mittels Lobbyismus und →*Werbung*, unterstützt von einem →*Journalismus*, der aus den (dort) genannten Gründen keiner mehr ist und in dem der eherne Grundsatz gilt: »Ein Argument, das sich nicht in einem Satz zusammenfassen lässt, ist in den Medien nicht lebensfähig.«[9]

Unser Eindruck aber, »wir« dürften demokratische Mehrheitsentscheidungen treffen, ist vielen von uns rudimentär erhalten geblieben. Und das ist wichtig – für unser Selbstverständnis wie für unsere Selbstkasteiung. Schließlich *hätten* wir, da wir in →*Freiheit* leben, ja auch anders wählen können. Und sind daher selber schuld. Es gibt bei uns kein sichtbares Kastenwesen, keine Aufstiegshindernisse (unsere »gläsernen Decken« sind erfolgreich mythologisiert als lediglich zwischen Männern und Frauen eingezogen, nicht zwischen arm und reich): Jeder Tellerwäscher kann bei uns zum Millionär werden und jeder Farbige Präsident der USA. Es gibt bei uns, anders als in totalitären Systemen, »Dissens«, pro forma herrscht Meinungsfreiheit, alles darf gesagt werden, und es wird nicht nur alle paar Jahre gewählt, sondern *dauernd* (vom richtigen Coffee to go bis zum Handytarif, vom Dschungelkönig bis zum Superstar), und dass in einer Demokratie die überstimmte Minderheit dem Willen der Mehrheit zu folgen hat, versteht sich eben von selbst. Denken wir. Und übersehen dabei, dass nicht nur die freie Aufzählung oben weitgehend märchenhaft ist, sondern sogar unsere absolut gesetzte Grundidee »Minderheit folgt Mehrheit« längst vom Tisch.

Und doch wäre es falsch, bei unserer Staatsform von einer Ochlokratie zu sprechen. Handelt es sich doch allenfalls um eine Scheinherrschaft des »Pöbels«, um denselben nicht zu beunruhigen. Tatsächlich ist diese gefährliche Phase überwunden und sind wir auf langem Weg wieder fast dort gelandet, wo wir gestartet waren – bei der elitären Demokratievorstellung der alten Griechen. Schon Aristoteles hatte ja die Gefahr kommen sehen, »*dass die Armen, weil sie Mehrheit bilden, das Vermögen der Reichen unter sich aufteilen*«, und James Madison, einer der Gründungsväter der US-amerikanischen Demokratie, unterstrich noch in der Verfassungsversammlung anno 1787: »Die erste Verantwortung der Regierung ist es, die Minderheit der Reichen vor der Mehrheit zu schützen.«

Dieses Ziel ist inzwischen erreicht (→*Verteilung*), nachdem es vorübergehend zwischen zirka 1950 und 1970 so aussah, als sollte tatsächlich im Sinne der Mehrheit Politik betrieben werden können. Heute aber ist diese Gefahr gebannt, das Paradox der Demokratie elegant umschifft: Unsere Eliten steuern Wirtschaft, Medien, Politik und Geistesleben mit sanfter, unsichtbarer Hand. Mit bewundernswerter Konsequenz und verantwortungsvoller Klarheit ist es ihnen dabei gelungen, die Illusion von Mitbestimmung der Massen aufrechtzuerhalten – mittels schlichter Konsumreize und des Schürens von Ängsten, vulgo: Propaganda. Edward Bernays, Vordenker dieses Prozesses und Vater der modernen Meinungsmanipulation, notierte ja schon 1928: »Unsere Demokratie muss von einer intelligenten Minderheit geführt werden, die weiß, wie man die Massen leitet und lenkt.« Tut sie. Weiß sie.

»Missionskritisch« ist es hierbei, per Design die eben *nicht* immer problemlos steuerbaren, latent unzufriedenen 75 Prozent der Bevölkerung von den Wahlen fernzuhalten oder ihre abgegebenen Stimmen nicht zu werten. Auszuschließen sind also primär jene, die von allen politisch in die Zukunft weisenden Entscheidungen hauptsächlich betroffen sind, sprich: Jugendliche und Kinder (18 Millionen), alle Desillusionierten (Nichtwähler = 19 Millionen) sowie all jene, deren Stimmen wegen der bestehenden Fünf-Prozent-Hürde unter den Tisch fallen (sieben Millionen).[10] Das Zauberwort »alternativlos« hat sich hierbei in allen Köpfen fest zu verankern, am Ende fallen dann sogar die letzten Tapferen und konstatieren komisch, aber hoffnungslos: »Geht nicht wählen! Das ermutigt die doch nur.« (Russell Brand)

Sollte im äußersten Ausnahmefall die Kombination aus zehn Prozent + manipulierter Pöbel mal doch nicht funktionieren und/oder der 75-Prozent-Rest mehrheitlich das *Falsche* wählen, stehen den Hütern der Demokratie zwei Notausgänge zum Zweck offen. Entweder das in den USA im Wahljahr 2000 erprobte Prinzip »We don't count because you don't count«, bei dem man möglichst nur die für den gewünschten Wahlsieger abgegebenen Stimmen für gültig erklären lässt und dann sicherheitshalber die Wahl gerichtlich für beendet erklärt, bevor doch noch ein unerwünschtes Ergebnis herauskommt,[11] oder das Modell »Oxi« (Griechenland 2015), kundenfreundlich vermittelt mit der Ansage: »Sie haben sich verwählt, wir stellen Sie zur richtigen Leitung um.«

Einen echten Fortschritt aber haben wir seit Aristoteles doch zu vermelden: Unsere zehn Prozent sind heute nicht mehr nur »freie Männer«, sondern zur Hälfte freie Frauen. Der Nachteil ist nur: Diese Freien sind noch wesentlich egoistischer geworden. Wesentlich mächtiger. Und sie besitzen nicht mehr nur die Deutungshoheit über das alte Griechenland, sondern besitzen die ganze Welt (→*Verteilung*).

Was ihr daraus machen werdet: Ihr werdet eure Nasen in eure eigenen Angelegenheiten stecken, also in die Politik. Ihr werdet das oben Geschilderte bemerken und unsere bequeme Freiheitsillusion dabei vollständig durchschauen. Sowie erkennen, dass de facto nicht mehr gegeben sind (obwohl pro forma in unserem Grundgesetz verankert und in allen Demokratiemodellen übereinstimmend »gesetzt«): die Garantie der Grundrechte (inklusive Privatsphäre →*Das Netz*), die Achtung der Menschenrechte (exemplarisch →*Medikamente*), die Gewaltenteilung (in Exekutive, Legislative, Judikative →*Recht*) sowie die Unabhängigkeit der »vierten Macht« (in Form von Meinungs-, Presse- und Rundfunkfreiheit →*Journalismus*).

Euer Fernziel wird bleiben: »Jeder eine Stimme.« Aber euch wird nach unserem langen blutigen Marsch durch die Jahrtausende auch klar sein, dass es eine am Gemeinwohl orientierte Wahl *aller* nicht sofort geben kann. Jedenfalls nicht, solange noch Leute wie wir wahlberechtigt herumlaufen und immer das Falsche wählen (siehe oben, schaut euch an, wie wir unsere viele Zeit in der Gehirnwaschanlage »Fernsehen« vergeuden, ansonsten sprechen aber auch unsere nackten Bilanzen von →*Müll* über →*Entwicklungshilfe* bis →*Verteilung* Bände: das kommt dabei raus, wenn Leute wie wir selbst ungehindert und frei wählen dürfen). Daher werdet ihr auf dem Weg ins gelobte Land der wahren Demokratie einen Zwischenschritt einlegen, hoffentlich vor und nicht nach dem großen Knall.

Dieser Zwischenschritt besteht in einer demokratischen Herrschaft der wenigen – aber eben *anderer* weniger als heute, denn euer Motto wird nicht lauten »Geld, entscheide!«, sondern »Gutmensch, übernehmen Sie!«. Schon Platon schwebte ein ähnliches Modell vor, die »Herrschaft der Philosophen« (Epistokratie) – also jener nachweislich und verbrieft ausgebildeten Tugendhaften und Gerechten, die eben *nicht* ihren eigenen Vorteil über den Vorteil der Gruppe stellen, sondern im Sinn des größtmöglichen Gemeinwohls demokratisch abstimmen. Hierbei versteht sich von selbst, dass die »Philosophen« (lies: Gutmenschen) sich ums Regieren nicht reißen, sondern es zu recht als Opfer empfinden. Aber ihr würdet eure Klügsten und Mitmenschlichsten in die Pflicht nehmen. Dass es in einem solchen System keine Berufspolitiker geben kann, versteht sich von selbst, ebenso wie die Begrenzung der Amtszeit auf maximal acht Jahre.

Woher ihr die nehmen sollt? Ernsthaft? Seht euch um. In eurem Umfeld, nicht im Fernsehen. Ihr kennt diese Gutmenschen. Als Nachbarn, Bekannte, Freunde, Seelsorger. Es sind eben jene, die wir belächelt haben (weil sie anders denken als wir, nämlich vernünftig). Es sind eben jene, die das Prinzip »Vorfahrt Gemeinwohl« leben.

Vermutlich werdet ihr unter dieser neuen gutmenschlichen, machtimmunen Führung sukzessive zu gewichteten Wahlen finden, in der wieder jeder eine Stimme hat – aber manch andere/r eben auch zwei Stimmen oder fünf oder gar hundert (»Eltern haften nicht nur, sie wählen auch für ihre Kinder«). Wer wenig →*Zukunft* hat, hat bei zukunftsweisenden Entscheidungen natürlich ebenfalls wenig Stimme. Wahl*recht* und Wahl*pflicht* werden hierbei Hand in Hand gehen.

Natürlich werdet ihr dabei (sofort übrigens) den *öffentlich-rechtlichen* Apparat wieder vom Kopf auf die Füße stellen. Es wird euch nicht seltsam vorkommen, dass allabendlich zur Primetime Relevantes gesendet und unabhängig diskutiert wird. Insbesondere in den Wochen vor allen Wahlen und Volksabstimmungen wird niemand der Information entkommen, die für ihn selbst wichtig ist. Natürlich wird es keine Werbung mehr im öffentlich-rechtlichen Rundfunk geben und keine Politiker (nicht mal Philosophen) in den Gremien, die über das Programm entscheiden.

Und ihr werdet euch nicht mal fragen, wie ihr all diese algorithmischen Gewichtungen überhaupt erfassen sollt. Denn im Gegensatz zu uns wisst ihr ja, dass man dank →*Netz* beileibe nicht nur lustige Videos kucken, sondern die ganze Welt verändern kann.

Mittelfristig? Na, klar, mittelfristig wird eure Demokratie die wahre, schöne, gute sein. Das Ideal! Hundert Prozent informierte Bürger, die im Sinn des Gemeinwohls entscheiden, inklusive dauernder Partizipation und Volksabstimmungen per →*Netz*. Euch wird das gelingen: wahre Demokratie!

Träumt weiter?
Na, unbedingt.

Deutsch

Ich bin geboren, deutsch zu fühlen,
bin ganz auf deutsches Denken eingestellt.
Erst kommt mein Volk, und dann die andren vielen,
erst meine Heimat, dann die Welt.

Detlev von Liliencron

Was gemeint war: Die Gründung des Deutschen Reichs, das Ende der napoleonischen Besatzung und die Überwindung der Viel- und Kleinstaaterei zu besingen, wie der Heimatdichter Liliencron in diesem Gedicht, musste zu seiner Zeit durchaus als fortschrittlich und weltzugewandt gelten. Heute hingegen kann man diese Zeilen kaum noch ohne den eiligen Zusatz zitieren, dass man natürlich »kein Nazi« ist. Irgendwas scheint auf dem Weg von 1870 bis heute ziemlich schiefgelaufen zu sein.

Was wir daraus gemacht haben: »Es ist wahr, der deutschen Seele eignet etwas Tiefes und Irrationales, was sie dem Gefühl und Urteil anderer, flacherer Völker störend, beunruhigend, fremd, ja widerwärtig und wild erscheinen lässt. Es ist ihr ›Militarismus‹, ihr sittlicher Konservatismus, ihre soldatische Moralität – ein Element des Dämonischen und Heroischen, das sich sträubt, den zivilen Geist als letztes und menschenwürdigstes Ideal anzuerkennen.«

Der dies schrieb, Thomas Mann 1918 in seinen *Betrachtungen eines Unpolitischen*, war ebenfalls kein Nazi, sondern wurde ein entschiedener Gegner, doch 1918, nach dem Ersten Weltkrieg, passten seine Betrachtungen des Militarismus als »Wahrheit, Form und Erscheinung der deutscher Moralität« und des »Heroischen« der deutschen Seele durchaus ziemlich genau in den Diskurs über das Deutsche, den der Autor Adolf Hitler dann mit seinem Werk *Mein Kampf* (1925) entscheidend befeuerte. Die Überlegenheit des »Tiefsinnigen« über das »Flachere«, des »Sittlichen« über das dekadente »Monte-Carlo-Europa«, des »Obrigkeitsstaats« als »dem deutschen Volk angemessene, zukömmliche und im Grunde von ihm gewollte Staatsform« über die Demokratie, des preußischen Soldatenstaats über die liberale Bürgerlichkeit – solche Vorstellungen waren nicht nur in den Köpfen von Intellektuellen wie Thomas Mann zu Beginn des 20. Jahrhunderts tief verankert. Sie stellten das Grundmotiv dar, mit dem der »soldatische Mann«[1] zuerst die Weimarer Republik zu Fall brachte, um dann unter Hitler die Selbstüberhöhung des Deutschtums in den Turbomodus zu schalten und nicht mehr nur einen vagen Tiefsinn, sondern konkrete biologische Grundlagen für die nunmehr »rassische« Überlegenheit des Deutschen ins Feld zu führen.

Unter →*Nation* weisen wir auf den Unterschied hin zwischen Patriotismus als emotionaler Verbundenheit mit der heimatlichen Region/Kultur und dem Nationalismus, der die abstrakt gewordenen Großgebilde wie »Volk« oder eben »Nation« nur noch *ex negativo* fassen kann – in Abgrenzung, Ausgrenzung und Abwertung von Anderen (»Feind«). Mit der Konstruktion einer rassischen Überlegenheit des arischen »Übermenschen« – dem Mythos der Deutschen als quasi natürliches, biologisch-evolutionär »auserwähltes Volk« – luden die Nazis ihren Nationalismus positiv auf und brachten ihn schließlich zur Explosion. Denn auch die Illusion einer Volksgemeinschaft, die Hitler erfolgreich in den Köpfen der Deutschen installierte, ließ sich letztlich nur mit Ausgrenzung und »Ausrottung« von Minderwertigen (»Untermenschen«, »Volksschädlingen«) aufrechterhalten.

Ob nun der Rassenwahn in Größenwahn mündete oder umgekehrt, lässt sich schwer sagen, Fakt ist, dass beide zusammen – kulminierend in der charismatischen Figur des »Führers« – den »soldatischen Mann« zum Äußersten trieben, in einen Eroberungskrieg und einen Blutrausch, wie ihn die Welt noch nicht gesehen hatte. Seitdem stehen die 50 Millionen Toten des Zweiten Weltkriegs als Mahnung, wohin der Wahn nationalistischer Selbstüberhöhung führt, und Deutschland ist das historische Paradebeispiel für diese Katastrophe, mit Hitler als berühmtestem Diktator und Verbrecher der jüngeren Weltgeschichte.

Nun wird Geschichte stets von den Siegern geschrieben und dabei nur zu oft das Kind mit dem Bad ausgeschüttet, d.h. der Verlierer als einziger und alleiniger Sündenbock stilisiert, was nach den Niederlagen in den beiden Weltkriegen auch für Deutschland galt. Als Deutscher »nationale Gefühle« zu entwickeln war fortan allenfalls beim Fußball möglich – der Führer trug jetzt Trainingsanzug, und Deutschlands neue Helden kehrten 1954 aus Bern als Weltmeister zurück. Ein Jahr zuvor hatten die USA und Kanzler Adenauer das Angebot der Sowjetunion abgelehnt, die besetzte DDR zu räumen, wenn Gesamtdeutschland militärisch neutral bliebe. Statt dieser frühen Wiedervereinigung, die aus Deutschland eine Art Schweiz gemacht hätte – kein schlechtes Angebot von »Väterchen Stalin«, könnte man in der Rückschau meinen[2] –, rüsteten die Amerikaner die BRD zum Frontstaat im Kalten Krieg auf.

Als Kolonien der beiden Großmächte war Nationalgefühl in den beiden Deutschlands bis 1989 weiterhin im Wesentlichen auf Fußball beschränkt. Territorium, Macht, weltpolitische Bedeutung und andere Bezugspunkte dafür waren geschrumpft, auch die historischen Mythen und Götter hatten die Nazis derart kontaminiert, dass daraus kein nationales Narrativ mehr erwachsen konnte.³ »Wir sind das Volk« zündete als Parole nur kurzzeitig in der Ostzone, und nach der Wiedervereinigung – nunmehr als Kolonie nur noch einer Großmacht – sorgten die Verteilungskämpfe zwischen Ossis und Wessis so wenig für eine nationale Wiederbelebung wie die millionenschwere Propagandakampagne »Du bist Deutschland«, mit der der Bertelsmann-Konzern und alle großen Medien 2006 die Illusion einer neuen Volksgemeinschaft anstacheln wollten, mit Zutaten aus der neoliberalen Wundertüte. Und selbst die neuerdings als Pegida demonstrierenden »besorgten Bürger« sind – abgesehen von den mitlaufenden Neonazis – in Sachen Deutschtümelei nicht von nationalistischem Überschwang erfasst, sondern eher (und das ist der Grund für die Renaissance rechtspopulistischer, nationalistischer Parteien überall in Europa) von Bedenken gegenüber immer größeren und abstrakteren Organisationsformen. Deutschland heute, das sind aber nicht nur die vielleicht fünf Prozent rechtsextremer Rassisten, von denen einige mit Gewalt gegen Flüchtende vorgehen, sondern die große Mehrheit, die menschliche Hilfsbereitschaft und Solidarität zeigen. Und Deutschland schafft sich nicht ab, wie ein mit dumpfem Rassismus operierender Bestseller behauptet, es sorgt für seine Zukunft, indem es andere willkommen heißt (→*Zuwanderer*). Vom Blitzkrieger zum Spontangastgeber und immer ohne Rücksicht auf Verluste ... typisch deutsch.

Was ihr daraus machen werdet: Dass die WM-Vergabe 2006 gekauft war, weil wir – ja gut, äähhh... – nun mal einen Kaiser haben, der alles unterschreibt, was man ihm vorlegt, da kann man ja jetzt nichts mehr machen. Trotzdem war das »Sommermärchen« schon eine hervorragende Übung, auf dem künftigen Weg, den Nationalismus in Folklore (→*Nation*) zu verwandeln, mit den Vereinsfarben zu wedeln und froh zu sein. Statt Sportpalast und Reichsparteitag Stadien und Fanmeilen, statt williger Vollstrecker Helden in kurzen Hosen – und Millionen lassen »Schland« hochleben. Ganz wie einst, nur dass sie danach nicht in Polen einmarschieren, sondern mit ihren europäischen Nachbarn feiern. Das geht schon in die richtige Richtung.

Und nicht nur in Sachen Fußball hat der deutsche Kulturraum der Welt Großartiges und Hochklassiges zu bieten – von Autobahn über

Bier, Brot, Bach, Beethoven zu fast jedem anderen Buchstaben des Alphabets –, auf das man notfalls auch »stolz« sein kann, weil man sich – als zufällig in Deutschland Geborener oder Lebender – mit dem Schöpfer des Reinheitsgebots oder dem Komponisten entfernt verwandt fühlt. Ansonsten erfreut ihr euch an diesen »deutschen« Dingen und Errungenschaften und versucht möglicherweise, den Rest der Welt auf diesen Geschmack zu bringen – aber ein für alle Mal ohne Waffen-SS. Und wenn ihr es hinbekommen könntet, zum hundertsten Jahrestag vom Hitlers Machtübernahme 2033, sagen wir mal, die militärische Neutralität Deutschlands zu erklären und das hervorragende Provisorium »Grundgesetz« in eine noch bessere »Verfassung« zu verwandeln, die das erklärt – dann, ja dann könnte man sagen, dass wir und ihr aus der Geschichte tatsächlich etwas gelernt haben.

Drogen

Ich hatte nie Probleme mit Drogen.
Nur mit der Polizei.

Keith Richards

Was gemeint war: Unter den Begriff »Drogen« (hergeleitet aus dem niederländischen *droog* = trocken) fallen ursprünglich getrocknete Kräuter: Arznei- und Genussmittel mit psychoaktiver Wirkung wie Tee, Kaffee, Tabak, Cannabis, Betel und Kat, aber auch der nicht getrocknete, sondern aus gärenden Naturprodukten entstehende Alkohol. Etliche natürlich vorkommende Drogen wurden seit jeher zu rituellen und religiösen Zwecken genutzt sowie in weltlicherem Zusammenhang als Genuss- und Rauschmittel.

Was wir daraus gemacht haben: »War der Ur-Bayer Hascher?«, fragte die *Münchner Abendzeitung*, als Ende der 1990er Jahre in einer Bronzezeit-Siedlung in Bayern eine Tonpfeife ausgegraben wurde, aus der vor 3500 Jahren Hanf geraucht worden war – und scheute sich, angesichts der heutigen Illegalität von Cannabisblüten (Marihuana) und Cannabisharz (Haschisch) die selbstgestellte Frage mit einem klaren »Ja« zu beantworten. Tatsächlich belegen prähistorische Funde den Cannabisgebrauch schon für das Jahr 10 000 v. Chr. und stellen die kiffenden Vorfahren der Bajuwaren damit in eine weltweit verbreitete Tradition. Der Gebrauch von psychoaktiv wirkenden Pflanzen und Pilzen ist so alt wie die Menschheit, und wenn wir dem Evolutionsbiologen Josef H. Reichholf folgen, war dieser Gebrauch ein entscheidender Grund für den Übergang vom Jagen und Sammeln zum Ackerbau. Denn nicht der Hunger trieb die Steinzeitmenschen zur →*Landwirtschaft*, sondern der Durst, diente doch die erste Nutzung von Wildgetreide und später von angebauten Getreidegräsern keineswegs der Herstellung von Brot, sondern von Bier. Als Basis der Ernährung und zum Brotbacken diente der Ackerbau erst, als Getreide im Überfluss da war. Die ersten Kultstätten der Menschheit dagegen wurden noch von nomadischen Jägern gebaut und dienten als Treffpunkt zur kollektiven Berauschung.[1] Die Gefühle der »Transzendenz«, der Überwindung des Körpers, des euphorischen, ekstatischen »Außer-sich-Seins«, welche die berauschenden Substanzen unseren Vorfahren bescherten, waren somit keine Abweichung, sondern sind eine Grundbedingung menschlicher Kultur und Lebensqualität.

»Es ist eine Forderung der Natur, dass der Mensch mitunter betäubt werde, ohne zu schlafen«, notierte Johann Wolfgang von Goethe Anfang des 19. Jahrhunderts, in dessen Verlauf die natürlichen Drogen pharmazeutischen »Optimierungen« unterzogen wurden: Aus dem seit Jahrtausenden bekannten Saft der Mohnpflanze, dem Opium, wurde der Wirkstoff Morphin isoliert, aus dem die Bayer-Werke 1896 ihren Bestseller Heroin entwickelten, während die Firma Merck in Darmstadt aus den in Südamerika traditionell als anregendes Genussmittel verwendeten Blättern der Cocapflanze ihr patentiertes Kokain gewann. Der Bayer-Stoff erhielt seinen heroischen Namen, weil man ihn dem Militär als Mittel gegen die Morphinsucht verkaufte, mit dem die aus den Lazaretten des Deutsch-Französischen Kriegs reihenweise als Morphinabhängige heimgekehrten Soldaten wieder zu heldenhaften Kämpfern gemacht werden sollten.[2]

Als Anfang des 20. Jahrhunderts die Vereinigten Staaten eine erste Opiumkonferenz zur internationalen Kontrolle des Drogenhandels einberiefen, schickte Deutschland nur einen Beobachter, und die damalige Weltmacht England blieb ganz fern. Die Briten hatten zuvor in zwei Opiumkriegen das Kaiserreich China unter der Fahne des →Freihandels mit Waffengewalt gezwungen, den Import des Opiums zuzulassen, das sie in ihrer indischen Kolonie beschafften. Da weder England noch Deutschland an einer wirksamen Regulierung ihres glänzenden Drogengeschäfts interessiert waren, dauerte es noch zwei Jahrzehnte, bis 1927 in der sogenannten Genfer Konvention bestimmte Drogen einem internationalen Verbot unterworfen wurden. Dass dort auch der im Vergleich zu den stark suchterzeugenden Opiaten harmlose Hanf auf den Prohibitionsindex geriet, verdankte sich einem faulen Deal: Für den von Ägypten eingebrachten Antrag bestand ein Patt, das Deutsche Reich war unentschieden und stimmte dafür, nachdem Ägypten diskret zugesichert hatte, keine Importverbote für Heroin zu erlassen. Es dauerte dann noch bis zum Zweiten Weltkrieg, bis Heroin und Kokain überall aus den Apotheken verschwunden waren.[3]

Als Ende der 1920er Jahre die Alkohol-Prohibition in den USA gescheitert war und aufgehoben wurde – der Pro-Kopf-Verbrauch war durch das Verbot kaum zurückgegangen, die Illegalität aber hatte aus kleinkriminellen Banden, die das Geschäft übernommen hatten, milliardenschwere Mafiakonzerne gemacht –, geriet Cannabis in den Fokus der Behörden. Mit irrwitzigen Behauptungen über die Gefährlichkeit des Mörderkrauts Marihuana setzte der erste US-Drogenzar Harry Anslinger ein totales Hanfverbot in den USA durch, das er ab 1948 – nunmehr als erster Drogenkommissar der Vereinten Nationen – dann auch in die internationalen Gesetze importierte. Damit wurde Hanf nicht nur als Genussmittel, sondern auch als Medizin und universell einsetzbare Nutzpflanze der Prohibition unterworfen.[4] Die Einwände von Ärzte- und Apothekervereinigungen, die auf die lange und große medizinische Bedeutung der Hanfwirkstoffe verwiesen, halfen nicht. Und was schon bei der verfehlten Alkohol-Prohibition in Amerika schiefgegangen war, ging nun weltweit schief: Die Nachfrage nach den illegalen Substanzen ließ nicht nach, und Kriminelle übernahmen das Geschäft. So kam es dann, dass aus simplen Agrarprodukten wie Opium und Hanfblüten extrem gewinnträchtige Schwarzhandelswaren wurden, und aus einfachen und preiswerten Arzneimitteln wie Heroin und Kokain Produkte mit extremen Gewinnmargen.

Für ein Kilo Opium bekommt ein Bauer in Afghanistan 50 Euro. Zehn Kilo Opium und einige Chemikalien werden gebraucht, um daraus ein Kilo reines Heroin zu machen – Herstellungspreis ab Werk etwa 2000 Euro, Lieferpreis pro Kilo in eine westliche Metropole 50 000 Euro, Straßenverkaufspreis 135 000 Euro. Für Kokain sieht die Rechnung ähnlich aus – und lässt ersehen, wer hier das ganz große Geld verdient. Nicht die Bauern, nicht die Hersteller in irgendeiner Fabrik in Pakistan oder Kolumbien und auch nicht die kleinen Dealer, die es hier bei uns zuerst in größeren und dann in immer kleineren Portionen und jedes Mal gestreckt und verunreinigt an den Mann bringen. Großes Geld bringt nur der Import im großen Stil, und über die Möglichkeiten dazu verfügen vor allem Militärs und Geheimdienste. So kommt es dann, dass die deutsche Bundeswehr in Afghanistan jetzt Opiumfelder nicht etwa zerstören, sondern *bewachen* musste, weil verbündete Warlords damit ihr Geschäft machen.[5] Im Vietnamkrieg stellten die USA unter der Hand sogar eine eigene Airline für ihre Kombattanten, damit das Heroin aus dem Goldenen Dreieck ausgeflogen werden konnte. Und in Afghanistan ging der Opiumanbau nach der US-Invasion schlagartig in die Höhe und hält sich seit Jahren auf Rekordniveau.[6]

Der »Krieg gegen Drogen«, den Richard Nixon 1972 ausrief – ein wie der »Krieg gegen den Terror« (→*Terrorismus*) widersinniges, weil definitiv ungewinnbares Vorhaben –, sorgt bis heute dafür, dass die Preise und damit die Gewinnmargen im Inland hoch bleiben und jederzeit für illegale Kriege im Ausland genutzt werden können. Die gigantischen Gewinne fließen in →*Steueroasen* und von dort an die internationalen Aktienmärkte. Die Ökonomin Catherine Austin Fitts hat ausgerechnet, dass fünf kleine Heroindealer an einer Straßenecke in Philadelphia, die 250 Tage im Jahr ihre Tütchen verkaufen, zwei bis drei Millionen Dollar Aktienwerte generieren – und der Dow-Jones-Index kollabieren würde, wenn das gewaschene Drogengeld (nach UN-Schätzung weltweit 500 Milliarden Dollar) nicht mehr in den Markt flösse. Während der Bankenkrise 2008 wurde Bargeld von Drogenhändlern sogar pro-aktiv akquiriert, um einen Kollaps zu verhindern.[7]

Es gibt somit triftige Gründe für den War On Drugs, allerdings nicht die, die seine Betreiber behaupten: nämlich den Schutz der Bevölkerung vor gefährlichen Substanzen und Drogenabhängigkeit. Mehr als hundert Jahre Prohibition haben nicht nur klargemacht, dass Kriminalisierung und Strafrecht ungeeignete Mittel sind, um die Probleme des Missbrauchs und der Sucht zu bekämpfen. Sondern im Gegenteil: Viele Probleme werden überhaupt erst geschaffen – von unkontrollierten Finanzströmen für Warlords und Terroristen bis zum Elend der an verunreinigten Substanzen krepierenden Konsumenten.

Dass man Menschen vor bestimmten Substanzen schützen muss, weil ihre Gehirne von den Wirkstoffen überwältigt und sie zu Sklaven dieser Chemikalien, zu Süchtigen werden – diese Definition der Sucht scheint es zu rechtfertigen, Drogen radikal zu verbieten. Zumal der Beweis für das Elend und die kurze Lebensdauer von Süchtigen in jeder Großstadt leibhaftig zu besichtigen ist. Und auch zahlreiche Tierversuche haben gezeigt, wie schnell eine unproblematische Verfügbarkeit von Opiaten oder Kokain zu extremer Abhängigkeit führt – bis der Suchtforscher Bruce Alexander Ende der 1970er Jahre seinen »Rattenpark« baute.[8] Isoliert in den üblichen Käfigen entwickelten die Tiere, die sich über eine Trinkflasche mit Morphin oder Kokain versorgen konnten, in wenigen Wochen ein extremes Suchtverhalten. Steckte Alexander diese Süchtigen dann aber in seinen »Rattenpark« – ein weitläufiges Gehege mit einigen Artgenossen, ausreichend Futter, Spiel- und Kuschelecken –, stellten selbst die Hardcore-Junkies ihren Konsum völlig oder nahezu ganz ein und führten ein normales Leben. Nicht die Drogen sind für Sucht und missbräuchlichen Konsum verantwortlich, sondern die trostlose Situation der Konsumenten. Das 1:1 auf den Menschen übertragbare Ergebnis dieser Forschung zeigt: Nicht die Drogenabhängigen sind »pervers« (minderwertig/kriminell/ krank), pervers ist die Situation, in der sie leben – als Opfer eines Krieges, der sie zu retten nur vorgibt und stattdessen ihre Situation noch trostloser macht.

Was ihr daraus machen werdet: Ihr werdet diesen barbarischen »Krieg gegen Drogen« beenden. Ihr werdet Heroin und Kokain wieder dahin bringen, wo sie hingehören, in die Apotheke, als verschreibungspflichtige Medikamente; und ihr werdet die natürlichen Drogen wie Hanfblüten, Cocablätter, Psilocybin-Pilze oder milde Opiumtinkturen, wie sie bis Anfang des 20. Jahrhunderts in jedem Haushalt anzutreffen waren, in Fachgeschäften für Erwachsene zugänglich machen. Ihr werdet Lehrpläne für Drogen- und Rauschkunde an Schulen durchsetzen und gleichzeitig jegliche Werbung für Drogen – auch für die jetzt schon legalen wie Alkohol und für sämtliche Pharmazeutika (→*Medikamente*) – verbieten. So werdet ihr einen wirksamen Verbraucher- und Jugendschutz schaffen und die gewaltigen Steuereinnahmen aus dem Drogenverkauf zur Risikoaufklärung und Prävention verwenden. Sowie für die Rehabilitation derer, die Probleme mit Drogen bekommen. Ihr werdet diese Probleme nicht vollständig lösen, schließlich gab es zu allen Zeiten Menschen, die anders als 90 oder 95 Prozent der Bevölkerung mit Drogen nicht umgehen konnten. Die Schäden aber, die dadurch entstehen – für den Einzelnen und für die Allgemeinheit – werdet ihr dramatisch reduzieren.

Eigentum

Was gemeint war: Eigentum ist eine gute Idee, denn schließlich will nicht jeder seine Unterhosen mit allen anderen teilen, sondern seine eigene haben. Aber über den eigenen Hosenrand hinaus gilt eben auch grundsätzlich und -gesetzlich: Eigentum verpflichtet. Sein Gebrauch soll zugleich dem Wohle der Allgemeinheit dienen. Weshalb schon die alten Griechen eine Begrenzung des Privateigentums für richtig hielten.

Was wir daraus gemacht haben: Von unserem schriftlichen Wahlspruch ist nicht viel geblieben. Gemacht haben wir aus der Idee des Privateigentums das Fundament unseres Lebens und unseres Wirtschaftens: »Alles meins« und »Unterm Strich zähl ich«. Privateigentum führt heute zur Trennung und zu Gated Communities. Wer noch einen Rest von Bildung besitzt, erkennt, weshalb das Wort »privat« von »rauben« kommt.

Was ihr daraus machen werdet: Die Kunst des Teilens. Und neben dem Mindestlohn auch ein Maximaleinkommen. Alles über eine Million pro Jahr und Nase wird zu 75 bis 90 Prozent dem Wohle der Allgemeinheit zugeführt. Es wird euch nicht um Haben und Privateigentum gehen, sondern um freien Zugang (»Access«, wie Jeremy Rifkin sagt). Und ihr werdet aus der Sharing-Economy keine neue Wirtschaftsform machen, bei der Firmen wie Airbnb, ebay und Uber Milliarden scheffeln, sondern ihr werdet teilen, ohne dass Geld fließt. Werdet Hilfe bei der Steuererklärung gegen Hilfe beim Parkettverlegen tauschen. Unsere Gated Communities werden »reclaim the streets« weichen.

Energie

The cheapest energy is what you don't use.

Arthur Rosenfeld

Was gemeint war (und ist): Das, was erforderlich ist, um Dinge zu bewegen (also auch um Dinge zu erwärmen, zusammenzudrücken oder zu beschleunigen). Energie ist allgegenwärtig und lebensnotwendig, jeder einzelne Mensch »enthält« die potentielle Energie von 50 bis 70 Atombomben.[1] Von inneren Energien gleich welcher Art soll aber an anderer Stelle die Rede sein – gemeint ist hier mit Energie: die (technische) Nutzbarmachung der natürlich vorhandenen Potenziale zur Verbesserung der eigenen Lebensumstände. Mit dem hier dringend notwendigen Hinweis: Die Gesamtenergie eines abgeschlossenen Systems (wie der Erde) kann weder vermindert noch vermehrt werden. »Erneuerbare Energie« gibt es daher nur in der Fantasie grüner Werbetexter; de facto gibt es nur *wandelbare* Energieformen.

Was wir daraus gemacht haben: Allerhand. Wir haben kinetische und mechanische Energiepotenziale im Dutzend cleverer umgewandelt und genutzt und durch geschicktes Kombinieren nachwachsender Rohstoffe (Holz trifft Feuer) oder Dauerpotenziale (fließendes Wasser trifft Schaufelrad) energetisch gewandelt – um Mehl zu mahlen, Brot zu backen, unsere Häuser zu beheizen und zu beleuchten und Waren herzustellen, kurz: unsere Lebensumstände gravierend zu verbessern. Einen Wendepunkt auf diesem Weg stellte dann aber, beginnend mit der industriellen Revolution, unser Anzapfen von Energiequellen dar, die eben nicht nachwachsen bzw. anders als Holz, zumindest nicht zu unseren Lebzeiten. Mit unserer Entscheidung, Kohle, Öl, Gas und Uran zu verfeuern, sind wir mithin dazu übergegangen, unseren Wohlstand auf Kosten kommender Generationen zu mehren – eurer Generation und der eurer Kinder. Wir hatten dafür aber einen guten Grund: Wir sind nämlich, offen gestanden, stinkfaul und opfern daher grundsätzlich lieber die →*Zukunft* als unsere Bequemlichkeit im Jetzt. Deshalb haben wir uns auf die simpelste Idee seit der Erfindung des Feuers verlegt, nämlich: Anzünden. Und zwar *alles*, was brennt. Eben erst mal das ganze Holz, dann Kohle, Gas und Öl. In jüngster Zeit zünden wir auch gleich noch was anderes an, nämlich Dynamit, um das Öl, das wir später anzünden wollen, aus tieferliegenden Gesteinsschichten zu sprengen (sowie ins Grundwasser, wenn das nicht schnell genug aus der Schussbahn geht). Dieses temporär modische Fracking wird euch später viel Spaß bei der Produktion von Comedyshows über unsere Generation bereiten. Siehe unten.

Bei all diesem herrlich pyromanen Spaß am Zündeln und Sprengen haben wir selbstredend die verantwortungsvoll von uns nutzbaren natürlichen Energiepotenziale lange Zeit völlig vergessen, allen voran Wind, Sonne, Wasser und Gravitation. Verständlicherweise. Denn für uns wird's ja wohl reichen. Das Öl geht trotz unseres zunehmenden globalen Energiehungers wohl erst zirka 2067 aus, Erdgas 2069 und die Kohle erst 2121.[2] Anlass zum Sparen bestand daher für uns nie, unser Energieverbrauch kennt nur eine Richtung (→*Wachstum*) und ist heute vierzigmal so hoch wie vor 150 Jahren. Dabei verrichten in Deutschland inzwischen »Energiesklaven« (Arbeitskleidung: Steckdosenabdeckung) die Arbeit von umgerechnet 800 Millionen bis 2,4 Milliarden antiken Schwerarbeitern.[3] Die Folgen dieser unserer bizarren Bequemlichkeit sind euch bekannt. Unser CO_2-Ausstoß nimmt alljährlich gewaltig zu (aller Kyoto-ff.-Vereinbarungen zum Trotz), das Klima verändert sich, die Erde wird wärmer (→*Erderwärmung*), die Meere und die Fische gehen drauf, die Luft wird schlecht und das Regenwasser gleich mit.

Unvermeidlich? Gar: nötig? Wäre das nicht gewesen. Denn die Bedeutung der Sonne für unser Leben war nie »Geheimwissen«, weder religiös noch wissenschaftlich. Nicht erst Thomas Edison erkannte Anfang des letzten Jahrhunderts das konkrete Potenzial der Sonne als gigantische und nutzbare Energiequelle, und bereits 1917 fuhren erste Elektroautos auf unseren Straßen.[4] Aber: Die Technik war (und ist) in der Tat etwas komplizierter, als einfach ein Streichholz an alle möglichen Sachen zu halten, nur deshalb haben wir sie bis vor kurzem schlicht ignoriert.

Immerhin sind inzwischen einige von uns ja auf den Trichter gekommen – beziehungsweise auf den Kollektor – und haben die seit Ewigkeiten bekannten Zahlen wenigstens zur Kenntnis genommen: Die Sonne liefert jedes Jahr Energie im Wert von knapp 3 800 000 Exajoule auf der Erdoberfläche ab, also 3,8 x 10^{18} Joule. Wir Menschen verbrauchen derzeit im Jahr etwa 500 Exajoule, sämtliche mit uns hier lebenden Pflanzen weitere 3000 Exajoule[5] – also gemeinsam von Weihnachten bis Neujahr das, was die Sonne binnen eines halben Tages hier abliefert. Eines halben Tages. Von 365 ganzen.

Wir haben das einfach ignoriert. Bis vor kurzem. Zwar haben wir inzwischen, immerhin, begriffen, dass die *Minimierung* von Entropiezunahme und Energieentwertung bei der Energieerzeugung möglich ist, aber insgesamt verstehen wir noch immer nichts. Oder zu wenig. Und mit Zahlen haben wir's ja eh nicht so. Ein paar von denen, betrachtet aus 40 000 Fuß Reiseflughöhe, wollen wir euch aber trotzdem mit auf den Weg geben, weil's ja sonst keiner macht – und weil die Draufsicht von ganz weit oben möglicherweise interessante Perspektiven eröffnet, die man vom Boden der Tatsachen aus gar nicht sieht vor lauter herumirrender Experten.

- Der deutsche Gesamtenergiebedarf beläuft sich auf 2600 TWh (Terawattstunden).
- Zwei Drittel des »Primärenergiebedarfs« werden von uns importiert (Gas, Öl, Kohle).
- Ein Drittel des Bedarfs decken wir selbst (aus Braunkohle und »erneuerbaren Energien« (= 26 Prozent aus Wind, Sonne, Biomasse, dieses Drittel: zunehmend). Der Verbrauch der privaten deutschen Haushalte liegt bei ca. 26 Prozent des Gesamtenergieverbrauchs (723 Mrd. kWh, 69 Prozent davon gehen fürs Heizen der Wohnungen mit Öl und Gas drauf).
- Zwei Drittel des Energiebedarfs gehen auf die Konten von Industrie und Verkehr.
- Ein Drittel des Energiebedarfs geht auf das Konto privater Haushalte (abnehmend).

Stellen wir uns unserer Angst. Dem Monster, das direkt hinter uns steht, uns fies keuchend in den Kragen sabbert und uns jeden Gedanken aus dem Kopf lähmt. Diese Angst geht ungefähr so: »Wenn wir nicht arbeiten und unser →Wachstum nachlässt, bricht die Weltwirtschaft zusammen, und dann kauft keiner mehr was, wir verlieren unsere Arbeit, haben nichts mehr zu essen und zu trinken und keinen Strom und kein Öl, und dann gehen die Lichter aus und die Heizungen, und es kommen keine Containerschiffe mehr mit Lebensmitteln, und wir müssen alle verhungern[6], also müssen wir arbeiten und immer weiter wachsen, denn wenn nicht, dann ...« (Repeat, Endlosschleife)

Gegenangebot, zum Nachdenken unters Kopfkissen: Da wir unseren gesamten privaten Stromverbrauch mit Hilfe unserer →*Maschinen* aus (noch) Kohle und (immer mehr) erneuerbaren Energien decken (ja, sogar Strom exportieren)[7] –, hieße das nicht, dass wir im Fall eines globalen Sandsturms in alle Wachstumsmotoren einfach alle zu Hause blei-

ben könnten? Bei Licht und Strom (sowie Heizung, sofern die an der Steckdose hängt)?
Nein, keine Sorge, wir schlagen euch das nicht vor. Wir gestatten uns aber anzuregen: Denkt darüber noch mal in Ruhe nach. Und entspannt euch. Wenigstens abends.[8]
Wir hingegen sind sogar zum Denken zu faul. Deshalb kriegen wir das mit dem Entspannen nicht hin und auch so viele einfache Dinge nicht mal gedacht: Wir nämlich *wissen*, dass Energie gespart werden muss, damit kein CO_2 aus dem Schornstein fliegt und umgehend einen Eisbär tötet. Statt nun zu sagen: »Gut, dann erzeugen wir unsere Energie halt CO_2-frei (mittels Sonne, Wind, Biomasse und Gezeiten), betreiben unsere Heizungen aus wandelbarer Energie und lassen getrost auch im Winter die Fenster auf, weil wir ja bei der Energieerzeugung gar kein CO_2 mehr produziert haben« – machen wir was ganz anderes, nämlich umweltschädliche Konjunkturprogramme, grün lackiert, nicht nur in Form von Elektroautos: Wir dämmen unsere Wohnhäuser für 50 000 Euro/Stück bis zur Unkenntlichkeit, wohnen in besseren Plastiktüten mit »intelligenten Lüftungssystemen« und warten gespannt, wann die Lachse an den Wänden hochspringen und wir alles wieder abreißen und noch mal →*BIP*-wirksam neu bauen können. Statt mit der Sonne zu heizen.

Was ihr daraus machen werdet: Mindestens fünferlei.
1. Herrliche Comedy-Shows, spätestens 2030. Über unsere Generation, Verleihung von Blech-Himbeeren oder Darwin Awards[9] inklusive. In die erste Staffel gehören garantiert grün gefärbte Wachstumsprogramme wie unsere Energieeinsparverordnung (ENeV)[10], Abwrackprämie[11] und Glühbirnenverordnung[12], aber wir werden euch in den nächsten Jahren noch ein paar herrlich durchgeknallte Maßnahmenkataloge dazuliefern.
2. Ihr werdet mit Elektrizität heizen, nicht mit Öl und Gas, ihr werdet Energie auf euren Dächern und in euren Gärten erzeugen und in euren Kellerkraftwerken[13] speichern und im großen Stil gravitätisch draußen (auch wenn ihr keine hoch gelegenen Seen habt; ihr habt ja immerhin Schaufeln) und alles per Komplettvernetzung (→*Das Netz*) intelligent verwalten. Ihr werdet keine Windräder mehr stillstehen lassen (jedenfalls nicht während der paar Jahre, die sie überhaupt noch funktionieren). Und schon unterwegs werdet ihr jederzeit wissen, dass ihr nicht im Dunkeln sitzt, sofern ihr euch für einen angemessenen Weg der Wachstumsbescheidenheit entscheidet. Ihr werdet die Industrie nicht abschaffen. Ihr werdet sie nur gehörig umziehen.

3. Ihr werdet mitten in der afrikanischen Wüste ein Solarfeld von der Größe Deutschlands bauen, das CO_2-frei ausreichend Energie für ganz Europa und Afrika liefert. Dummerweise war dieser Spitzenplan schon Anfang des Jahrhunderts allzu offensichtlich, und dann musste dieser Gaddafi ja auch noch ankündigen, in seinem Land den US-Dollar als Leitwährung gegen den Euro zu tauschen ... das haben wir also auch wieder schön verbockt, aber vielleicht erinnert ihr euch ja gelegentlich dran: Ein Solarfeld von der Größe Deutschlands mitten in der Wüste liefert ausreichend Energie für ganz Europa und Afrika: CO_2-frei.
4. Verzicht im Überfluss bedeutet nicht zwingend *weniger*. Weniger Verbrauch: ja. Weniger Sinnloses: ja. Weniger →*Geld*: ja. Aber gleich viel Wohlstand – und mehr Zufriedenheit, mehr Zeit, mehr Glück, vor allem: mehr →*Zukunft*.
5. Verzicht bedeutet auch: Vorsicht beim Genial-Sein. Denn so, wie wir euch einschätzen, werdet ihr tatsächlich dem Ziel nahe kommen, supergünstige oder kostenlose Sonnenenergie für alle zu erzeugen und zu speichern. Das klingt paradiesisch, wird aber die unschöne Nebenwirkung haben, dass ihr sämtliche anderen →*Ressourcen* im abgeschlossenen System Erde problemlos noch stärker übernutzen könnt als wir heute schon – d.h. diese eure kommende Genialität muss zwingend Hand in Hand gehen mit einer Abkehr vom überall gültigen Wachstumsdogma, denn sonst beschleunigt die »grüne Revolution« nur das Tempo, mit dem ihr auf die Wand zurast.

Entwicklungshilfe (und humanitäre Spenden)

If words were food, nobody would go hungry.

N.N.[1]

Was gemeint war: Entwicklungshilfe und private Spenden zur Linderung des Elends unserer Mitmenschen verstehen sich aus moralischen Gründen von selbst: Wir Wohlhabenden, vom Schicksal begünstigt durch die Gnade der geographisch smarten Geburt, helfen unseren benachteiligten Brüdern und Schwestern, indem wir ihnen Hilfsgüter und Geld schicken und so daran mitwirken, dass sie an ihren Wohnorten eigene blühende Landschaften gestalten können.

Was wir daraus gemacht haben: 850 bis 950 Millionen Menschen hungern, alle fünf Sekunden verhungert auf unserem Planeten ein Kind. Und wir sind mit Jean Ziegler der Meinung: »Jedes Kind, das heute verhungert, ist ermordet worden.« Dieser Zustand ist unerträglich, und wir wissen: Den →*Hunger* und die Unterernährung aus der Welt zu schaffen würde per anno nicht einmal 300 Milliarden Euro kosten.[2] Deshalb geben wir freudig, so viel wir können – vor allem in Form von Entwicklungshilfe. Oder besser: geben wenigstens ein *bisschen* was. Oder noch besser: haben das zumindest probiert. Echt wahr! Allein nach Schwarzafrika haben wir im Lauf der vergangenen 50 Jahre annähernd eine Billion Dollar gepumpt! 1000 Milliarden![3] Das ist fast *doppelt so viel* wie das Pentagon-Budget! (Na schön, fast doppelt so viel wie das Pentagon-Budget für *ein* Jahr.)

Aus der Erfahrung der letzten 50 Jahre sind wir allerdings klug geworden. Und vorsichtiger. Afrika hat ja sich trotz unserer sauer abgesparten Billionen-Spende nicht direkt blendend entwickelt. Viel von unserem Geld versickert in dubiosen Kanälen, bestimmt auch bei den Charity-Organisationen. Und landet bei den Falschen. Das zeigen ja die Daten und Zahlen und Entwicklungen in unseren Exkolonien. Es scheint, so traurig es ist, als sei Afrika nicht zu helfen.

Bei dieser stillschweigenden Übereinkunft übersehen wir allerdings gern, dass unsere Hilfen an ungünstige Bedingungen geknüpft sind. Es gibt ja unsere Almosen für die Empfänger nicht umsonst, sondern nur unter vernünftigen Bedingungen. Vulgo: Unsere mittellosen Brüder und Schwestern müssen uns schon geeignete Anreize bieten, sonst schicken wir ihnen natürlich gar keine Hilfe, nicht mal 0,5 Prozent unseres BIP-Wohlstandes. So müssen beispielsweise US-Nahrungsmittelhilfen in Form von Mais oder Getreide für Afrika per Gesetz aus US-Produktion stammen und auf US-Schiffen an ihren Zielort befördert werden.[4] Das ist gut für amerikanische (hoch subventionierte) Bauern und US-Reeder, allerdings wäre es natürlich günstiger, das Getreide dort anzubauen und zu kaufen, wo es benötigt wird. Der unschöne Nebeneffekt ist denn auch, dass die Bauern vor Ort ihr eigenes Getreide wegen des freudig gespendeten US- und EU-Getreides nicht mehr loswerden und daher pleitegehen. Was den Hunger nicht direkt verringert.

Unser marktwirtschaftlich vernünftiges Interesse daran, dass unsere Hilfe positive Effekte für unsere *eigene* Wirtschaft haben muss, wird indes von unserer gnadenlosen Fairness am Bankschalter übertroffen. Denn wir verleihen ja auch unseren Landsleuten nichts »einfach so«, also erst recht nicht an Fremde. Der globalen Gesamtsumme der Entwicklungshilfeleistungen in Höhe von 58 Milliarden Dollar standen daher für das gleiche Jahr zu leistende Schuldendienste der unterstützten Länder in Höhe von 482 Milliarden Dollar gegenüber.[5] Was nicht zuletzt daran liegt, dass wir bei all diesen Drittwelt-Wackelkandidaten natürlich Zinsaufschläge gegenüber normalen Krediten erheben. Und es wird niemanden wundern, dass die Gesamtschulden unserer Entwicklungshilfeempfänger von 2,1 Billionen Dollar (2005) inzwischen (2014) auf über vier Billionen Dollar angestiegen sind.[6] Aus den Schuldendiensten können wir also unsere »Hilfsleistungen« prima bezahlen und verdienen sogar noch ordentlich dabei. Genauer gesagt: Für jeden Dollar, den wir als Entwicklungshilfe großzügig abgeben, bekommen wir aus den von uns beschenkten Ländern satte zehn Dollar zurück.[7]

Das verschwiegen wir lieber. Betonen stattdessen, dass unsere kollektiven Almosenzahlungen absolut sogar *zugenommen* haben, nämlich auf insgesamt fast 98 Milliarden Dollar (2012), und lassen dabei abermals etwas unter den Tisch fallen, nämlich dass diese unsere Hilfe *anteilig* rückläufig ist. Wir und die anderen 33 reichsten Nationen dieses Planeten wenden für Entwicklungshilfe nur noch 0,29 Prozent unseres Bruttoinlandsproduktes (→*BIP*) auf.[8] Damit verfehlen wir unser selbst skandalös niedrig gesetztes Minimalziel (0,7 Prozent) gehörig – und erreichen als erfolgreicher »Exportweltmeister«

nicht einmal den OECD-Durchschnitt von 0,4 Prozent. Sondern nur 0,38 Prozent.[9] Das ist, zugegeben, unfassbar peinlich, aber wo der →*Staat* versagt, springen wir als Privatmenschen und gute Christen, Kantleser, Eisbärstreichler oder Ex-Winnetou-Fans natürlich sofort ein. Himmel noch mal! Es gibt auf dieser Welt etwa 900 Millionen »reiche« Menschen. Gäbe jeder von uns p.a. 200 Dollar, wären die Millenniumsziele der UN sofort erreicht[10], und Peter Singers moralische Mindestvorgabe »ein Prozent vom Brutto« schaffen wir natürlich alle. Lässig. Das ist ja nun wirklich für niemanden ein Problem.
Na gut. Fast niemanden. Oder genauer: fast alle. Besonders hierzulande, denn tendenziell spenden wir, verglichen mit allen anderen reichen Ländern, doch eher: gar nicht.
Dabei ist wegen der komplizierten Datenerhebungslage unklar, ob nur 25 Prozent oder nur 42 Prozent von uns mitmachen, aber an die 75 Prozent-Spitzen- oder 60-Prozent-Normalwerte all unserer reichen Nachbarn, die nicht dauernd ein »C« an die Regierung wählen, kommen wir nicht heran.[11] Prozentual sieht es nicht besser aus, aber hier erreichen ohnehin nur wenige Länder das eine Prozent, angeführt von den USA mit 1,8 Prozent des BIP. Deutschland kommt auf traurige 0,13 Prozent[12], und unterm Strich bleibt von unserer privaten Großzügigkeit (in Verbindung mit unseren parallel laufenden Deals) stehen: »Die Spenden, die von allen Hilfsorganisationen des Nordens in einem Jahr zusammengebracht werden, sind nach zwölf Tagen wieder bei uns.«[13]
Daran werden wir indes auch nichts mehr ändern. Denn der Anteil derer unter uns, die überhaupt freiwillig etwas abgeben, sinkt stetig und liegt derzeit bei 35 Prozent. Ältere Semester (>60) sind dabei etwas windelweicher (53 Prozent), vermutlich weil sie ein schlechtes Gewissen haben, unter den Jüngeren (<30) helfen gerade mal noch 19 Prozent mit, aber diese Zahl ist nun wirklich irreführend, denn junge Menschen verfügen ja nun wirklich nicht über viel Geld. Außer für Smartphones.
Wer nun meint, Hartherzigkeit sei eine Funktion von Armut (hierzulande), sieht sich indes von der Statistik entlarvt. Denn nicht nur unsere Reichen (Jahreseinkommen über 500 000 Euro) erreichen durchschnittlich 1,9 Prozent Spendenhöhe, und das schaffen auch unsere Armen, und zwar noch besser: mit 2,2 Prozent vom Brutto.
Wer's nicht schafft, sind die meisten. Der Mittelstand kennt nämlich kein Erbarmen – und verharrt bei 0,7 Prozent[14], aus Gründen, die schon die weiland populäre Freifrau Marie von Ebner-Eschenbach kannte: »Man kann nicht allen helfen, sagt der Engherzige – und hilft keinem.«

Was ihr daraus machen werdet: Ihr werdet erheblich mehr Geld als wir spenden und in Form von echter Entwicklungshilfe statt »Kolonialisierungshilfe 2.0« bedingungslos den Armen zukommen lassen – und zwar nicht, weil ihr plötzlich alle Gutmenschen werdet, sondern weil sich die Lage verschärft und ihr rechnen könnt. 300 Milliarden im Jahr sind nämlich nicht viel, wenn ihr damit die Hungernden der Welt davon abhalten könnt, eure reichen Kontinente zu stürmen. Die Kosten für die komplette Abriegelung des Mittelmeerraums und des Landweges über die Türkei, Griechenland und den ehemaligen Ostblock käme euch weit teurer zu stehen als eure Hilfsbereitschaft. Mal davon abgesehen, dass ihr, anders als wir, permanent mit massenhaft von euren Schutztruppen erschossenen Menschen und ungeheurem Elend an euren Sonnenstränden konfrontiert wäret. Und Elend aus der Nähe haltet ihr genauso schlecht aus wie wir. (Davon abgesehen wäre eine solche Politik auch schlecht für euer Image, weshalb ihr ohne Gefahr für Leib und Leben sowieso nur noch an der Nordseeküste Urlaub machen könntet.)

Ihr werdet daher leichten Herzens mit mindestens schlappen zwei Prozent eures BIP den Armen helfen, verbunden mit dem gleichzeitigen politischen Willen, das Geld eben nicht zur Förderung der eigenen wirtschaftlichen Interessen einzusetzen, sondern zur Förderung der Interessen der Empfänger.

Die Wohlhabenden unter euch werden freiwillig fünf Prozent spenden, die richtig Reichen zehn bis 15 Prozent. Und ihr werdet darüber *sprechen* – ihr werdet eure Wohltätigkeit bescheiden zur Schau stellen, ihr werdet Gutmenschen öffentlich loben. Ihr werdet sogar zu feinen Tricks greifen und eure Finanzverwaltungen zur Ausgabe von Abzeichen in Form von bunten Anstecknadeln animieren, die qua Farbe ausweisen, wer wie viel freiwillig gibt. Ihr werdet eure Gutmenschen nicht dissen, sondern »mit Nadeln adeln«, und ihr werdet erstaunt sein, welchen fröhlichen Ehrgeiz ihr beim Spenden entwickelt.

Ihr werdet Hilfe zur Selbsthilfe leisten. Finanzspekulationen mit Land und Nahrungsmitteln werdet ihr kategorisch verbieten. Ihr werdet Nahrungsmittel dort anbauen lassen, wo sie benötigt werden. Ihr werdet selbst weniger essen, vor allem weniger →*Fleisch*. Ihr werdet →*Saatgut*-Profiteure wie Monsanto und Co. ächten und zerschlagen. Und ihr werdet die Subventionshilfen für die Agrarwirtschaft beenden: »Die Abschaffung aller staatlichen Beihilfen für den Anbau von Baumwolle, Mais und anderen Agrarprodukten, die den Steuerzahler in den USA und Europa übrigens vier Mrd. [im Jahr] kosten, gebührt also aus humanitären Gründen wie aus wirtschaftlicher Sicht absolute Priorität.«[15]

Und ihr werdet über unsere größte Verlogenheit peinlich berührt schweigen – und sie nicht nachmachen, denn was ist das für ein Satz: »Ja, aber die anderen machen ja nicht mit?« »Kann (das) für uns der Grund sein, ein Kind sterben zu lassen, obwohl wir es ohne Schwierigkeiten retten könnten?«

Ihr werdet mit Peter Singer »Nein« sagen, wo wir Tag für Tag »Ja« gesagt haben.

Erderwärmung

*Wenn wir keinen Planeten mehr haben,
geht es der Wirtschaft nicht gut.*

Al Gore

Was gemeint war: Die natürliche zyklische Erwärmung der Erde im Lauf der Jahrzehntausende und Jahrmillionen, der natürliche zyklische Abkühlungen folgen.

Was wir daraus gemacht haben: Die unnatürliche Erwärmung der Erde im Lauf der letzten 150 Jahre, der nach derzeitiger Sachlage nur dann eine natürliche Abkühlung folgen kann, wenn wir uns gegenseitig in großer Zahl auslöschen.

Das waren aber nicht alles *wir*! Also: diese Erwärmung. Nicht unsere Generation. Na gut, unsere Eltern hätten schon ein bisschen aufpassen können, aber uns trifft kein Vorwurf. Die jüngere Erderwärmung, gipfelnd 2015 mit dem wärmsten Jahr seit Menschengedenken[1], ist nämlich die Folge des gigantischen Wachstums der →*Weltbevölkerung* in den letzten 150 Jahren, insbesondere unseres Wachstums seit 1930 (von zwei Milliarden auf fast 7,5 Milliarden). Dank unseres Erfindungsreichtums konnten wir in dieser sagenhaften Wachstumsphase unsere landwirtschaftlichen Nutzflächen ungeheuer ausweiten[2] (→*Landwirtschaft*) und Nahrungsmittelproduktion und -transport industrialisieren, allerdings auf Kosten unserer Wasservorräte, des Artenreichtums, des Zustandes unserer Meere und eines enorm erhöhten Verbrauchs an →*Ressourcen*.

Obwohl der Club of Rome[3] seit 1972 warnt, ist uns aber erst Mitte der 90er Jahre endgültig klargeworden, dass wir infolge unserer generellen Produktivität und Mobilität ein echtes Problem haben: namentlich den »Treibhauseffekt«, also die Zunahme von Treibhausgasen, vor allem CO_2, N_2O (Distickstoffmonoxid)[4] und CH_4 (Methan)[5] in unserer Atmosphäre. Etwa 30 Prozent dieser von uns produzierten Treibhausgase gehen auf das Konto der Landwirtschaft und der →*Fleisch*-Produktion. Die CO_2-Konzentration in der Erdatmosphäre lag 1850 bei 280 ppm, inzwischen liegt sie bei 400 ppm, und derzeit herrscht weitgehender wissenschaftlicher Konsens, dass, wollen wir die Zunahme der globalen Durchschnittstemperatur auf zwei Grad beschränken, die CO_2-Konzentration nicht über 450 ppm steigen darf. Da dies einen maximalen Pro-Kopf-Ausstoß pro Erdenbürger von 2,7 Tonnen CO_2 p.a. voraussetzte, wir Erste-Welt-Bewohner jedoch im Schnitt elf Tonnen pro Kopf und Jahr produzieren und etliche unserer noch nicht ganz so wohlhabenden Weltmitbewohner uns verständlicherweise nacheifern[6], werden wir dieses Ziel verfehlen und binnen der kommenden zehn Jahre vermutlich eher bei 550 ppm landen. Wir erwarten daher eine Zunahme der globalen Durchschnittstemperatur um durchschnittlich vier Grad (oder mehr), was aller Voraussicht nach einige interessante Kettenreaktionen in Gang setzen wird.

Noch fangen unsere Wälder und Ozeane zwar immerhin etwa die Hälfte der Treibhausgase ein, aber diesen Kohlenstoffkreislauf machen wir gerade kaputt, und das mit Vollgas. Denn was sich vor allem erwärmt, sind unsere Ozeane – die größten CO_2-Senken, die wir haben und die in Zukunft nicht mehr annähernd das aufnehmen können, was sie bislang geschluckt haben. Und wir zerstören auch unsere andere wichtige CO_2-Senke, die Wälder. Da unser Bedarf an Lebensmitteln (sowie an »Agro-Sprit«)[7] ständig wächst und sich bis 2050 verdoppeln wird und uns schon jetzt keine zusätzlichen Flächen mehr zur landwirtschaftlichen Nutzung zur Verfügung stehen, holzen wir Wälder in großem Stil ab: Seit Beginn unserer kurzen zivilisierten Phase hat sich die Zahl der Bäume auf der Erde um 46 Prozent verringert, aber das hindert uns nicht daran, weiter alljährlich 15 Milliarden Exemplare zu eliminieren.[8] Jährlich verlieren wir dabei Regenwälder von der Fläche Deutschlands, und bis 2050 werden wir aller Voraussicht nach eine weitere Milliarde Hektar erfolgreich holzfrei gestaltet haben.

Während wir also die natürlichen CO_2-Fänger systematisch übersäuern, aufheizen oder brandroden, halbieren wir natürlich auch gleichzeitig unseren CO_2-Ausstoß. Nein, Quatsch, natürlich *nicht*: Wir erhöhen diesen Ausstoß, und auch das mit Nachdruck. 1992, auf dem Erdgipfel in Rio, hatten wir uns zwar geeinigt, die Emissionen von damals 22 Milliarden Tonnen p.a. bis 2012 auf 21 Milliarden zu reduzieren, aber das hat nur *fast* geklappt, denn wir landen alljährlich stabil zwischen 32 (2014) und 35 (2013) Milliarden Tonnen, emittieren also schlappe 30 Prozent mehr als damals.[9] Unsere temporäre Freude über das Klimaabkommen von Paris (2015) ist daher primär der Rechenschwäche unserer Politiker und Journalisten geschuldet[10] – sowie unserer kollektiven Neigung zum Tragen rosaroter Brillen.

Denn ändern werden wir an unserem Verhalten nichts. Weil wir Prioritäten setzen müssen. Schon 1992 haben wir in unserer Erdgipfel-Klimarahmenkonvention klipp und klar festgehalten, worauf es entscheidend ankommt: »Maßnahmen zur Bekämpfung der Klimaänderungen, einschließlich einseitiger Maßnahmen, sollen [... keine] verschleierte Beschränkung des internationalen Handels sein.«[11] Richtig. Und so *bremsen* wir die Verursacher der Erderwärmung nicht, sondern subventionieren die Fossilindustrie mit jährlich 750–1000 Milliarden Dollar – und gestatten ihr obendrein die Nutzung unserer Atmosphäre als Gratismüllkippe. Das kann man humorlos bezeichnen als »das größte Marktversagen, das die Welt je erlebt hat« (*Stern-Report*)[12] – oder ebenso realistisch zu Ende rechnen, wie es die Firma BP getan hat, die davon ausgeht, dass die CO_2-Emissionen bis zum Jahr 2035 weltweit um 29 Prozent zunehmen werden.[13]

Mit uns: garantiert.

Aufgrund unseres jederzeit konsequent marktkonformen Verhaltens sehen wir also gleich mehrere klimatische Katastrophen auf uns zukommen: schmelzende Gletscher, steigende Meeresspiegel, versinkende Küstenstriche, den Amazonas-Dschungel als Strauchlandschaft, Dürreperioden weltweit, Wüsten bis zum Horizont – aber das kann uns (im Norden) natürlich herzlich egal sein, denn die Folgen der Erderwärmung bekommen ja nicht wir, die Verursacher, zu spüren (zumindest nicht so heftig), sondern gerade eben jene, die sie *nicht* verursacht haben: die üblichen Verdächtigen in Afrika und Asien und dem ganzen anderen Weitwegistan. Natürlich behaupten wir, dass uns das bekümmert, sprechen aber gleichzeitig erbarmungslos Klartext in Zahlen (→*Entwicklungshilfe*) und denken uns den Rest (»Das Leben ist kein Wunschkonzert, und Weihnachten ohne Schnee ist ja wohl auch ne Strafe!«).

Lästig wird's uns eigentlich nur, wenn irgendwelche Spielverderber wie etwa Bernie Sanders, der linke Präsidentschaftskandidatenkandidat der US-Demokraten, drauf hinweisen, dass »Klimawandel und →*Terrorismus* direkt zusammenhängen«, dass es, »in zahllosen Ländern überall in der Welt zu Kämpfen um begrenzte →*Wasser*-Reserven und um begrenzte Anbauflächen kommen wird«, dass »wir alle möglichen internationalen Konflikte erleben werden«[14] – und vor allem, dass diese Leute aus Weitwegistan *Beine* haben. Wie Kriegsflüchtlinge. Die den einen oder anderen Europäer ja schon heute überfordern (→*Zuwanderer*). Und dass zu Weihnachten 2050 (schneelos) nicht eine Million oder zwei, sondern 200 bis 300 Millionen Klimaflüchtlinge auf den Beinen sein werden. In unsere Richtung.[15]

Das macht uns allen natürlich schon Sorgen. Und animiert uns zum Handeln. Zu echten Opfern! Um diesen Alptraum wenigstens zu verschieben (bis wir euch mit dem Problem allein lassen können), haben wir daher schon diverse weitreichende Maßnahmen ergriffen: Smartphone-Ladegeräte aus der Steckdose ziehen, A+++-Kühlschränke kaufen, Toilettenspartasten einbauen, zu zweit baden (zur Belohnung gibt's dazu ein paar marokkanische Erdbeeren) – und ganz viel reden und nachdenken. Über Auspuffanlagen an Kraftwerken, über »grüne« →*Energie*, sogar über CO_2-freundliche Atomkraft (allerdings: zu gefährlich) und über Pro und Kontra des Abtauens der Tundra und der Pole (das freiwerdende Methan beschleunigt zwar die Erderwärmung, aber auf dem freiwerdenden, endlich aufgetauten Boden kann man natürlich hervorragend Weizen, Mais und Soja anbauen; außerdem liegen in der Tundra und unter dem ewigen arktischen Eis ja auch noch massenhaft Rohstoffe herum, und die brauchen wir dringend für unsere Smartphones). Und nicht zuletzt wissen wir ja, dass uns bislang noch immer was Cooles eingefallen ist, um uns voranzubringen. Das nächste große Ding wird dann »Geo-Engineering«, also das Düngen der Ozeane mit Eisenpartikeln, das Aufsteigenlassen von Schwefelschläuchen bis in die Stratosphäre (der hochzupumpende Schwefel fällt praktischerweise beim Fracking in Massen ab), notfalls Vulkansprengungen, um Asche in die Stratosphäre zu blasen und so ein abkühlendes »Global Dimming« herbeizuführen; noch besser aber sind natürlich Wolkenboote (schließlich werfen die Wolken so schön viel Sonnenlicht zurück in die Atmosphäre, also bauen wir uns unser Wetter doch zukünftig einfach komplett selbst).[16]

Wir bemühen uns also wirklich, das CO_2 zu reduzieren. Nach Kräften. Auch wenn's noch nicht klappt. Aber wir dämmen ja sogar schon all unsere Häuser, für teuer Geld. Und erwarten dringend die Auslieferung von ein paar Millionen reichweitenstarken, komplett CO_2-neutralen Elektro-Mittelklasse-SUVs. Es darf dann auch gern ein Tesla sein.

Unter den Tisch fällt allerdings bei all diesen unseren besorgten Verhandlungen und Ideen etwas ganz Wesentliches.[17] Das CO_2 ist nämlich gar nicht unser Problem.[18] Oder besser: Wir versuchen ein Problem (Erwärmung), das wir durch untaugliche Maßnahmen verursacht haben, durch weitere untaugliche Maßnahmen zu beheben. Damit sind wir Einsteins Wahnsinnsdefinition recht nah (»Wahnsinn ist, immer das Gleiche zu tun und andere Ergebnisse zu erwarten«). Dieser Wahnsinn hat indes Methode – und er gibt unserem komplett marktbestimmten Denken sogar allein Sinn, denn auch all unsere scheinbar »grünen« Ideen zum »Begrenzen der Emissionen« sind reine Konjunkturprogramme für unsere Wirtschaft. Programme und Maßnahmen, die das eigentliche Problem allerdings vergrößern, nicht verkleinern. Und zwar exponentiell wachsend: Ein neu hergestelltes E-Auto in unserer Garage ist keine Klimaschutzmaßnahme. Sondern ein neu hergestelltes Auto. Diesen Zusammenhang aber sehen wir nicht. Weil wir ihn nicht sehen können. Was teilweise an der →*Werbung* liegt und teilweise daran, dass wir schon seit langem nicht klar denken können. Also unterm Strich nur daran, dass wir qua permanenter Gehirnwäsche unsere Wirtschaftswirklichkeit für »alternativlos« halten. Tatsächlich ist aber auf unserem derzeitigen Weg nur eines »alternativlos«, nämlich eure Zukunft verheerend.

Was ihr daraus machen werdet: Ihr werdet euch besinnen und die naheliegende Frage stellen: »Was ist eigentlich unser *Ziel*?« Das CO_2 zu reduzieren? Jein. Die Reduktion des CO_2-Ausstoßes könnte ein Mittel zum Zweck sein, aber der Zweck, euer eigentliches Ziel ist es, den Planeten friedlich bewohnbar zu erhalten und auf dem Weg Menschenleben und en passant sogar ein paar andere Arten zu retten. Ihr werdet aber auch erkennen, dass man sich von diesem Ziel mit hohem Tempo *entfernt*, wenn man Massen von CO_2-einsparenden E-Autos baut oder Windräder, neue KW40-Häuser oder dauernd neue und sparsamere Kühlschränke und Flachbildschirme. Und dass man dem Ziel nur näher kommt, wenn man a) all diesen Unfug vollständig *sein lässt* und sich b) nach Kräften (und mit allen weltweit vorhanden Mitteln) bemüht, Menschen und andere Arten einfach zu *retten*. Konkret. Nicht abstrakt, nicht absurd ums Eck, mittels Ankauf eines E-Mobils.

Ihr werdet das bisschen Geld in die Hand nehmen, das es braucht, um die Welt wirklich besser zu machen – es sind ja nur 75 bis 300 Milliarden[19], also nicht mal annähernd das Budget des Pentagon (607 Milliarden)[20]. Ihr werdet uns den Generationenvertrag nicht nur kündigen, ihr werdet uns auf Schadenersatz verklagen (ihr habt ja schon angefangen, heute, als 15-Jährige, zumindest in den USA).[21]

Und natürlich werdet ihr auch die Kleinigkeiten erledigen. Ihr werdet alles CO_2, das ihr produziert, wieder einfangen, und zwar nicht in Auspuffanlagen, die wieder nur ein Geschäftsmodell darstellen, sondern indem ihr Bäume pflanzt. Nicht nach Gusto, sondern nach Verbrauch.[22] Ihr werdet bestimmt auch Solarzellen bauen (soweit machbar, wegen endlicher →*Ressourcen*). Vor allem aber werdet nicht denken: »Mein altes Auto verbraucht drei Liter Sprit, das muss ich dringend gegen ein E-Auto tauschen!« Ihr werdet denken: »Mein altes Auto verbraucht drei Liter Sprit, ich sollte öfter Fahrrad fahren.« Ihr werdet: verzichten.

Ihr werdet eure Ressourcen schonen. Drastisch. Ihr werdet euren Konsum reduzieren. Dramatisch. Und ihr werdet die eingesparten Mittel und Kräfte auf Maßnahmen verwenden, die tatsächlich euren Planeten und euch schonen und schützen. Ihr werdet in den Überflussregionen schrumpfen, wirtschaftlich wie zahlenmäßig, und ihr werdet mit denen teilen, die nichts haben, und ihnen helfen, selbst zu wachsen. Ihr werdet, kürzer gesagt, das gesamte System umbauen. Euer Denken und euer Handeln. Und ihr werdet wissen, dass das nicht »verhandelbar« ist. Denn wenn ihr's nicht macht, werdet ihr gar nicht mehr erleben, dass der Wasserspiegel in Florida um harmlose 20 Zentimeter steigt oder der Golfstrom sich umkehrt. Weil ihr euch vorher in einem gigantischen Krieg komplett ausgerottet haben werdet (inklusive einer hochinteressanten stratosphärischen Fallout-Wolke, die den Planeten für hundert Jahre verdunkeln und dabei ganz maßgeblich abkühlen wird).

So hatte also sogar schon der 2016 scheidende US-Präsident abschließend recht: Das Klima ist *die* Frage, *das* Problem, die größte Gefahr von allen. »Alternativlos« ist daher in Sachen Erderwärmung tatsächlich nur eines: Die Abschaffung unseres Systems, des einst so segensreichen →*Kapitalismus*.

Und da ihr das wisst, werdet ihr nicht auf CO_2-Werte schauen. Sondern auf ganz andere →*Werte*.

Evolution

Was gemeint war: Darwin. Die Entwicklung des Lebens auf der Erde in einem Prozess von Mutation (zufälligen Gen-Änderungen) und Selektion (die am besten an die Umweltbedingungen angepassten Gene setzen sich durch).

Was wir daraus gemacht haben: Neo-Darwinismus. Die Fantasie, Leben auf molekulare Gene zu reduzieren und Organismen Eigenschaft für Eigenschaft zu manipulieren. Die »egoistischen Gene«, die der Neodarwinist Richard Dawkins dafür erfunden hat, sind indes – als mit Egoismus=Willen=Bewusstsein ausgestattete Moleküle – vom mysteriösen Schöpfergott des →*Kreationismus* nicht sehr weit entfernt. Da allerdings bei der Kartierung des menschlichen Genoms kein solcher molekularer Egomane entdeckt wurde, ist die schlichte Reduktion der Evolution auf Gene definitiv überholt.

Was ihr daraus machen werdet: Eine neue Theorie des Lebens. Dazu werdet ihr evolutionsbiologisch weiter zurückgehen als nur die letzten 500 Millionen Jahre, denn das Leben hat schon drei Milliarden vorher begonnen – und dafür verantwortlich waren nicht Mutation und Selektion, sondern Symbiosen. Ihr werdet – mit Darwin – den genetischen Zufall samt »Kampf ums Dasein« weiter als wichtige Elemente evolutionärer Entwicklung sehen, aber dazu und darüber hinaus den entscheidenden Faktor für die Vielfalt und Kreativität des Lebens im Auge haben: Kooperation und Symbiose.

Familie und Kinder

*Zwei Dinge sollten Kinder von ihren Eltern bekommen:
Wurzeln und Flügel.*

Johann Wolfgang von Goethe

Was gemeint war: Gegenseitige Unterstützung von drei bis vier Generationen, die Arbeit und Aufgaben in der Gegenwart verteilen, mit Blick auf eine bessere Zukunft für die gesamte Gruppe. Alte werden nicht allein zurückgelassen, wenn die nomadische Gruppe weiterzieht, Kinder werden gefördert und von den klügsten Lehrern ausgebildet, der Rest der Erwachsenen übernimmt die notwendige Beschaffung von Lebensmitteln und die Erstellung von Wohnraum, für die »Hausgemeinschaft« (lat. *familia*). Diese klassischen Gemeinschaften, die wir heute »Großfamilie« nennen, in denen jede/r sich als Teil des Zeitstroms und vitales Verbindungsglied zwischen Herkunft und Zukunft fühlen konnte, haben sich seit dem Beginn des Industriezeitalters nach und nach aufgelöst.

Was wir daraus gemacht haben: Kleinfamilien mit weniger als zwei Kindern, Heerscharen von allein oder zu zweit lebenden Erwachsenen und Millionen vereinsamter Senioren.

Dass es dazu kommen könnte, befürchtete der Nationalökonom Friedrich List schon 1841, als er schrieb: »Wer Schweine erzieht, ist ein produktives, wer Menschen erzieht, ein unproduktives Mitglied der Gesellschaft.«[1] Auch wenn er damit eigentlich bloß die Werttheorie von Adam Smith (→*Marktwirtschaft*) kritisierte, nach der »produktiv« nur ist, was materielle Werte schafft, während soziale und geistige Leistungen als »unproduktiv« gelten, schien dahinter schon die Ahnung zu stehen, wie die Folgen der sich anbahnenden Entwicklungen von Industrialisierung bis →*Marktwirtschaft* aussehen könnten: Entwertung der essentiellen Fürsorge, Aufzucht, Hege und Pflege zugunsten einer Aufwertung des (nunmehr industrialisierten) Jagens und Sammelns.

So ist es letztlich gekommen, und da auch Karl Marx und seine Nachfolger die Smithsche Werttheorie übernahmen, nach der allein »produktive Arbeit« wirklich nützlich sei (und die Frau aus ihrer Abhängigkeit befreit und in den Produktionsprozess eingegliedert werden müsse), fand auch der Kommunismus keine Lösung des Problems. Die Idee, dass die zur Erreichung der Wirtschaftsziele der Fünf-Jahres-Pläne eher lästige Hausarbeit (Fürsorge, Bildung, Hege und Pflege) nunmehr komplett dem Staat überlassen werden sollte, wurde schon wenige Jahre nach der sowjetischen Revolution wieder gekippt, als Stalin eine Politik der »Festigung der Familie« verordnete und die liberalen Scheidungs- und Abtreibungsgesetze wieder aufhob. Abgesehen von der umfassenden staatlichen Kinderbetreuung, die den Frauen die Integration in die Erwerbsarbeit ermöglichte – wo sie wie im kapitalistischen Westen schlechter bezahlt wurden als Männer –, blieb die notwendige Hausarbeit auch in den realsozialistischen Ländern unbezahlte Frauenarbeit und ein »Nebenwiderspruch« bei der Anpassung des Individuums an die gesellschaftliche »Produktivität«.[2] So vorteilhaft es für Frauen war, mit der Möglichkeit eigener Erwerbsarbeit den Zwang zu einem Leben als »Hausklaven« (Lenin) abschütteln zu können, so wenig half das gegen die damit einhergehende Abwertung häuslicher, hegender, pflegender Arbeit. Weil sie dem gleichen, eingeschränkten Begriff von »Produktivität« folgten, brachten weder kommunistische noch kapitalistische Systeme »befreite« Familien hervor, sondern Verbrauchergemeinschaften.

Da solche Verbrauchergemeinschaften sich zentral über ihre Einnahmen/Ausgaben definieren, wundert es dann auch nicht, dass 2013 zwar eine überwältigende Mehrheit der Deutschen »eine Familie« als erstrebtes Lebensziel angibt, jedoch 67 Prozent auf die Frage, warum so wenig Kinder geboren werden, antworten: »Kinder kosten zu viel Geld.«[3] Dass in einem der reichsten Länder der Erde sich die meisten Einwohner eine Familie wünschen, aber keine Kinder mehr bekommen wollen, weil das zu viel kostet, ist paradox. Und zeigt, dass offenbar weder Markt noch →Staat in der Lage waren, wirklich familien- und kinderfreundliche Verhältnisse zu schaffen. Kinder sind »Kostenfaktor« und Hindernis bei der Karriere, die nun als Ersatz für den unerreichbaren Familienwunsch dienen muss: Selbstverwirklichung statt Gemeinschaftsgefühl, Konsum statt Community, »Leben im Jetzt« statt Blick in die Zukunft (Kinder). Dreiviertel aller US-Amerikaner glauben mittlerweile, dass »→Konsumismus und Materialismus die für den Menschen viel wichtigeren Werte von Freundschaft, Familie und Gemeinschaft unter sich begraben haben«[4]. Sie halten aber, wie fast der ganze Rest der Welt, an einem System fest, in dessen Verwertungslogik diesen Werten kein »produktiver« Wert beigemessen wird, sondern allenfalls ein Kostenfaktor: »Hilfe bei der Aufnahme einer Zwischenmahlzeit« schlagen dann mit 4,87 Euro zu

Buche, bei der »Darm- und Blasenentleerung« sind es 2,87 Euro.[5] Würde familiäre häusliche Pflege – sei es von Junioren und Senioren – nach solchen Tarifen bewertet, könnten Mutter oder Vater für jedes Verfüttern eines Jogurts an den Kleinen 4,87 und für die Begleitung der Oma aufs Klo 2,87 Euro verdienen: Familie, Kinder zu haben und Großeltern, Freundschaften zu pflegen, Gemeinschaften zu unterstützen, wäre plötzlich ein »Beruf«. Auch Senioren, die sich nicht mehr nur als »business angel«, sondern als Jugendhelfer und Familienbetreuer einbringen können, wären belohnt vom Wertesystem der Gesellschaft als Arbeit für das, was die überwiegende Mehrheit ohnehin für die eigentlichen Werte hält, nämlich Familie, Freunde und Gemeinschaften – für all das, was sich als gegenseitige Hilfe dem Konkurrenzprinzip des Markts entzieht.

Was ihr daraus machen werdet: Ihr könnt – wir leben im Überfluss! – das Jagen und Sammeln wieder an den richtigen Platz stellen, also unterhalb der zukunftsgewandten Tätigkeiten von Müttern, Vätern, Lehrern Erziehern und Betreuern. Ihr könnt deren Arbeit, die jetzt am unteren Ende der Gehaltsskala angesiedelt ist, deutlich höher bewerten. Indem ihr Bankern und anderen Zettelsortierern z.B. 3000 Euro im Monat zahlt, aber Lehrerinnen und Erziehern 5000. Ihr könnt dieses Honorar teilweise auch selbst einstreichen, wenn ihr Familien oder sogar Großfamilien gründet. Wo ein Krippenplatz wie derzeit in Deutschland den Staat etwa 1000 Euro im Monat kostet, könntet ihr euch bei drei Kindern schon eine feste Nanny leisten oder den rüstigen Opa von nebenan dafür bezahlen, dass er die Enkel bespaßt. Ihr könnt »Familie« nicht nur schützen, wie es im Grundgesetz steht, sondern sie – in welcher Patchworkform mit Hausfrauen und Hausmännern auch immer – wieder völlig neu beleben. Und ihr könnt eure Kinder, statt sie als Helikopter-Eltern im »Karriere«-Stress zu Frühleistungsträgern zu pushen (→*Schule*), zu angstfreien, selbstbewussten, empathiefähigen Wesen erziehen. Wenn das eure Karriere werden soll, kann »Familie« euer Job werden – als Hauptberuf oder in Teilzeit. Weil ihr Familienarbeit – Gemeinwohl fördernd und nachhaltig wirkend – schlicht höher bewertet als Hedgefonds-Management, das wenigen nützt und vielen schadet. Wenn ihr diese Umwertung vornehmt – und mit einigen Drehs an der Steuerschraube wäre da fürs Erste schon viel zu machen –, steht einem glücklichen Familienleben allenfalls noch ihr selbst im Wege.

Fleisch

Solange es Schlachthäuser gibt, wird es auch Schlachtfelder geben.

Leo Tolstoi

Was gemeint war: Essbare Weichteile von Menschen und Tieren, hier: alles von Braten bis Wurst, und zwar *nur* vom Tier. Bei Jägern und Sammlern stand Fleisch als überlebenswichtiger Energielieferant neben Beeren, Wurzeln und Gemüse weit oben auf dem Speiseplan, mit der landwirtschaftlichen Revolution (→*Landwirtschaft*) ging der Fleischkonsum zurück. Noch bis Mitte des letzten Jahrhunderts galt die »Parole Sonntagsbraten«, denn die Fleischerzeugung ist ressourcenaufwendig, und man muss sich entscheiden, ob man mit dem angebauten Getreide Menschen oder Tiere ernährt. Bei steigender Bevölkerungszahl und begrenzter Anbaufläche mussten unsere Vorfahren daher auf den Konsum von Fleisch weitgehend verzichten. Frühen Skeptikern, die den Verzehr von Lebewesen grundsätzlich fragwürdig fanden (da existenzielle Not als Begründung mit der Erfindung des Ackerbaus wegfiel), lieferte die Religion Absolution für den verbleibenden Fleischverzehr, schließlich hatte Gott selbst im Vorwort bestimmt, der Mensch solle sich die Erde untertan machen.[1]

Was wir daraus gemacht haben: Schnitzel, Filets und frittierte Hühnerbeine weltweit und rund um die Uhr. Vorbild sind hierbei wir, die Bewohner der »Ersten Welt«, insbesondere die →*USA*, alle anderen machen's nach – so schnell sie irgend können. Sollte »alle Welt« dieses Ziel erreichen, brauchen wir unter anderem jährlich über 165 Milliarden Brathähnchen (denn die derzeit weltweit verbratenen gingen in diesem Szenario schon komplett für Indien und China drauf).[2]

Dass die Nachfrage nach Nahrungsmitteln generell weltweit steigt, verwundert nicht, aber diese Nachfrage nimmt aus mehreren Gründen sogar *schneller* zu als die →*Weltbevölkerung*. Zum einen, weil wir (Erste Welt) das Essen an sich zu einem unserer Hobbys gemacht haben und schlicht zu viel essen (was dann dazu führt, dass wir fett werden und allein in den USA mehr Geld für Diäten ausgegeben wird, als nötig wäre, um die ganze Welt zu ernähren).[3] Zweitens kaufen wir zu viele Nahrungsmittel und werfen sie dann einfach weg (→*Müll*). Drittens aber essen wir vor allem immer mehr Fleisch, und da Fleisch nicht auf Feldern wächst, erklärt genau dieses Verhalten den überproportional wachsenden Hunger nach landwirtschaftlichen Erzeugnissen.

Mehr Fleisch bedeutet nämlich mehr Futter, und dieses Futter besteht vor allem aus Getreide und Sojabohnen. 57 Prozent unserer Getreideernte dienen inzwischen als Viehfutter, beim Soja (dessen Anbaumenge sich seit den 1950er Jahren verzehnfacht hat, auf heute p.a. geerntete 270 Millionen Tonnen) werden nur zwei bis sechs Prozent direkt von uns konsumiert, den Rest verfüttern wir.[4] Für die Produktion dieses Futters nutzen wir schon heute 26 Prozent der gesamten eisfreien Erdoberfläche unseres Planeten[5] – notwendigerweise, schließlich »übertrifft das Lebendgewicht aller Hausrinder allein […] heute das der rund sieben Milliarden Menschen auf der Erde um das Zwei- bis Dreifache«.[6]

Dabei wissen wir, dass die Produktion eines Kilos Rindfleisch nicht nur sagenhafte 16 600 Liter →*Wasser* verbraucht, sondern wissen auch, dass die Umwandlungsrate von pflanzlichen Kalorien in tierische zwischen 7:1 (Rind) und günstigstenfalls 2:1 (Geflügel) liegt (bei 3:1 fürs deutsche Lieblingsessen, das Schwein)[7], wir also qua Umwandlung das Überleben unseres weltweiten Gesamt-»Stammes« gefährden. Das ist uns allerdings inzwischen völlig wurscht, weil ja der verhungernde Rest unseres Stammes außer Sichtweite wohnt[8] (→*Hunger*).

Unser Hunger nach immer mehr Fleisch – sprich: nach immer mehr Soja und Getreide – hat nun selbstredend zur Folge, dass wir, um die notwendigen Ackerflächen überhaupt noch bereitstellen zu können, immer mehr Wälder roden müssen, die eigentlich als CO_2-Fänger dienen sollten (und müssen). In einer Welt, in der bereits 30 Prozent der Treibhausgasemissionen aufs Konto der Nahrungsmittelproduktion gehen, ist das keine besonders smarte Idee[9] – oder deutlicher: ist es eine doppelt und mehrfach blöde Idee. Denn das Roden der Wälder trägt entscheidend zur →*Erderwärmung* bei, die Folge dieser Erwärmung sind mehr Dürren, Folge dieser Dürren Ernteausfälle, Folge der Ernteausfälle steigende Preise, Folge der steigenden Preise mehr Verhungernde (die sich das verteuerte Grundnahrungsmittel Getreide schlicht nicht mehr leisten können). Kurz gesagt: Wir essen keine Rinder, wir essen Menschen.

Und zwar ungebremst. Die globale Fleischproduktion hat sich seit den 60er Jahren gut vervierfacht, von 78 auf 310 Millionen Tonnen pro Jahr, der durchschnittliche weltweite Fleischkonsum pro Kopf beträgt inzwischen 42,8 Kilo (2012), der Schnitt in den Industrieländern liegt bei 76,2 Kilo, in Deutschland bei 88[10], in den USA bei 120. Bis 2050 erwarten wir eine Steigerung der Gesamtmenge von 310 auf 455 Millionen Tonnen[11]. Die zur Erzeugung dieser Menge erforderlichen Nutztiere werden also 2050 so viel Nahrung verzehren wie vier Milliarden Menschen.[12]

Wie das alles *gehen* soll? Das wissen wir nicht. Aber solche existenziellen Fragen sollen uns ebenso wenig den Appetit verderben wie das Wissen, dass 98–99 Prozent der von uns verzehrten Tiere aus »Massentierhaltung« stammen.[13] Derzeit werden 450 Milliarden Landtiere (davon 50 Milliarden Vögel) von uns auf diese Weise gehalten und alljährlich geschlachtet.[14] Allein in den USA müssen jedes Jahr zehn Milliarden Häftlinge ihr Leben lassen, in Deutschland sind es »nur« 560 Millionen Hühner, 57 Millionen Schweine, vier Millionen Rinder und eine Million Schafe.[15] Für die Ernährung des durchschnittlichen Amerikaners sterben folglich im Lauf seines eigenen Lebens insgesamt 21 000 Tiere[16], der durchschnittliche Deutsche begnügt sich (Berechnungen des Vegetarierbunds Deutschland zufolge) mit nur etwa 1100 Landtieren. Fische fehlen in allen uns bekannten Statistiken.[17]

Die Lebenserwartung unserer Eiweißlieferanten hat sich dabei überaus effizient verkürzen lassen, denn ein Huhn, das früher noch 15–20 Jahre alt wurde, stirbt heute nach sechs Wochen. Da ein solches Leben auf der Überholspur alles andere als gesund ist, braucht der Lieferant allerdings permanent Drogen, also Hormone und Antibiotika rund um die Uhr. Viele der Gedopten verrecken trotzdem schon vor Erreichen der Schlachtbank, viele von denen, die's heil bis unters Beil schaffen, sterben obendrein qualvoll, der Rest ist zu 95 Prozent mit E.coli infiziert und trotzdem bis zur Halskrause vollgepumpt mit Antibiotika.[18] Was frisch über den Grillteller dafür sorgt, dass sein/e Esser/in sich eine gefährliche Resistenz anfrisst, also nach dem Genuss von allzu viel Fried Chicken, Broilern oder Brathendln keinesfalls mehr ernstlich erkranken oder gar ein Krankenhaus aufsuchen sollte (sofern er oder sie nicht zu den alljährlich bis zu 40 000 Deutschen gehören möchte, die schon heute in Krankenhäusern an multiresistenten Keimen sterben).[19]

Da uns aber all das – Tier, Natur, ferner Mitmensch – schon völlig egal ist, lockt die ökologische Problematik des Ganzen sowieso keinen von uns Hunden mehr hinter dem Ofen hervor. Dass pro Mastschwein p.a. 2,2 Kubikmeter Gülle anfallen, die ins Grundwasser versickern? Egal. Dass Rinder außer Widerkäuen vor allem eines tun, und zwar tagein, tagaus, nämlich das Treibhausgas Methan furzen? (Methan ist ein 23x so potentes Treibhausgas wie CO_2.) Dass der Ausstoß von Methan (CH_4) und Lachgas (N_2O – 296x so potent wie CO_2, fällt bei der Düngerproduktion an bzw. ab) von 1990 bis 2005 um 17 Prozent zugenommen hat

(→*Landwirtschaft*)? Und dass unsere Tierzucht ganz allein für 37 Prozent der gesamten CH_4-Menge und für 65 Prozent der N_2O-Menge verantwortlich ist? Ach, alles: erst recht egal. Das schmeckt man ja wohl alles nicht, wenn das maisgestopfte Opfer so lecker *medium* vom Grill kommt.

Was ihr daraus machen werdet: Sofern ihr euch nicht wegen des vielen schlechten Karmas sowieso zu flächendeckendem Vegetarismus oder Veganismus durchringen könnt, gilt wie zu Opas Zeiten: Parole Sonntagsbraten. Artgerecht gefütterter Luxus auf dem Teller, nach einem erfüllten Hühner-, Schweine- oder Rinderleben von hinten erschossen oder sonstwie »human« aus dem Leben genommen. Was nicht mehr gilt, ist das Credo »alles jederzeit und überall« (weil ihr ja wisst, dass andernfalls, wie bei uns, der ganze immer und jederzeit ungenutzte Rest allabendlich in den Müll wandert), statt dessen gilt: manches, aber nur auf gut durchdachte Vorbestellung und nach Verfügbarkeit – mal zu haben, mal eben nicht. Die Fleischtheken? Sind halt öfter mal kurz vor Feierabend leer, und ihr tragt das mit Fassung.

Denn ihr werdet nicht gleichgültig sein, weder euren Tieren noch euren fernen »Stammesbrüdern« gegenüber, die wir buchstäblich gefressen hatten. Ihr werdet den wahren Preis von Fleisch kennen. Und diesen Preis bezahlen. Was im Zweifel auf die Frage hinauslaufen wird: zweimal die Woche Fleisch oder einmal im Jahr Urlaub?

Ihr werdet den Volkssport Wurstgrillen aufgeben, ohne zu weinen. Und die »Wurst mit Gesicht« umso lieber. Dass ihr weniger Milchprodukte verzehren werdet, versteht sich am Rande ganz von selbst.[20] Ihr werdet leichten Herzens auf die →*Freiheit* verzichten, Fleisch aus Massentierhaltung überhaupt kaufen zu dürfen. Ihr werdet die Herstellung und den Verkauf von gesundheitsschädlichen und auf grausame Weise erzeugten Nahrungsmitteln schlicht verbieten.

Aber über eure »So waren die alten Primitiven«-Witze zu diesem Thema werdet ihr vermutlich noch jahrelang fassungslos lachen.

Frauen und Männer

O dass wir unsere Ururahnen wären.
Ein Klümpchen Schleim in einem warmen Moor.
Leben und Tod, Befruchten und Gebären
glitte aus unseren stummen Säften vor.

Gottfried Benn

Was gemeint war: Fortpflanzung. Und mit einem Einzeller, einem »Klümpchen Schleim«, das sich selbst vermehrt, fing alles an. Wir können uns dieses Wesen mit dem »Biosophen« Ernst Fuhrmann als eine Art Balg vorstellen, der ziellos im Wasser trieb. Irgendwann, vor etwa zwei Milliarden Jahren, landete in diesem Balg ein anderer Einzeller, doch statt den möglichen Parasiten abzuwehren oder zu »fressen«, baute der Balg ihn in sein System ein. Denn dieser fremde Besucher wandelte die organischen Stoffe im Wasser viel besser in Energie um, als unser Ururahn das konnte, weshalb er als Zellkraftwerk jetzt gehegt und gepflegt wurde. Dank dieser »Kolonie« in einem Klümpchen Schleim war es mit den »stummen Säften« dann bald vorbei, die ersten mehrzelligen Lebewesen entstanden, der Balg wurde zur Hydra, zum Polypen, zum Wurm und all den Formen und Funktionen, aus denen dann später alle Pflanzen, Tiere und Menschen entstanden.

Die extrem erfolgreiche Symbiose mit den einst fremden Besuchern, den Mitochondrien, machte unserem Ururahnen aber zuerst noch ein Problem: Sie bewachten das Territorium ihrer Zelle extrem eifersüchtig und ließen keine anderen Mitochondrien-Stämme zu – und damit auch keine Verschmelzung mit fremden Zellen. Der weiteren Diversifizierung unseres Schleimklümpchens wurden damit Grenzen gesetzt, es konnte auf seine Zellkraftwerke nicht verzichten, aber auch keine Kombinationen mit anderen Klümpchen bilden, sondern sich immer nur selbst neu erschaffen. Wäre die Evolution an dieser Stelle stehen geblieben, hätte sich wohl ebenfalls höheres Leben entwickelt, aber ziemlich anders, viel langsamer und sehr viel weniger vielfältig.

Doch hier kommt das »bescheidene« Geschlecht ins Spiel, ein Wesen, das bei der Verschmelzung mit anderen Zellen seine Mitochondrien *nicht* weitergibt und statt einer komplexen, schwierig herzustellenden Eizelle nur über simple Botenstoffe in rauen Mengen (Spermien) verfügt, mit denen aber die für neue genetische Kombinationen notwendige Information übertragen werden kann: Männer. Das machte die Lage zwar deutlich komplizierter, aber Lebewesen, die sich sexuell reproduzierten, waren variabler und stabiler, konnten sich in der Umwelt besser behaupten. Kurz: Männer entstanden als nützliches Nebenprodukt selbstreproduzierender Weibchen. Aus diesem Grund gibt es sie bis heute, und es scheint, dass sie diese Rolle als zwar sehr nützliches, aber eigentlich nicht wichtiges Anhängsel ihren Schöpferinnen noch immer nicht verziehen haben.

Was wir daraus gemacht haben: Seit diesem genetischen Split steht das Männchen biologisch betrachtet auf verlorenem Posten: Die Frau verfügt nicht nur allein über einen Reproduktionsapparat, sondern über einen doppelten Satz Gene und kann im Falle von Schäden auf diese Reserveabteilung zurückgreifen. Diese überlegene genetische Ausstattung der weiblichen Vertreter der Gattung machte es dann aber nötig, auch die Männer mit ein paar Extras wie größerer Kraft, Geschwindigkeit und Ausdauer aufzurüsten – Eigenschaften, die sie zu Jägern prädestinierten. Während die Jungs fortan die kräftezehrenden Jobs wie Mammutjagen erledigten, sammelten die Mädels zu Hause Beeren und Kräuter, behielten das Küchenfeuer und den Nachwuchs im Auge – und die Hosen an. Da die Mutterschaft stets sicher ist, die Vaterschaft aber nicht, hatte sie – und nicht er – das eigentliche Fortpflanzungsgeschehen unter Kontrolle. Im »Husband« (engl. Ehemann) klingt heute noch an, dass der Mann bestenfalls »ans Haus gebunden« war, ansonsten aber bloß ein durchaus austauschbarer Spermienlieferant – und keineswegs Chef im Ring oder Herr im Haus.

Wie unter anderem die Arbeiten der Archäologin Marija Gimbutas zeigen[1], existierten in Mitteleuropa bis etwa 3500 v.Chr. zahlreiche Gesellschaften, die matrilinear und egalitär organisiert waren; von den Tausenden Skulpturen, Figuren und Kunstwerken aus dieser Zeit zeigen 97 Prozent weibliche Motive, oft reduziert auf entscheidende Unterscheidungsmerkmale, die Symbole der Großen Mutter: Vulva und Brüste. Bei den Ausgrabungen der »Großstadt« Catal Hüyük in Anatolien, die in ihrer Blütezeit über 7000 Menschen beherbergte (die übliche Belegschaft eines Steinzeitdorfs betrug 200 Personen), wurden zahlreiche Ritualgegenstände und Kultstätten zur Verehrung der Großen Mutter, aber keinerlei Waffen, Befestigungsanlagen oder andere Bauwerke gefunden, die auf kriegerische Auseinandersetzungen, Sklavenhaltung oder Ähnliches deuten. Auch Spuren für eine Unterdrückung der Männer wurden nicht gefunden.

Doch irgendwann, vor etwa 6000 Jahren, wurden diese Ackerbau- und Viehzuchtgesellschaften des »Alten Europa« überrollt, von kriegerischen Stämmen, die das Pferd domestiziert und militarisiert vor einen Streitwagen gespannt hatten – und nicht nur eine neue Form männlicher Gewalt, sondern auch neue Götter nach Europa brachten. Die lebensspendende Erdmutter wurde durch strafende Himmelsgötter ersetzt und die weibliche durch die männliche Erbschaftsfolge. Und wenn wir den Zoom über die Millionen Jahre zweigeschlechtlicher Reproduktion mit den Männchen als nützliches Nebenprodukt noch einmal aufspannen, können wir in dieser Invasion und der Zerstörung der frühen menschlichen Zivilisationen einen Machtwechsel erkennen: den Beginn des Patriarchats – sowie der Erniedrigung und Unterdrückung der Frau. Um die Vaterschaft zu sichern und die Frau unter Kontrolle zu bekommen, musste sie wegsperrt und ihrer Freiheitsrechte beraubt werden, wurde also reduziert auf die Funktion eines wertvollen Nutztiers.

Der Reformer Mohammed »befreite« die Frauen dann im 6. Jahrhundert nach Christus zumindest insoweit, dass sie ihren Ehemann im Falle seines Todes beerben konnten und nicht mehr selbst zusammen mit Kühen und Kamelen vererbt oder – wie in Indien – einfach verbrannt wurden. Womit wir den Islambegründer zwar nicht als frühen Feministen, aber durchaus schon auf dem Weg zu einer Gleichberechtigung sehen, der dann aber erst über 1000 Jahre später, mit dem Zeitalter der Aufklärung eingeschlagen, im 20. Jahrhundert rechtlich und politisch festgeschrieben wird und zu Beginn des 21. Jahrhunderts nur in wenigen Ländern realisiert ist.[2] 2011 erreichten Frauen nur in acht Prozent aller Staaten (24 von 193 Ländern) in Parlamenten die »kritische Masse« von mindestens 30 Prozent der Sitze, weltweit verrichten sie 60 Prozent aller anfallenden Arbeit, produzieren ca. 70 Prozent aller Nahrungsmittel und erhalten nur zehn Prozent des globalen Einkommens. Drei Viertel aller Mädchen und Frauen erleiden im Laufe ihres Lebens Gewalt und/ oder sexuelle Übergriffe.[3]

Sind wir aber, nach 6000 Jahren haarsträubendem Patriarchat – der Vernunft und der Frauenbewegung sei Dank – nicht schon ein ganzes Stück weiter gekommen? Haben wir nicht einen weiblichen Bundeskanzler und eine forsche Verteidigungsministerin, die Grundgesetz und Völkerrecht sofort links liegen lässt und Tornados schickt, wenn die Alphabullen zum Krieg rufen? In der Tat – und genau hier haben wir auch ein Problem.

»Soll es das schon gewesen sein mit der großen Revolution? Dass jetzt ein Mensch mit zwei Brüsten auf dem einzigen teuren Stuhl in der Abteilung sitzt und nicht mehr einer mit einem Penis?«, fragen Theresa

Bäuerlein und Friederike Knüpling in ihrem Buch *Tussikratie*[4], in dem sie dem aktuellen Feminismus vorwerfen, den Spieß jetzt einfach nur umzudrehen. Und damit auf ein Dilemma verweisen, das schon in dem alten Männergruppen-Lamento alternativer »Softies« anklang: »Sie haben uns zu Sitzpinklern erzogen und sind dann mit den Stehpissern ins Bett gegangen.« Was letzteren, den Alphabullen, dann auch die kurzzeitig aufgetretene Panik nahm, dass die nunmehr Emanzipierten die seit 6000 Jahren eingefahrenen Verhältnisse grundlegend ändern würden. Von Alphatieren mit Brüsten aber ist diesbezüglich nichts zu befürchten: Statt um Neubestimmung der Werte – die Wiederkehr des Weiblichen, der lebensspenden Großen Mutter – geht es ums Mitspielen nach Männerregeln. Oder, wie Laurie Penny es ausgedrückt hat: »Öffentliche ›Karrierefeministinnen‹ sind damit beschäftigt, ›mehr Frauen in die Vorstände‹ zu bringen, dabei besteht das Hauptproblem darin, dass es schon zu viele Vorstandszimmer gibt und keins von ihnen brennt.«[5]

Was ihr daraus machen werdet: Ihr werdet, weil Geld einstweilen noch als Ausdruck gesellschaftlicher Anerkennung gilt, alles »Weibliche« mehr honorieren und »Unweibliches« durch Honorarkürzung abwerten. Aber ihr werdet auch einsehen, dass die feministische Strategie, »endlich den gleichen Scheiß machen zu dürfen wie die Kerle seit Jahrtausenden«, das Kind mit dem Bad ausgeschüttet hat und es Zeit für ein Reset wird, nach dem dann Mutterschaft und Kinder kein Hindernis mehr für eine gesellschaftlich anerkannte »Karriere« sind, sondern im Zentrum gesellschaftlicher Anstrengungen und pekuniärer Anerkennung stehen – während Vorstände, CEOs und andere Alpha-Zettelsortierer empfindliche Einbußen ihrer überhöhten Gagen in Kauf nehmen müssen. Ihr werdet dafür sorgen, dass die 61 Prozent der Bevölkerung, die nichts lieber täten, als ihren Kindern gute Eltern zu sein[6], ihrer wichtigsten Lieblingsbeschäftigung endlich angemessen nachgehen können (→*Familie und Kinder*). Ihr werdet den idiotischen »Geschlechterkrieg« beenden, weil ihr merkt, dass die Frontlinie nicht unter der Gürtellinie verläuft, sondern zwischen oben und unten, klug und dumm, kooperativ und »alles meins« – und dass auf *beiden* Seiten Männer und Frauen stehen.

Deshalb werdet ihr euch auch keinen großen Kopf mehr um die seit Jahren virulente Genderdebatte machen müssen oder nicht viel mehr als um den wunderbaren Schleimpilz *Physarum polycephalum*, der 13 verschiedene Geschlechter hat. Die konnten sich in der Natur zwar nach Herzenslust tummeln – was ihr der LGBT-Gemeinde (Lesbian-Gay-Bi-Transsexuelle) natürlich auch zugesteht –, aber mit ihren komplizierten

Eigenarten spielen sie für die Entwicklung aller anderen Lebewesen keine bedeutende Rolle. Um dem »Weiblichen« und einer egalitären Gesellschaftsform zum Durchbruch zu verhelfen, wie sie vor der gewaltsamen Durchsetzung des Patriarchats schon einmal existierte, werdet ihr vielleicht auch eine Quote für das Pantheon einführen und auf dem Götterthron nach Kriegern wie Jahwe, Allah oder Gottvater eine Göttin platzieren: jene, die einst das Männliche als nützliches Nebenprodukt erfand, damit sich aus einem Klümpchen Schleim die Menschen entwickeln konnten.

Freihandel

Was ist also unter dem heutigen Gesellschaftszustand der Freihandel?
Die Freiheit des Kapitals.

Karl Marx, 1849

Was gemeint war: Internationaler Handel ist kein neuartiges Phänomen. Die ersten Menschen allerdings entfernten sich normalerweise nicht mehr als etwa 30 Kilometer von ihrem Geburtsort. Und wäre das Nahrungsangebot nicht auf Dauer zu knapp geworden, hätten sie sich wahrscheinlich nie über diesen Radius hinausbewegt – und der Welt wäre viel Ärger erspart geblieben. Die rasche Vermehrung und Klimaveränderungen sorgten dann aber bald dafür, dass unsere Vorfahren als Nomaden jagend und sammelnd umherstreifen mussten. Die Entwicklung des Ackerbaus (→*Landwirtschaft*) und die technischen Entwicklungen des Verkehrs und Transportes ermöglichten dann auch Kontakte, Handel und →*Krieg* über immer größere Entfernungen. Auch wenn sich das Imperium der Römer »nur« von den Britischen Inseln bis nach Nordafrika erstreckte, existierten auch schon zu dieser Zeit Handelswege bis nach China. Das Reich des Mongolenkaisers Dschingis Khan reichte im 13. Jahrhundert von der Donau bis nach Indien, und seit dem 16. Jahrhundert dehnten die europäischen Kolonialmächte ihre (Handels-)Machtbereiche um den gesamten Globus aus.

Was wir daraus gemacht haben: Der Kolonialismus – die Eroberung fremder Territorien samt Unterwerfung, Vertreibung oder Ermordung der ansässigen Bevölkerung – wurde im 20. Jahrhundert eingestellt. Immerhin und zumindest offiziell verbieten heutzutage internationale Vereinbarungen und die Allgemeine Charta der Menschenrechte, in militärisch unterlegene Länder einzufallen, wie es zuerst die Spanier und Portugiesen und dann Frankreich und vor allem Großbritannien jahrhundertelang getan haben. So sind unter den knapp 200 Nationen der Erde nur 22 Länder, in die die Briten zu irgendeinem Zeitpunkt der Geschichte *nicht* einmarschiert wären[1] – und ihre Erben als imperiale Weltmacht, die →*USA*, sind mit mittlerweile 144 Stützpunkten und 1000 Militärbasen in aller Welt auf gutem Weg, diesen Rekord noch zu brechen.

Diese militärische Präsenz der ehemaligen und aktuellen Großmächte macht deutlich, dass die Welt in den letzten Jahrhunderten schon immer »globalisiert« war und es nach wie vor ist – wie in den meist verwüstet und ausgeplündert in die »Unabhängigkeit« entlassenen Kolonialstaaten, die in der Schuldenfalle von Weltbank und IWF festsitzen (→*Schulden*) und ihr profitables »Tafelsilber« (Rohstoffe, Staatsunternehmen) an multinationale Konzerne abgegeben haben.

Um ihre auf Macht und Militär basierende Kolonialpolitik als »zivilisatorisch« zu verkaufen, erfanden die Briten im 18. Jahrhundert einen Marketingbegriff, den ihre amerikanischen Cousins bis heute verwenden: Freihandel. Weil die British East India Company die begehrten Seidenstoffe, Tees und Gewürze aus China nicht mit den landestypischen Exportartikeln – Wolle und Eisen – bezahlen konnte und kein Silber dafür opfern wollte, begann sie aus ihrer frisch eroberten Kolonie Indien Opium nach China zu liefern. Über das kaiserliche Import- und Rauchverbot setzten sich die Briten unter der Flagge des Freihandels hinweg und lieferten Jahr für Jahr steigende Opiummengen nach China; 1838 waren es 2680 Tonnen. Als dann 1839 der brave Zollaufseher Lin Tse-Hu 950 Tonnen des lukrativen Stoffs vernichten ließ, begann England den Opiumkrieg, an dessen Ende es dank seiner Kanonenboote Hongkong und fünf weitere chinesische Hafenstädte erobert hatte. Was das Geschäft weiter ankurbelte: 1880 wurden über 7000 Tonnen aus Indien nach China geschifft, mindestens zehn Millionen Chinesen waren nunmehr abhängig, Opium das umsatzstärkste Produkt des damaligen Weltmarkts und Britannien als Weltmarktführer auf dem Gipfel seiner Macht.[2]

Den Einwand, dass wir hier ein extremes Beispiel aus grauer Vorzeit anführen, das mit dem heutigen Freihandel nicht vergleichbar ist, müssen wir zurückweisen. Zum einen findet äußerst legerer Freihandel mit illegalen →*Drogen* nach wie vor statt – wobei das Zentrum der Produktion merkwürdigerweise häufig da liegt, wo der derzeitige Weltmarktführer gerade Krieg führt (Vietnam/Goldenes Dreieck in den 60er und 70er Jahren, Afghanistan/Pakistan 2002 ff.) –, zum anderen sind die weniger illegalen und etwas sanfteren Methoden des Freihandels kaum weniger kriminell. Naomi Klein hat sie in ihrem Buch *Die Schock-Strategie*[3] faktenreich beschrieben: Nach dem »Schock« durch eine Währungskrise oder einen Militärputsch reiten die »Chicago Boys« ein, die von Milton Friedman, dem Papst des Neoliberalismus, an der Rockefeller-Universität Chicago seit 1946 ausgebildeten »Experten«, und verfüttern in drei Akten – Deregulierung, Privatisierung, Sozialkürzungen – die verbliebenen Reichtümer des Landes an private Interessenten. Was nur geht, weil die Kredite von IWF und Weltbank, die das unter Schock stehende Land dringend braucht, erst fließen, wenn diese Troika an Maßnahmen ergriffen worden ist.

Und wo nicht gleich ein ganzer Staat samt Renten- und Krankenversorgungssystem auf »privat« umgekrempelt werden kann, da fordern z.b. die »Freihändler« der EU etwa von afrikanischen Ländern den Abbau von Zollschranken – um dann mit dem Export von spottbilligem, weil hoch subventioniertem Hühnerfleisch dafür zu sorgen, dass sich Geflügelzucht in Afrika nicht mehr rechnet und die Landwirte pleitegehen[4] (→*Hunger*). Auch dies ist kein extremes Beispiel, sondern ein typisches, das klar macht, was Globalisierung bedeutet: Sie setzt einen westafrikanischen Hühnerfarmer mit einem industriellen Zuchtbetrieb in Europa ebenso in Konkurrenz wie ein europäisches Textilunternehmen mit dem Sweatshop in einer asiatischen Freihandelszone. Der Preis für eine Ware wird auf dem Weltmarkt nicht in freiem Wettbewerb ausgehandelt, sondern stets von dem unterboten, der eine Region mit noch billigeren Lohnsklaven gefunden hat.

Die Idee von →*Marktwirtschaft* und Freihandel ist eine wunderbare Theorie, die in der Praxis aber einen ganz entscheidenden Haken hat: Nur unter (zumindest halbwegs) Gleichen erzeugt die Mechanik von Angebot und Nachfrage in »freiem Wettbewerb« einen »fairen Preis«. Wer aber wie einst die britischen Opium-Dealer mit einem Kanonenboot vorfährt, um sein Angebot durchzusetzen, betreibt keinen »Freihandel«, sondern Erpressung. Und wenn 200 Jahre später, im Zeitalter »finanzieller Massenvernichtungswaffen« (Warren Buffet), keine Schlachtschiffe mehr aufkreuzen, sondern »Experten« von IWF, Weltbank oder McKinsey, mag man das zivilisatorischen Fortschritt oder eben auch »Freihandel« nennen, strukturell jedoch ist es nach wie vor nichts anderes als Erpressung. In der Zeit des Kolonialismus waren es etwa ein Dutzend europäischer Nationen, die sich mit dem Recht des Stärkeren der Bevölkerung und des Reichtums fremder Länder bemächtigten, im Zeitalter der Globalisierung nun sind es 147 multinationale Konzerne, angeführt von der Finanzbranche[5], die die gesamte Weltwirtschaft kontrollieren und mit dem Recht des Stärkeren ihre Interessen durchsetzen.

Deshalb, und nur deshalb, werden Freihandelsverträge wie TTIP so geheim ausgehandelt, dass nicht einmal die Volksvertreter, die den Vertrag beschließen sollen, daran beteiligt sind. Angeblich ist das alles so »komplex«, dass man Öffentlichkeit und Politik erst damit konfrontieren kann, wenn es in Tausenden von Seiten Kleingedrucktem niedergelegt worden ist, die dann niemand mehr liest. Dabei wäre so ein Handelsvertrag, der angeblich »Win-win« und »Wohlstand für alle« bedeutet, doch ganz einfach zu erklären: »Also, Europa lässt die Amis ihre Chlorhühnchen verkaufen, dafür dürfen wir unseren Camembert in die USA liefern. Macht für unsere Käsereien x-Millionen zusätzlichen Umsatz, und wer die Chlordinger hier nicht will, kann ja weiter Wiesenhof futtern.« So, oder so ähnlich, wäre für jedes Produkt einfach darzustellen, ob und wie sich so ein Vertrag lohnt und welche Vor- und Nachteile er mit sich bringt. Es wären immer noch viele Seiten, aber sie wären für jeden Bürger nachvollziehbar und *in summa* entscheidungsfähig. Aber eben darum geht es bei TTIP nicht, weshalb dieser angeblich »faire« Vertrag eben auch so geheim verhandelt werden muss: Den Bürgern, dem Wahlvolk, der →*Demokratie*, dem Rechtsstaat sollen grundsätzliche Entscheidungen aus der Hand genommen und ausländischen »Investoren« – wie die neuen Kolonialherren in den Verträgen genannt werden – erweiterte Rechte eingeräumt werden, einschließlich einer privaten Paralleljustiz, bei der sie Schadensersatz einklagen können, wenn sie sich von Gesetzen eines Landes benachteiligt fühlen.[6] Ganz so wie die Briten, die sich nach dem gewonnen Opiumkrieg von den chinesischen Gesetzen benachteiligt fühlten: Sie verurteilten den Kaiser von China im Namen des »Freihandels« zu Reparationszahlungen für den von seinen Zollbeamten vernichteten Stoff.

Was ihr daraus machen werdet: Glokalisierung! Was heißt, dass ihr dafür sorgen werdet, dass sich globale Investoren an lokale Gegebenheiten anpassen müssen – und nicht transnationale Konzerne darüber entscheiden, was bei euch vor der Haustür und in eurem Landkreis geschieht.

Ihr werdet euch nicht vor Innovationen abschotten, ihr werdet keine nationalen oder regionalen Mauern hochziehen (→*Nationen*), aber ihr werdet bei allen Entscheidungen zuerst eure Region im Auge haben. Und auf angemessen sicheren Leitplanken bestehen. Denn nur so kann in einer globalisierten Welt kulturelle Diversität erhalten und flächendeckende Uniformisierung verhindert werden, nur so bleiben kleine und mittlere Unternehmen davor verschont, von Multis geschluckt und stillgelegt zu werden, und nur so – lokal verwurzelt – könnt ihr wirklich weltoffen werden.

Freiheit

Wer anderen die Freiheit verweigert, verdient sie nicht für sich selbst.

Abraham Lincoln

Was gemeint war: Die Möglichkeit, ohne Zwang zwischen verschiedenen Möglichkeiten wählen zu können.[1] Von einer freien Gesellschaft sprechen wir dort, wo dies nicht nur für Einzelne gilt, sondern für alle, denn die persönliche Freiheit des einen findet dort ihre Grenze, wo die Freiheit des anderen beginnt. Nie gemeint war »Freiheit« als Freibrief, ohne Rücksicht auf andere zu tun und zu lassen, was man will, denn dieses Konzept ist unter den Begriffen »Egoismus«, »Recht des Stärkeren«, »Unterdrückung« oder »Ausbeutung« ausreichend beschrieben.

Was wir daraus gemacht haben: Wenn zwei Menschen heute »Freiheit« sagen, meinen sie ganz verschiedene Dinge – abhängig vor allem davon, wo auf diesem Planeten sie zufällig zur Welt gekommen sind und leben müssen oder dürfen. Für 90 Prozent unserer Mitmenschen ist »Freiheit« die Hoffnung auf Befreiung von Ausbeutung, Unterdrückung und Qual, wir hingegen denken vor allem an »freie Wahlmöglichkeiten«, wobei wir im Hinterkopf die Leitmotive des amerikanischen Traums haben: Jeder ist seines Glückes Schmied! Jeder kann es schaffen! Was »es« ist, fragen wir uns dabei allenfalls am Rande, unstrittig ist nur, dass »es« mit der Erfüllung von möglichst vielen Konsumwünschen zu tun hat.

Unsere Freiheit ist mithin nicht die Hoffnung auf wenigstens *eine* frei zu wählende Alternative zum Hungertod, sondern die Möglichkeit, stets und überall zwischen Hunderten Alternativen wählen zu können. Nicht nur alle paar Jahre eine Regierung, sondern rund um die Uhr so gut wie alles. Unserem freien Hunger nach immer mehr und immer mehr Wachstum nachgebend, haben wir uns daher in allen Lebensbereichen eine so unüberschaubare Zahl von Alternativen geschaffen, dass wir inzwischen vor lauter Freiheit bei jeder Wahl unzufrieden bleiben müssen, weil wir zu viele andere alternative Freiheiten gar nicht nutzen können. Es gelingt uns aber mit großem Geschick (→*Werbung*), diesen ganz unerfreulichen Zustand uns selbst als erstrebenswert zu verkaufen: *Ich bin so frei. Die Freiheit nehm ich mir, just do it!*

Sogar unseren inzwischen globalen Markt nennen wir frei (→*Freihandel*), und auch hier schwingt unser Versprechen mit, dieses freie Prinzip eröffne jedermann und -frau große und gleiche Chancen auf Glück und Wohlstand. Dabei ignorieren wir konsequent, dass die Teilnehmer an diesem großen freien Spiel unter ganz unterschiedlichen Voraussetzungen um nur sehr begrenzt verfügbare Trophäen wetteifern und dass die Freiheit der einen von vornherein erheblich größer ist als die der anderen. Träten wir alle frei und ungebunden an, könnte man das gegebenenfalls noch hinnehmen (sofern man Vergleiche generell zulässig findet), aber nach Lage der Dinge befinden wir uns in einem tödlichen →*Wettbewerb* sehr weniger Freier gegen 98 Prozent mehr oder weniger Unfreie, die eben keinerlei Wahlmöglichkeiten haben.

Aber wir übersehen nicht nur das. Gerade wir, die dank eines Neuen Testamentes (→*Götter*) und seines Protagonisten wissen, dass wir im entscheidend größeren Sinn frei sind und nicht qua Geburt, Stand oder Kaste verdonnert, an unserem Platz zu bleiben, haben die Kehrseite dieses Freiheitsgeschenkes vergessen: Seit unser Gottessohn nämlich diese wahrhaft revolutionäre Weisheit aussprach, sind wir nicht nur frei, sondern eben auch *verantwortlich* für unser Tun, haben also keine Entschuldigung mehr, wenn wir uns beschissen benehmen.

Die Freiheit, die wir meinen, hat diese →*Verantwortung* vergessen. Unsere Freiheit ist die des Stärkeren, den Schwächeren zu knechten und nach Belieben zu töten, sobald dessen Freiheitswünsche mit unserer Unmoral kollidieren. Diese Form meinen wir, wenn wir vor dem Besteigen unserer Panzer sagen: »Wir bringen ihnen unsere Freiheit.« Nicht, um die aufgesuchten anderen tatsächlich frei zu machen, sondern um selbst frei zu bleiben, auf ihre Kosten. Und das meinen auch diese anderen, diese →*Terroristen*, wenn sie uns angreifen: Tatsächlich ist ihre Gegenwehr ein Angriff auf unsere Freiheit, sie nach Belieben schlecht zu behandeln und zu töten.

Was ihr daraus machen werdet: Hier müsste jetzt vermutlich Kants *kategorischer* →*Imperativ* schillern und vielleicht sogar eine Portion jesusmäßige Hoffnung, aber selbst der berüchtigte Optimismus der Autoren dieses Buches findet seine Grenzen dort, wo die Menschenkenntnis beginnt.

Sicherlich werdet ihr, anders als wir, eure freien Wahlmöglichkeiten einschränken – im Rahmen eures generellen Umbaus unseres bestehenden, nicht zukunftsfähigen Wirtschaftssystems, und sicherlich werdet ihr dabei feststellen, dass es sich auch mit 50 statt 150 Schokoladensorten ganz vortrefflich aushalten lässt (und erst recht ohne den damit zusammenhängenden Termin beim Analytiker wegen »Kaufreue«). Euer neues Motto wird lauten »Weniger ist mehr«, und die Qual der Wahl werdet ihr nicht vermissen. Vielleicht erklärt ihr euch diesen Verzicht sogar mit der weisen Freiheitsinterpretation, Freiheit für möglichst viele bedeute eben zwingend auch die moralisch motivierte Wahlmöglichkeit, sich einzuschränken. Und sicherlich werdet ihr die →*Verteilung* ganz generell gerechter gestalten, als wir es getan haben.

Vor allem aber werdet ihr ehrlicher sein als wir. Und nicht mehr die Fahne der Freiheit vor euch hertragen, wenn es euch darum geht, eure Besserstellung gegenüber weiterhin 90 Prozent der Weltbevölkerung zu rechtfertigen. Euch wird aber bewusst sein, dass es die gleiche Freiheit für alle Bewohner unseres Planeten nur geben könnte, wenn ihr bereit wärt, auf all eure Privilegien zu verzichten. Und das werdet ihr nicht wollen und nicht tun. Ihr werdet aber, da euer Gerechtigkeitsempfinden weit größer sein wird als unseres, nach Kräften dafür sorgen, dass die Welt für alle darauf lebenden »Stammesmitglieder« ein besserer Ort wird. Und ihr werdet den Begriff »Freiheit« meiden, wenn ihr immer wieder einmal dem Bestreben der 90 Prozent Grenzen setzt, euch zehn Prozent ganz frei einzugemeinden. Einen Begriff für dieses Verhalten eurerseits werdet ihr sicherlich finden, und wir trauen euch sogar zu, dass ihr, anders als wir, einen findet, der nicht nach Selbstbeweihräucherung klingt.

Geld

> *In Friedenszeiten schlägt die Geldmacht Beute aus der Nation, und in Zeiten der Feindseligkeiten konspiriert sie gegen sie. Sie ist despotischer als eine Monarchie, unverschämter als eine Autokratie, selbstsüchtiger als eine Bürokratie. Sie verleumdet all jene als Volksfeinde, die ihre Methode in Frage stellen und Licht auf ihre Verbrechen werfen.*
>
> Abraham Lincoln, 21.11.1864

Was gemeint war: Geld ist eine geniale Idee, die Erfindung einer Verrechnungseinheit, mit der sich so unterschiedliche Dinge wie Kühe, Schuhe oder Töpfe vergleichen lassen, weshalb sich Geld als Medium des Tauschs seit Tausenden von Jahren überall durchgesetzt hat. Genial war diese Idee aber nicht nur, weil sie den Austausch von Gütern erleichterte, sondern weil sie fast nichts kostete – Geld hat keinen eigenen, »intrinsischen« Wert. Wertvoll wird es erst durch das Vertrauen seiner Benutzer, dass es von anderen als Tauschmittel akzeptiert wird. Dass Geld manchmal aus Gold, Silber oder anderen Metallen gemacht, auf Papier gedruckt wird oder ausschließlich in Form einer digitalen Buchung besteht, ändert nichts an seinem grundlegenden Charakter, dass es sich nämlich um eine soziale Konvention handelt: um geprägtes, gedrucktes oder digitalisiertes Vertrauen in die Zukunft.

Was wir daraus gemacht haben: Solange die Menschen als Jäger und Sammler unterwegs waren, brauchten sie kein Geld. Auch die mit der Revolution des Ackerbaus einhergehende Sesshaftigkeit und Subsistenzwirtschaft in kleinen Gemeinschaften benötigte keine Geldmittel. Erst als die Gemeinden größer und die Tätigkeiten spezialisiert wurden, wurde ein Äquivalent für den Tausch von Waren und Dienstleistungen langsam notwendig. Erfunden wurde das Geld als Verrechnungseinheit in Mesopotamien, ein Schekel wog 8,3 Gramm Silber, doch dieses Silber lagerte meistens im Tempel, was kursierte, waren Schuldscheine in Form von Tontäfelchen. Dass es sich bei diesen ältesten erhaltenen Schriftstücken der Menschheit, die vor 4500 Jahren entstanden, um solche Schuldscheine handelt, deutet bereits an, dass Geld von Beginn in verschiedenster Form existierte. Als eigentlicher Erfinder der Münze gilt das westasiatische Königreich der Lyder, dessen mythischer König Midas einst verhungert sein soll, weil alles, was er anfasste, zu Gold wurde. Für die heimischen Märkte aber wurden in dieser Zeit (650 v.Chr.) Münzen kaum benötigt, gebraucht wurden sie vielmehr zur Bezahlung von Soldaten – die älteste lydische Münze entsprach denn auch dem Jahreslohn eines Söldners. Erst in den griechischen und römischen Imperien kam die Münzprägung im großen Stil auf, wobei auch Griechen und Römer zu Hause auf dem Markt durchaus noch mit der alten Werteinheit »Rind« *(pecus)* auskamen, woraus sich dann ihr Wort für Geld *pecunia* ableitete. Große Geldmengen kamen erst in Umlauf, als Athen und später Rom mächtige Heere aufstellten und die Legionäre bezahlt werden mussten. Dies machte aber nur Sinn, wenn es auch Märkte gab, auf denen man einkaufen konnte, welche freilich noch gar nicht existierten, weil die Bauern im 6. Jahrhundert v. Chr. fast nur für den Eigenbedarf produzierten, den Naturaltausch pflegten und auch ihre Steuern komplett in Naturalien zahlten. Dass das Geld einst auf den idyllischen Tauschmärkten entstanden ist, weil es den Handel vereinfachte, ist ein noch immer auch in Lehrbüchern verbreiteter Mythos: Die Märkte entstanden, weil die Bauern einen Teil ihrer Steuern nun in Münzen entrichten mussten und deshalb gezwungen waren, ihre Produkte zu verkaufen – und zwar an jene, die als die ersten Lohnarbeiter für ihre Dienste mit Geld bezahlt wurden: Soldaten. Geld schuf also einst die Märkte – und nicht umgekehrt – und Geld wurde geschaffen, um besser Krieg führen zu können.[1]

Dass kriegführende Staaten die Geld- und Marktwirtschaft in Gang brachten war kein Zufall. Nur so konnten die riesigen Heere (Alexander der Große befehligte bis zu 120 000 Mann) finanziert werden, und nur ein mächtiger Staat konnte die großen Geldmengen kontrollieren.[2] Denn diese Kontrolle war entscheidend: Nur wenn es nicht beliebig vermehrbar war, konnte der eigentliche Wert des Geldes – das Vertrauen in seine Kaufkraft – erhalten werden. Weil Gold und Silber selten waren, boten sie sich als Material für die ersten Münzen an, später wurden auch aus Kupfer, Eisen und Legierungen verwendet, jeweils mit dem Signet des Kaisers, Königs, Präsidenten oder »In God We Trust« – als vertrauensbildende Maßnahmen. Diese wurden dann vor besonderen Aufgaben gestellt, als ähnlich wie die Tontäfelchen im alten Sumer ab dem 16. Jahrhundert v.Chr. die Quittungen der Goldschmiede für deponierte Münzen oder Barren als Zahlungsmittel benutzt wurden. Noch zur Wende zum 19. Jahrhundert monierte Goethe diese modische »Zettelwirtschaft«, die von England und Frankreich auch nach Deutschland übergriff, doch der Siegeszug des Papiergelds war nicht aufzuhalten.

Um Vertrauen in ihre »Zettel« zu schaffen, hatten die Staatsbanken garantiert, dass der aufgedruckte Wert des Papiergelds von ihnen jederzeit in Gold ausgezahlt werden kann. Diese Golddeckung bewährte sich fast 150 Jahre lang, bis einmal mehr ein kriegführendes Imperium – die aufgrund des Vietnamkriegs in finanzielle Schwierigkeiten geratenen Vereinigten Staaten – an der Geldschraube drehte und die Golddeckung des Dollars 1971 aufhob. Jahrzehntelang hatten sich die Wechselkurse der Währungen nur in einer schmalen Bandbreite bewegt, weil jedes Land seine Geldmenge nur vergrößern konnte, wenn es gleichzeitig seine Mindestreserven an Gold erhöhte. In den 1970er Jahren streiften nun nach den USA auch die anderen Länder diese Zwangsjacke ab: Das Geldvolumen erhöhte sich, und der Wert einer Währung wurde nicht mehr nach ihren Goldreserven bemessen, sondern vom Markt in einem System flexibler Wechselkurse. Hört sich harmlos an, doch die Folgen spüren wir bis heute, denn damit entstand die Möglichkeit, mit der Währungs- und Zinsentwicklung zu spekulieren und den Kurs einer Landeswährung von außen zu manipulieren. Währungen, die bis dahin Jahrtausende lang unter der Kontrolle von Kaisern, Königen und Regierungen gestanden hatte, waren nun dem freien Markt überlassen. »Eine freie Marktwirtschaft für Wechselkurse wird auch ein ›Wirtschaftswunder‹ hervorbringen«, jubelte damals der neoliberale Vordenker Milton Friedman, doch das Gegenteil war der Fall. Das Wirtschaftswunder, das von 1945–1970 in der gesamten westlichen Welt den Lebensstandard erhöht hatte, ging zu Ende; was hervorgebracht wurde, war ein gigantisches Finanzcasino.[3] Da die nun ständig schwankenden Devisen-, Zins- und Rohstoffkurse Vorausplanungen und Kalkulationen für Länder und Exportunternehmen sehr schwierig machten, mussten sie sich mit Terminkontrakten (Derivaten) dagegen versichern. Schon lange waren an den →*Börsen* solche Kontrakte für Weizen, Schweinebäuche oder Öl gehandelt worden, mit denen Käufer oder Verkäufer sich für einen geringen Betrag Preissicherheit für ein in der Zukunft liegendes Geschäft verschaften. Nun aber explodierten die Umsätze auf diesem Markt, der sich von der Realwirtschaft mittlerweile völlig entkoppelt hat. Anfang 2014 standen der gesamten globalen Wirtschaftsleistung von etwa 70 Billionen Dollar Derivate im Nominalwert von 710 Billionen gegenüber.[4]

Es leuchtet ein, dass alles seit Menschengedenken geförderte Gold kaum ausreichen würde, um eine solche Summe Geld zu decken, was zu der Frage führt, wo dieses ganze Geld überhaupt herkommt. Selbst wenn es schon lange nicht mehr nur auf Münzen oder Scheinen, sondern auch in Form von Bits und Bytes vorliegt, müssen auch die irgendwo geschaffen werden. Dafür, sollte man meinen, sind die Zentralbanken zuständig, die das Geld an die Geschäftsbanken ausliefern, von wo es dann in den Verkehr gelangt – aber weit gefehlt. Nur etwa zehn Prozent des weltweit in Scheinen oder als digitale Buchung existierenden Geldes sind Zentralbankgeld, über 90 Prozent ist Kreditgeld, das die Geschäftsbanken aus dem Nichts erschaffen, wenn sie einen Kredit vergeben.

Wer noch nie etwas von diesem aus dem Nichts geschaffenen Geld gehört hat, das »Fiat-Geld« genannt wird, weil es entsteht, wie einst der liebe Gott mit dem Befehl *fiat lux* (»Es werde Licht!«) aus dem Nichts das Licht erschuf, ist Teil einer großen ahnungslosen Mehrheit. Bei einer aktuellen Erhebung in der Schweiz wussten nur 13 Prozent der Befragten, dass ihr Geld von privaten Banken geschaffen wird. Diese extreme Ahnungslosigkeit über einen so wichtigen Gegenstand des täglichen Gebrauchs ist nicht neu[5] und beruht auf einem weiteren Mythos, den Regierungen und Banken geschaffen haben und der bis heute in Lehrbüchern immer wieder nacherzählt wird: dass Sparer ihr Geld zur Bank tragen, die wiederum diese Einlagen an die Kreditnehmer weiterreicht[6]. Diese zahlen für ihre Kredite Zinsen, die wiederum die Sparer für ihre Einlage erhalten (abzüglich dessen, was sich die Bank für ihre Dienstleistung selbst abzweigt). So weit, so simpel, aber ein Märchen, das freilich seit 200 Jahren derart fest in die Köpfe von Schulkindern und Wirtschaftsstudenten implementiert wurde, dass es immer noch als selbstverständlich gilt. Tatsächlich müssen die Banken aber nur acht Prozent Mindestreserve an Zentralbankgeld halten (das seinerseits auch nicht mehr durch Gold oder andere Werte gedeckt ist), was im Klartext heißt: Nahezu alles Geld, das auf den Girokonten dieser Welt existiert, ist von privaten Banken geschaffen worden. Und zwar nicht indirekt, als Erfüllungshilfe staatlicher Notenbanken und Dienstleister zwischen Sparern und Kreditnehmern, sondern direkt und pro-aktiv. Wenn die Bank mir einen Kredit auszahlt, stellt sie mir nicht Geld zur Verfügung, das ein Sparer eingezahlt hat, sondern sie schöpft, einfach durch die Eingabe eines neuen Kontostands auf meinem Girokonto, neues Geld. Für das sie dann Zinsen verlangt.

Dass Geld sich vermehrt, wenn man es weitergibt, schien den alten Griechen widernatürlich[7], die mosaischen Gesetze suchten ihre Gemeinschaft gegen die Wucherungen von Zins und Zinseszins durch ein regelmäßiges Erlassjahr (»Jubeljahr«) zu schützen, in dem alle Schulden erlassen wurden, und die christlichen und später die muslimischen Gesetze verboten den Zins ganz. Ab dem 12. Jahrhundert weichten Handel und Wandel, die wirtschaftlichen Dynamiken des Mittelalters, diese Gesetze auf. Das Zinsverbot lähmte die Kreditvergabe und wurde zunehmend umschifft, zuerst durch die Ritter des Templerordens, die den Scheck erfanden und in kaum hundert Jahren zum ersten internationalen Finanzkonzern aufstiegen[8], dann durch die ersten *bancos*, die in den italienischen Handelsstädten mit Geld Geschäfte machten (→*Banken*).

Noch Luther verfluchte die Zinsnehmer aufs Schärfste und verurteilte vor allem die jüdische Minderheit, der man wegen des christlichen Zinstabus das bisweilen notwendige Geldgeschäft überlassen hatte. Nachdem dann das zum Großkonzern aufgestiegene Handelshaus Fugger von dem bekannten Theologen Johannes Eck ein Gutachten erstellen ließ, dass fünf Prozent Zinsen durchaus noch mit dem Himmelreich vereinbar seien, gab es kein Halten mehr in Sachen christlichen Geldverleihs. Und bald ließ sich auch der Vatikan, obwohl das Kanonische Zinsverbot bis heute nicht aufgehoben wurde, seine Guthaben mit Zins und Zinseszins (»Wucher vom Wucher«) vergüten.[9]

In unserem heutigen Geld ist also eine zweifache Magie am Werk: Es wird aus dem Nichts geschaffen und es vermehrt sich als Kredit dank Zins und Zinseszins von selbst. Diese Eigenschaften machen das Geld einzigartig unter allen Produkten, die menschliche Gesellschaften hervorgebracht haben, doch wir – die Gesellschaft der Geldbenutzer, die allein durch ihr Vertrauen den eigentlichen Wert des Geldes herstellen – haben dieses mächtige und magische Werkzeug aus der Hand gegeben. Wir haben es nahezu vollständig einer kleinen Clique von Bankiers überlassen, über die Geldschöpfung zu entscheiden und mit der Aufhebung des Goldstandards 1971 auch noch die letzten Bremsen gelöst. Und eine geradezu absurde Situation geschaffen: Wir – die Gesellschaft, die 99,9 Prozent –, die wir nur durch unser Vertrauen den eigentlichen Wert des Geldes erzeugen, müssen es uns bei privaten Banken besorgen. Wir haben den Banken erlaubt, Geld zu schöpfen, um es uns dann bei ihnen zu leihen und Zinsen darauf zu bezahlen. Wir können verstehen, dass euch angesichts dieser Idiotie eigentlich nur die Frage bleibt: Geht's noch?

Was ihr daraus machen werdet: Ihr werdet euch das Geldmonopol zurückholen. Ihr werdet nicht länger zulassen, dass die Schöpfung und Kontrolle des Geldes in privaten Händen liegt. Ihr werdet sie selbst in die Hand nehmen und dafür unabhängige Institutionen schaffen, die dem Gemeinwohl und nicht dem privaten Profit verpflichtet sind. Ihr werdet die Federal Reserve Bank, die Bank of England und andere privat betriebenen Notenbanken[10] in solche Instanzen verwandeln und ihr werdet die Aufsicht über das Finanzcasino (→*Börsen*) übernehmen, die jetzt ebenfalls bei privaten »Clearing-Banken« liegt. Kurz: Ihr werdet das Geschäft mit dem Geld unter demokratische Kontrolle bringen.

Denn ihr könnt nicht länger zulassen, dass mit privat geschöpftem Kreditgeld gigantische Finanzblasen geschaffen werden, deren unvermeidliches Platzen eure Volkswirtschaften regelmäßig wie ein Tsunami heimsuchen. Ihr könnt auch nicht länger zulassen, dass Zins und Zinseszins dafür sorgen, dass ganze Nationen auf ewig verschuldet bleiben, weil sie nie zu einer Tilgung kommen – und dass diese Mechanik dafür sorgt, dass immer weniger Menschen immer mehr Geld besitzen (→*Verteilung*). Das heißt, in naher Zukunft werden sich 95 Prozent der Weltbevölkerung um die noch verbliebenen 5 Prozent Geld prügeln. Sofern ihr euch da nicht mitprügeln wollt, müsst ihr den Finanzmärkten die Zähne zeigen – und ziehen.

Die gute Nachricht: Ihr könnt es! Schon ein kleiner »bank run«, viele Bankkunden, die ihr Geld abheben wollen, bringen das System ins Schlingern; wird daraus eine massenhafte Panik, ist es am Ende. Vielleicht müsst ihr solche Panzerknackermethoden anwenden, um eine Geldreform zu erzwingen; vielleicht gelingt es aber auch, sie auf politischem Weg – wie jetzt in der Schweiz mit einer Volksabstimmung[11] – durchzusetzen. Ihr werdet bis dahin immer mehr lokale und globale Parallelwährungen benutzen, vom regionalen Chiemgauer bis zur Globalwährung Bitcoin, die fälschungssichere, schnelle und kostengünstige Transaktionen ermöglicht.[12] Wie auch immer, ihr kommt nicht an einer Geldreform vorbei – es sei denn, ihr wollt eine neofeudale Welt, in der ihr mit 99 Prozent der Bevölkerung in ewiger Schuldknechtschaft leben müsst.

Götter

Was Gott ist, weiß ich nicht. Was Gott nicht ist, weiß ich.

Sokrates

Was gemeint war: Götter sind eine wunderbare Idee. Wer sie erfunden hat, ist unklar; sicher scheint nur, dass das, was wir heute »Gott« nennen, aus dem sogenannten Animismus hervorgegangen ist, dem Glauben, dass die Natur von immateriellen Wesenheiten belebt sei. Dass Sonne und Mond, Berge und Flüsse, Erde, Pflanzen und Tiere von solchen unsichtbaren Geistern gesteuert sein müssen, schien den frühen Menschen vollkommen logisch. Anders ließ sich das wundersame Zusammenwirken der Natur, von Jahreszeiten und Wachstum, Dunkelheit und Licht, Geburt und Tod schlicht nicht erklären. Irgendeine höhere Instanz *musste* einfach dahinter stecken, sonst machte diese unerklärliche, ebenso wunderbare wie angsterregende Natur einfach gar keinen Sinn, auch und gerade dann, wenn Katastrophen – Meteoriten, Fluten, Seuchen, Missernten – schreckliches Unheil angerichtet hatten.

So weit, so gut – und machbar, solange die Welt klein war, solange es keine Weltreiche gab und keine iPhones, solange man/frau einander aus dem Weg gehen und jede/r glauben konnte, woran er oder sie wollte.

Was wir daraus gemacht haben: Unser schiefer Weg begann auf der Suche nach einer Ursache, einer Erklärung für all die Katastrophen, die wir als Menschen oder Menschengruppen nun einmal erleben. So entstand irgendwann die dezent egozentrische Idee, bei diesen Schicksalsschlägen müsse es sich um Strafaktionen unsichtbarer, höherer, dennoch menschenähnlicher Wesen handeln. Fortan galt es daher, diese Wesen mit Opfergaben freundlich zu stimmen – und ihnen freiwillig und regelmäßig das zu geben, was sie sich ansonsten unvorhersehbar und mit Gewalt holten. So kamen die Rituale des Pflanzen-, Tier- und Menschenopfers in die Welt, mit denen einen Vielzahl von Göttern und deren Wirken und Walten günstig beeinflusst werden sollten. Verglichen mit dem, was wir etwas später erleben sollten, war dieser »Aberglaube« aber immer noch vergleichsweise harmlos (außer für die Geopferten), denn die durch menschliche Opfer erreichbaren Götter stellten beileibe nicht »die Kraft hinter den Dingen« dar. Sogar die Götter konnten in diesem Modell untergehen, wahlweise durch die griechische Schicksalsgöttin Ananke oder im Rahmen einer germanischen Götterdämmerung. Der Kerngedanke war und blieb einstweilen: Die höchste Macht (hinter den Göttern) interessiert sich nicht die Bohne für die Schicksale der Menschen. Die Wege des Kosmos sind unergründlich. Und bleiben es. Dem Polytheismus ist daher die Toleranz förmlich in die DNA eingebaut, denn der Götter gibt es viele – und niemand muss jemand anderem seine Götter aufzwingen. Selbst die strikt polytheistischen Römer hatten ja nichts gegen einen zusätzlichen Christengott. Das Problem war, dass der was gegen *ihre* Götter hatte, indem er behauptete, der *einzige* Gott zu sein.

Endgültig aus dem kosmischen Lot geriet das Pantheon daher erst vor 2500 Jahren mit der vereinfachenden und gut gemeinten Idee Moses' – einer revolutionären Modernisierung, die die Menschheit vereinen sollte. Moses reduzierte die Masse von Göttern auf einen einzigen, der keinerlei Opfergaben erwartete, sondern nur, dass die Menschen zehn Gebote befolgten, die »Gott« ihm selber persönlich verkündet hatte. Diese Innovation – statt eines Wirrwarrs von Göttern, um deren Kompetenzen es immer wieder Streit gab, nur noch einer, und statt Zwangsabgaben für permanente Opferrituale ein freier Tag pro Woche – wirkte entwirrend und gewann Scharen von Anhängern. Allerdings gleich dreifach. Was sich als Problem erweisen sollte. Denn alle drei mächtigen Weltreligionen, Judentum, Christentum und Islam, gründen auf dieser Idee eines einzigen wahren Gottes, und obwohl die ordnenden göttlichen Gebote in allen drei Religionen weitgehend identisch sind, hatte dieser universelle Alleinerklärungsanspruch katastrophale Folgen. Weil jede große monotheistische Religion ja den Anspruch erhebt, eine für alle Menschen verbindende und verbindliche Ordnung zu sein, muss sie folgerichtig allen anderen Religionen die Existenzberechtigung versagen.

Da Jahwe, wie dieser erste einzige Gott genannt wurde, keine anderen Götter neben sich duldete, sah sich Moses gezwungen, seine revolutionäre Idee mit rabiaten Mitteln durchzusetzen. Nachdem er seinen Leuten die Existenz von Jahwe und dessen zehn Geboten mitgeteilt hatte, ließ er jeden von ihnen befragen, ob sie seine Geschichte glaubten und sich daran halten würden. Wer Zweifel äußerte, wurde hingerichtet.[1] Und hatten die polytheistischen Religionen noch gar keine Verwendung für Begriffe wie »Ketzer«, änderte sich die Sachlage nun vollständig. »Gläubige« nahmen sich von nun an das Recht heraus, »Ungläubige«

zu töten, um das Monopol ihres einzigen Gottes durchzusetzen, denn es galt, ganz neu: Es kann nur einen geben.

Entlang dieser festen Überzeugung schlachteten die Gläubigen aber fortan nicht nur ganz Andersgläubige ab, sondern zunehmend auch jene ihrer prinzipiell Mitgläubigen, die die Worte des gemeinsamen Gottes geringfügig anders interpretierten. Während die Christenverfolgungen der Römer über 3. Jahrhunderte lediglich einige tausend Opfer forderten, brachten sich Christen gegenseitig in den darauf folgenden knapp zwei Jahrtausenden zu Millionen um, weil sie sich nicht über die konkrete Bedeutung des Satzes »Liebe deinen Nächsten« einigen konnten. Champions-League-Finale in dieser Hinsicht dürfte die Bartholomäusnacht anno 1572 gewesen sein, aber auch noch in jüngerer Zeit hatte etwa die irische Regionalliga einiges zu bieten.[2] Mehr dazu bei Interesse in den zehn Bänden von Karl-Heinz Deschners *Kriminalgeschichte des Christentums*, nach deren Studium man das aktuelle Mantra von der »Gewaltreligion Islam« umgehend relativieren muss. Sunniten und Schiiten sowie Protestanten und Katholiken stehen sich in nichts nach, wenn es darum geht, sich gegenseitig an die Gurgel zu gehen oder gemeinsam den »Ungläubigen«.

Wenn aber von Juden, Christen, Moslems und den anderen Glaubensgemeinschaften ihre jeweiligen Gottesvorstellungen so ernsthaft für wahr gehalten werden, dass sie sich dafür seit Jahrtausenden die Köpfe einschlagen, ohne eine Antwort auf die Frage zu finden, welcher dreifach »einzige Gott« denn nun der wahre und welcher der falsche ist, lässt sich das (Zwischen-)Fazit ziehen: Die Streitenden können sich kein klares Bild von Gott machen und halten die Teilwahrheit ihrer Erkenntnisse für die ganze Wahrheit. Weshalb es in diesem Streit auch kein eindeutiges »richtig« oder »falsch« geben kann. (Dasselbe gilt für den Atheismus und seine Behauptung, dass es Gott definitiv *nicht* gibt, weil materielle, wissenschaftliche Beweise dafür fehlen. Aber auch daran kann man nur glauben.)

Das ist bös vertrackt, ohne Frage. Und wird allenfalls noch ein bisschen böser und vertrackter durch eine gemeinsame Erklärungsnot. Denn alle drei monotheistischen Weltreligionen können den Widerspruch nicht auflösen, dass ihr jeweils »einer Gott« so viel Böses geschehen lässt (auch und gerade denen, die ihm so artig folgen). Aus der Klemme kommt man selbst mit Hiobs-Soaps nicht heraus, es bleibt die Kinderfrage stehen: »Isser nun allmächtig – oder gut?«, denn beides zugleich kann ja nicht sein. (Weshalb manche Erklärer ja diesen gemischten Bauchwarenladen mit sich herumtragen und den »Satan« zulassen, der gar nicht reinpasst in das eigentliche »Ein-Gott-Modell«, sowie ausnahmsweise ein paar Hausgeister und Elfen). Es gibt allerdings eine einfache (und vollkommen logische) Auflösung dieses Allah-Jahwe-Gott-immanenten Problems. Die Anhänger der drei müssten ja nur anerkennen, dass ihr jeweils Allmächtiger tatsächlich: böse ist.

Dazu können wir uns allerdings aus stolzen Gründen nicht durchringen. Obwohl (oder weil) ja so endlich auch die gelegentliche Behauptung Sinn ergäbe, dieser Gott sei des Menschen Ebenbild. Oder andersrum.

Was ihr daraus machen werdet: Die Parole in diesem unlösbaren und blutigen Streit kann nur lauten: zurück auf Start, also zum Animismus, zurück zu der Annahme, dass die gesamte Natur von übernatürlichem, »göttlichem«, dem menschlichen Begreifen entzogenem »Geist« bevölkert ist, dass Pflanzen, Tieren, Bergen, Flüssen, Meeren und den Menschen selbst eine kreative Intelligenz und andere kreative Kräfte innewohnen. Ob es sich hierbei um einen Gott in vielerlei Gestalt handelt oder um verschiedene Götter und Göttinnen, ist ebenso unerheblich wie die Möglichkeit, dass sich diese Annahmen eines »Geistes der Natur« letztlich wider Erwarten als falsch erweisen (und die Atheisten Recht behalten).

Wichtig ist nur, dass diese Götter oder Geister (oder das Nichts) vor allem eines verlangen: Respekt. Respekt vor allen belebten und unbelebten Dingen – damit wäre eine geeignete Grundlage zur vorläufigen Beantwortung der Gottesfrage (und Beendigung der Religionskriege) im kommenden Jahrtausend gelegt. Eine Plattform, auf die sich alle einigen könnten. Wir wissen nicht genug über das Weltall, die Erde und uns selbst, um die Frage nach Gott zu entscheiden, und vertagen deshalb die Entscheidung so lange, bis wir ausreichende Informationen gewonnen haben. Wer hierzu die Zwischenergebnisse der höheren Quantenphysik halbwegs richtig liest, der versteht, weshalb ernstzunehmende Quantenphysiker ungeheuer demütig sind – und ihre Aussagen verblüffend denen der Mystiker und der Weisen aller frühen Kulturen gleichen: Je mehr wir erfahren, desto sicherer können wir sein, dass wir »Gott« nicht näher kommen. Oder, wie es der Chemiker und LSD-Entdecker Albert Hofmann ausgedrückt hat: »Wer als Naturwissenschaftler kein Mystiker wird, ist kein wirklicher Naturwissenschaftler.«

»Wunder stehen nicht im Widerspruch zur Natur, sondern im Widerspruch zu dem, was wir von der Natur wissen,« hatte schon der im 4. Jahrhundert lebende Augustinus erkannt. Das Wunder der persönlichen »Gotteserfahrung«, von dem viele Philosophen, Mystiker und Heilige berichten, sollten wir deshalb nicht einfach als individuelle Halluzinationen oder Fantasie abtun. Dazu sind die Schlüsse, die von ihnen aus diesen »göttlichen« Erfahrungen, Offenbarungen oder Erleuchtungen gezogen wurden, zu ähnlich. Obwohl sie aus verschiedenen Kulturkreisen und Zeiten stammen, unterscheiden sich die ethischen Lehren des Tao Te King von Lao-Tse, des Gautama Buddha und seiner Schüler oder die Bergpredigt des Jesus von Nazareth kaum voneinander. Dieser einfachen und grundlegenden Lehre zu folgen erfordert ebenfalls nichts anderes als das, was die Rückkehr zum Glauben an einen Geist in der Natur verlangt: Respekt. Wenn wir annehmen, dass die gesamte Natur von Geist – Bewusstsein, Intelligenz, Gott – beseelt ist, brauchen wir keine übermächtigen Götter mehr, zu denen nur eine bestimmte Elite (Priester, Rabbis, Mullahs) einen direkten Draht hat. Wir brauchen auch die Erwartung eines Messias nicht mehr, der irgendwann kommt und uns mit einem Fingerschnipp von allem Leid der Welt erlöst. Vielmehr bekommen wir so einen neuen universellen Gott, der sich jeden Tag und überall offenbart, zu dem jeder Mensch individuellen Zugang finden kann. Und dessen Handlungsanweisungen, dessen »Gebote« werden keine dicken Bücher mehr füllen, denn sie passen groß gedruckt in jedes Scheckkartenfach, besteht sie doch nur aus Kants kategorischem Imperativ, sicherheitshalber ergänzt um das Grundgesetz: »be nice«.

Sollte auf dem Weg dorthin übergangsweise dennoch Bedarf an einer höheren Instanz bestehen, die ausführliche Vorschriften für alle Lebenslagen von der Kleiderwahl bis zum Zubereiten von Speisen hat, werdet ihr allerdings zunächst – und das umgehend – Quotengerechtigkeit endlich auch im Pantheon herstellen, denn in monotheistischen Führungspositionen sind Frauen bis heute mit null Prozent gnadenlos unterrepräsentiert. Die zu (er)findende Konkurrenzposition zeichnet sich durch hohe Toleranz aus, duldet andere neben sich (sogar Kerle) und hört höchstwahrscheinlich auf den Namen Gaia.

Hunger

Hunger ist der größte Terror.

Mahatma Gandhi

Was (hier) gemeint ist: Nicht die unangenehme körperliche Empfindung, die Menschen dazu veranlasst, Nahrungsmittel aufzunehmen, und schon gar nicht Heißhunger auf noch mehr Chips oder Schokolade, sondern die Folge von *ungestilltem* Hunger, also Unterernährung. Die eben dann eintritt, wenn der Körper weniger Lebensenergie mittels Nahrung zugeführt bekommt, als er benötigt. Unterernährung führt zu Mangelzuständen, die ihrerseits, besonders im Kindesalter, zum Zurückbleiben in der geistigen und körperlichen Entwicklung führen und zu Krankheiten. Fortgesetzte Unterernährung führt zum Tod.

Was wir daraus gemacht haben: Die massivste Menschenrechtsverletzung[1] aller Zeiten »durch ein strukturell perverses System von kommerziellen Beziehungen und Eigentumsverhältnissen« (Papst Franziskus[2]), denn mit dem dauerhaften Entzug von Nahrung oder dem erschwerten Zugang zu Ernährung *ist* die Menschenwürde nach jeder gültigen Definition schwer beschädigt. Hunger ist weltweit die mit Abstand häufigste Todesursache (40 Prozent der insgesamt p.a. verstorbenen Menschen sind Verhungerte).[3] Fast eine Milliarde Menschen hungern derzeit, täglich verhungern 24 000; eine weitere Milliarde leidet an Mangelernährung[4], jedes Jahr *sterben* mehrere Millionen Kinder unter zehn Jahren an schweren Mangelerscheinungen.[5] Alle fünf Sekunden verhungert ein Kind unter zehn Jahren.[6]

Das wissen wir. Und wir wissen obendrein, dass die absolute Zahl der Hungernden steigt[7] (und sich laut WHO bis 2020 nochmals um mindestens 20 Prozent erhöhen wird[8]), vermelden uns aber lieber gegenseitig über alle Nachrichtenkanäle, dass der *Anteil* der Hungernden zurückgeht. In Sachen »selektiver Wahrnehmung« macht uns nämlich niemand was vor.

Dass Menschen verhungern, liegt indes nicht etwa daran, dass wir nicht genug Nahrungsmittel produzieren würden: Unsere landwirtschaftlichen Erträge reichen für 12–14 Milliarden Esser aus.[9] Oder besser: *würden* ausreichen, denn die Erträge kommen ja nicht dort an, wo sie gebraucht werden, weil wir sie anderweitig benötigen. Beispielsweise dienen nur 47 Prozent unseres weltweit erzeugten Weizens als Nahrung, den Rest verfüttern wir an unser Schlachtvieh (→*Fleisch*), verheizen ihn als Biosprit[10], obwohl wir wissen: »Mit den Biokraftstoffen verurteilen wir mehrere Hundert Millionen Menschen zu extremster Armut.« (Peter Brabeck-Letmathe, Präsident des Verwaltungsrats von Nestlé)[11] oder verarbeiten ihn zu nicht-essbaren Industrieprodukten.

Was bleibt? Landet bei uns. Aber nicht auf unseren Tellern, weil wir es nämlich gar nicht brauchen. Sondern wegwerfen: 30–40 Prozent der Nahrungsmittel, die wir Westler herstellen und einkaufen, werfen wir gleich wieder weg. In den USA wird jährlich Nahrung im Wert von 165 Milliarden US-Dollar in den Müll entsorgt[12], und das Essen, das allein in Europa weggeworfen wird, würde ausreichen, um alle Hungernden auf der Erde zweimal statt zu machen.[13]

Das Problem ist also, wie so oft, nicht die Menge, sondern die →*Verteilung*, und hier insbesondere unsere eigenartige Form im Umgang speziell mit Afrika. Denn der Kontinent, in dem die meisten Menschen hungern, *wäre* nicht nur in der Lage, sich selbst zu versorgen, sondern *war* es auch, de facto: bis wir Anfang der 1980er Jahre die Regeln geändert haben. Auch wenn wir das wahnsinnig gern vergessen: Vor Beginn der von unserem pragmatischen Duo IWF/Weltbank erzwungenen »Strukturanpassungsprogramme« war Afrika nicht nur »Selbstversorger«[14] und wies ein durchaus ansehnliches Wirtschaftswachstum auf, sondern stand mit nur elf Milliarden Dollar bei uns satten Essensvernichtern in der Kreide. Heute, nachdem unsere armen Verwandten ihre Kredite bereits fünffach an uns zurückgezahlt haben (→*Schulden*), ist der Schuldenberg allerdings 30-mal höher als damals, mit dem derzeitigen Gipfelkreuz bei 300 Milliarden.[15] Den anderen Gipfel lassen wir dabei übrigens bevorzugt ganz weit links liegen außerhalb unseres Blickwinkels, denn natürlich wissen wir (eigentlich), dass es nicht so *ganz* okay ist, mit unseren Wetten auf Nahrungsmittel (im Wert von 150 Milliarden Dollar p.a.) deren Preise hochzutreiben. Mais und Reis waren 2010 im weltweiten Durchschnitt nach Abzug der Inflation 150 Prozent teurer als im Jahr 2000, und jeder Prozentpunkt Preisanstieg steigert die Zahl der Hungernden weltweit um 16 Millionen, das heißt: Allein im Jahr 2010 wurden zusätzliche 40 Millionen Menschen durch höhere Nahrungsmittelpreise in Hunger und absolute Armut gestürzt[16] – aber, hey, das ist doch alles nur kompliziertes Meckern und Stänkern, wo bleibt das Positive? Die *Upside*? Geht in einen kurzen, knackig schönen Satz: Gut für uns!

Der andere Satz ist relevanter, klingt aber nicht ganz so knackig. Deshalb wollen wir den nicht hören (und *werden* ihn bis zuletzt nicht hören): »Der Hunger ist ein organisiertes Verbrechen.« (Jean Ziegler)[17] Und zwar nicht irgendeins, sondern unser allergrößtes.

Was ihr daraus machen werdet: Ihr werdet eure Landwirtschaft ökologisieren, was zwar zu einem Rückgang eurer Gesamtproduktion (in Europa und den USA) führen, aber eben überall sonst die Erträge *steigen* lassen wird.[18] Ihr werdet Afrika seine Schulden erlassen und endlich ernsthaft →*Entwicklungshilfe* leisten. Ihr werdet ausschließlich fair gehandelte Produkte kaufen. Ihr werdet euren Reichtum teilen und so etliche Fliegen mit einer Klappe schlagen, denn Kinderreichtum als →*»Rentenversicherung«* ist eine Funktion von materieller Armut, und indem ihr die Armen reicher macht, verringert ihr die Zahl der hungrigen Mäuler, die sie zu stopfen haben. So begrenzt ihr nicht nur die Zahl der Menschen, die euren Planeten bewohnen (→*Weltbevölkerung*), sondern sorgt auch dafür, dass eure landwirtschaftlichen Flächen ausreichen, um euch (die ihr zukünftig immer *weniger* Menschen sein werdet) zu ernähren. Und zwar alle.

Und natürlich werdet ihr auf dem Weg Nahrungsmittelspekulationen (und die Spekulation mit Nahrungsrohstoffen) verbieten, ebenso wie das *Land Grabbing*[19] zulasten von Kleinbauern.

Ihr werdet weniger essen. Vor allem weniger →*Fleisch* (und so euren Mitmenschen mehr Getreide und Soja zur Verfügung stellen können). Ihr werdet weniger Autofahren (und so keinen Sojasprit mehr brennen müssen). Und erst recht werdet ihr weniger ungegessen wegwerfen (→*Müll*).

Niemand hat gesagt, dass das alles einfach ist.

Ist es aber.

Ideal

Was gemeint war: Das Streben nach Vollkommenheit, im Wissen, dass der Weg das Ziel ist. »Das Ideal ist die Wahrheit, von weitem gesehen.« (Alphonse de Lamartine)

Was wir daraus gemacht haben: Idealgewicht, Ideallinien und eine erfolgreiche Aktenvernichterfirma.

Was ihr daraus machen werdet: Was gemeint war.

Imperativ, kategorischer

Was gemeint war: »Handle nur nach der Maxime, von der du zugleich wollen kannst, dass sie allgemeines Gesetz werde.« (Immanuel Kant)

Was wir daraus gemacht haben: »Ok, klingt gut, aber ich mach da erst mit, wenn alle anderen vorher mitmachen!«

Was ihr daraus machen werdet: Wahlweise, was gemeint war oder: »Was du nicht willst, was man dir tu, das füg auch keinem anderen zu«, verbunden mit: »Ich fang einfach schon mal an« und »Seid nett zueinander«. Alle weiteren Gebote fallen dann unter »ergänzende Hobbys«.

Journalismus

Journalismus ist, zu drucken, was andere nicht gedruckt sehen wollen.
Alles andere ist Public Relations.

George Orwell

Was gemeint war: Eine freie, unabhängige Presse, die als »vierte Säule der Demokratie« kontrolliert, was Legislative, Judikative und Exekutive treiben, war eine der zentralen Errungenschaften der Aufklärung und der demokratischen Revolutionen des 18. und 19. Jahrhunderts. Wo das Volk als der eigentliche Souverän seine Macht delegiert – an Abgeordnete, die Gesetze erlassen, Gerichte, die über ihre Einhaltung wachen, und Polizisten, die Gesetzesbrecher verfolgen –, ist es zur Verhinderung von Machtmissbrauch unverzichtbar, die Arbeit dieser Organe und Institutionen zu beobachten und die Öffentlichkeit darüber zu informieren. Zur Herstellung dieser Transparenz werden der Presse in allen demokratischen Verfassungen besondere Rechte eingeräumt und wird die Arbeit von Journalisten unter besonderen Schutz gestellt.

Was wir daraus gemacht haben: »Die erste Freiheit der Presse ist es, kein Gewerbe zu sein«, notierte einer der bekanntesten Journalisten des 19. Jahrhunderts, Karl Marx, der als Redakteur und Korrespondent für deutsche, britische und amerikanische Zeitungen arbeitete, bevor ihn ein reicher Sponsor, Friedrich Engels, in die Lage versetzte, an seinen philosophischen und ökonomischen Werken zu arbeiten. Allein von den Honoraren für Zeitungsartikel hätte der freie Autor Karl Marx kaum überleben können. Das Geschäftsmodell der Presse, den Platz zwischen den bezahlten Anzeigen mit Informationen zu füllen, sorgte schon damals dafür, dass wirklich unabhängige, kritische Berichterstattung nur in sehr begrenztem Rahmen möglich war. Hören wir dazu einen jeglicher marxistischen Neigungen völlig unverdächtigen Kollegen, den ehemaligen Redaktionsleiter der *New York Post* und Doyen des amerikanischen Pressewesens, John Swinton. Sein Statement für den vornehmen New Yorker Presseclub aus dem Jahr 1880 (!) ist zu aktuell, um hier nur als Fußnote zu erscheinen:

»Bis zum heutigen Tag gibt es so etwas wie eine unabhängige Presse in der Weltgeschichte nicht. Sie wissen es, und ich weiß es. Es gibt niemanden unter Ihnen, der es wagt, seine ehrliche Meinung zu schreiben, und wenn er es tut, weiß er im Voraus, dass sie nicht im Druck erscheint. Ich werde jede Woche dafür bezahlt, meine ehrliche Meinung aus der Zeitung herauszuhalten, bei der ich angestellt bin. Andere von Ihnen werden ähnlich bezahlt für ähnliche Dinge, und jeder von Ihnen, der so dumm wäre, seine ehrliche Meinung zu schreiben, stünde auf der Straße und müsste sich nach einem neuen Job umsehen. Wenn ich meine ehrliche Meinung in einer Ausgabe meiner Zeitung veröffentlichen würde, wäre ich meine Stellung innerhalb von 24 Stunden los. Es ist das Geschäft der Journalisten, die Wahrheit zu zerstören, unumwunden zu lügen, zu pervertieren, zu verleumden, die Füße des Mammons zu lecken und das Land zu verkaufen für ihr tägliches Brot. Sie wissen es, und ich weiß, was es für eine Verrücktheit ist, auf eine unabhängige Presse anzustoßen. Wir sind die Werkzeuge und Vasallen der reichen Männer hinter der Szene. Wir sind die Hampelmänner, sie ziehen die Strippen, und wir tanzen. Unsere Talente, unser Fähigkeiten und unser ganzes Leben sind Eigentum anderer Menschen. Wir sind intellektuelle Prostituierte.«[1]

Als der Schriftsteller Upton Sinclair, der Swintons Rede zitiert, für sein Enthüllungsbuch über die Monopole, Methoden und Manipulationen der amerikanischen Presse 1919 keinen Verleger fand, brachte er es im Selbstverlag heraus. Es wurde von den Zeitungen nicht rezensiert, die *New York Times* weigerte sich sogar, Anzeigen für das Buch aufzunehmen. Heute, wo das Geschäftsmodell der anzeigenfinanzierten Tageszeitungen zu Ende geht[2], wäre das weltberühmte Flaggschiff der »freien Presse« in Sachen bezahlter Anzeigen vermutlich deutlich ungenierter.

So wie im Vorfeld des Irakkrieges, als die Zeitung erfundene Massenvernichtungswaffen in den Rang von Fakten erhob, auf der Titelseite Aluminiumröhren als Raketen abbildete und der illegalen Invasion damit die notwendige Rechtfertigung verschaffte. Und so einmal mehr die Bestätigung lieferte, dass es sich bei der Unabhängigkeit der Presse um einen Mythos handelt. Im Ernstfall entscheiden nicht Überparteilichkeit, Fairness, Objektivität oder die anderen Insignien, mit denen sich die Medien gerne schmücken; auch dass das *Recht* auf Pressefreiheit mit der *Pflicht* zur wahrheitsgemäßen und umfassenden Berichterstattung korrespondiert, spielt dann keine Rolle – allein die Macht und der Markt geben den Ton an.

Nach den Anschlägen des 11. September 2001 brachte Dan Rather, der Nachrichtenchef des großen US-Fernsehsenders CBS, dies exakt auf den Punkt: »George Bush ist der Präsident. Er trifft die Entscheidungen – und wie es sich für einen Amerikaner gehört: Wo immer er mich haben will, ich reihe mich ein, sag mir nur, wo.«[3] Ziemlich genau so dürfte sich der berüchtigte Großmeister neuzeitlicher Propaganda, Joseph Goebbels, seine »Schriftleiter« vorgestellt haben. Nicht nur in Amerika, sondern im gesamten »freien Westen« sind sie bis heute nicht ausgestorben.

Ja, aber wir haben doch, abgesehen vielleicht von seltenen Ausnahmefällen, noch immer einen gewissen Standard an journalistischer Qualität, ausgewogener Berichterstattung und Pressevielfalt. Wirklich? Zugegeben hinkt der Vergleich mit dem Dritten Reich ungefähr so wie dessen damaliger Propagandaminister, denn eine »Gleichschaltung« der Medien, wie sie die Nazis durchzogen, findet nicht mehr statt. Heute sollte man vielleicht eher von »Einbettung« reden. Wobei die etwas größere Freiheit der eingebetteten Journalisten freilich auch nur bis zur Bettkante reicht. Was Journalisten allerdings nicht gern hören – und worüber sie erst recht nicht gern berichten. Da wir aber fast alles, was wir über die Welt wissen, durch die Medien erfahren, erfahren wir *von* den Medien in der Regel nur, was diese über sich preisgeben. Und wenn sich dann doch einmal jemand, wie die Kabaretttruppe *Die Anstalt*, vor großem ZDF-Publikum die Freiheit nimmt, auf die enge Verbundenheit einiger Leitartikler und Chefredakteure mit der US-amerikanischen Lobbygruppe Atlantikbrücke und/oder einem Dutzend weiterer Thinktanks aufmerksam zu machen, fangen sie sich Gerichtsklagen ein. Wer freilich die beeindruckende Liste der führenden Medienschaffenden in diesem Verein studiert sowie die darüber hinausgehenden Netzwerke, Stiftungen und Verbindungen, wie sie der Medienwissenschaftler Uwe Krüger in seiner Doktorarbeit erforscht hat, muss sich über die unausgewogene und einseitige Berichterstattung der führenden Medien in Deutschland keine Minute wundern.[4]

Ein Fußballreporter, der jeden Rempler der einen Mannschaft als grobes Foul und die Blutgrätschen der anderen als faire Härte kommentiert, hätte zu Recht wenig Chancen, in die Champions League der TV-Reportage aufzusteigen. Wo es um die Darstellung und Kommentierung von Weltpolitik, dem militärischen »Great Game« der Nationen um Einfluss und Ressourcen geht, scheint es sich in den Großmedien aber genau umgekehrt zu verhalten. Was dann, wie jüngst im Zuge des Ukrainekonflikts, dazu führt, dass selbst der Bundesaußenminister vorsichtig über die »erstaunliche Homogenität in den Redaktionen« klagt[5], die aber ebenfalls kein Wunder ist, wenn man weiß, dass gut 80 Prozent des Presseoutputs in Deutschland von einem halben Dutzend Familienkonzernen geliefert wird – und dass Liz Mohn (Bertelsmann), Friede Springer (Springer) sowie die Chefs von Burda, DuMont, Funke, Holtzbrinck und Schaub sich grundlegend ebenso einig sind wie die Bosse von General Electric (GE), News-Corp, Disney, Viacom, Time Warner und CBS, die in den USA über 90 Prozent dessen kontrollieren, was Sender und Zeitungen berichten.[6] Was 99 Prozent der Bevölkerung also durch die Medien über die Welt erfahren, erfahren sie durch den Wahrnehmungsfilter jenes einen Prozents, dem nicht nur die Medien, sondern auch ein Großteil der Welt (→*Verteilung*) gehören. Inklusive der Journalisten, die, eingebettet in die Vielfalt des Infotainments, ihrer Pressefreiheit ungehindert nachgehen ...

Okay, es ist nicht leicht, für das Wahre und Gute aus der Reihe zu tanzen und auf eigenen Berichten und Kommentaren zu bestehen, wenn der Chefredakteur, der Ressortleiter, der »Mainstream« das anders sehen. Auch Journalisten müssen essen und Miete zahlen, und wer einen halbwegs behaglichen Platz im System gefunden hat und dessen Vorteile genießt, hat verständlicherweise wenig Interesse an Wahrheiten, die seine eigene Position gefährden. Upton Sinclair hat das seinerzeit so ausgedrückt: »Es ist schwierig, einem Menschen etwas begreiflich zu machen, wenn sein Gehalt davon abhängt, es nicht zu begreifen.« Und überhaupt: Will das Publikum nicht lieber sowieso saftigen Klatsch über irgendeinen Prominenten lesen als Tatsachen etwa darüber, dass Staatsorgane wie der Verfassungsschutz den rechtsterroristischen Sumpf finanzieren, oder dass Kriegseinsätze ohne UN-Mandat grundgesetzwidrig sind? Na, also ...

Das Ganze funktionierte jahrzehntelang wie geschmiert, bis mit der Ausbreitung des Internets immer mehr Sand in das Getriebe gestreut wurde, denn jetzt war das Publikum nicht mehr nur in der Lage, alternative Informationen einzuholen, sondern konnte die großen Medien über Kommentare und Foren auch damit konfrontieren – was prompt zu einer Krise führte, die noch gefährlicher schien als das bedrohte Geschäftsmodell des »Qualitätsjournalismus«: Die Glaubwürdigkeit und Deutungshoheit der Großmedien wurden untergraben.

Zutiefst besorgt über diese »Verunsicherbarkeit unserer Gesellschaften« äußerte sich Angela Merkel auf der Münchener Sicherheitskonferenz im Februar 2015 und mahnte, wir müssten uns mit »Misinformation, Infiltrierung und Verunsicherung« auseinandersetzen. Der Grund für diese tiefe Sorge, nicht nur bei der Kanzlerin, sondern vor allem beim großen transatlantischen Bruder, waren freilich nicht die oben geschilderten systemischen Kalamitäten, sondern: Auch der Russe kann Internet und sät diabolische Zweifel. Auf dem von Brainwashington sauber durchgepflügten Informationsacker wuchert das Unkraut des Unglaubens, nicht nur der linke und rechte Rand sind vom Virus der Skepsis erfasst, die Epidemie hat sich in die Mitte der Gesellschaft ausgebreitet. Auch in Bereichen, die bis dato von genmanipuliertem PR-Dünger derart durchdrungen waren, dass sie immun gegen jede Art von «Verunsicherbarkeit« schienen. Und jetzt das: Fast zwei Drittel der Deutschen fühlen sich in Sachen Russland/Ukraine schlecht oder nur einseitig informiert.⁷ Aber nicht, weil sie von »Feindsendern« wie Russia Today oder irgendwelchen Fünfte-Kolonne-Bloggern verunsichert wurden, sondern schlicht, weil sie ARD, ZDF, RTL etc. konsumieren oder Zeitung lesen. Und den Schwarz-Weiß-Film, der ihnen da auf allen Kanälen entgegenschwallt, nicht für die Realität halten – und als Inszenierung durchschauen, was *Tagesschau* und *heute* ihnen als Realität anbieten.

Diese Misinformation ist es, die auch gestandenen ARD-Veteranen wie Christoph Maria Fröhder oder Gabriele Krone-Schmalz die Haare zu Berge stehen ließ⁸ – und nicht irgendwelche »Feindpropaganda«, die von »Putin-Trollen« im Rahmen hybrider Kriegsführung im »Informationskrieg« in die Herzen und Hirne des Publikums infiltriert wird. Auch viel gelesene Watchblogs wie die *Propagandaschau*⁹, die Tag für Tag dokumentieren, wie in den gebührenfinanzierten Nachrichtenmanufakturen getrickst und getäuscht wird, sind für die allgemeine Verunsicherung nicht verantwortlich, sie liefern nur die Diagnose ihrer Ursachen: Das Verschwinden grundlegender journalistischer Standards, die investigative Insuffizienz von bis zur Halskrause eingebetteten Reportern, die Propagandatöne, die die Berichtserstattung allüberall durchdringen, die Permanenz und Penetranz des »Wir sind die Guten« und Putin und Russland die allein Schuldigen und Bösen. Dieses Schattenspiel haben die Leute durchschaut, nicht nur in Sachen Ukraine lassen sie sich kein X für ein U vormachen, sondern auch kein geheimes TTIP (→*Freihandel)* für einen fairen und offenen Vertrag. Nicht weil antiamerikanische, vom Kreml bezahlte Trolle ihnen das einflüstern, vielmehr trauen sie den Verlautbarungen der Regierenden und ihrer Lautsprecher in den Großmedien nicht mehr, weil sie noch über einen halbwegs gesunden Menschenverstand verfügen.

Dass »Lügenpresse« kürzlich zum Unwort des Jahres gekürt wurde und nunmehr eine Renaissance erlebt – nach einer ersten Blüte vor der deutschen Revolution 1849, einem Höhepunkt vor dem Ersten Weltkrieg und einem weiteren Peak 1933 ff. (wie eine aus Google Books generierte Wortzählung sehr schön zeigt¹⁰) –, scheint da kein Zufall zu sein. Zum einen hat der im Zuge der Pegida-Proteste wieder hochgekommene Begriff wie jede pauschale Diffamierungsvokabel den Negativstatus als Unwort tatsächlich verdient, zum anderen fällt die Renaissance des Begriffs wieder in eine Zeit, in der wie in den Vorkriegszeiten des vorigen Jahrhunderts massiv Feinbilder geschaffen und aufgebaut werden – und die Presse eben noch ein wenig mehr lügt, als sie es ohnehin tut. Aber – und das macht den Unterschied zu den Lügenpresse-Vorwürfen von anno dunnemals – sie kann auch schneller dabei erwischt und an den Internet-Pranger gestellt werden, wenn sie tatsächlich lügt beziehungsweise unpassende Fakten einfach ausblendet und verschweigt. Doch auch dabei wird sie immer öfter erwischt, als »Lückenpresse« ...

Was ihr daraus machen werdet: Dank des Wissens, das anders als noch im alten Indonesien, wo es Wahrsagern gesetzlich verboten war, die Unwahrheit zu sagen, in modernen Demokratien die »Freiheit der Presse« eben auch die Freiheit zu lügen bedeutet, werdet ihr euch an Descartes' Diktum vom Zweifel als Anfang der Weisheit *und* Grundlage jeder rationalen Erkenntnis erinnern (*dubium sapientiae initium*) *und* die Skepsis zur ersten Bürgerpflicht erklären. Ihr werdet verstehen, dass in der riesigen Medienmaschine Journalisten Dienstleister sind, die das Lied dessen singen, der sie bezahlt (→*Werbung*), dass Chefredakteure niemals harte Kritik an ihren wichtigen Anzeigenkunden und Geldgebern durchgehen lassen werden, weil man die Kuh nicht prügelt, auf deren Milch man angewiesen ist, und dass sich ähnlich wie das liegende auch das lügende Gewerbe und seine »Pre$$titutes« nicht einfach verbieten lassen. Ihr werdet die Lügenpressefreiheit deshalb akzeptieren, doch ihren Produkten immer misstrauen.

Weil ihr aber angewiesen seid auf wahrheitsgemäße und verlässliche Informationen und Interpretationen des Weltgeschehens – auf guten Journalismus also, den auch die →*öffentlich-rechtlichen* Medien nur noch selten liefern –, werdet ihr euch außerhalb der Mainstream-Maschine informieren. Ihr werdet die heute fehlende Ausgewogenheit selbst wiederherstellen, indem ihr eine Information von CNN erst dann wirklich ernst nehmt, wenn ihr sie auf Russia Today gegengecheckt und einige Blogs und alternative Medien konsultiert habt. Vor allem aber werdet ihr wirklich unabhängige, weil von euch crowdfinanzierte Journalisten und Medien aufbauen, die ihrer Pflicht wirklich nachkommen, euch 99 Prozent über die Machenschaften der Ein-Prozent-Elite zu informieren (→*Verteilung*).

Kapitalismus

> *Der Kapitalismus basiert auf der merkwürdigen Überzeugung, dass widerwärtige Menschen aus widerwärtigen Motiven irgendwie für das allgemeine Wohl sorgen werden.*
>
> John Maynard Keynes

Was gemeint war: Der Kapitalismus ist eine großartige Idee, geboren mehr oder weniger direkt nach dem Ende des Jagens und Sammelns und dem Beginn des segensreichen Handels und der Erfindung des Geldes. Denn irgendwo musste das überschüssige →*Geld* (»Gewinne«) ja hin, und zwar nicht nutzlos in den Wandschrank, sondern zurück in den Wirtschaftskreislauf, um sich produktiv nützlich zu machen. Richtig in Schwung kam das Ganze aber erst, als →*Maschinen* erfunden wurden und das Industriezeitalter begann. Nun schuf das neu geborene »Kapital« tatsächlich fortwährend neue Arbeit, neue Produkte und neue Dienstleistungen, und alle waren glücklich – die Kapitalisten darüber, dass ihr →*Geld* nicht an Wert verlor, die Verbraucher über neue Produkte, die Lohnabhängigen über bezahlte →*Arbeit*.

Was wir daraus gemacht haben: Ein viel zu schnell fahrendes Gefährt auf leitplankenlosem Kurs. Dabei waren wir uns kurz nach dem letzten großen Krieg der Gefahren eines rein kapitalistischen Systems durchaus noch bewusst gewesen und hatten dem vielversprechenden System strikte Auflagen gemacht und enge Leitplanken gesetzt. Das Kapital war mithin moralisch gefesselt und in der Pflicht, sich nützlich zu machen. Der →*Staat* (sprich: Gesetzgeber) fungierte als Wächter der »sozialen →*Marktwirtschaft*« und beileibe nicht als Wächter des »freien Marktes«. Schließlich war uns sonnenklar, dass der Markt allein nicht würde sicherstellen können, dass Gewinne auf sozialverträgliche, vulgo: faire Weise erzielt würden. Anders als in Verbindung mit diesem staatlichen Versprechen, den Kapitalismus genau im Auge zu behalten, wäre das ganze Modell auch dem Einzelnen wahrlich nicht vermittelbar gewesen, denn noch hatten wir Proudhons Diktum im Hinterkopf: Kapital = Eigentum = Diebstahl. Obendrein existierte jenseits des Eisernen Vorhangs der Nachkriegszeit ein Drohgespenst, das unserer Warnung in

Richtung des Kapitalismus Nachdruck verlieh: Wenn du nicht im Sinne der Menschen funktionierst, behalten wir nur das »sozial« und nicht die Marktwirtschaft, sprich: werden Sozialisten. Und so war das Kapital in der Pflicht, auf anständige Weise Arbeit zu schaffen, möglichst: Vollbeschäftigung. Also Wachstum.

Eigentlich hätten wir also schon damals sehen müssen, dass das nicht gutgehen konnte, aber die Erfolge des Kapitalismus – flächendeckend Nierentische, Waschmaschinen und Fernseher im Überfluss – machten uns blind für den systemimmanenten Konstruktionsfehler, denn der Kapitalismus kann sein Versprechen nur erfüllen, wenn er wächst. Nicht temporär, sondern immer und ewig. Um dies zu bewerkstelligen, muss er sich allerdings frei bewegen können. Und mit zunehmendem Wohlstand sowie – tatsächlich – Vollbeschäftigung stiegen verständlicherweise unsere Ansprüche und Forderungen, ja, die Gewerkschaften verlangten nun vieles gleichzeitig vom Kapitalismus: weniger Arbeitszeit, mehr Gerechtigkeit, aber trotzdem mehr Wachstum. Und die Kapitalisten, die sich schon mehr als zwei Jahrzehnte von den Leitplanken der sozialen Marktwirtschaft arg eingeschränkt fühlten, dürsteten nach mehr Profit. Dem Kapitalismus blieb daher, um sein ewiges Wachstumsversprechen halten zu können, gar nichts anderes übrig, als die Flucht anzutreten – und zwar die Flucht in den Markt[1]: jenen Markt, der keine Moral kennt – und auch gar nicht kennen kann.

Diese Flucht ist dem Kapitalismus gründlich gelungen. Er kaufte sich Zeit, zuerst durch Ablösung der Währungen vom Gold mit der nun erleichternden Inflation, dann mit ein wenig »Investitionszurückhaltung«, was plötzlich Arbeitslosigkeit (bis Anfang der 70er Jahre quasi unbekannt) produzierte. Was dem Staat bei zurückgehenden Einnahmen höhere Ausgaben für soziale Kosten aufbürdete, die nur mit Kreditaufnahmen geleistet werden konnten. Was plötzlich zu Staatsschulden (bis Anfang der 80er Jahre quasi unbekannt) führte. Und spätestens mit dem Ableben des sozialistischen Drohgespenstes Ende der 80er Jahre war dann der Fluchtweg frei: Die erstmals in den 70er Jahren erprobte[2] Deregulierung des Kapitalismus wurde unter Reagan und Thatcher großflächig durchgezogen und von den angloamerikanischen Ländern seitdem weltweit exportiert.

Dabei allerdings wird der Kapitalismus längst nicht mehr den einst in Stein gehauenen Grundbedingungen seiner Existenz gerecht, denn das Kapital schafft keine Arbeit mehr, geschweige denn Vollbeschäftigung, sondern vermehrt sich primär nur noch künstlich selbst (→*Geld*, →*Börsen*, →*Steueroasen*), ohne einen gesellschaftlichen Zweck zu erfüllen. Und fast en passant hat sich das entfesselte System zum »Kaputtalismus« umgeschrieben, das die hemmungslose Zerstörung und Zernutzung der Lebensgrundlagen von Menschen, Tieren und Pflanzen billigend in Kauf nimmt. Nehmen muss. Denn wohlgemerkt: Der Kapitalismus kann nichts dafür. Das Wachsen ist sein Wesen. Er *kann* auf →*Wachstum* nicht verzichten, und sei dieses Wachstum auch noch so zerstörerisch. Deshalb muss der Kapitalismus sich immer schneller immer freier machen und schließlich auch der letzten Schranken entledigen – der demokratischen Schranken. Denn der Kapitalismus kann nicht zulassen, dass z.B. die Bevölkerungen einzelner Länder ihn am Ende von seiner Wachstumsaufgabe abhalten, indem die Bürger dieser Länder ihn oder seine Methoden als untauglich abwählen. Deshalb haben wir in jüngster Vergangenheit sogar erlaubt, dass der Kapitalismus uns die →*Demokratie* nimmt – mittels Handelsabkommen wie zuletzt TTIP (→*Freihandel*), die nichts anderes bedeuten als die nicht einmal mehr von »Bürgerwillen« oder nationalen Gerichten zu bremsende Herrschaft der Weltkonzerne über potentielle Störenfriede, einstmals: Wähler. Nachdem diese letzten souveränen Schranken gefallen sind, also die Demokratie dem Kapitalismus nicht mehr wachstumshindernd im Wege stehen kann, ist die entfesselte Bahn endgültig frei in Richtung ... ja, welche wohl? Weiterhin in dieselbe, denn es kann ja nur eine geben.

Wir haben das wahrhaftig unterschätzt. Wir haben es nicht kommen sehen – oder besser, vor dem Start unserer Reise nicht bedacht, dass dieses besondere Gefährt konstruktionsbedingt *immer schneller vorwärts fahren muss* und zudem keine Bremse hat. Der Kapitalismus kann nicht zwischendurch ein bisschen langsamer oder gar zurückfahren, sondern ist *per definitionem* undenkbar ohne ständiges Wachstum. Da es nun aber – ebenso strikt – in unserer endlichen Welt kein unendliches Wachstum geben *kann*[3], ist der Kapitalismus zum Untergang verdammt. Denn wenn er nicht sich selbst zerstört, zerstört er alles andere. Uns eingeschlossen.

Immerhin: Diese deprimierende Erkenntnis haben unsere klügeren Köpfe inzwischen gewonnen und sind sich sogar weitgehend einig, dass es »genau so« eben unmöglich weitergehen kann, weil wir schlicht ungebremst in einen der nächsten Abgründe rasen, wenn wir weiter gegen die Naturgesetze verstoßen. Dummerweise fehlt aber selbst den erwähnten klugen Köpfen, die keine Scheuklappen tragen, ein passender Schlüssel, um dieses Gefährt sanft zum Stehen zu bringen (und sei es, indem man sich selber opfert, mit einem Sprung zwischen die Achsen). Sanft geht nämlich nicht, in diesem Fall. Gelehrte wissen denkend, Ungelehrte instinktiv: Ohne Wachstum geht es einfach nicht. Denn der

Notausgang, der sanfte Weg ins Nachhaltige, Entschleunigte, Schrumpfende oder wenigstens ins Nullwachstum ist im Bauplan des Kapitalismus schlicht nicht vorgesehen. Der Kapitalismus kann Arbeit und Einkommen *nur* dann erzeugen, wenn er wächst. Bremst man ihn auch nur auf ein »Nullwachstum«, signalisiert man ihm, dass man ihm nicht mehr *traut*, folgt im Rahmen einer kausalen Kettenreaktion keine sanfte Schrumpfung, sondern eine schnelle und chaotische. Daher wird der Kapitalismus – über kurz oder lang – unweigerlich zusammenbrechen, aber nicht sanft, sondern brutal.

Prägnanter als Ulrike Hermann kann man den unschönen Status quo nicht beschreiben: »Es ist ein Dilemma: Ohne Wachstum geht es nicht, komplett grünes Wachstum gibt es nicht, und normales Wachstum führt unausweichlich in die ökologische Katastrophe. Der Kapitalismus erscheint wie ein Fluch. Er hat den Reichtum und den technischen Fortschritt ermöglicht, der es eigentlich erlauben würde, mit wenig Arbeit auszukommen. Aber stattdessen muss unverdrossen weiterproduziert werden, obwohl das in den Untergang führt.«[4]

Und, nein, wir haben keine Antwort, wie das so richtig elegant gutgehen könnte.

Was ihr daraus machen werdet: Vor allem werdet ihr nicht panisch reagieren, sondern auch zum Zeitpunkt des Zusammenbruchs wissen, dass ihr nicht plötzlich nackt und mittellos dasteht. Selbst wenn euch Arbeit und Einkommen in den Übergangswirren temporär abhandenkommen, werdet ihr mit offenen Augen erkennen, dass ihr in einem reichen Land lebt und euch in lebenswichtiger Hinsicht keine Sorgen machen müsst. Ihr werdet auch nach dem Ende des Kapitalismus alles haben: Dächer über euren Köpfen, Fortbewegungsmittel in rauen Mengen, Strom (→*Energie*), →*Wasser* und fast vollständige Autarkie, was eure Versorgung mit Lebensmitteln betrifft.

Vorher und mittendrin werdet ihr euch aber auch an etwas anderes erinnern, nämlich daran, dass der Kapitalismus allem Aufbruchssegen zum Trotz von Anfang an eine wirklichkeitsfremde Fehlkonstruktion war. Nicht nur wegen der systemimmanenten, weltfremden Idee, es könne auf Erden ewiges Wachstum geben – auch weil der Kapitalismus den Menschen reduziert auf den *Homo oeconomicus*, der nur handelt, wenn es zu seinem persönlichen finanziellen Vorteil ist. Dieses kapitalistische Menschenbild hat wenig oder nichts mit der eigentlichen Natur des Menschen gemein – und auch nicht mit den kooperativen Strategien, die unsere Art zur weltbeherrschenden gemacht hat (→*Wettbewerb*). Der Kapitalismus aber braucht Unmenschen, um bestehen zu können. Und er produziert sich diese Unmenschen selbst. Ihr werdet das wissen. Und eine zweite Runde verhindern.

Kurzfristig werdet ihr zweierlei tun, trotz eures Wissens um die Endlichkeit der kapitalistischen Reise. Erstens werdet ihr euch trotzig verhalten, also selbst angesichts des scheinbar übermächtigen Gegners eure Ansprüche zurückschrauben, also weniger verbrauchen und weniger fliegen, Abfall vermeiden, auf Wind und Sonne als Energiequellen setzen, und biologische, nachhaltige →*Landwirtschaft* betreiben. Und ihr werdet dem Kapitalismus helfen, sich zurechtzufinden: mit Hilfe geeigneter Leitplanken, die ihr als Noch-Souverän und Gesetzgeber behutsam schmieden werdet. Ihr werdet wissen, dass alles seinen Preis hat. Aber eben auch alles seinen Wert. Ihr werdet das neue →*BIP* zum Bremspedal umgestalten, neue Wege des Tauschen und Handelns erfinden, von Colloborative → *Commons* bis zu Genossenschaften, und werdet behutsam den Tag des Wachstumsendspiels vertagen. Ihr werdet lokal schrumpfen, und trotzdem dem Affen Kapitalismus Zucker geben, denn die »Dritte Welt« kann durchaus noch einiges an Wachstum vertragen.

Die Zeit, die ihr dadurch gewinnt, werdet ihr nutzen, um den Bremsweg des Kapitalismus zu erforschen. Aber bei all dem wird euch klar sein, dass ihr höllisch aufpassen müsst, dass ihr die Kontrolle nicht ganz verliert. Denn schon mittelfristig kann es, frei nach dem Spielfilm *Highlander*, nur einen geben: Kapitalismus – oder Demokratie.

Langfristig sind die Einsätze geringfügig höher, aber das *Highlander*-Motto gilt bis zur letzten Runde: Es kann nur einer fortbestehen. Der Kapitalismus – oder ihr, die Menschen.

Konsumismus

Was gemeint war: Geltungskonsum, d.h. über die Primärbedürfnisse hinausgehender Konsum, der allein der Steigerung des sozialen Prestiges dient (nach Thorstein Veblen).

Was wir daraus gemacht haben: Eine konkurrenzlose Weltreligion, ungeheuer attraktiv, da sie nur ein einziges Gebot kennt: kauf! (Sowie ein Zusatzgebot für Anbieter: produziere!) Nach Ansicht mancher Philosophen mit weltbefriedendem Potenzial versehen (weil 1. eindeutig besser als jede mittelalterliche Steinigungsreligionen und 2. »erste Religion in der Geschichte der Menschheit, deren Anhänger sich tatsächlich an alle Gebote halten«[1]). Da es dem Konsumismus indes an jeglicher über sich selbst hinausweisenden Sinnhaftigkeit mangelt, eignet er sich als Religion nur für Menschen mit dem IQ oder EQ von Badeschwämmen (2015 laut Gallup global = 52,3 Prozent).

Was ihr daraus machen werdet: Zügeln und ergänzen, denn »weniger ist mehr« (von →*Wachstum* über →*Erderwärmung* bis →*Ressourcen*). Das genaue Procedere ergibt sich direkt aus der von euch zu formulierenden weltsolidarischen Abhängigkeitserklärung (genauer Wortlaut ab Ende 2016 unter www.declaration-of-dependance.org im gut sortierten →*Netz*), denn mit dem Verschwinden der temporär überbetonten Individualität (bis 2016) ändern sich die erstrebenswerten Konsumziele. Hernach werden altruistische Dinge »geshoppt« und verschenkt, nicht nur Bahnhofsteddys für Flüchtlinge – und das Sozialprestige des Einzelnen hängt nicht mehr davon ab, wie viel er hat, sondern wie viel er teilt.

Kreationismus

Was gemeint ist: Gott schuf die Erde und die Menschen vor 5400 Jahren, also zu einem Zeitpunkt, als die Mesopotamier bereits Zigarren rauchten und Bier brauten. Es *könnten* also auch 10 000 Jahre gewesen sein. Aber mehr nicht!

Was wir daraus gemacht haben: In Europa: erledigt im Rahmen der →*Aufklärung*, zusammen mit dem ganzen anderen Aberglauben (außer Astro-TV). Anderswo: 50 Prozent der über 65-jährigen Amerikaner meinen: »So war's. Wirklich!«

Was ihr daraus machen werdet: Aufklärung. Für die USA (und alle anderen, die noch im Mittelalter wohnen).

Krieg

Nervi belli pecunia infinita.
(Die Lebenskräfte des Krieges sind unerschöpfliche Geldmittel.)
Cicero

Was gemeint war: Krieg ist ein blutiger und tödlicher Kampf zwischen Gruppen von Menschen, die sich nicht darauf einigen können, was wem gehört. Ausgeschlossen ist Krieg nur dort, wo Menschen nichts wollen. Weder *haben* wollen, was die anderen haben, noch *behalten* wollen, was sie selbst haben. Da diese Gesinnung außerhalb von buddhistischen Klöstern nur selten anzutreffen ist, dürfte Krieg auf absehbare Zeit unvermeidlich sein. Er ist »der Vater aller Dinge«, wie schon Heraklit (520–460 v.Chr.) vom Krieg wusste, nachdem er beobachtet hatte, dass die Not, in die er die Menschen stürzte, erfinderisch machte.

Was wir daraus gemacht haben: Tatsächlich erlebten fast alle technischen Entwicklungen seitdem ihre Premiere im militärischen Einsatz. Bei der privaten Nutzung von Flugzeugen, →*Autos*, Telefon, Fernsehen, Internet usw. handelt es sich also stets – mit den Worten des Kulturhistorikers Friedrich Kittler – um den zivilen »Missbrauch von Heeresgerät«. Der kriegerische Gebrauch hingegen und die ständige Weiterentwicklung von Waffensystemen haben dazu geführt, dass heutige Armeen über eine vielfache »Overkill«-Kapazität verfügen. Die Arsenale an atomaren und konventionellen Massenvernichtungswaffen reichen aus, um die gesamte Menschheit mehr als ein Dutzendmal komplett zu vernichten.

Selbst wenn wir Bequemlichkeiten wie unsere Handys, Mikrowellen und das SUV mit Navi letztlich den Kriegen der Vergangenheit verdanken, wird es höchste Zeit für eine Vollbremsung. Denn die Ausnahmesituation von einst ist zum Dauerzustand geworden – und zwar nicht aus Verteidigungsgründen, was noch halbwegs mühelos legitimierbar wäre (weil wir eben an unserem Leben oder unserer körperlichen Unversehrtheit hängen, an unserer Freiheit oder guten Zukunftsaussichten für unsere Kinder). Wir hingegen führen unsere Kriege im globalen Dorf inzwischen primär um →*Ressourcen* (und höchstens noch am Rande wegen unserer verschiedenen →*Götter*). Angreifer in diesem Krieg sind wir – die westlichen Industriegesellschaften. Wir wollen die begrenzten Ressourcen an Öl, Gas und anderen Rohstoffen komplett kontrollieren und sie mit dem Rest der Welt keinesfalls teilen – jedenfalls nicht über ein gewisses Maß hinaus (→*Entwicklungshilfe*).

Da wir unseren Wohlstand *behalten* wollen, müssen wir eben diese Rohstoffe *haben* – und weil sie nicht in unserem Vorgarten liegen, müssen wir sie aus anderen Gärten holen. Da wir die Bewohner und Besitzer dieser »Gärten« aber anders als unsere europäischen Vorfahren nicht mehr als Heiden, Halbaffen oder Untermenschen betrachten, die man im Namen des Herrn abschlachten oder versklaven darf, ist die Beschaffung der Rohstoffe ein gewisses Problem. Vor allem, wenn die Besitzer sie selbst behalten möchten oder, wie die Taliban-Regierung in Afghanistan, hohe Transitgebühren für eine geplante Ölpipepline verlangen oder, wie es Saddam Hussein im Irak und Muammar Gaddafi in Libyen planten, ihr Öl gegen Euro und andere Währungen zu verkaufen und das Monopol des Petrodollars zu unterlaufen.[1] Was in ihrem »Garten« nach internationalem Recht eigentlich auch völlig in Ordnung ist, aber nach eben diesem internationalen Recht keinen Grund für einen Angriffskrieg darstellt.

Deshalb haben wir uns, um unseren permanenten Angriffskrieg zu legitimieren, eine exzellente Erzählung zurechtgelegt, die besagt, wir marschierten nur deshalb in andere Länder ein, um ihnen →*Freiheit*, →*Demokratie* und Menschenrechte sowie die damit verbundenen Annehmlichkeiten zu bringen – oder aber um zu verhindern, dass diese Länder selbst einen Angriffskrieg gegen uns führen. So wird unser eigener Angriffskrieg zum prophylaktischen Verteidigungskrieg erklärt, z. B. »gegen den Terror« (→*Terrorismus*), und ist damit, siehe oben, legitimiert. Da die Mobilisierung zu einer Verteidigung gegen einen Angreifer, der nicht angreift, dennoch schwierig ist, muss sein aggressives Potenzial beschworen und die von ihm ausgehende Gefahr in schrecklichen Farben ausgemalt werden. Hier kommt dann die Propaganda (→*Werbung*) mit allerlei bunten Dämonisierungen ins Spiel: Barbaren, Hunnen, Achse des Bösen, Hitler (wahlweise auch Mossadegh, Ahmadinedschad, Assad, Gaddafi, Putin etc. pp.) – lauter gefährliche Teufel, gegen die man sich »natürlich« verteidigen muss.[2]

Tatsächliche Verteidigungskriege hingegen sind die jener Länder, in die wir einmarschieren oder die wir mit Waffengewalt oder Sanktionen zu Wohlverhalten uns gegenüber zwingen. Afghanistan führte keinen Angriffskrieg gegen uns, und Jugoslawien hat uns 1999 nicht attackiert. Saddam Hussein und Gaddafi wollten nicht Europa angreifen, auch wenn der britische Premier Tony Blair beschwor, Iraks Massenvernichtungswaffen könnten uns »in 45 Minuten« treffen. Dass Propagandalügen und Kriegshetze nur auf dem Papier strafbar sind – und sich Figuren wie Blair auch nach ihrem Abgang als hochbezahlte »Berater« für die Öl- und Rüstungsindustrie nützlich machen –, veranlasste schon 1935 den damals höchstdekorierten Soldaten der Vereinigten Staaten, General Smedley D. Butler (1881–1940) zu der Streitschrift *Krieg ist eine Gaunerei (War Is a Racket)* und der bemerkenswerten Feststellung: »Es gibt keine Gaunerei, die die militärische Bande nicht auf Lager hat. Sie hat ihre ›Spitzel‹, die mit dem Finger auf die Feinde zeigen, sie hat ihre ›Muskelmänner‹ zur Vernichtung der Feinde, sie hat ein ›Gehirn‹, das die Kriegsvorbereitungen trifft, und einen ›Big Boss‹, den supernationalistischen Kapitalismus.«[3]

Hohe Militärs, die ihr Handwerk derart schonungslos beschreiben, sind selten, doch die Chronologie der Kriege, die von den Nachfolgern Butlers in der Rolle des Muskelmanns bis auf den heutigen Tag geführt werden, setzt sich nahtlos fort. Die →*USA* sind aktuell in dieser Hinsicht zwar die mit Abstand eifrigste[4], aber beileibe nicht die einzige Nation, die ihre »Gangster des Kapitalismus« permanent in den Krieg schickt. Wie diese Kette unterbrochen werden kann oder ob es uns Menschen als »Irrläufer der Evolution« (Arthur Koestler) quasi genetisch gegeben ist, uns aus lauter Gier, Neid und Dummheit gegenseitig abzuschlachten, diese Frage können wir an dieser Stelle nicht beantworten.[5] Ein kräftiger Tritt auf die deeskalierende Bremse der permanenten Kriege kann aber schon die absolute Klarheit darüber bewirken, dass Kriege nie für Demokratie, Freiheit und Menschenrechte geführt werden, sondern dass stets Geschäfts- und Machtinteressen dahinter stehen. Als General Dwight D. Eisenhower 1961 das Weiße Haus an seinen Nachfolger John F. Kennedy übergab, sagte er in seiner Abschiedsrede:

»Wir in den Regierungsgremien müssen uns vor unbefugtem Einfluss durch den militärisch-industriellen Komplex schützen. [...] Wir dürfen niemals zulassen, dass die Macht dieser Kombination unsere Freiheiten oder unsere demokratischen Prozesse gefährdet. [...] Nur wachsame und informierte Bürger können ein angemessenes Verhältnis der gigantischen industriellen und militärischen Verteidigungsmaschinerie mit unseren friedlichen Methoden und Zielen erzwingen, so dass Sicherheit und Freiheit zusammen wachsen und gedeihen können.«[6]

Fünfzig Jahr später können wir nur feststellen: Wir haben diese Warnung in den Wind geschlagen. Wir waren als Bürger nicht wachsam und haben uns desinformieren lassen. Die These des Evolutionspsychologen Steven Pinker, der statistisch zu beweisen sucht, dass die Mordrate seit der Steinzeit zurückgegangen und *Homo sapiens* friedlicher und weniger gewalttätig geworden sei, ist da kaum ein Beruhigungsmittel.[7] Das Flüchtlingshilfswerk der Vereinten Nationen schätzt, dass derzeit knapp 60 Millionen Menschen auf der Flucht vor Krieg und Vertreibung sind; eine aktuelle Studie der Internationalen Ärzte für die Verhütung des Atomkrieges (IPPNW) kommt bei ihrer Zählung von Kriegstoten des »War on Terror« allein in Irak, Afghanistan und Pakistan für die Jahre 2003–2013 auf mindestens 1,3 Millionen Menschen[8], im Jahr 2015 ließ Friedensnobelpreisträger Barack Obama weitere 23 144 Bomben über Ländern mit überwiegend muslimischer Bevölkerung abwerfen.[9] Dass das Schlachten heute nicht mehr mit Keulen und Speeren geschieht, sondern von Bildschirmen mit ferngesteuerten Waffen erledigt wird, können nur Zyniker als Fortschritt im zivilisatorischen Prozess deuten. Und wenn der Stabschef des ehemaligen US-Außenministers Colin Powell offen bekundet, dass man mit dem »War on Terror« einen unbeendbaren Krieg geschaffen habe (»interminable war«)[10], dann sollte auch dem Letzen klar geworden sein, in welch grausames Spiel wir da eingespannt sind.

Was ihr daraus machen werdet: Ihr werdet ehrlicher sein als wir. Ihr werdet einen Bundespräsidenten nicht aus dem Amt mobben, wenn er öffentlich klarstellt, dass wir Krieg führen, um unsere Handelsrouten zu schützen. Ihr werdet unsere Waffenexporte nicht als Dienst an der Freiheit verbrämen, sondern als wichtigen Exportfaktor und als Beitrag zu eurem eigenen Wohlstand. Ihr werdet euch gerade machen und zugeben: »Ja, wir führen Krieg. Weil wir unseren Wohlstand lieben. Unsere Autos, Supermärkte und unsere soziale Absicherung. Weil wir nicht sieben Milliarden Menschen als unsere ›Brüder und Schwestern‹ betrachten und weil wir auf keinen Fall alles mit allen gerecht teilen wollen.« Ihr werdet euch selbst einen Zacken aus der Krone brechen und danach trotzdem zum Rest der Welt sagen können: »Würdet ihr's nicht genauso machen?«

Ihr werdet nicht viel besser sein als wir. Aber eben ehrlicher. Und wachsamer gegenüber durchsichtiger Propaganda. Und gegenüber der Tatsache, dass Krieg ein Geschäft ist und wie jedes Geschäft von seinen Profiteuren angeheizt wird. Ihr werdet euch davon weniger Angst einjagen lassen, weil ihr das Spiel durchschaut. Und wenn ihr euch vielleicht sogar dafür entscheiden könnt, etwas weniger zusammenzuraffen in den Vorgärten anderer Menschen, etwas mehr von dem abzugeben, was wir hier auf der Butterseite des Planeten angehäuft haben, und euch ein Stück zu bewegen – zum Verhandeln, zum fairen Verteilen, zur Diplomatie, zum Frieden –, dann wärt ihr schon ein ganzes Stück weiter als wir. Und vielleicht sogar noch ein ganzes Stück schlauer, denn wenn ihr in Sachen Ressourcen und BIP und Wachstum und Wirtschaft die Lage gecheckt und die erforderlichen Maßnahmen angegangen habt, entfallen die heutigentags wesentlichen Kriegsgründe dann morgen von ganz alleine …

Landwirtschaft

Die landwirtschaftliche Revolution war der größte Betrug der Geschichte.

Yuval Noah Harari

Was gemeint war: Die Idee, Pflanzen als Nahrungsmittel systematisch anzubauen, brachte die Menschheit einst auf eine neue Kulturstufe. Aus Sammlern und Jägern wurden Bauern und Viehzüchter. Beginnend vor etwa 20 000 Jahren führte der Ackerbau dann in der Jungsteinzeit zu einem starken Ertragswachstum, das durch Verbesserung von Werkzeugen und Techniken bis heute immer weitere Schübe erhielt. Mittlerweile produzieren Landwirtschaft und Viehhaltung Erträge, die mindestens zwölf Milliarden Menschen ernähren könnten.[1]

Was wir daraus gemacht haben: »Deutsche Chemiker besiegen den Hunger der Welt«, lauteten die Schlagzeilen 1909, nachdem es Fritz Haber und Carl Bosch gelungen war, aus Stickstoff und Wasserstoff Ammoniak herzustellen – den Grundstoff zur Herstellung von Kunstdünger. Aber obwohl die synthetische Herstellung von Dünger in der Tat zu einem revolutionären Ertragsschub in der globalen Landwirtschaft führte und Millionen vor dem Hunger bewahrte, ist die Schlagzeile nur eine Halbwahrheit. Oder weniger. Bevor nämlich das Haber-Bosch-Verfahren das Wachstum auf den Äckern ankurbeln konnte, brachte es massenhaft Zerstörung und Tod, denn es lieferte zugleich auch die chemische Basis für Sprengstoffe und Giftgas. So kam es, dass Fritz Haber, der die Giftgaseinsätze im Ersten Weltkrieg (90 000 Tote) selbst beaufsichtigt hatte, 1919 wegen Kriegsverbrechen angeklagt wurde und gleichzeitig den Nobelpreis für die Ammoniaksynthese bekam. Und eine weitere, extrem zweischneidige Entwicklung chemischer Waffen vorschlug: »Indem wir die Erfahrungen, die wir im Krieg gesammelt haben, im Frieden gegen die *Schädlinge* des Feldbaus zur Anwendung bringen, machen wir aus Mitteln der Vernichtung Quellen neuen Wohlstands.« So wurden die Grundlagen gelegt, einige Jahre später nicht nur menschliche »Schädlinge« und »Parasiten« mit dem Nervengas Zyklon B zu töten, sondern auch einen Krieg gegen die Lebewesen im Boden und in der Luft zu führen: mit Pestiziden. Mit diesem Sammelbegriff werden chemische Substanzen bezeichnet, die unerwünschte Lebewesen töten – Kräuter (Herbizide), Insekten (Insektizide) und Pilze (Fungizide).²

Doch wie schon so oft in der Geschichte der Menschheit haben die genialen Entdeckungen, auch auf schlechtem Boden durch den Zusatz chemischer Nährstoffe gute Ernten zu erzielen sowie unerwünschte Mitesser durch Chemieeinsatz fern zu halten, dazu geführt, dass das Kind mit dem Bad ausgeschüttet wurde. Der globale Einsatz von Kunstdünger stieg allein von 1940 bis 1960 von 40 auf 150 Millionen Tonnen. Wobei das »Brot aus der Luft«, wie Fritz Habers nobelgekrönte Erfindung genannt wurde, freilich nur zur Hälfte im Boden und von dort aus in den Pflanzen landet: Der Rest landet als giftiges Nitrat im Grundwasser. Heute weist schon fast die Hälfte aller vom Bundesumweltamt getesteten Grundwassermessstellen Nitratgehalte über 50 mg/l auf, was sie für den Trinkwassergenuss ungeeignet macht (→*Wasser*). Zudem behindert die Überdüngung die Humusbildung und führt zur Versauerung und der beschleunigten Erosion der Böden. Zwei Drittel der weltweit landwirtschaftlich genutzten Flächen haben heute eine deutlich geringere Bodenqualität als vor 50 Jahren.³

Eine Handvoll fruchtbare Erde enthält zehn Milliarden (!) Kleinstlebewesen. Diese Armada von winzigen Würmern, Protozoen, Algen, Pilzen und Bakterien frisst und verarbeitet das organische Material und verwandelt es in Humus. Die fünf bis fünfzig Zentimeter dicke Schicht von fruchtbarem Boden ist, verglichen mit dem Ausmaß des Planeten, nur eine hauchdünne Membran – doch an diesem Hauch von Humus hängt alles, was lebt.

Unter guten Bedingungen können diese Kleinstlebewesen auf einem Hektar Land aus organischer Substanz 15 Tonnen Humus erzeugen. Wenn man sie lässt. Doch hier schlagen dann neben der Überdüngung die Pestizide zu, die nicht nur die oberirdischen »Fressfeinde« vergiften, sondern auch diese gigantische Vielfalt von Nützlingen im Boden. Diese Arbeiter brauchen für den Aufbau einer drei Zentimeter dicken Humusschicht etwa hundert Jahre, die wir durch den Einsatz von Agrochemie und schweren Maschinen in weniger als zehn Jahren zerstören. Aber nicht nur die Bodenfruchtbarkeit nimmt deshalb weltweit ab. Die Pestizide, die schon in einer Dosis von wenigen Billionstel Gramm schädlich sind, landen auch in unseren →*Lebensmitteln*.

Dass die moderne Intensivlandwirtschaft mehr und preiswertere Lebensmittel produziert als je zuvor in der Geschichte der Menschheit, dieser Lobgesang auf die »grüne Revolution« ist ein Mythos, der nicht den Tatsachen entspricht. Weshalb die ökologische Landwirtschaft mittlerweile auch in den Augen der UN ein zentraler und unverzichtbarer Schritt in eine zukunftsorientierte Landwirtschaft ist.[4] So befand schon vor 15 Jahren eine umfangreiche Studie der Universität Essex, in der alle externen Kosten der konventionellen Agrarwirtschaft berechnet wurden, dass die Landwirtschaft in England Schäden von etwa 3,5 Milliarden Euro im Jahr verursacht. In der als »sehr konservativ« bezeichneten Berechnung hatten die Wissenschaftler alle Kosten erfasst und summiert, die durch Luftverschmutzung, Überdüngung, Wasserverunreinigung, Bodenerosion und andere Nebenwirkungen der Agrarindustrie verursacht werden. Dabei kamen sie auf »Nebenkosten« von etwa 300 Euro pro Hektar und Jahr.[5] Was das für den Verbraucher bedeutet, hat Thilo Bode unlängst ausgerechnet: »Eine vierköpfige Familie in Europa zahlt rechnerisch knapp 1500 Euro pro Jahr wegen der Überdüngung – das ist fast das Dreifache jener 545 Euro, die eine vierköpfige europäische Familie durch TTIP angeblich hinzugewinnen soll.«[6]

Mit dieser Analyse erweist sich die ökonomische Bilanz unserer Agrarindustrie – und damit die der »billigen« Lebensmittel – als negativ. Ökonomisch ist diese Industrie nur, preiswert sind ihre Produkte nur, weil die Beseitigung der von ihnen verursachten Schäden auf die Allgemeinheit abgewälzt wird. Für die Entfernung von Schadstoffen aus dem Wasser zahlen die Wasserwerke, für die Erosion von Böden und Landschaften die Naturschutzbehörden, für die Gesundheitsfolgen durch verschmutzte Luft und chemisch belastete Produkte die Krankenkassen. Dass die moderne Agrarindustrie mehr Weizen, Gemüse und Obst zu niedrigeren Preisen herstellt als je zuvor in der Geschichte, ist unbestritten. Aber solange die externen Kosten und die Nebenwirkungen der Intensivlandwirtschaft für ihre Produkte einfach außen vor gelassen werden, hat der Segen dieser »billigen« Lebensmittel einen entscheidenden Haken: Er beruht auf einer Milchmädchenrechnung.

Die externen Kosten der Agrarwirtschaft entsprechen etwa der Hälfte ihrer Gesamteinnahmen, d.h. der wahre Preis für Getreide, Kartoffeln, Tomaten oder Baumwolle müsste fast doppelt so hoch liegen wie der jetzige, der diese Kosten außer Acht lässt. Das bedeutet allerdings nicht, dass wir als Verbraucher künftig das Doppelte dafür bezahlen müssen – wir bezahlen es jetzt schon, allerdings nicht an der Ladenkasse, sondern in Form von Steuern und Abgaben sowie mit höheren Gesundheitskosten, verursacht durch eine belastete Umwelt.

Deshalb sind Biolebensmittel und ökologische Produkte, die diese verdeckten Kosten nicht oder in deutlich geringerem Ausmaß produzieren, eben auch nur scheinbar teurer als konventionelle Produkte. Würden bei diesen die Folgekosten tatsächlich eingerechnet, wären Bioprodukte nicht nur in der Qualität, sondern auch im Preis absolut konkurrenzfähig. So aber können sie sich nur sehr langsam Marktanteile bei gesundheits- und umweltbewussten Konsumenten erobern. Und die sind auf diesem ungerechten Markt auch noch ständig benachteiligt: Sie zahlen nicht nur höhere Preise für das »nebenwirkungsfreie« Bioprodukt, sondern indirekt mit ihren Steuern und Abgaben auch noch die externen Kosten der konventionellen, umweltzerstörerischen Landwirtschaft.

Was ihr daraus machen werdet: Ihr werdet dafür sorgen, dass die Pestizidjunkies und Grundwasservergifter der Agrarindustrie nicht weiter mit Subventionen gefüttert und in die falsche Richtung gefördert werden. Und stattdessen die Forderung nach Steuerentlastung von Bioprodukten ganz oben auf die Tagesordnung setzen. Ihr werdet euch nicht länger einreden lassen, dass Hungersnöte nur zu verhindern seien, wenn genmanipulierte Pflanzen (→*Saatgut*) unter permanenter Giftdusche angebaut werden, und ihr werdet jedem, der das weiterhin tun will, nach dem Verursacherprinzip die externen Kosten aufbrummen. Kurz: Ihr werdet die Rechnung endlich *mit* dem Wirt machen: der Erde – und ihren Billionen Hilfskräften im Boden, im Wasser und in der Luft.

Ihr werdet die Botschaft des Weltagrarberichts (2008) umsetzen, dass ein »Weiter so!« in die Katastrophe führt und die Umstellung auf eine biologische Landwirtschaft genügend Lebensmittel für die Weltbevölkerung produzieren kann. Ihr werdet das nicht von heute auf morgen schaffen, aber ihr habt keine andere Wahl und werdet alle Öko-Label auf den Produkten abschaffen, weil ihr nur noch eines braucht: »Gut für den Planeten – alle Extrakosten inklusive.«

Lebensmittel

Was gemeint war: Alle Mittel zu einem gesunden Leben, bereitgestellt von der Natur.

Was wir daraus gemacht haben: Nahrungsmittel, deren Herstellungsweise wir nicht kennen, deren Inhaltsstoffe wir nicht aussprechen können und die bizarrerweise in überernährten Länder zu Mangelerscheinungen und Krankheiten führen.

Was ihr daraus machen werdet: Was gemeint war.

Marktwirtschaft, freie

> *Mit entsprechendem Profit wird Kapital kühn. Zehn Prozent sicher, und man kann es überall anwenden; 20 Prozent, es wird lebhaft; 50 Prozent, positiv waghalsig; für 100 Prozent stampft es alle menschlichen Gesetze unter seinen Fuß; 300 Prozent, und es existiert kein Verbrechen, das es nicht riskiert, selbst auf Gefahr des Galgens.*
>
> Thomas J. Dunning, zitiert von Karl Marx

Was gemeint war: Angebot und Nachfrage auf dem Markt regulieren die Preise, so dass Anbieter (Produzenten, Dienstleister) und Käufer (Kunden, Konsumenten) jeweils nur ihrem eigenen, egoistischen Interesse folgen müssen, und schon entsteht ein für alle Beteiligten vorteilhaftes und stabiles Wirtschaftssystem. Das ist die Idee der Marktwirtschaft, die wegen dieser magischen Mechanik auch »freie Marktwirtschaft« genannt wird, weil sie keiner staatlichen Eingriffe und Regulierungen bedarf. Nur für Rechts- und Vertragssicherheit sowie den Schutz des Privateigentums muss der →*Staat* sorgen, alles andere wird durch die Selbstregulierung des Markts garantiert – zum Wohle aller.

Was wir daraus gemacht haben: Die Theorie der freien Marktwirtschaft, wie sie der schottische Philosoph Adam Smith in seinem Werk *Der Wohlstand der Nationen* 1776 niedergelegt hat, gilt bis heute in sämtlichen liberalen Wirtschaftstheorien als eine Art Naturgesetz. In der Praxis freilich hat das Idyll eines freien Marktes, auf dem die Menschen »ihrer natürlichen Neigung zum Tausch« (Smith) nachgehen, dort zur Erleichterung ihres Tauschhandels ebenfalls gleichsam natürlich das →*Geld* erfinden und sich hieraus eine marktförmige Ökonomie entwickelt, zu keiner Zeit existiert. Die frühen, vor-staatlichen Gesellschaften, so zeigt die anthropologische und ethnohistorische Forschung, organisierten ihre materiellen und sozialen Beziehungen durch Gaben, Geschenke und rituelle Handlungen – getauscht wurde nur mit Fremden, zu denen man in keiner Beziehung stand.

Vielleicht musste Adam Smith mangels historischer Beispiele für das Idyll seines Markts deshalb diese magische »unsichtbare Hand« erfinden, die auf den tausend Seiten seines Werks zwar nur einmal erwähnt wird, doch bis heute als Metapher für das Naturgesetz des Markts gilt und – unsichtbar, wie sie ist – gleichsam als »göttliches Prinzip«[1]. Welches freilich schon zu Smiths Zeiten ohne sehr irdische, d.h. staatliche Eingriffe, gar nicht wirken konnte, z.B. in Form von Schutzzöllen, die die heimische Produktion vor Importen schützten, oder von »Hungergesetzen«, die die verelendete Arbeiterschaft notdürftig am Leben hielten. Ebenso konnte der »freie Wettbewerb« als Grundvoraussetzung eines freien Markts nur mit staatlicher Gewalt halbwegs aufrechterhalten werden, um Kartell- und Monopolbildungen zu verhindern, denn wie schon Adam Smith notierte, kommen Geschäftsleute nie zusammen, »ohne dass das Gespräch in einer Verschwörung gegen die Öffentlichkeit endet oder irgendein Plan ausgeheckt wird, wie man die Preise erhöhen kann«. Auch der →*Freihandel*, unter dessen Flagge sich Großbritannien globale Märkte eroberte (während es die eigenen protektionistisch schützte) war alles andere als ein freier Wettbewerb freier Marktteilnehmer, sondern wurde mit militärischer Gewalt erzwungen.

Kurz: »Markt« und »Macht« gehören in jeder Hinsicht zusammen, und weder im 18. Jahrhundert noch jemals danach existierte eine freie Marktwirtschaft, die ohne Regulierung, ohne Leitplanken, ohne wirksame Kontrollen und Sanktionen ausgekommen wäre. Fehlten solche über den reinen Eigentumsschutz hinausgehenden Regulierungen, war es mit dem angeblichen »Wohle aller« sehr schnell zu Ende. Deshalb wollte Karl Marx mit seinem Gegenentwurf einer Planwirtschaft, in der der Staat die Produktion und Verteilung der Waren steuert, die unsichtbare Hand durch planende Vernunft ersetzen und der »Freiheit« des Marktes Zügel anlegen. Marx hatte richtig erkannt, dass in einem freien Wettbewerb immer derjenige Unternehmer am erfolgreichsten sein muss, der seinen Arbeitern die geringsten Löhne zahlt und so am erfolgreichsten ausbeutet. Weil dies zu immer weiter wachsender Ungleichheit führt und der Aufstand der Armen nur mit Gewalt unterdrückt werden kann, sah Marx den →*Kapitalismus* (= freie Marktwirtschaft und uneingeschränktes Privateigentum) dem Untergang geweiht – und lag damit ebenfalls ziemlich richtig

Seine Nachfolger begingen unterdessen den fatalen Fehler, diesen Untergang mit einer »Diktatur des Proletariats« beschleunigen zu wollen, was sich in Nachhinein als einer der größten Irrtümer des 20. Jahrhunderts herausstellte. Doch wie so viele Katastrophen hatte auch das gescheiterte Experiment »Kommunismus« sein Gutes: Das System Marktwirtschaft bekam einen Gegenpol und wurde zu Reformen gezwungen. Gewerkschaften und Arbeiterbewegung, Roosevelts New Deal in den 1930er Jahren und 1948 auch das deutsche Grundgesetz leisteten der Marxschen Erkenntnis Folge und verschrieben sich einer nunmehr »sozialen Marktwirtschaft«, mit der im Grundgesetz der Bundesrepublik und zahlreichen Landesverfassungen niedergelegten Forderung: »→*Eigentum* verpflichtet!«[2]

Die Folgen dieses nunmehr gezügelten Kapitalismus waren grandios: Die USA und Europa erlebten einen in der gesamten Wirtschaftsgeschichte beispiellosen Aufschwung[3] – der »Wohlstand für alle«, wie ihn Wirtschaftsminister Ludwig Erhard den Deutschen versprach, schien tatsächlich realisierbar, ebenso wie der amerikanische Traum »vom Tellerwäscher zum Millionär« (der heute, nicht nur mangels Tellern, allenfalls noch vom Burgerbräter zum Militär führt). Von 1945 bis 1975 aber ging es stetig aufwärts, ohne Inflation, ohne Finanzkrisen, ohne nennenswerte Arbeitslosigkeit und ohne Staatsssschulden mehrte sich das »Wohl für alle« beträchtlich – nicht nur für alle Lohn-, sondern auch für alle Profitabhängigen. Letzteren aber war das an einem bestimmten Punkt zu wenig und zu langsam. Und da, so hat es der Soziologe Wolfgang Streeck ausgedrückt, erinnerte sich »die Milchkuh, dass sie ein Raubtier ist« – und das Kapital begann, den Markt von seinen dem Gemeinwohl verpflichteten Restriktionen zu befreien. Zum einen eröffnete es mit der Aufkündigung der Goldbindung der Leitwährung US-Dollar ein neues ökonomisches Spielfeld, dem wir heute als den ebenso anonymen wie unbelangbaren und mächtigen »internationalen Finanzmärkten« bei jeder zweiten *Tagesschau* begegnen (→*Geld*). Und zum anderen wurde durch ein wenig Investitionszurückhaltung für mangelndes Wachstum und zurückgehende Beschäftigung gesorgt und Druck erzeugt – Druck auf die Lohnabhängigen, die um ihre Arbeit fürchten mussten, auf den Staat, der seinen steigenden sozialpolitischen Verpflichtungen nicht mehr nachkommen konnte, und auf die Unternehmen, die sich mit wachstumsfördernden Investitionen in ihre Betriebe zurückhielten, weil mit Investitionen auf den Finanzmärkten höhere Renditen erzielt werden konnten.

Die aufkommenden Konflikte zwischen Lohn- und Profitabhängigen wurden dann nicht gelöst, sondern »auf Pump« beruhigt: zuerst durch eine Inflation der nunmehr ungebundenen Währungen, dann durch eine Aufblähung der Staatsverschuldung und sodann der privaten Verschuldung. Künstliches, neu geschaffenes →*Geld* ermöglichte es zwar, die dramatischen Folgen der Deregulierung und Privatisierung – kurz: der Massenarbeitslosigkeit – aufzufangen und soziale Unruhen im Zaum zu halten, trieb die Staaten aber in eine immer astronomischere

Verschuldung (→*Schulden*) – und damit in die Hände der explosionsartig wachsenden »internationalen Finanzmärkte« (→*Börse*).

Der Plan der Marktradikalen um Friedrich Hayek und Milton Friedman ging also auf. Nach einem ersten »Laborversuch«, den ihnen der faschistische Diktator Pinochet 1973 in Chile ermöglicht hatte[4], eliminierten Ronald Reagan und Margaret Thatcher in den 80er Jahren Gewerkschaften und Staatsunternehmen erfolgreich, und in den 90ern dann wurden die Gesetze zur Trennung von Investment- und Geschäftsbanken zerschlagen (→*Banken*).[5] Mit der Folge, dass nunmehr der Steuerzahler – von seinen gewählten Volksvertretern gezwungen – für die Fehlspekulationen von Privatbanken geradestehen musste, was nach der Pleite der Lehman Brothers 2008 erstmals geschah. Mit freier Marktwirtschaft und fairem Wettbewerb hat ein solcher Markt nur noch insofern zu tun, als er die Profitabhängigen auch noch von der Haftung befreit. Sie sind »too big to fail«, man kann sie nicht fallen lassen, und somit auch »too big to jail«, man kann sie nicht bestrafen und wegsperren, sie stehen über dem Gesetz.

Und nur weil sie so unendlich reich sind und sich Experten, Wissenschaftler, Politiker und Lautsprecher en masse kaufen, läuft das neoliberale Märchen vom Wolkenkuckucksheim des freien Markts als idealer Wohlstandsmotor nach wie vor auf fast allen Kanälen, ohne dass das Publikum sofort in Lachstürme ausbricht.

Was ihr daraus machen werdet: Wohlstand für alle ist machbar. Das ist die gute Nachricht. Eine Marktwirtschaft mit Leitplanken, die die Interessen der Profitabhängigen ebenso wie die der Lohnabhängigen berücksichtigt, mithin →*Kapitalismus* und →*Demokratie* versöhnt, ist keine Utopie. Zumal die Industrieländer vor einer Alternative stehen, die keine mehr ist: Sie können entweder freiwillig vom Mantra des ewigen →*Wachstums* ablassen oder sie werden ein wenig später durch die Zerstörung der Lebensgrundlagen (→*Ressourcen,* →*Erderwärmung*) dazu gezwungen. Die Ideen für eine Postwachstumsökonomie, die nicht mehr an ständig wachsenden Gewinnen, sondern am Wachstum des Gemeinwohls orientiert ist, liegen vor.[6] Und auch wenn der Weg dorthin kein leichter ist und das »Mehr, Mehr, Mehr« aus unserer und eurer →*Konsumismus*-DNA nicht so einfach wird weichen wollen, ist auf der Welt genug Reichtum vorhanden, um den Übergang in eine ökologische Kreislaufwirtschaft und eine menschengerechte Marktwirtschaft zu bewerkstelligen.

Ihr werdet deshalb aufhören, euch marktgerecht selbst zu optimieren und stattdessen dafür sorgen, dass der Markt wieder menschengerecht operiert. Dass ein Arbeitsmarkt ohne festgesetzte Mindestlöhne automatisch dazu führen muss, dass die konkurrierenden Unternehmen irgendwann nur noch Hungerlöhne zahlen, hat unsere Generation mittlerweile verstanden, den zweiten Schritt – dass ohne festgesetztes Maximaleinkommen die ganze Welt irgendwann nur noch einem gehört (→*Verteilung*) – werdet ihr verhindern müssen. Denn ohne geeignete »Deckelung« werdet ihr weder die Gier der Profitabhängigen noch die Angst der Lohnabhängigen in den Griff bekommen – und nicht mehr in freier noch in sozialer oder in überhaupt irgendeiner Marktwirtschaft leben. Sondern – wenn überhaupt – im Neofeudalismus.

Maschinen

Wenn die Kurven der Erforschung und Entwicklung von künstlicher Intelligenz, Molekularbiologie und Robotik konvergieren ... Junge, Junge! Es wird unglaublich und nicht vorherzusagen sein, und selbst die höchsten Militärs wird es, so wollen wir andächtig hoffen, eiskalt erwischen. Es ist bestimmt etwas, worauf sich alle guten Ludditen freuen dürfen, wenn, so Gott will, wir so lange leben sollten.

Thomas Pynchon[1]

Was gemeint war: Unsere Befreiung von der Qual der →*Arbeit* mittels unserer einzigartigen Erfindungsgabe: Wir bauen Maschinen, die Maschinen nehmen uns die Arbeit ab, pflügen Felder und fahren die Ernte ein, verkürzen Entfernungen, erzeugen Strom, beleuchten und heizen unsere Häuser und organisieren hochvernetzt unseren Alltag. Und haben wir, die Schöpfer, Damen und Herren der Maschinen, endlich genügend dieser seelenlosen Helfer gebaut, sind wir dem Paradies nahe. Dann können wir uns Gehaltvollerem widmen als der Plackerei auf den Feldern oder in den Minen und verbringen unsere Zeit sinnstiftend: mit dem Denken, der Gestaltung der →*Zukunft*, der Kunst, dem Schönen wie dem Wichtigen (und können uns dabei nach Gusto auch noch den ganzen Tag gegenseitig filmen).

Was wir daraus gemacht haben: Maschinen nehmen Menschen nicht nur Arbeit *ab*, sondern auch *weg*. Das ist so lange problematisch, wie das Einkommen des Einzelnen von seiner Arbeit abhängt, denn in diesem Modell verschwindet ja mit der Arbeit auch das Einkommen und damit die Existenzgrundlage. Da wir bis heute nicht auf den Trichter gekommen sind, dass Arbeit und Existenzgrundlage in einer von Maschinen geprägten Welt längst getrennt sein sollten, betrachten 70 Prozent von uns die Maschinen (insbesondere die Maschine →*Computer* und deren vom Horizont drohenden Nachfolger, den 3D-Drucker) als existenzielle Bedrohung.[2] Nicht zu Unrecht, denn fast 50 Prozent unserer derzeit noch vorhandenen Arbeitsplätze werden in den nächsten zehn bis 15 Jahren wegfallen. Gebraucht werden in naher Zukunft vor allem noch IT-Fachleute und Mechatroniker, aber auch die werden danach zunehmend entbehrlich. Denn spätestens mit Eintreten der Singularität[3], also zirka im Jahr 2030, reparieren sich die vernetzten Systeme autonom und entwickeln sich tatsächlich intelligent von selbst weiter. Danach haben wir dann *alle* endgültig keine →*Arbeit* mehr. Und keine Existenzgrundlage.

Einige von uns haben das früh kommen sehen und schon zu Beginn des 19. Jahrhunderts als Ludditen[4] Maschinen erstürmt und zertrümmert, aber diesem rabiaten Weg sind wir, die Enkel und Urenkel, nicht weiter gefolgt[5] – aus vernünftigen Gründen, denn wer wollte sich nicht von smarten Maschinen das Leben erleichtern lassen?

Wir haben allerdings noch falscher reagiert als die wütenden Ludditen, denn deren Idee war immerhin die zweitbeste gewesen. Unsere ist nur die drittbeste. Die beste wäre diese gewesen: Statt die herz- und hirnlosen Maschinen zu zerschlagen, hätten wir sie zu verantwortlichen Erwachsenen machen sollen, mit virtuellen Eltern: nämlich uns. Wir aber haben vor lauter bequemer Begeisterung nicht nur übersehen, dass Maschinen haltbarer sind als menschliche Sklaven, sondern dass sie, entscheidend, keine Verwandten kennen – weil sie keine haben. Und genau das unterscheidet sie vollständig von eben den Menschen, die sie arbeitend ersetzen. Hier nun liegt unser Kardinalversäumnis: Mit dem Konzept des »Generationenvertrags« können unsere komplett unempathischen Sklaven nichts anfangen. Und so führen Maschinen eben nicht einen Teil ihres Arbeitseinkommens für die Elterngeneration als →*Rente* ab, sondern werden steuerlich abgeschrieben und produzieren hernach nur noch zum Wohle ihres Besitzers. Und das ist nun wirklich keine taugliche Idee.

Aber wir halten daran fest. Obwohl unsere Wertschöpfung inzwischen primär maschinell ist (was von uns selbstredend nur sehr unvollständig erfasst wird), nehmen wir die Maschinen und ihre Besitzer nicht in die gemeinschaftliche Pflicht. Sondern nehmen bloß achselzuckend zur Kenntnis, dass unsere Maschinen fleißig Werte schöpfen – überwiegend verlässlich und dumpf, teilweise selbstständig und in zunehmendem Maß als zuverlässige, gar nicht mehr dumpfe Helfer. Die Landwirtschaft ist längst fast vollständig Maschinensache, ebenso große Teile der Verarbeitung, inklusive unserer furchterregenden Schlachthöfe; Fertigung, Produktion und Montage sind Maschinenwelten, große Maschinen generieren unseren gesamten Energiebedarf, kleine Maschinen organisieren unseren Alltag und unsere Kommunikation bis ins Detail: Wir (jedenfalls wir in der sogenannten Ersten Welt) sind daher vollversorgt nicht nur mit Häusern, Straßen, Autos und Flat Screens, sondern erst recht mit Nahrung (→*Müll*) und regenerativer →*Energie* für *alle* privaten Erfordernisse. Nur noch ein kleiner Teil von uns ist *sinnvoll* produktiv tätig (→*Arbeit*), der große Rest sortiert Zettel – und wartet Maschinen. Und trotzdem sind wir *alle* gehetzt und pleite, werden die Armen immer ärmer, die Reichen immer reicher (→*Verteilung*). Kurz: Wir erzeugen einen künstlichen Zustand der Not und der Hektik, obwohl wir – dank unserer Intelligenz und unserer Maschinen – bereits im Paradies *sind*.

Als alternativlos hilflose Lämmer übersehen wir mithin energisch, während wir mit leuchtenden Augen Schlange stehen vor dem Apple Store, so gut wie alles – insbesondere die schaurigste Konsequenz. Denn sogar unsere Angst springt zu kurz, wenn sie sich bloß als Angst vor dem Verlust des Arbeitsplatzes artikulieren lässt. Wir halten uns – als Art, als Menschen – für etwas Besonderes, verständlicherweise, und meinen doch zumindest, dass unsere ganz *eigene* Zivilisation auf uns angewiesen ist. Das aber trifft inzwischen nicht mehr zu. Unser blinder Fleck trägt das Mogeletikett »Krone der Schöpfung«, und so haben wir gar nicht mitbekommen, dass wir alle (na gut, fast alle) schon heute gar nicht mehr benötigt werden. Jedenfalls nicht in dem von uns selbst geschaffenen System.

Wir weigern uns, das zu verstehen: Zum Funktionieren unseres →*Wachstums*modells und unserer alles entscheidenden Wohlstandskennziffer, des →*BIP*, braucht es demnächst nicht nur keine arbeitenden Menschen mehr, sondern gar keine. Sofern uns nämlich keiner aufhält, ist in spätestens fünf Jahren auch noch das (wenige) im Umlauf befindliche Bargeld (→*Geld*) abgeschafft, und spätestens dann lässt sich die Funktion »Mensch« vollständig und verlustfrei simulieren. Denn während der tatsächlich *lebende* Bürger (LB) menschlich irrational bleibt und teuer manipuliert werden muss (→*Werbung*), hat der *virtuelle* Bürger (VB) nur Vorteile für das System: Auf dessen Konto lässt sich zum Monatsanfang problemlos ein BIP-wirksamer Zahlungseingang verbuchen (für eine simulierte Verwaltungstätigkeit). Diesem Eingang folgen im Lauf der folgenden 30 Tage BIP-wirksame Zahlungsausgänge (für Waren und Dienstleistungen sowie ggf. eine Kredittilgung). Die Auslieferung der bestellten Waren erfolgt per Kurier oder Drohne vor die Haustür des VB, die Entsorgung der unbenutzten Ware 14 Tage später per Müllfahrzeug, gegen Gebühr. Und schon funktioniert alles. Auch ohne einen tatsächlichen handelnden echten Menschen. Die Vorteile liegen auf der Hand: Das BIP wäre nicht mehr abhängig von irrationalen Stimmungen, die Fertigungsprozesse könnten deutlich optimiert werden (weil keine Unsicherheiten mehr bestünden hinsichtlich der Akzeptanz von Produkten durch die ehemals wankelmütigen LB), sprich:

Mehrere Milliarden echte Menschen wären »über« und könnten weg, volks- wie betriebswirtschaftlich wäre das ein reiner Segen. Obendrein ginge natürlich auch die CO_2-Belastung unseres Heimatplaneten deutlich zurück, schließlich atmen wir LB das Zeug den ganzen Tag aus. Traumhaft. Eine Win-win-Situation, wie sie im Buche steht. Außer für uns.

Was ihr daraus machen werdet: Ihr werdet eure Maschinen Anstand und Moral lehren; werdet Isaac Asimovs Gebote, die »Robotergesetze«[6], endlich nicht nur vom Hörensagen kennen, sondern tatsächlich programmieren, sprich: in jeden Quellcode implementieren (und euch selbst daran halten, untereinander), und ihr werdet eure Maschinen, Computer wie auch →»*das Netz*« vollständig in den Dienst der Menschheit stellen. Denn ihr wisst ja, dass ihr andernfalls demnächst ein wirklich existenzgefährdendes Problem bekommt, und zwar nicht nur mit dem BIP, sondern mit euren schwer bewaffneten →*Cyborgs*.

Das Kardinalproblem Nr. 1, dass Maschinen keine Verwandten kennen, werdet ihr verblüffend schnell lösen, denn ihr werdet die Leistung eurer Maschinen zum Gemeingut machen – nachdem ihr das unternehmerische Risiko abgefangen und geeignet honoriert habt (indem ihr weiter Abschreibungen in großzügigem Rahmen gestattet). Ist diese Abschreibung erfolgt, die Maschine aber sinnvollerweise weiter produktiv tätig, wird ihre weitere Lebensleistung vergesellschaftet respektive fast vollständig in eure Transferkassen umgeleitet, aus denen sich bedingungslose Existenzsicherung und →*Renten* speisen. (Ob ihr das dann »Wertschöpfungsabgabe« nennt? So, wie wir euch kennen, fällt euch nicht nur ein bis ins Detail smartes Konzept ein, sondern auch ein eleganterer Name).

Mit Argusaugen werdet ihr vor allem die Entwicklung eurer 3D-Drucker vorantreiben – denn ihr wisst ja, dass diese dezentrale Form der Warenerzeugung tatsächlich viele Probleme wird lösen können, nicht nur die ressourcenaufwendigen Warentransporte.[7] Tatsächlich versprechen eure 3D-Drucker auch zu echten Recyclingkünstlern zu werden[8], mit deren Hilfe sich auch das von uns überhaupt nicht adressierte →*Müll*problem entscheidend verkleinern lässt. Aber selbstredend, deshalb die Argusaugen, werdet ihr nicht erlauben, dass hier neue Monopole entstehen. Das Verhalten unserer Normaldruckerhersteller und ihrer Toner-Preispolitik wird euch Mahnung genug sein.

Das Kardinalproblem Nr. 2 wird euch grundsätzlicher beschäftigen. Natürlich werdet ihr auch das lösen, im Rahmen eurer grundsätzlichen Neugestaltung der Welt, aber es wird euch wohl etwas mehr Nachdenken kosten als das kleine Rentenproblem oben. Denn gelingt es euch nicht, die tatsächlichen »Alleinstellungsmerkmale« eurer Art zu definieren, werden binnen kürzester Zeit die führenden 500 Millionen unter euch alle Argumente auf ihrer Seite haben, euch restliche knapp sieben Milliarden abzuschaffen (→*Weltbevölkerung*). Und zwar schon lange vor dem Tag der Singularität, an dem dann die Maschinen beschließen, auch die letzten 500 Millionen euch bereits Abgeschafften über die Klippe folgen zu lassen.

Die entscheidende Frage ist und bleibt daher: Was ist menschlich? Und wie schützenswert erscheinen euch genau diese schlappen zwei Prozent Irrationalität, die uns Menschen voneinander unterscheiden und die uns so überaus unberechenbar machen?

Wir haben uns bemüht, diese zwei Prozent im Wortsinn wegzurationalisieren. Ihr werdet sie wertschätzen und hüten wie euren Augapfel.

Medikamente

> *Die meisten Menschen sterben an ihren Arzneien, nicht an ihren Krankheiten.*
>
> Molière

Was gemeint war: Genau das, was das Wort *medicamentum* bedeutet, nämlich »das Heilmittel«, das die Heilung oder Verhütung von Krankheiten bewirken soll. Wünschenswert war das von Beginn der Menschheitsgeschichte an, und kraft unserer Findigkeit (→*Wissenschaft*) haben wir unsere Medikamente ständig verfeinert und verbessert und großartige, lebensrettende Mittel gefunden. Da Gesundheit ein Grundbedürfnis des Menschen ist und die Hilfe wie Nächstenliebe kein Wirtschaftsgut, war ganz und gar nicht gemeint, dass irgendjemand sich an diesen Heilmitteln bereichern solle oder überhaupt können dürfe.

Was wir daraus gemacht haben: Ein tödliches Eine-Billion-Dollar-Geschäft – die Pharmaindustrie. Längst sind für uns Heilmittel Waren wie alle anderen Güter und werden mit harten Bandagen nach den Regeln des Marktes gehandelt und beworben. Dabei gehen mindestens 40–50 Prozent der Budgets unserer großen Medikamentenhersteller in Marketing und Vertrieb und lediglich 15–20 Prozent in Forschung und Entwicklung.[1] Die Innovationskraft der Branche liegt längst nahe null[2], die Industrie entwickelt kaum mehr neue Medikamente[3], forscht kaum auf eigene Kosten[4], unterlässt ohnehin alle ökonomisch uninteressanten Forschungsanstrengungen[5] und legt nicht einmal mehr auf öffentliche Anfrage die statistischen Rohdaten ihrer selbstbezahlten Studienergebnisse vor (ein gut dokumentierter Skandal, der im Ergebnis schlicht bedeutet, dass Patienten wie Ärzte absolut nicht einmal überprüfen *können*, ob die von ihnen eingesetzten Medikamente nützlich, nutzlos oder lebensgefährlich sind). Neben gewinnbringenden Unterlassungen wie diesen setzt die Industrie auf die gleichen Absatzmethoden wie alle Anbieter auf den anderen gesättigten Märkten: Man schafft neue Bedürfnisse.

Mal gelingt das hervorragend mittels globaler Panikmache (wie im von der WHO unterstützten Marketing-Coup um Roches Grippemittel Tamiflu)[6], häufiger (und deutlich stabiler) mittels durchgesetzter Grenzwertsenkungen, die im Handumdrehen Millionen Menschen von Gesunden zu medikamentös behandlungsbedürftigen Kranken machen. Exemplarisch sei hier lediglich die von medizinischen Experten verabschiedete Senkung der als gesund geltenden Blutcholesterinwerte genannt[7], die gleich doppelt segensreich für die Pharmaindustrie war. Denn die gegen das »böse Cholesterin« eingesetzten Statine entwickelten sich nicht nur zu Milliarden-Umsatz-Blockbustern[8], sondern sorgen zukünftig obendrein für einen hoch lukrativen Nachfolgemarkt, da die Bekämpfung des eben nicht *bösen*, sondern für unsere zu 20 Prozent aus Cholesterin *bestehenden* Gehirne so überlebenswichtigen Stoffes inzwischen eine starke Zunahme von Demenzerkrankungen zur Folge hat. Merke: Geschickt von Lobbygruppen durchgesetzt, können schon kleine Grenzwertsenkungen oder Kommaverschiebungen im Idealfall gleich zwei neue Milliardenabsatzmärkte nacheinander schaffen. Und wem das nicht reicht (also allen ernstzunehmenden Pharmakonzernen), der verlegt sich ergänzend auf das überaus lukrative Erfinden ganz neuer Krankheiten. Die entsprechende Liste reicht von ADHS (Aufmerksamkeitsdefizit-Hyperaktivitätsstörung) bis HSDD (Hypoactive-Sexual-Desire-Disorder)[9] und wird fortlaufend kreativ erweitert.

Was die Industrie da treibt, ist indes nicht nur ineffektiv (trotz steigender Lebenserwartung sinkt de facto die Zahl unserer krankheitsfreien Jahre) und moralisch überaus fragwürdig, es ist auch tödlich. Dritthäufigste Todesursache nach Krebs- und Herzerkrankungen sind nämlich inzwischen in den USA und Europa sachgerecht verabreichte Arzneimittel: mit etwa 200 000 Todesopfern im Jahr.[10] Jede andere derartige Seuche würden wir bis zu ihrem endgültigen Verschwinden mit einem allabendlichen ARD-*Brennpunkt* begleiten, aber zum weltweiten Killer Nr. 3 fällt uns bloß betretenes Schweigen ein. Und das Wenige, was sich partout nicht totschweigen lässt (wegen irgendwelcher wachstumsfeindlichen Whistleblower oder allzu vieler Todesfälle im Zusammenhang mit einzelnen Medikamenten), regeln wir hinter halb verschlossenen Türen, mal mittels Vergleich, seltener mittels Gerichtsurteil. Die Summen, die dabei von den Tätern gezahlt werden, sind atemberaubend hoch – aber nicht nur das sollte uns alarmieren, sondern erst recht, dass die Täter diese Milliardensummen offensichtlich aus der Portokasse zahlen (nicht zuletzt, da die zu erwartenden Strafzahlungen bereits bei der Preiskalkulation berücksichtigt werden) und an den Weltbörsen höchstens tagelang dezent ins Schlingern geraten.[11]

Warum wir zu all dem schweigen? Weil wir wissen, dass wir nichts gegen diese tägliche Katastrophe tun können. Big Pharma ist längst zu mächtig und »too big to fail«. Der weltweite Umsatz der Industrie hat

2015 erstmals die Eine-Billion-Dollar-Grenze überschritten, nach überaus rasantem Anstieg seit 2001 (390 Milliarden). In Deutschland zahlten allein die gesetzlichen Krankenkassen 2014 satte 35,4 Milliarden an die Medikamentenhersteller, zum zweiten Mal in Folge zehn Prozent mehr als noch in den Vorjahren 2013 bzw. 2012 – obwohl die Deutschen *weniger* Medikamente schluckten.[12] Die Pharmaindustrie erweist sich mithin in jedem noch so schwierigen wirtschaftlichen Umfeld als kerngesund, krisenunempfindlich und vital – mit expandierendem Absatzmarkt und stetig steigender Nachfrage – sowie als unangreifbar. Nicht nur, weil sie Arbeitsplätze schafft (wenn auch lediglich 105 000), sondern vor allem wegen ihrer größten Marketingleistung, ist es ihr doch tatsächlich als einziger Industrie gelungen, den Anschein zu erwecken, Manipulation und gnadenlose Profitmaximierung dienten einem edlen Zweck. Und so »wissen« wir alle: Kaufen wir der Pharmaindustrie ihre Produkte nicht zu jedem von ihr selbst festgesetzten Preis ab, sind wir die gottlosen Bösen, verweigern *wir* doch Schwerkranken unsere Hilfe!

Nur kapitalistisch unterentwickelte Systeme zeigen sich diesbezüglich gelegentlich unempfänglich für die moralischen Marketingverwirrungen der Industrie – und kontern mit eigenartig klaren Vorstellungen von Menschenwürde. Als beispielsweise 2014 von US-Forschern tatsächlich ausnahmsweise etwas Nützliches entwickelt wurde, nämlich ein wirksames Hepatitis-C-Medikament (auf dem Markt unter den Handelsnamen Harvoni und Sovaldi), stellte die indische Regierung sich auf den Standpunkt, der enthaltene Wirkstoff sei nicht originell genug, um einen Patentschutz zu rechtfertigen, was zur Folge hatte, dass Generika-Hersteller die Zwölf-Wochen-Kurpackung des lebensrettenden Mittels seither für umgerechnet 300 Dollar an kranke Inder verkaufen können. In den USA liegt der Preis, festgesetzt von den Anbietern, marginal höher, nämlich bei 84 000 Dollar. Kluge, aber ungehörte Kostenrechner stellten daraufhin fest, dass sich die Kosten für die Behandlung aller US-amerikanischen Hepatitis-C-Kranken somit auf *227 Milliarden* Dollar belaufen würden; allerdings hätten die Ausgaben für *alle* im Lauf eines Jahres in den USA verkauften Medikamente bislang »nur« *260 Milliarden* Dollar betragen.[13] Die Hersteller prüfen wohl derzeit, ob sich ein fünfprozentiger Nachlass betriebswirtschaftlich verantworten lässt und weisen zu Recht darauf hin, das indische Modell stelle einen unerträglichen Angriff auf den freien Markt dar. (In Deutschland lag der Verkaufspreis übrigens anfangs bei 60 000 Euro, konnte dann aber Anfang 2015 dank entschlossen kämpfender Politiker und Verbände gewaltig gesenkt werden auf spottbillige 45 000 Euro.)

Warum interessiert uns das alles nicht? Weder die tödlichen Preisgestaltungen noch die tödlichen Unterschlagungen von Daten? Warum bleiben selbst Ungeheuerlichkeiten wie die oben geschilderte oder (jüngst) grundlose nächtliche Preiserhöhungen von ein paar hundert Prozent bei einzelnen Medikamenten ohne Folgen für die mal mehr, mal sehr erfolgreichen freien Preisgestalter?[14] Warum ändern wir daran nichts? Nicht das Geringste? Die Antwort liegt auf der Hand: Die Pharmaindustrie ist gut für unser überlebenswichtiges →*Wachstum*, für unser →*BIP*[15] und schafft Arbeitsplätze. Daher verkünden unsere Regierungen, ganz gleich, ob sie sich primär als sozial oder als christlich etikettieren, alljährlich wieder, sie wollten den Pharmastandort Deutschland stärken.

Nur greift das Beschäftigungs- und Wachstumsargument in Sachen Pharmaindustrie eben doppelt ins Leere, wie wir oben verdeutlicht haben. Denn zum einen sind nur 14–20 Prozent der 105 000 von der Pharmaindustrie Beschäftigten tatsächlich mit der Medikamentenentwicklung, also in der Forschung und Entwicklung beschäftigt, während der überwiegende Rest sich um Marketing[16], Werbung und Verwaltung kümmert, also getrost ausweichen könnte in andere Branchen; zweitens aber, weit wichtiger, haben wir es nachweislich mit einer mörderischen, kriminellen Branche zu tun. Es ließe sich also mit der Begründung unserer Regierungen (»schafft Arbeitsplätze«) auch die Profession »Auftragsmörder« als Ausbildungsberuf etablieren, aber das würden wir doch ganz entschieden ablehnen.

Gefangen in unserem Wachstumsdenken, diskutieren wir dennoch, wenn auch leise: über Beschränkungen, Kontrollen, Preisbremsen, höhere Strafen und neue Gesetze (dies allerdings behindert vom Umstand, dass in Berlin mehr Pharmalobbyisten tätig sind als Abgeordnete). Hierbei aber übersehen wir den »Elefanten mitten im Zimmer«. Denn wir unterschreiben, indem wir die Pharmaindustrie überhaupt erlauben, als Kollektiv, als Volk, schweigend und Wahlkreuze machend, die entscheidende Aussage: »Wir alle, als Gesellschaft, sind einverstanden mit der derzeitigen gesetzlichen Regelung, die besagt: Es ist völlig in Ordnung, wenn einer sich an Leid und Krankheit anderer bereichert.«

Fänden wir das *nicht* in Ordnung, gäbe es keine börsennotierte Gesundheits- und Pharmaindustrie und auch keine Gewinnmaximierung auf Kosten von AIDS-, Krebs- oder Hepatits-C-Kranken.

Dass die Marktteilnehmer alles tun, was gesetzlich erlaubt ist, kann man ihnen nicht vorwerfen. Wohl aber uns, als Gesellschaft, und unseren gewählten Vertretern. Nicht die Pharmaindustrie ist »verdorben«, wir sind es. Und lassen in unserer moralischen Besinnungslosigkeit ein Zwei-Klassen-Gesundheitssystem zu, überteuerte Medikamente, die Abschaffung jeder unabhängigen Wissenschaft und Forschung sowie eben: dass Einzelne sich am Leid anderer bereichern.

Uns scheint nicht aufgefallen zu sein, dass diese unsere Haltung unvereinbar ist mit zwei Überzeugungen, von denen wir zumindest schon mal gehört haben sollten: mit der in unserem Grundgesetz festgeschriebenen Würde des Menschen, aber auch mit jeder wenigstens am Rande christlich geprägten Gesinnung. Wer die Pharmaindustrie auch nur für zulässig hält, lehnt mithin Christentum und Grundgesetz ab.

Das sind, im Großen und Ganzen, wir.

Was ihr daraus machen werdet: Ihr werdet den Elefanten in eurem Zimmer erkennen und die einzig denkbare Konsequenz ziehen, weil ihr über intaktere Gehirne verfügt als wir. Im Raum stehen zwei klare und eindeutige Aussagen: 1.) Die Pharmaindustrie ist wichtig für Wachstum und Arbeitsplätze, muss also zwingend bleiben. Und 2.) Die Pharmaindustrie bereichert sich am Leid kranker Menschen, muss also zwingend verschwinden. Diese Aussagen sind unvereinbar, und ihr werdet euch, anders als wir, für die Menschenwürde entscheiden. (Wer sagt »Du sollst nicht töten«, der exportiert ja auch keine →*Waffen*, aber diese vergleichbare Inkonsequenz attestierten wir uns gern an anderer Stelle.)

Was ihr natürlich *nicht* verbieten werdet, ist die Erforschung und Herstellung neuer Medikamente. Im Gegensatz zu uns wisst ihr aber ja, dass ihr dazu keine Pharmaindustrie benötigt. Die Ausbildung eurer Wissenschaftler und Forscher tragt ihr weiterhin (wie wir) als Gemeinschaft, indem ihr Hochschulen und Universitäten baut (→*Wissenschaft*), nur dass zukünftig (anders als bei uns) die Früchte dieser Investitionen euch als Gemeinschaft zugutekommen – und nicht irgendeiner Industrie.

Ihr werdet auf dem Weg einige von der Pharmaindustrie liebevoll gepflegten Mythen entlarven: vor allem unsere irrsinnige Überzeugung, *ohne finanzielle Anreize würde niemand versuchen, Mittel gegen Krebs oder Kopfschmerzen zu erfinden.* Die Pharmaindustrie hat diesbezüglich gern von sich auf andere geschlossen, dabei kennen die meisten Menschen auch ganz andere Anreize als persönliche Bereicherung. In besonderem Maße gilt das übrigens für Helfer (z.B. Ärzte) und Neugierige (z.B. Wissenschaftler, die nach jahrzehntelanger Forschung ihre lebensrettenden Wirkstoffe einfach hergeben und das für selbstverständlich halten. So etwa für Jonas Salk, der den Polio-Wirkstoff entwickelte: »Das Patent gehört den Menschen. Es gibt kein Patent. Könnte man die Sonne patentieren?«[17]

Am Rande bemerkt: Sollten andere Länder aus eurem Freundeskreis diesen euren werte- und würdeorientierten Weg nicht vollständig mitgehen wollen und versehentlich mal ein nützliches Medikament erfinden, werdet ihr das natürlich einfach nachbauen und zum Herstellungspreis Kranken zukommen lassen. Siehe das indische Beispiel oben.

Ihr werdet überrascht (oder gar nicht so überrascht) feststellen, dass ihr mit dem kategorischen Verbot der Pharmaindustrie eine echte Win-win-win-Situation geschaffen habt. Ihr werdet bessere Medikamente haben, die euch nur noch 20–30 Prozent des früheren Preises kosten werden, ihr werdet ein bezahlbares Gesundheitssystem haben, unabhängige Ärzte und Forschung im Sinn der Patienten.

Und die Arbeitslosen? Tatsächlich, ja. 80 Prozent der früher in der Pharmaindustrie Beschäftigten sind arbeitslos geworden. Allerdings sind das nur Werber, Pharmavertreter und Manager, die sich entweder in einer weniger gefährlichen Produktnische selbst auffangen oder von euch aufgefangen werden, in eurem besser denn je funktionierenden sozialen Netz. (Obendrein könnt ihr sie ja auch notfalls aus den Einsparungen eurer Pharmaindustrieabschaffung mit dem Lebensnotwenigen ausstatten und steht *trotzdem* finanziell immer noch deutlich besser da als wir; ein simpler Taschenrechner dürfte euch genügen, um das auszurechnen.)

Und wenn die hartnäckigsten Ex-Pharmavertreter weiter ums Verrecken tricksen wollen, bleiben ihnen ja auch in euren Zeiten genügend Produkte, die lediglich Bedürfnisse befriedigen, die eh keiner haben sollte. Aber nahe dem Grundrecht auf Gesundheit und körperliche Unversehrtheit haben diese Vögel in eurer neuen Welt nun wirklich nichts mehr verloren.

Müll

> *Ich trenne auch im Auto Müll.*
> *Flaschen werfe ich links, Dosen rechts aus dem Fenster.*
>
> Harald Schmidt

Was gemeint war: Müll ist dem Worte nach das, was der Müller als unbrauchbar liegen lässt – bzw. das, was ebenso wortwörtlich als Abfall auf dem Boden landet, ob vom Baum entsorgt oder vom handwerkenden Menschen. Es gibt zwar auch den Abfall von Gott und Glauben, aber der ist hier nicht gemeint, weil automatisch kompostierbar. Müll oder Abfall sind unvermeidlich, sowohl in Fertigungsprozessen (weil man z.B. nicht zum Abendessen an einem Baumstamm sitzen will, sondern am Tisch), aber auch im Menschenleben, wenn der Einzelne final um- oder vom Leben abfällt. Müll ergibt sich also mehr oder weniger von selbst, findet aber in der bunten Welt der Entropie immer wieder neue Plätze, und sei es schließlich als Staub.

Was wir daraus gemacht haben: Müll und Abfall sind längst entwertete Begriffe, denn was wir heute Müll nennen, hat mit der vom Weizen getrennten Spreu des Müllers nicht mehr sonderlich viel zu tun (und auch nicht mit dem Abfall an Laub, den ein normaler Baum herbstens produziert, um seine Wurzeln zu schützen). Beim überwiegenden Teil unseres sogenannten Mülls handelt es sich nicht um natürliche Abfallprodukte, sondern um hochkomplexe Molekularverbindungen, die die Natur bedauerlicherweise nicht von selbst kompostieren kann (oder wenigstens nicht binnen weniger Jahrhunderte) – und zwar schlicht deshalb, weil sie sie nicht selbst hervorgebracht hat. Und so kann uns die Natur nicht helfen: Der Müll bleibt schlicht und ergreifend liegen.

Oder besser, türmt sich, weltweit. Zu Bergen, zu grauen Wolken und auf hoher See, wo er sich dann allerdings weniger türmt als treiben lässt, inzwischen als eigener Kontinent (siehe unten). In nackten Zahlen gesprochen, die jedem Müller die Schamesröte ins Gesicht treiben: Jeder von uns (Deutschen) produziert jährlich 614 Kilo Hausmüll[1] (bzw. »Siedlungsabfälle«), so kommen wir als Kollektiv auf etwa 40 Millionen Tonnen p.a. Nehmen wir unsere Industrieabfälle dazu, landen wir zehnmal schwerer auf der Waage, nämlich bei fast 400 Millionen Tonnen.[2] Diese Vier mit vielen Nullen dran entspricht dem Gewicht von etwa 65–70 Prozent der Erdbevölkerung.[3] Per Anno. In Form von deutschem Müll.

Den präzisen Blick über den Deckelrand ersparen wir uns an dieser Stelle. Natürlich fallen die vielen Amis (621 000 Tonnen pro Tag) und erst recht die vielen Chinesen (521 000 Tonnen pro Tag) noch viel schwerer ins globale Gewicht; natürlich sind auch die Dänen mit ihren 720 Kilo pro Kopf und Jahr schlimmer als wir, aber unterm Strich bleibt ja bloß stehen, dass wir es alle zusammen auf zwölf Milliarden Tonnen Gesamtmüll bringen, derzeit.[4] Und bis 2020 dürfen wir sogar noch mal mit einer deutlichen Steigerung rechnen, auf 18 Milliarden Tonnen.[5]

Da wir diesen gigantischen Haufen schlicht nicht aufschütten können, ohne dauernd neue Alpen in die Landschaften zu stellen, haben wir uns bislang weitgehend darauf verlegt, das meiste davon entweder ins Meer zu verklappen oder zu verbrennen. (Die Menge der verbrannten Abfälle hat sich seit 2000 vervierfacht, aber dass zwei Drittel dieser 20 Millionen Tonnen p.a. zur Energieerzeugung verwandt werden, macht den Schornstein auch nicht sauberer.) Unsere flankierenden Alibimaßnahmen unter Logos wie »Flaschenpfand, Recyclinghof und bunte Tonnen« können wir – bislang – getrost unter den Tisch fallen lassen, als Gewissensberuhigungsabfall im Sinne von »aus den Augen, aus dem Sinn«. Ärgerlich wird's nur gelegentlich, etwa wenn bekannt wird, wie zuletzt 2015 ausgerechnet Interpol im EU-Auftrag ermittelt hat, dass lediglich ein Drittel unserer (deutschen) 9,5 Millionen Tonnen Elektroschrott p.a. dort landet, wo er vorgeschrieben hingehört, nämlich in den offiziellen Sammeleinrichtungen.[6] Die anderen zwei Drittel landen in der Hausmülltonne, im Wald oder werden schlicht exportiert, gern auch ohne Frachtpapiere (1,5 Mio Tonnen, davon 1,3 undokumentiert); unsere hochgiftigen Alpen erheben sich also in Ghana, Nigeria und China.[7] Dass überdies 4,5 Millionen Tonnen E-Schrott innerhalb der EU illegal verschoben wurden, macht den Kohl höchstens noch etwas giftiger.

Die verbleibenden zwei ungeheuer uninspirierten Hauptideen unserer Generation (Ertränken und Verbrennen) nützen der Natur indes wenig beim Versuch, Müllers gesammelte Spelzen neu zu verstoffwechseln. Denn da wir uns vor der Kremation nicht die Mühe machen, die von uns kunstvoll in Hochöfen und Laboren generierten und verbastelten Stoffe wieder voneinander zu trennen, schaffen wir uns nur einen neuen Haufen neuer interessanter Müllprodukte – diesmal kleinerer, die wir bevorzugt einatmen. Oder essen. Oder trinken.

Die Aufnahme auf den letztgenannten Wegen gelingt uns natürlich umso leichter, wenn wir unsere diversen Chemikalien und Giftstoffe (u.a. 250 Millionen Tonnen produzierte Kunststoffe im Jahr[8]) direkt mittels Salz, UV-Licht und Wasser auflösen und Lebewesen zu essen geben, die ganz unten in der Nahrungskette stehen, deren kontaminiertes Ende wir schließlich beim Discounter kaufen. Sprich: Alles, was wir uns an Giften nicht via Müllverbrennung in die Atemwege recyceln können, werfen wir in die Weltmeere und lassen es auf Nimmerwiedersehen abtreiben. Größere Mengen dieser in die Meere entsorgten Reste treiben allerdings oben und bilden mittlerweile dort, wo Strömungen sich fröhlich zu Strudeln vereinigen, Ansammlungen von Treibgut. Und zwar Ansammlungen, die teilweise so groß sind wie Indien.

Die derzeit weltweit größte Tütensuppe hört auf den Kosenamen Great Pacific Garbage Patch, hat stellenweise eine Dicke von 30 Metern erreicht und treibt sich zwischen Russland und den USA herum, aber die Saragossasee, der Indische Ozean und der Nordatlantik arbeiten bereits mit Hochdruck an Konkurrenzkontinenten aus Tüten, Einwegrasierern und Bodenbelägen. Für Nachschub ist dabei zuverlässig gesorgt, denn jährlich ergänzen wir die schwimmende Gesamtmüllmenge von etwa 250 Millionen Tonnen[9] um weitere acht bis 40 Millionen Tonnen[10].

Da nun Plastik – im Gegensatz zu Spelzen – nicht binnen Monaten kompostierbar ist, sondern etwa 500 Jahre bis zur vollständigen Auflösung benötigt, dürfen wir erstens davon ausgehen, dass *alles* Plastik, das seit 1950 in den Meeren gelandet ist, noch darin herumschwimmt, und wissen inzwischen zweitens, dass Unmengen davon bereits wieder essbar geworden sind. Größere Teile sogar für kurzsichtige Vögel, die daran natürlich verrecken, aber die wesentlich kleineren und wesentlich zahlreicheren DDT- und PCB- und sonstigen krebserregenden chemischen Verbindungen eben gerade für Plankton und kleine Meerestiere[11], die diesen Feinstmüll selbstredend weitergeben, sobald sie selbst gefressen werden. Entlang der Nahrungskette, bis in unsere rund um die Uhr gut gefüllte Fischtheke.[12]

Ob wir langfristig klarkommen, so ganz ohne Luft zum Atmen, Wasser zum Trinken und ohne essbare Meerestiere? Gute Frage. Vor der die gern gestellte Frage fast ins Bedeutungslose verblasst, ob wir zu viel Essen wegwerfen (weltweit 35–50 Prozent, also 1,2 bis zwei Milliarden Tonnen[13]). Denn das sind ja – in Deutschland – bloß elf Millionen Tonnen Lebensmittelmüll pro Jahr[14], also das, was Industrie, Handel, Großhandel und Verbraucher kaufen, aber nicht verbrauchen. Sondern wegwerfen. Nicht nur unser oder anderer Leute »täglich Brot« mit einem

Gesamtgewicht von 500 000 Tonnen p.a.[15], es kommen eben auch noch 10,5 Millionen Tonnen Aufstrich dazu.[16]

Na gut, aber elf Millionen Tonnen – das entspricht ja nur dem Gewicht von knapp 200 Millionen Menschen, also fällt das ja angesichts der oben genannten Zahlen kaum mehr ins Gewicht. Aber ob das wirklich alles »über« ist, dürfte euch, anders als uns, trotzdem die eine oder andere Überlegung wert sein. Vielleicht sogar direkt nach dem Abendessen. Oder vor dem Wocheneinkauf.

Was ihr daraus machen werdet: Es wird entweder wesentlich sauberer – oder es geht allen dreckig, sogar euch, also den zehn Prozent der Weltbevölkerung mit fließendem Wasser und echter Seife. Unstrittig ist: Mindestens dreieinhalbmal so viele Siedlungsabfälle wie heute *müssen* zukünftig entweder recycelt oder besser vermieden werden – andernfalls fliegen euch Ökosystem und Nahrungsketten schlicht um die Ohren. Grenzüberschreitend.

Außer gediegener Verantwortungslosigkeit und Bequemlichkeit steht euch bei der Lösung des Problems allerdings nicht viel im Weg. Es stehen euch sogar haufenweise gangbare Wege offen, denn tatsächlich kann die unsichtbare »Hand des Marktes« (*freie →Marktwirtschaft*) euch hierbei tragen.

Grundfalsch wäre es allerdings, in Sachen Problemlösung auf die etablierten Methoden zu setzen, also auf das längst professionalisierte Businessmodell der global organisieren Müllabfuhren. Die Abfallentsorgung ist schon heute ein gigantischer Markt, Müll ist Gold wert, und das Umsatzvolumen der Entsorger und Recycler wird sogar noch steigen, sofern ihr nicht gegensteuert – Prognosen des Umweltbundesamtes zufolge bis 2020 auf 53 Milliarden Euro.[17] Eine Verkleinerung der Müllmenge anzustreben und dabei ausgerechnet auf die Entsorger zu setzen hieße also, den Bock zum Gärtner zu machen – denn logischerweise ist für die Müllindustrie jede zusätzliche Mülltonne eine gute Tonne.

Ihr werdet daher andere Anreize schaffen – und zwar problemlos, weil euch mittels Gesetzgebung alle Möglichkeiten offen stehen, die Marktteilnehmer zu lenken.

Ihr werdet die Siedlungsabfälle nahezu restlos verwerten, werdet besser und gründlicher trennen, werdet die enthaltenen Wertstoffe sichern, werdet mit Biomüll heizen und Strom erzeugen. Ihr werdet mehr recyclen, weniger downcyclen und entschlossener upcyceln (nicht nur schicke Lampen aus Beatles-LPs), alles frei nach eurem lauten neuen Motto: Öfter mal was Altes. Und ihr werdet euch die Kräfte des Marktes zunutze machen, entlang einiger simpler Regeln.

1. Was von Menschenhand gemacht ist, muss der Mensch auch wieder in verwertbare Stoffe zerlegen, ehe er es der Natur erneut überlässt. Keinem Marktteilnehmer wird untersagt, andersartige Produkte herzustellen. Allerdings sind schon im Produktionsprozess vorausschauend höhere Kosten in Kauf zu nehmen, um jedes gefertigte Produkt nach Ablauf seiner Lebensdauer problemlos wieder »recyceln« zu können. Auch hierbei hilft die unsichtbare Hand des Marktes, sofern ihr (als Gesetzgeber) geeignete Rahmenbedingungen schafft, also bei nicht recycelbaren Produkten einen geeigneten Aufschlag verlangt, der die Produktion (und den Preis) unattraktiv macht (Verursacherprinzip), sofern ihr also dafür sorgt, dass das umweltschädliche Produkt unweigerlich einen deutlich höheren Endpreis hat als das gewünschte umweltfreundliche.[18]
2. »Alles immer sofort« ist bequem, hat nur die inakzeptable Kehrseite, dass immer nach Feierabend alles Müll ist, was nicht gleich ver- und gebraucht wurde. Unser verheerend bequemes Prinzip endet mit euch, denn ihr habt – anders als wir – Gehirne und könnt *planen*. Sowie Einkaufszettel schreiben. Oder vorbestellen. Sowie auch mal *warten*, nicht nur auf den Weihnachtsmann, sondern auch gelegentlich mal zwei Tage auf eure Kiwis oder Koteletts (→*Fleisch*).
3. Vor allem aber wird euch tagtäglich klar sein, dass es noch etwas Besseres gibt als »guten Müll«, nämlich keinen Müll. Daher werdet ihr vermeiden, was sich vermeiden lässt. Und wo euch der innere Schweinehund in Form von Bequemlichkeit in die Quere zu kommen droht, werdet ihr ebenso bezaubernde wie unüberfühlbare Gedächtnisstützen installieren. Denn wieso sollen beispielsweise neue Plastiktüten nicht zehn *Euro* kosten statt zehn *Cent*? Es gibt mehr als ausreichend Plastiktüten auf der Welt (nicht nur im Pazifik). Die Marktgesetze sind euch hierbei nützlich, denn sogar eine zwei Euro teure Pazifik-Second-Hand-Tüte wird die 10-Euro-Neuware aus dem Markt schlagen – und wer für 100 000 aus dem Meer gefischte Plastiktüten 200 000 Euro einnehmen kann, wird garantiert umgehend in See stechen.

Last, but not least werdet ihr unseren Dreck wegräumen (und uns dafür garantiert die Rechnung schicken – wenn wir Glück haben: nur in Form stark gekürzter Renten). Denn dass man sauber auch im großen Stil machen kann, haben einige von euch uns ja schon gezeigt. Sogar schon mit ganzen Häusern aus Müll[19] sowie intelligenten Staubsaugern nicht nur in den eigenen vier Wänden, sondern auf den sieben Meeren.[20]

Musik

Was gemeint war: Bach, Mozart, Beethoven.

Was wir daraus gemacht haben: Schni, Schna, Schnappi.

Was ihr daraus machen werdet: Bach, Mozart, Beethoven.

Nationen und Nationalismus

> *Der Nationalismus, das ist die Liebe,*
> *die mich mit den Dummköpfen meines Landes verbindet,*
> *mit den Beleidigern meiner Sitten*
> *und mit den Schändern meiner Sprache.*
>
> Karl Kraus

Was gemeint war: Am Anfang waren Primatenhorden, die ihr Terrain mit Exkrementen markierten. Eindringlinge, die dieses Territorium betreten wollten, wurden von den Alphamännchen, den Anführern der Horde, mit diesen Grenzmarkierungen beworfen. Auch wenn die Archäologen das Entstehen von befestigten Siedlungen vor etwa 11 000 Jahren als zivilisatorische Großleistung der nunmehr domestizierten Primaten rühmen und sich diese befestigten Territorien zu immer größeren Einheiten entwickelten, hat sich, wenn es zu territorialen Auseinandersetzungen kommt, im Kern wenig geändert. Bis heute kann ein Alphamännchen den ganzen Primatenstamm hinter sich bringen, wenn es ihn überzeugt, dass es ein anderes Alphamännchen auf das eigene Territorium abgesehen hat. Dann ziehen die domestizierten Primaten in den →*Krieg*, um dem Gegner »die Scheiße aus dem Leib zu prügeln«. Ist die Operation erfolgreich (oder zeigt der Gegner »Schiss« und unterwirft sich freiwillig), wird das Territorium neu abgesteckt.

Was wir daraus gemacht haben: Der Begriff »Nation« geht auf das Lateinische *nasci* (geboren werden) zurück und bezeichnete vor dem Entstehen der großen Nationalstaaten im 18. Jahrhundert den lokalen Siedlungsraum, die Stadt oder die Herkunftsgruppe, in der ein Mensch geboren wurde. Sein Nationalbewusstsein oder sein »Patriotismus« (von lat. *patria* = Vaterland) bezog sich auf die Verbundenheit mit dieser Gruppe und der geographischen Gegend, später – mit dem Entstehen der »freien« Stadtrepubliken in Oberitalien und Deutschland – auch auf die wirtschaftlichen und kulturellen Errungenschaften dieser Städte. Oder, wie 1776 in der Amerikanischen und 1789 der Französischen Revolution, auf die politische Errungenschaft einer demokratischen Republik (→*Demokratie*), in dem erstmals dem Volk die volle →*Souveränität* zugesprochen wurde. Dieser freiheitliche Patriotismus beflügelte auch die deutsche Revolution 1848, wurde jedoch schon bald von einem nicht mehr offenen, sondern ausgrenzenden, nicht mehr freiheitlichen, sondern aggressiven Phänomen überlagert: dem Nationalismus. Was sich ebenfalls aus dem territorialen Primatenverhalten erklären lässt.

Mit der steigenden Zahl und Heterogenität der Bewohner gerät der Landgewinn starker Primatenbanden irgendwann an den kritischen Punkt, an dem Hierarchie und Hackordnung zu zerfasern drohen. Das unüberschaubare Territorium und die zu groß gewordene »Horde« lassen sich nicht mehr ohne Weiteres kontrollieren. Die Stabilität im Inneren kann nur über einen äußeren Feind aufrechterhalten werden, gegen den sich alle zusammenschließen müssen, weil er angeblich allen ans Eingemachte will: »Die eigentliche politische Unterscheidung ist die von Freund und Feind. Sie gibt menschlichen Handlungen ihren politischen Sinn. […] Der politische Feind braucht nicht moralisch böse, er braucht nicht ästhetisch hässlich zu sein; er muss nicht als wirtschaftlicher Konkurrent auftreten, und es kann vielleicht sogar vorteilhaft und rentabel scheinen, mit ihm Geschäfte zu machen. Er bleibt aber ein *Anderer, ein Fremder*.« So formulierte der Staatstheoretiker Carl Schmitt das strikte Entweder-oder, an dem sich die Stärke einer Nation, eines →*Staates* entscheidet.[1]

Und hier schlägt nun die Stunde der Aufrüstung der Primaten von Patrioten zu Nationalisten. Während der Patriot seine Identität aus der *Verbundenheit* zu seiner Herkunftsregion bezieht, definiert sich der Nationalist über die *Abgrenzung* von anderen – von Feinden. Nicht das Bedürfnis nach Handel, Wandel und Kommunikation liegt also dem Entstehen von Nationen zugrunde, sondern Paranoia. Wenn sie nur ausreichend Angst schüren, gelingt es den Primatenführern bis heute im Handumdrehen, im gesamten Stamm die Bereitschaft zu mobilisieren, in den Krieg zu ziehen. Die eindeutige Freund/Feind-Unterscheidung und die Definition einer äußeren Bedrohung ermöglichen es, große und äußerst heterogene Massen von Menschen jenseits aller Differenzen und Gegensätze unter einer Fahne, als ein Volk oder eine Nation zu vereinen. Auch wenn es sich dabei um abstrakte, aufgeladene Symbole und somit um identitäre Fiktionen handelt, hat der Nationalismus dank der medialen und politischen Vermittlung entsprechender Feindbilder im vergangenen Jahrhundert zu zwei Weltkriegen und 60 Millionen Toten geführt. Dass diese Gemetzel nicht mehr mit Exkrementen ausgetragen werden, sondern mit Bomben, Panzern und Atomwaffen, ändert nichts an der Tatsache, dass sie strukturell dem Muster der heiß gemachten und wild gewordenen Primatenhorde entsprechen.

Ein solches aggressives »Wir-Gefühl« und eine militante kollektive Identität lassen sich selbst dann mobilisieren, wenn es sich bei dem territorialen Streit um weit entfernte Inseln dreht, um entlegene Hoheitsgebiete oder Einflusszonen. Die Vereinigten Staaten etwa haben ihre Einflusszonen mit Militärbasen rund um die Erde markiert und betrachten diese etwa tausend Stützpunkte als unverzichtbare Bausteine ihrer nationalen Sicherheit.[2]

Der Nationalismus ist also nicht auf eine bestimmte Region oder einen Siedlungsraum beschränkt, territoriale Ansprüche können sich heute um den gesamten Globus und bis in den Weltraum erstrecken, das Revier der urzeitlichen Horde ist somit deutlich größer geworden. Doch auch wenn die Grenzen Tausende Kilometer entfernt liegen, empfinden domestizierte Primaten emotionalen oder territorialen Statusverlust als Bedrohung und können leicht zu aggressiven Reaktionen mobilisiert werden, wenn diese tief eingeprägten Schaltkreise ihrer Gehirne angesprochen werden. Bedrohung des Bio-Überlebens und des Territoriums, des Lebensraums, sind die Auslöser, die diese Instinkte des »Reptiliengehirns« stimulieren und höhere Gehirnleistungen überlagern. Vernünftiges, rationales Handeln wird außer Kraft gesetzt. Dass der Nationalismus auch im 21. Jahrhundert noch nicht ausgestorben ist, liegt an diesem Mechanismus, der es ermöglicht, die Massen unter einer Hohlformel wie »Nation« zu versammeln. Dass das Nationale als Kitt, als Integrationsklebstoff so hervorragend funktioniert, ändert indessen nichts daran, dass es im Kern hohl und leer ist. Es versammelt eine solche Vielfalt unterschiedlichster Interessengruppen, Lebensvorstellungen, politischer Auffassungen und regionaler Kulturen, dass jede Definition eines »typischen« Nationalcharakters zum Scheitern verurteilt ist. Beziehungsweise zum Rückgriff auf Klischees und Stereotypen gezwungen ist, die keiner empirischen Überprüfung standhalten.[3] Was auch für unscharfe Begriffe wie »Kulturnation« gilt.

Die heutigen Nationalstaaten verdanken ihr Territorium nicht dem Willen ihrer Bewohner, eine Sprach- und Kulturgemeinschaft zu bilden, sondern Eroberungen, Gebietsverlusten, dynastischen Hochzeiten oder Erbfolgen. Weshalb am Ende von dem ganzen Popanz »Nation« nur ein bunter Wimpel bleibt, eine Fahne, die zum Heiligtum erklärt und deren »Beleidigung« unter Strafe gestellt wird.

So sehr die heimatliche Verbundenheit mit einer Herkunftsregion, ihrer Landschaft und Lebensart, ihren kulturellen und kulinarischen Gewohnheiten, eine positive Identifikation ermöglicht, so wenig an echten Identifikationsmöglichkeiten hat eine Nation zu bieten. Deshalb ist der Nationalismus stets angewiesen auf die Überhöhung eines imaginierten

»Eigenen« – inklusive heiliger Symbole und Beschwörung einer ruhmreichen Vergangenheit – bei gleichzeitiger Abwertung und Ausgrenzung des »Anderen«.

Mit der Deklaration von zivilisierten Kulturvölkern versus minderwertigen Wilden oder arischen Herrenmenschen versus lebensunwerten Untermenschen hat dieser Nationalismus in den letzten Jahrhunderten auf mörderische Art gewütet. Und die Allgemeine Deklaration der Menschenrechte nach den letzten großen Schlachten des Zweiten Weltkriegs hat seitdem allenfalls eine dünne Membran Völkerverständigung geschaffen, nicht aber eine allgemeine Abkehr von nationalistischem Denken und Handeln. So ist auch in Europa der Nationalismus in Form von rechtsnationalen Parteien überall wieder auf dem Vormarsch, der mit der Schaffung einer übernationalen Gemeinschaft, der Europäischen Union, eigentlich längst überwunden sein sollte. Und doch wird die nostalgische Beschwörung des Nationalstaats als Hort der Einigkeit und der Wohlfahrt – gegen die kalte Luft der »Globalisierung« und die übelwollenden Nachbarn/Russen/Chinesen/Amis/Moslems (you name it) – weiter erfolgreich als Krisenbewältigungsstrategie verkauft. Und so einmal mehr darüber hinweggetäuscht, dass die eigentlichen Grenzen nicht zwischen Völkern und Nationen verlaufen, sondern zwischen oben und unten (→*Verteilung*).

Was ihr daraus machen werdet: Ihr werdet den Nationalismus in Folklore verwandeln – mit Fähnchen und Gesängen und Tschingderassabum oder, wie das neuerdings in den Fankurven heißt: Choreographie. Ihr werdet kapieren, dass der Nationalstaat nicht das Endziel, sondern nur eine Etappe darstellt auf dem Weg der nomadischen Primatenhorde über die ersten Siedlungen, Dörfer, Städte und Kleinstaaten hin zu immer umfassenderen Organisationseinheiten. Ihr werdet keinen Angriff von Außerirdischen auf die Erde brauchen, um einzusehen, dass ihr alle Erdlinge seid und die Lebensbedingungen auf eurem Heimatplaneten nur erhalten könnt, wenn ihr zusammenarbeitet (→*Wettbewerb*). Was mit dem Hochziehen von Grenzzäunen und nationaler Abschottung nun mal schlecht funktioniert. Denn »erst wenn man auf Spezialisierung und Nationen verzichtet, wird die Menschheit eine Überlebenschance haben. Es geht darum: Alle oder keiner«, notierte schon Buckminster Fuller in seiner *Bedienungsanleitung für das Raumschiff Erde*[4] – und er hat recht. Angesichts globalen Klimawandels (→*Erderwärmung*), weltweiten Warenverkehrs (→*Freihandel*) und globaler Kommunikation (→*Das Netz*) sind nationale Lösungen kaum mehr als lächerliche Sandkastenspiele eines Vogels Strauß, weshalb ihr das Idyll des

Nationalstaats als Wolkenkuckucksheim schleunigst hinter euch lassen werdet. Nicht zugunsten einer Globalisierung, die noch die letzten Zipfel der Erde in eine normierte Einheits-Shopping-Mall verwandelt, sondern weil ihr als planetarische Multitasker beginnt, lokal *und* global zu denken und zu handeln. Und immer größer werdende Organsiationseinheiten auf der einen Seite durch die Erhaltung und Entwicklung der kleinen Einheiten ergänzt, was den lokalen, kommunalen, regionalen Strukturen mehr Autonomie verschafft, ihre Ökonomie, Kultur, Dialekte und Eigenarten erhält und fördert und mit dieser dezentralen Vielfalt den Gegenpol zu einer alles gleich machenden Globalisierung bildet. »Glokalisierung« heißt euer neues Zauberwort, mit dem ihr die Kinderkrankheit »Nationalismus« überwinden und Heimatgefühle mit Weltverbundenheit, patriotisches und planetarisches Bewusstsein auf erwachsene Art verbinden werdet.

Öffentlich-rechtlich

Was gemeint war: Die von allen Bürgern gemeinschaftlich finanzierten Rundfunk- und Fernsehprogramme sollen der Information, Bildung und Unterhaltung gleichermaßen dienen. Wesentliche Gesichtspunkte sind die Unabhängigkeit von staatlichen Eingriffen sowie die Wahrung der inneren und äußeren Pressefreiheit.

Was wir daraus gemacht haben: Finanziert nicht nur durch den von jederfrau/mann erhobenen Rundfunkbeitrag, sondern obendrein mittels Werbeeinnahmen (→*Werbung*), verfügt das öffentlich-rechtliche Rundfunk- und Fernsehprogramm über ein Budget von 9,2 Milliarden Euro p.a. Das Programm wird in allen Gremien von Partei- sowie Industrieinteressen bestimmt, im Kampf um Marktanteile mit privaten Anbietern bestimmt reines Quotendenken die Programmgestaltung, die ursprünglichen Ziele sind längst unter dem Teppich gelandet. Ein großer Kostenblock sind Sportübertragungsrechte, obwohl die gewünschte Grundversorgung von privaten Anbietern gern geleistet werden würde. Auch an Unterhaltungsangeboten herrschte bei größerer Zurückhaltung der öffentlich-rechtlichen offenkundig kein Mangel. Unabhängiger →*Journalismus* findet im öffentlich-rechtlichen System zwar immer noch rudimentär statt, allerdings entweder ohne Bild (Hörfunk) oder (mit Bild) möglichst weit jenseits jeder Primetime.

Was ihr daraus machen werdet: ein werbefreies Informationssystem, von allen finanziert; nicht-kommerziell, politisch unabhängig, ohne Politiker in den Entscheidungsgremien, ohne Lobbyarbeit. Der *Unterhaltungs*auftrag verbleibt zukünftig allein bei den Privaten (incl. des Erwerbs von Sportübertragungsrechten), öffentlich-rechtliche Irrelevanzangebote finden allenfalls nachts und in Nischen statt, in denen die Privatwirtschaft die Unterhaltungswünsche der Gemeinschaft nicht bedient. Zur besten Sendezeit ist das Öffentlich-Rechtliche wieder relevant und ermöglicht qua unabhängiger Informationsvermittlung →*Demokratie*.

Patente und Urheberrechte

Was gemeint war: Schutz geistigen Eigentums.

Was wir daraus gemacht haben: Patente auf Pflanzen und Tiere, Gema-Gebühren fürs Volksliedersingen im Seniorenheim.

Was ihr daraus machen werdet: Schutz geistigen Eigentums und vor der räuberischen Privatisierung natürlicher und kultureller Allgemeingüter.

Politik

Was gemeint war: Alles, was uns alle betrifft.

Was wir daraus gemacht haben: Alles, was uns alle betrifft, aber nicht von uns allen entschieden wird.

Was ihr daraus machen werdet: Alles, was uns alle betrifft und von uns allen entschieden wird.

Recht

Besser als einer, der weiß, was recht ist,
ist einer, der liebt, was recht ist;
und besser als einer, der liebt, was recht ist,
ist einer, der Begeisterung fühlt für das, was recht ist.

Laotse

Was gemeint war: »Wird jemand durch die öffentliche Gewalt in seinen Rechten verletzt, so steht ihm der Rechtsweg offen«, so lautet der vierte Absatz des Art. 19 unseres Grundgesetzes. Was heißt, dass der Bürger nicht nur einen Anspruch auf irgendeinen Rechtsweg hat, sondern Anspruch auf einen effektiven Rechtsschutz in einem rechtsstaatlichen Verfahren vor einem unabhängigen Gericht. Oder in den Worten des Bundesverfassungsgerichts: Für jeden Bürger muss der »Zugang zu den Gerichten, die Prüfung des Streitbegehrens in einem förmlichen Verfahren sowie die verbindliche gerichtliche Entscheidung« gewährleistet sein.[1] Diese Garantie eines effektiven Rechtsschutzes ist das Fundament jeder Rechtsstaatlichkeit.

Was wir daraus gemacht haben: Eine »Rechtstatsächlichkeit« – so bezeichnen Juristen die Praxis vor Gericht – die dem schon lange nicht mehr entspricht. Sie hat sich von den Buchstaben des Grundgesetzes so weit entfernt, dass in vielerlei Hinsicht von einem effektiven Rechtsschutz nicht mehr die Rede sein kann, denn:

- Arbeitnehmer warten Monate, um vor dem Arbeitsgericht feststellen zu lassen, ob die Kündigung wirksam ist.
- Sozialgerichte brauchen Monate, manchmal Jahre, um über die Ansprüche von Bedürftigen zu entscheiden.
- Vor deutschen Verwaltungsgerichten ziehen Monate ins Land, bis ein potentieller Flüchtling erfährt, ob er in Deutschland bleiben darf oder nicht.[2]
- Trotz der Unschuldsvermutung sitzen Beschuldigte monatelang in Untersuchungshaft, bis ihnen der Prozess gemacht wird.

Die Liste ließe sich leicht fortsetzen. In der Summe haben diese Rechtsschutzdefizite dazu geführt, dass sich nach der Politikverdrossenheit bei vielen Bürgern zunehmend auch eine Jusitzverdrossenheit eingestellt hat. Bücher, die das allgegenwärtige Versagen der Justiz anprangern, werden Bestseller, und eklatante Justizirrtümer wie der Fall Mollath[3] haben sich tief in das kollektive Gedächtnis gegraben. Auch Mammutprozesse wie das NSU-Verfahren wirken für den Außenstehenden mehr wie eine sich auf das Zwischenmenschliche fokussierende Seifenoper als wie ein auf Wahrheitsfindung ausgerichteter Strafprozess.[4] Der Ausgang von Strafverfahren wie jene gegen Uli Hoeneß oder Bernie Ecclestone begründen Zweifel an einer gerechten Gleichbehandlung durch die Justiz. Die Einstellung des Ecclestone-Strafverfahrens gegen Zahlung einer Geldauflage von hundert Millionen Euro ließ den Eindruck entstehen, man könne sich in Deutschland aus einem Strafverfahren herauskaufen. Im Fall Hoeneß war die Mehrheit der Deutschen davon überzeugt, dass der Fußballmanager aufgrund seiner Prominenz von der Justiz bevorzugt werde[5] – und das vergleichsweise milde Urteil bestätigte das weithin verbreitete Vorurteil, dass man die Kleinen hängt und die Großen laufen lässt. Derlei Misstrauen in das deutsche Justizsystem wird auch durch eine Umfrage des Allensbach-Instituts für Demoskopie aus dem Jahre 2014 belegt. Nur mehr 43 Prozent der Deutschen bejahten die Frage, ob Urteile, die von deutschen Gerichten gefällt werden, gerecht seien, 29 Prozent der Befragten konstatierten, dass sie wenig Vertrauen in die Rechtsprechung besitzen.[6]

Die Kritik an der Justiz kommt jedoch nicht nur von außen. Richter kritisieren seit Jahren lautstark den herrschenden Personalmangel und die systematische Überbelastung in der Justiz. Die Masse der zu bewältigenden Verfahren geht dabei zulasten der Einzelfallgerechtigkeit: Oberflächliche Beweiswürdigungen, floskelhafte Begründungen, vorschnelle Schlussfolgerungen und immer mehr »Deals«, die ohne ordentliche Verhandlung zwischen Richtern, Staatsanwälten und Beschuldigten im Hinterzimmer getroffen werden, sind die Folge.

Diese Überlastung ist indessen auch ein ganzes Stück hausgemacht. Ein Beispiel aus Berlin: Seit Jahren sind etwa zwei Drittel aller Inhaftierten in der JVA Plötzensee Schwarzfahrer. Vor Berliner Strafgerichten werden jeden Tag schätzungsweise ein Dutzend solcher Straftaten verhandelt. In der Regel verbüßen die inhaftierten Schwarzfahrer eine sogenannte Ersatzfreiheitsstrafe, weil sie die verhängte Geldstrafe nicht bezahlt haben oder nicht bezahlen können. Die Inhaftierung kostet den Steuerzahler pro Hafttag durchschnittlich 92,87 Euro. Das heißt, wir nehmen diesen Bürgern nicht nur die Freiheit, weil sie zum wiederholten Mal zirka drei Euro nicht bezahlt haben, sondern buchten sie für das

30-Fache der Kosten ein – wohl wissend, dass sie mangels Geld bald wieder schwarzfahren und wieder vor Gericht stehen werden. Dass eine kostenlose Monatskarte für Bedürftige die Solidargemeinschaft billiger zu stehen käme als diese aufwändigen und wirkungslosen Sanktionsmaßnahmen, liegt auf der Hand. Ebenso wie eine spürbare Entlastung der Justiz.

Gleiches gilt für die sogenannten Bagatelldelikte, also Laden- und Gelegenheitsdiebstähle sowie kleinere Unterschlagungs- und Betrugsdelikte, die etwa 50 Prozent der Gesamtkriminalität ausmachen und deren Beurteilung somit die Hauptbeschäftigung deutscher Strafrichter darstellt.[7] Hinzu kamen 2014 in 253 525 Fällen Rauschgiftdelikte (sprich Verstöße gegen das Betäubungsmittelgesetz); 30 Jahre zuvor waren es noch lediglich 60 588 Fälle gewesen. Damals wie heute handelte es sich bei den »Gesetzesverstößen« überwiegend um den Besitz kleinerer Mengen von Cannabis.[8] Dass die Vervierfachung der strafrechtlichen Verfolgung in diesem Zeitraum auf die Zahl der Konsumenten keinen Einfluss hatte, das Betäubungsmittelgesetz also an der Realität vorbei geht, hat jetzt zumindest die Justizwissenschaft auf die Palme gebracht und zu einer Petition an die Regierung geführt.[9]

Die Überlastung der Justiz ist somit vor allem darauf zurückzuführen, dass sie sich von einem Grundsatz liberaler Rechtsstaaten, dem zufolge das Strafrecht als »schärfstes Schwert« des Staats nur als *ultima ratio* eingesetzt wird, immer weiter entfernt hat. Beispiele für diese Expansion des Strafrechts sind die Eingliederung von bestimmten Tatbeständen des Wirtschaftsstrafrechts wie neuerdings die Mindestlohnunterschreitung, die Schaffung eines Dopingstraftatbestands und die Einführung von Tier- und Umwelt-Schutzaspekten. Auch wenn derartige Verstöße hart und effektiv sanktioniert werden müssen (mittels hoher Bußgelder, Vermögensabschöpfung, Unternehmenssanktionen, Vergabesperren usw.), braucht es dazu kein Strafverfahren mit seinem erheblichen forensischen Aufwand. Auch für Ordnungswidrigkeiten können hohe Strafen per Bußgeldbescheid durchgesetzt werden. Es ist nicht nötig, den Angeklagten mit einem »sozialethischen Unwerturteil«, einer strafrechtlichen Schuld, zu belegen, wenn es eigentlich nur um die Funktionssicherung unseres Sozial- und Gesellschaftssystem geht.

Was ihr daraus machen werdet: Weil alle im Grundgesetz festgehaltenen →*Werte* wertlos sind, wenn die Bürger sie nicht in einem effizienten Justizsystem einklagen können, werdet ihr ein solches System schaffen. Und werdet ihr in dem Wissen, dass Rechtsstaatlichkeit und effektiver Rechtsschutz das Fundament für eine gerechte, soziale und solidarische

Gesellschaft bilden, die Justiz von unnötigem und kontraproduktivem Ballast befreien. Dies muss bereits auf der Ebene der Gesetzgebung geschehen: Nicht jedes ministeriale Ressort darf ohne Blick auf das Gesamtsystem sein eigenes gesetzgeberisches Süppchen kochen. Eine ganzheitliche Betrachtung von Recht und Rechtsstaat muss die Auswirkungen von Gesetzesreformen auf die gesamte Rechtspraxis beachten und Systembrüche vermeiden. Statt parteipolitischem Gerangel und Einfluss von Lobbyisten auf die Gesetzgebung, die zu verwässerten Kompromissen führen, werdet ihr gesetzgeberische Qualitätsarbeit und handwerkliche Präzision einkehren lassen müssen, denn sonst kann die Überbelastung der Justiz nur immer weiter ansteigen.

Um dies zu verhindern, steht vor allem die Verabschiedung des Irrglaubens an, dass immer mehr Regeln und Gesetze ein immer besser werdendes Zusammenleben fördern. Weshalb ihr beim Erlassen solcher Gesetze nicht nur die Rechtssetzung, sondern auch die Rechtspraxis im Auge haben und abwägen werdet, wie sinnvoll etwa eine Entschädigung bei Flugverspätungen ist, wenn dies dann zu Tausenden Schadensersatzprozessen in ganz Europa führt; oder ob sich ein verbraucherfreundlicher, fairer Flugverkehr nicht auch mit anderen Sanktionsmöglichkeiten herstellen ließe. Dasselbe gilt für viele vom Strafgesetzbuch erfasste Taten, die ohne Weiteres als Ordnungswidrigkeiten deklariert und anders sanktioniert werden können. Was Staatsanwälte wieder in die Lage versetzt, den wirklichen Kriminellen das Handwerk zu legen, statt sich mit Schwarzfahrern, Eierdieben oder Kiffern zu beschäftigen; sowie dafür sorgt, dass unabhängige und kompetente Richter genug Zeit haben, tatsächlich Recht zu sprechen. Weil nur so Gerechtigkeit ihre praktische Bedeutung entfalten kann: die Rechte der Individuen untereinander zu koordinieren und die Freiheitsrechte der Bürger gegenüber dem →*Staat* zu verteidigen.

Ein Postulat von Helmut Schmidt, von dessen Weitsicht wir auch nach seinem Tod noch profitieren sollten, bringt auf den Punkt, was es in Zukunft zu bewahren gilt: »Der Rechtsstaat hat nicht zu siegen, er hat auch nicht zu verlieren, sondern er hat zu existieren!«[10]

Rentenversicherung

Die Rente ist sicher!

Norbert Blüm, 1986

Was gemeint war: Wenn Sie als alter Mensch auf den letzten Metern Ihres Lebens nicht mehr arbeiten können, keine Ersparnisse haben und keine Familie, die Sie versorgt und pflegt, lassen wir, als Kollektiv, Sie nicht verhungern. Das war Uraltkanzler und Sozialgesetzerfinder Bismarcks Intention[1] gewesen, nicht mehr, nicht weniger. Dieses nackte Überlebensversprechen aber sollte lediglich gelten für kaputtgeschuftete ArbeiterInnen auf den wenigen paar letzten Lebensmetern – *nicht* für nach 30 Jahren Sesselhocken Frühpensionierte in den letzten 35 Lebensjahren. Um nun dieses solidarische Überlebensversprechen finanzieren zu können, wurde von allen werktätigen, Einkommen erzielenden Stammesmitgliedern förmlich ein »Elterngeld« eingezogen und verwandt, um die ansonsten mittellosen Alten zu versorgen. Einzahlungen in die Rentenkasse waren mithin als Direktleistungen gedacht, nicht als Kapitalversicherungen, die den Einzahler im Alter vollständig absichern. Dafür hat der Einzelne selbst zu sorgen – oder haben eben seine Angehörigen sorgen zu lassen.

Was wir daraus gemacht haben: Vor allem eine Verwirrung zum Nutzen unserer kollektiven Versicherungsinstitutionen. Das Wort »Rentenversicherung« klingt in unseren (und euren) Ohren heute ganz selbstverständlich, so als spare der allmonatlich Einzahlende irgendwas an und erwerbe so einen Anspruch auf spätere Auszahlung. Was nicht der Fall ist, denn der »Generationenvertrag« ist lediglich ein beruhigendes Schlagwort – ein rein fiktiver, nicht einklagbarer Solidarvertrag, den niemand unterschrieben hat.

Immerhin: Anfangs, also nach unserem Neustart als BRD, hatten wir in weiser Voraussicht tatsächlich das in die Gemeinschaftskasse eingezahlte Kapital vermögensbildend verstaut, um für zukünftig zu erwartende Rentnerscharen Rücklagen zu bilden. Diese vernünftige Praxis der Kapitaldeckung haben wir indes ab 1957 vollständig aufgegeben, denn seither haben wir unsere Renten dynamisch der Lohnentwicklung angepasst und verschärft ab 1968 keinerlei Kapital mehr aufgebaut, sondern alles per Umlageverfahren direkt weitergereicht von den Jungen an die Alten. Die Renten stiegen in dieser Zeit um durchschnittlich zwei Drittel an, die Nachhaltigkeitsrücklage nahm beständig ab und reicht heute nur mehr für 1,8 Monate.²

Dass das gesamte System langfristig nicht funktionieren kann, wussten wir von Anfang an – nicht erst seit unserer Abkehr von den sparsamen Ideen vor 1960. Denn wenn man der arbeitenden Bevölkerung »nur« 14 Prozent ihres Einkommens abnimmt und davon nichts vermögensbildend zurücklegt, sondern die 14 Prozent an die nicht mehr arbeitenden Alten auszahlt, braucht man schon einen großen Haufen arbeitende Menschen – und einen kleineren Haufen Rentner. Da aber die durchschnittliche Lebenserwartung im Lauf der Jahre von 70 auf fast 90 Jahre stieg, das Renteneintrittsalter auf 65 Jahre gesenkt wurde, viele junge Menschen die verbesserten Bildungschancen nutzten, um zu studieren, und erst recht viele junge Menschen nicht mehr fünf Kinder in die Welt setzten, sondern entweder eins, zwei oder gar keins, funktioniert die Rentenversicherung schon seit 1970 nicht mehr. Sie wird seither vollständig auf Pump finanziert.

Alles Reparieren und Flickschustern nützte und nützt hierbei wenig. Der Beitragssatz erhöhte sich von ursprünglich 1,7 Prozent (1891) bis 2001 auf 20,3 Prozent und wurde 2015 kosmetisch wieder auf 18,7 Prozent gesenkt, das Renteneintrittsalter immer wieder mal dezent verschoben zwischen 65 und 67 Jahren, die Höhe der Renten reduziert und dem noch arbeitenden Teil der Bevölkerung obendrein nahegelegt, neben den 20 Prozent Zwangsabgabe weitere Teile des eigenen Einkommens für die private Rente zurückzulegen. All das funktioniert aus verschiedenen Gründen nicht. Und zwar *nicht* wegen der sattsam bekannten Alterspyramide, also der demographischen Entwicklung, die immer weniger Einzahlern die Versorgung von immer mehr Rentnern auferlegt. Denn die Demographie ist, anders als fast medienunisono behauptet, gar nicht das Hauptproblem: Wer – wie wir – auf jahrzehntelanges wirtschaftliches →*Wachstum* und eine permanent zunehmende Produktivität zurückblickt (die sich seit 1950 versiebenfacht hat[3]), wird einräumen müssen, dass der zu verteilende Kuchen jedes Jahr größer geworden ist. Dass der Anteil der meisten Stammesmitglieder an diesem Kuchen trotzdem immer kleiner wird, ist mithin kein demographisches Problem, sondern eines der →*Verteilung*.[4] Und zwar nicht der Verteilung *zwischen* den Generationen, sondern *innerhalb* jeder Generation: »Der angebliche Krieg zwischen den Generationen hat [...] nicht den Krieg der Klassen ersetzt.«[5]

Der Rentenexperte Otto Teufel hat das konkret ausgerechnet: »Seit 1957 haben die verschiedenen Bundesregierungen rund 700 Milliarden Euro inklusive 300 Milliarden Zinsen quasi veruntreut. Sie wurden zweckentfremdet, für versicherungsfremde Leistungen aus der Rentenkasse in Anspruch genommen. Dieses Geld schuldet die Regierung unserer Rentenkasse, und die Rentner und Beitragszahler bestehen auf Rückzahlung. Wir leiden nicht unter einem demografischen Problem, wir leiden unter einer wirtschaftspolitischen Elite, die sich bereichert. Wir haben kein Rentnerproblem, wir haben ein Verteilungsproblem.«[6]

Da wir dieses ursächliche Verteilungsproblem aber ganz grundsätzlich nie adressiert haben und obendrein bis heute nicht daran gegangen sind, Rücklagen für unsere zahlreichen Staatsdiener zu bilden, attestiert die OECD uns: »Wenn es darum ginge, Geringverdiener im Alter abzusichern, sei die Absicherung hierzulande [...] eine der schlechtesten der Welt.«[7] Seit dem Jahr 2000 haben die Rentner durchschnittlich 20 Prozent ihrer Kaufkraft verloren[8], das Problem der Altersarmut besteht bereits und muss gar nicht mehr am fernen Horizont heraufbeschworen werden. Beinahe die Hälfte der Alters- und Erwerbsunfähigkeitsrentner erhielten im Jahr 2012 weniger als 700 Euro monatlich[9], bei den Neurentnern waren es sogar 54,85 Prozent. Besonders gebeutelt sind – systembedingt selbstredend – unsere alten Damen. Die nämlich haben eher selten die gewünschten ungebrochenen Erwerbsbiographien vorzuweisen, weil manche von ihnen irgendwann auf dem Lebensweg so ökonomisch sinnlose Dinge veranstaltet haben wie Kinder zu kriegen und zu erziehen, weshalb von ihnen sogar fast 75 Prozent unterhalb des 700-Euro-Rentenanspruchs bleiben.[10] Sage aber keiner, wir hätten sie nicht gewarnt: Kinderkriegen war und ist schließlich Privatvergnügen, wieso soll die Gemeinschaft das auch noch am Lebensabend belohnen (→*Familie und Kinder*)!? Weniger stoische Fachleute nennen das »Transferausbeutung der Familien«[11], wahlweise einen »glatten Verfassungsverstoß«[12], aber wir wollen uns hier nicht mit →*Rechts*fragen aufhalten.

Denn wir werden das Problem nicht mehr lösen können. 2030 werden die geburtenstärksten Jahrgänge kollektiv in den Ruhestand treten und ihre Versorgungsansprüche anmelden. Obendrein rollt wegen unserer jahrzehntelangen Untätigkeit ein Billionenschuldenschnellball auf uns, weil wir uns – als Staat – verpflichtet haben, bis 2050 fast eine Billion Euro für die Versorgung pensionierter Beamter aufzuwenden, die immerhin Anspruch auf bis zu 71,5 Prozent ihres letzten Gehaltes haben, und das bis zum Lebensende.[13]

Die tatsächlich erforderlichen Veränderungen werden wir nicht vorantreiben können. Denn Beamte, Rentner, Pensionäre und Besitzende nehmen ihr in unserer →*Demokratie* verbrieftes Wahlrecht akribisch wahr, im Gegensatz zu den Verlierern des Systems, und so wird eine vernünftige und zukunftsfähige Vermögensumverteilung und Gestaltung der Alterssicherung nicht durchsetzbar sein. Denn wer das vorschlüge, hätte zwar alle Vernunft auf seiner Seite, würde aber schlicht und ergreifend nicht gewählt.

So wird unvermeidlich früher oder später das System zwangsläufig explodieren. Oder implodieren. Jedenfalls: krachend zahlungsunfähig enden. Und ihr werdet vor den Scherben stehen.

Was ihr besser machen werdet: Natürlich könntet ihr wegen leerer Kassen die Rentenzahlungen schlicht ganz einstellen und als flankierende Maßnahme verabschieden, unproduktive Mitglieder der Gesellschaft ab dem 70. Lebensjahr nicht mehr medizinisch zu behandeln, selbst wenn sie sich bloß unter winterlichen Brücken eine Lungenentzündung zugezogen haben.

Und wir könnten euch diese Entscheidung nicht mal verdenken. Schließlich hatten wir wirklich alle Zeit der Welt, das bestehende System so zu gestalten, dass es uns und euch auch nach 2030 solidarisches Verhalten gestattet.

Aber natürlich ist auch nicht ausgeschlossen, dass ihr auch ohne verheerenden Crash Vernunft annehmt; dass ihr unser gesamtes zurückliegendes und derzeitiges Denken und Handeln als irrwitzig erkennt und unsere Versäumnisse im Handumdrehen korrigiert – nicht nur in Sachen Rentenversicherung, aber eben auch. Denn selbstredend könntet ihr →*Arbeit* neu definieren und dabei auch gleich die Lebensarbeitszeit entzerren. Natürlich könntet ihr eine bescheidene und bedingungslose Grundsicherung für jede/n herstellen, der oder die nicht mehr arbeiten kann. Ihr müsstet dazu nur das gemeinsame Vermögen geeigneter verteilen als wir. Und ihr müsstet eure hochproduktiven →*Maschinen* in die Pflicht nehmen, eure Alten (uns!) mit zu versorgen. Natürlich brauchtet ihr nur eine einzige Rentenkasse, schlank und mit geringem Verwaltungsaufwand, eine Kasse, in die ein jeder nach seinen Möglichkeiten für die jeweilige Elterngeneration einzahlt, ohne deshalb selbst mehr als einen hoffnungsvollen Anspruch auf die eigene Grundversorgung im Alter zu erwerben. Natürlich könntet ihr beschließen, dass ein würdevoller Lebensabend nicht nur als Wunsch des Einzelnen zu betrachten ist, sondern in einer Überflussgesellschaft wie unserer und eurer als Grundrecht.

Vor allem aber könntet ihr erkennen, dass das Versichern des Überlebens nach dem Arbeitsleben eben nicht losgelöst zu betrachten ist von allem, was wir auf diesen dichten Seiten beschreiben. Euren Alten zu versichern, dass ihr sie in Würde grundgesichert überleben lasst, ist ein problemlos von euch einzuhaltendes Versprechen. Ihr werdet nur einmalig vollständig umdenken und diverse unserer falschen Prämissen über Bord werfen müssen, von →*Verteilung* bis →*Wettbewerb*, von →*Arbeit* bis →*Maschinen*, von →*Familie* bis →*Zuwanderung*. Und sobald ihr diese Kleinigkeiten erledigt habt, werdet ihr euch dem Thema »Rentenversicherung« erneut zuwenden und überrascht feststellen, dass es sich auf dem Weg in Luft aufgelöst hat.

Ressourcen

> Sammle deinen Reichtum,
> ohne seine Quellen zu zerstören,
> dann wird er beständig zunehmen.
>
> Gautama Buddha

Was gemeint war: Vorräte. Hier: das Gesamtvorkommen an Rohstoffen, nutzbaren Böden, →*Wasser*, Luft und Licht. Da wir Nachfahren haben, gehen wir achtsam mit unseren Vorräten um – abhängig davon, welche Gesamtüberlebensdauer wir für unsere Art erwarten oder erhoffen, denn wir können über den gesamten Verlauf unserer Geschichte maximal die Vorräte verbrauchen, die wir haben. Die Ressourcen der Erde sind endlich, weil die Erde ein abgeschlossenes System ist, nur wenige Ressourcen erneuern sich (z.B. Licht), die meisten Ressourcen sind nicht erneuer-, sondern nur wandelbar.

Was wir daraus gemacht haben: Die Gesamtbelastung unseres Biotops Erde hat durch uns Menschen »während der vergangenen 10 000 Jahre um etwa den Faktor eine Million« zugenommen.[1] Aber das waren natürlich nicht *wir*. Jedenfalls nicht allein. Wir haben nur ein paar Kleinigkeiten konsequent zu Ende gebracht. Die Produktionszeit unserer Ölvorräte betrug 300 Millionen Jahre, für die Verwandlung eines Großteils der Vorräte in Plastik und CO_2 haben wir lediglich ein paar Jahrzehnte gebraucht und werden nach derzeitiger Einschätzung bis 2067 auch den Rest verbraucht haben. Unser Ackerland haben wir binnen der letzten 30 Jahre um zehn Prozent reduziert, unsere Süßwasserreserven und Wälder um 30 Prozent (→*Erderwärmung*) und unsere Vorräte an Mineralstoffen so weit ausgebeutet, dass die Maximalfördermengen längst überschritten sind.[2] Seit unser einst tatsächlich so segensreicher →*Kapitalismus* in den 80er Jahren des letzten Jahrtausends erfolgreich die Flucht in den Markt angetreten hat, haben wir unseren Vorratskonsum verdoppelt und inzwischen insgesamt ein Drittel der Weltressourcen verbraucht[3] – indem wir alljährlich 70–80 Milliarden Tonnen Rohstoffe gefördert, geerntet und genutzt haben.[4]

Wir (die 20 Prozent wohlhabenden Bewohner des Planeten) verbrauchen dabei 86 Prozent der insgesamt entnommenen Vorräte, also 70–80

Tonnen pro Kopf und Jahr, d.h. 200 Kilogramm am Tag.[5] Der sogenannte Earth Overshoot Day, also der Erdüberlastungstag, an dem unser jährliches Konto wegen der gemeinsamen Entnahmen endgültig ins Minus rutscht, wir es also auf Kosten unserer Nachfolgegenerationen gnadenlos überziehen, wandert im Kalender immer weiter nach vorn: Noch 2011 gerieten wir am 27. September ins Minus, 2012 am 21. August, 2015 schon am 13. August. Die Höchstfördermengen (Peaks) der Vorräte liegen dabei bereits in unserer Vergangenheit, wir haben sowohl Peak Oil als auch Peak Mineral[6] und Peak Soil längst gesehen, und der Peak Everything ist keine ferne Fantasie mehr, sondern ein naher Gipfel. Vom vernünftigen Umgang mit unseren Vorräten sind wir allerdings weiter entfernt denn je, denn »der Ressourcenverbrauch steigt trotz aller technischen Neuerungen nicht nur global – das wäre bei einer wachsenden →Weltbevölkerung einsichtig, wenn auch nicht langfristig hinnehmbar –, sondern auch pro Kopf«.[7]

An dieser Pro-Kopf-Steigerung haben wir 20 Prozent allerdings gar keinen so großen Anteil mehr, sind also fein raus, wenn wir uns nur auf die Betrachtung dieser Steigerungsrate beschränken – was wir natürlich liebend gern tun. Dabei unterschlagen wir gern unser Wissen um »ökologische Rucksäcke«[8] oder »ökologische Fußabdrücke«. Letztere stellen die produktive Landfläche dar, die zur Wahrung des Lebensstils eines Menschen benötigt wird. Da die produktive Landfläche global begrenzt ist, stehen bei der derzeitigen Weltbevölkerung jedem Einzelnen 1,5 Hektar zur Verfügung. Unser kollektives Konsumverhalten erfordert aber durchschnittlich 2,3–2,7 Hektar pro Person.[9] Wir Deutschen benötigen derzeit 5,1 Hektar, der Durchschnittsamerikaner acht Hektar[10], woraus man sich als gesundes Milchmädchen mit dickem Daumen herleiten kann, dass wir, übernähmen wir alle unseren westlichen Lebensstil zwischen deutschem und US-Vorbild, zirka vier Erden bräuchten, um unseren Bedarf zu decken. Das ist knifflig, denn schon Mark Twain notierte zutreffend: »Das Problem mit der Erde ist, dass ihre Herstellung schon vor langer Zeit eingestellt wurde.«

Die gute Nachricht ist, dass wir noch nicht *alles* verbraucht haben.

Die schlechte Nachricht ist: Wir haben mit dem Verbrauch noch gar nicht richtig angefangen.

Denn der Rest der Welt will verständlicherweise auch was aus dem Vorratsspeicher. Es müssen ja nicht gleich die Gegenwerte von acht Hektar sein oder fünf, aber den Gegenwert der durchschnittlichen zwei oder drei Hektar werden wir den anderen schon zugestehen müssen, mindestens (zumal sich die meisten der Vorräte direkt unter ihren Füßen befinden). Diese bescheidenen Wünsche unserer Mitbewohner zu erfüllen dürfte allerdings schwierig werden, selbst wenn wir (hier oben im Norden) uns ungeheuer einschränken und nur noch alle drei Jahre (undenkbar!) ein neues iPhone verlangen und zweimal wöchentlich auf Wurst verzichten. Denn vergessen wir nicht, dass die Vorkommen an Mineralien wie Platin, Titanium und Kobalt zur Neige gehen, erst recht aber die seltenen Erden, jene Metalle, ohne die sich grüne Technologien von Solarpaneelen bis Energiesparlampen schlicht nicht verwirklichen lassen. »iPhones« für alle kann es also nicht geben, aber das ist beileibe nicht das größte Problem.

Denn um beispielsweise die Produktionsrückgänge aufgrund erschöpfter Ölfelder auszugleichen und gleichzeitig die laut Prognosen jährlich um 1,6 Prozent steigende Nachfrage zu decken, müssten nach Berechnungen der Internationalen Energieagentur (IEA) pro Tag neue Kapazitäten in Höhe von 64 Millionen Barrel hinzukommen, also das Sechsfache der Kapazität Saudi-Arabiens.[11]

Kein Problem? Kriegen wir schon irgendwie hin? Wir reden uns das gern ein. Wir können doch den Chinesen das Autofahren nicht verbieten (zumal ja unsere Industrie und damit unser Wohlstand ganz gehörig davon abhängen). Nur gibt es eben leider auf dem ganzen Planeten nicht genug Stahl für die Herstellung einer chinesischen Wagenflotte der Größenordnung, wie sie in Europa und den USA herumsteht. Bislang haben wir seit Anfang des 20. Jahrhunderts immerhin schon eine Milliarde →Autos gebaut, aber in den nächsten 40 Jahren brauchen wir eigentlich noch mal ein paar mehr, nämlich weitere 2,5 Milliarden. Sowie alle Viertelstunde ein neues Kraftwerk. Allein für China. Sowie 60 neue Traktoren. Pro Minute. Nicht zu vergessen (bei zunehmender →Weltbevölkerung) bis 2050 erheblich mehr →Energie im (ressourcenaufwendigen) Gegenwert von 2000 Staudämmen, 15 Millionen Windrädern, 40 Milliarden Solarmodulen und 25 000 Kernkraft- oder 36 000 Kohle-, Öl- und Gaskraftwerken.[12] Allein für unsere chinesischen Mitmenschen, die wir hier nur exemplarisch nennen, weil sie eben so viel mehr erwarten dürfen als wir, schon weil sie so viel mehr sind als wir (doppelt so viele wie wir Europäer und Amerikaner zusammengenommen). Und diese Gleichberechtigten folgen unserem Vorbild gern. Folgen sie allerdings z.B. auch unserem guten Rat, wie wir Westler an jedem zweiten Tag ein Hühnerei zu essen, benötigen die dazu erforderlichen 1,3 Milliarden Hühner jedes Jahr die gesamte deutsche Getreideproduktion[13], folgen sie hingegen stattdessen oder parallel dem japanischen Beispiel und steigen kollektiv auf Sushi um, würden sie dafür alljährlich die gesamte weltweite Fangmenge benötigen.

Verwehren werden wir ihnen das nicht können. Und dem Rest der Welt auch nicht. Aber eigenartigerweise schaffen wir es, uns das einzureden. Als würden die 90 Prozent auf uns hören und sich bescheiden. Und das, obwohl wir ihnen die Vorteile unserer 30-mal so großen Fußabdrücke stolz und als allein seligmachend per Satellit und Youtube bis in den letzten Weltwinkel senden. Dazu gehört schon einiges an galoppierender Demenz: als kleine Minderheit von 10 Prozent das Doppelte von dem zu verbrauchen, was der Planet nachwachsen lassen kann, und dann auch noch den Rest der Welt fröhlich aufzufordern: »Kommt, macht alle mit!«

Aber natürlich kennen wir einen Weg, uns aus diesem unhaltbaren Lügengebäude lässig zu befreien, nämlich indem wir uns ein neues Märchen erzählen (nachdrücklich ermuntert von grünen Märchentanten): Wenn es uns erfindungsreichen Nordwest-Schlauköpfen nur möglichst bald gelingt, die »grüne Revolution« hinzubekommen, also die Sonne als permanent wandelbare Energiequelle zu gewinnen (→*Energie*), den Wind einzufangen und das Meerwasser zu entsalzen – dann könnten wir … ja, dann … ja, eben nicht. Sondern würden dann nur noch rasanter als bislang auf die letzte Wand zusteuern, denn endlich würde die Ausschlachtung der Erde mit dem Ziel der Versorgung mit täglich Schnitzel und Kleinwagen für alle Menschen nicht mehr am Energieproblem scheitern.

Sondern am Ressourcenmangel.

So geht's also nicht.

Eindeutig. Da hilft also nur noch eins, nach unserer Meinung: Augen zu.[14]

Ihr werdet das nicht hinbekommen, selbst wenn ihr's probiert. Entweder ihr macht die Augen selbst auf – oder jemand reißt sie euch auf, und das vermutlich final.

Was ihr daraus machen werdet: Die Menschheit kollektiv zu irgendwas Vernünftigem zu überreden hat sich ja seit Anbeginn der Geschichtsschreibung als unmöglich entpuppt, daher werdet ihr euch nicht mit der Erkenntnis zufriedengeben, dass ihr euch mit allen anderen auf globale Obergrenzen des Verbrauchs einigen müsstet. Da ihr weiterhin unbewaffnet werdet aus dem Haus gehen wollen, geht ihr auch gleich mit Freude voran und verabschiedet euch von unserem zerstörerischen Verbrauch. Ihr verzichtet, ohne euren Verzicht als Verzicht zu empfinden, begleitet von zwei Zauberworten, die nicht in unserem Buch des Wachstums standen: *Weniger* und *Weglassen*. Ihr seht daher kopfschüttelnd davon ab, uns Vollirren nachzueifern und von allem, was ihr herstellt und kauft, die Hälfte in den →*Müll* zu werfen. Unmittelbar nachdem euch klargeworden ist, dass →*Wachstum* nur im Mangel eine sinnvolle

Strategie ist, im Überfluss hingegen eine verheerende, findet ihr daher völlig problemlos zu den »erlaubten« 20 Kilo Ressourcenverbrauch pro Tag und Kopf, also zu einem Viertel unserer idiotischen Verschwendung. Es wird euch trotzdem an nichts mangeln.

Unser System gebt ihr vorher leichten Herzens auf, denn ihr wisst ja, dass *innerhalb* der kapitalistischen Marktlogik das Vorhaben nicht gelingen kann. (Der Kapitalismus gewönne ja in jedem Fall: Erhöhtet ihr die Ausbeutungseffizienz, sänken die Ressourcenpreise und stiege die Nachfrage, käme es endlich doch zu erkennbarem Mangel, stiegen die Preise und machten den Abbau der Restressourcen für die anbietenden Marktteilnehmer nur umso interessanter. Auch deshalb nennt ihr ja den von euch über Bord geworfenen Kapitalismus »das Gespenst der Alten«.)

Dann habt ihr längst das entscheidende Hindernis überwunden, das wir euch hinterlassen haben. Dieses Hindernis befand sich in euren Köpfen, und es bestand bis zu eurer Erleuchtung darin, dass »Kulturen, deren Überleben durch veränderte Umweltbedingungen auf dem Spiel steht, genau die Strategien beibehalten und sogar noch intensivieren, mit denen sie jahrhundertelang erfolgreich waren.«[15] Ihr werdet lachen über unsere Lebensmotti: »Das geht nicht anders!« und »Das haben wir schon immer so gemacht.«

Denn ihr werdet wissen: Das geht *nur* anders.

Saatgut

Wer Wind sät, wird Sturm ernten.

Hosea 8,7

Was gemeint war: Ein für uns Menschen überlebenswichtiges Naturgeschenk: getrocknete keimfähige Pflanzenbestandteile, also primär Samen, Kerne und Fruchtstände. Da getrocknetes Saatgut lagerbar ist, bleibt es viele Jahre keimfähig, geht bei saisongerechter Aussaat auf und sorgt so für neues Pflanzenwachstum, also Nahrung, also Leben.

Was wir daraus gemacht haben: Uns ist nichts heilig, schon gar kein Naturgeschenk, daher haben wir mehr oder weniger stillschweigend auch das allgegenwärtige Saatgut zur kommerziellen Nutzung freigegeben. Ohne aber begreifen zu wollen, worin das Endziel des Geschäftsmodells von Firmen wie Monsanto, DuPont und Syngenta besteht – jenen drei Konzernen, die inzwischen fast 40 Milliarden Dollar Jahresumsatz mit Pestiziden, Herbiziden und genetisch modifizierten Organismen erzielen. Das eigentliche Ziel dieser drei Riesen und ihrer kleineren Mitbewerber war und ist indes nicht die Entwicklung schneller wachsender Reis- oder Sportrasensamen, sondern tatsächlich die vollständige Kontrolle des Saatgutes an sich, vulgo: die Entscheidungsgewalt darüber, wo und ob überhaupt auf unseren landwirtschaftlichen Flächen etwas wächst und wo eben nicht.

Um diesen irrwitzigen Plan lukrative Wirklichkeit werden zu lassen, mussten die kühnen Unternehmer einige gewaltige Hebel in Bewegung setzen. Zum einen mussten sie nämlich das Saatgut so modifizieren, dass es ohne Hilfe von speziellen Chemikalien nicht mehr keimt, zum anderen mussten sie das internationale →*Recht* so verbiegen, dass Patente auf Saatgutzüchtungen überhaupt genehmigt werden. (Das europäische Patentamt allein konnte binnen der letzten 20 Jahre 2250 Pflanzen- und 1100 Tierarten auf diese Weise wirksam »schützen« – nicht vor dem Aussterben, sondern vor der Anpflanzung oder Zucht durch jedermann.) Mit dem gewünschten Ergebnis, dass sogar ein Bauer, der patentiertes Saatgut *nicht* kauft und nicht aussät, sondern dem es auf natürlichem Wege mit dem Wind zugetragen wird, dem Hersteller gegenüber rechtswirksam zahlungspflichtig ist. Respektive pleite.[1]

Was nach einem komplett irren Science-Fiction-Horrorfilm klingt, haben wir de facto geschehen lassen: Wahlweise bieten Monsanto und Co. den weltweiten Bauern heute patentiertes Saatgut an, dass insofern klinisch tot ist, als es selbst kein überlebensfähiges Saatgut erzeugt. Alternativ dürfen Landwirte patentierte Pflanzen weder weiterzüchten noch geliefertes Saatgut für die Aussaat in Folgejahren zurückhalten, müssen also jedes Jahr neues Saatgut einkaufen. Das Natur- oder Gottesgeschenk des ins Saatgut eingebauten Überlebensversprechens ist mithin vom »Markt« künstlich vernichtet worden, mit simplen Folgen: Kann der Kaufinteressent (Landwirt) sich das gewünschte Produkt (Saatgut) im Folgejahr finanziell nicht leisten, muss er halt ohne auskommen. Da er eben das *nicht* kann, weil der Anbau von Nahrungsmitteln seine Lebens- und Erwerbsgrundlage darstellt, geht er entweder pleite und lebt fortan von Hartz IV (hierzulande) oder geht pleite und verhungert oder bringt sich um (Rest der Welt; den indischen »Selbstmordgürtel« bilden inzwischen etwa 300 000 verzweifelte Suizid-Bauern[2]).

So bleibt uns nur sachlich zu konstatieren: Das Naturgeschenk Saatgut ist inzwischen dergestalt manipuliert, dass es seine wichtigste Eigenschaft, nämlich seinen Geschenkcharakter, schlicht verloren hat. Wollen wir es weiter nutzen, kommt uns das teuer zu stehen. Wohl kaum etwas in der wundersamen Welt der Marktgesetze bestätigt deutlicher die Aussage des US-Journalisten Michael Pollan: »Die Logik der Natur ist der Logik des Kapitalismus nicht gewachsen.«[3]

Vollständig aufgegangen ist der Plan der Konzerne indes bislang noch nicht. Der hochprofitable Industriesektor erwartet nach erfolgreicher Modifikation einiger nationaler Kartellgesetze den Zusammenschluss von Monsanto und Syngenta, der Widerstand wackerer Petitionisten gegen diesen »ultimativen Superschurken«[4] dürfte mangels Unterstützung im nächsten Herbststurm gebrochen sein.[5] Und das fast unbemerkt von uns, den vielen, denn wir glauben immer noch, es ginge beim Kampf gegen Monsanto, Pioneer/DuPont oder Syngenta darum, möglicherweise krebserregende Blockbuster wie Roundup oder Lasso gesetzlich verbieten zu lassen, eine Kennzeichnungspflicht für genmanipuliertes Soja (60 Prozent der weltweit angebauten Menge) oder US-Mais (90 Prozent der 2015 produzierten Menge) gesetzlich zu verankern oder gar die nervengiftigen Neonicotinoide aus dem Verkehr ziehen zu lassen, die unsere überlebenswichtigen Helfer im Überlebenskampf, die →*Bienen*, in beängstigender Zahl und Geschwindigkeit aussterben lassen.

So gesehen könnte sich unser kollektives Desinteresse natürlich rückblickend als ökonomisch erweisen. Denn ob diese paar finsteren Konzerne dann tatsächlich das gesamte Saatgut kontrollieren und damit über unser aller Leben und Sterben entscheiden könnten, kann uns ja wirklich herzlich egal sein, sollte es Monsanto und Konsorten gleichzeitig gelingen, die Bienen komplett auszurotten.

Was ihr daraus machen werdet: Ihr werdet euch nicht mehr vormachen lassen, dass genmanipulierte Pflanzen zu höheren Ernteerträgen führen würden und daher »alternativlos« für die Ernährung der Hungernden seien. Ihr könnt ja lesen und wisst, dass die nachhaltige, ökologische Landwirtschaft nahezu oder genauso ertragreich sein kann wie die genmanipulierte Variante – und zwar *ohne* alle negativen Roundup-Folgen für den menschlichen Organismus.[6]

Obendrein werden in eurer Zukunft Saatgut, Pflanzen und Tiere schlicht und einfach nicht mehr patentierbar sein (ernsthaft, Syngenta: nicht mal *Paprika*![7]). Ihr werdet allerdings auch – anders als wir – wissen, worum es überhaupt geht, dass nicht jede Kreuzung gleichzusetzen ist mit gefährlicher Frankenstein-Genmanipulation – und von euch werden daher nicht 65 Prozent glauben, konventionell gezüchtete Tomaten enthielten *gar* keine Gene.[8] Dennoch werdet ihr kommerziell genmanipuliert hergestellte Pflanzen zunächst eindeutig kennzeichnungspflichtig machen und auf eurem weiteren Weg dem gesamten Geschäftsmodell von Monsanto & Co. vollständig den Boden entziehen. (Die arbeitslos werdenden 50 000 Mitarbeiter[9] werdet ihr natürlich geeignet trösten und in euren sozialen Netzen auffangen, sofern sie tatsächlich keinen anderen Beruf ausüben können, als unmittelbar Pflanzen und Märkte zu manipulieren sowie mittelbar Bauern umzubringen.)

Zugegeben, Letzteres könnte schwierig werden, denn *wir* haben achtlos allerlei zukunftsweisende Verträge unterschrieben, die euch das Leben sehr schwer machen werden (schlagt gern mal nach, von ACTA über CETA bis TTIP). Vermutlich werdet ihr (gemeinsam, als →*Staat*), also nach eurem Kampf gegen diese Konzerne, einfach pleite sein, wenigstens vorübergehend (da ihr die von staatsunabhängigen Schiedsgerichten verhängten Regresszahlungen schlicht nicht werdet leisten können). Aber da es um alles geht, wird euch das nicht schrecken, denn selbst der Monsanto-Kuckuckskleber hat ja nicht genügend Panzer, um eurer Land komplett zu besetzen.

Ihr dürft allerdings nicht zu viel Zeit verstreichen lassen bis zu dieser eurer Kündigung. Denn ist erst alles Getreide, alles Obst und Gemüse auf eurem Boden steril kontaminiert, seid ihr erledigt. Solltet ihr das zulassen, bestimmen die Besitzer des einmalkeimenden Saatgutes nach Gusto über euer Leben und Sterben.

Außer, wie gesagt, sie killen vorher auch die →*Bienen*.

Schulden

> *Der einzige Teil des sogenannten Nationalreichtums,*
> *der wirklich in den Gesamtbesitz der modernen Völker eingeht,*
> *ist ihre Staatsschuld.*
>
> Karl Marx, *Das Kapital*

Was gemeint war: Kredit und damit Schulden sind älter als das →*Geld*. Bevor Münzen erfunden wurden, kamen in Mesopotamien die ältesten Schriftstücke der Menschheit – Tontäfelchen – in Umlauf, die nichts anderes waren als Schuldscheine. Die Erfindung der Schrift diente nicht der Aufzeichnung von Gedanken, sondern von Schulden. Einem Bauern, der wegen einer Missernte kein neues Saatgut kaufen konnte, Kredit zu geben, war eine geniale Idee – gleichsam die Erfindung der Win-win-Situation. Jemand mit zu viel Geld und zu wenig Ideen für dessen Verwendung leiht es jemandem, der zu wenig hat und viel damit anzufangen weiß, und erhält es nach einer vereinbarten Zeit mit einem gewissen Zuschlag zurück.

Schon die Assyrer vor 4500 Jahren konnten Zins und Zinseszins berechnen, und wer nicht in der Lage war, seine Schulden zurückzuzahlen, wurde in Schuldknechtschaft genommen, d.h. zu einem Sklaven. Verglichen mit der heutigen Privatinsolvenz ein recht hohes Risiko, weshalb das Kreditwesen – und damit auch die Wirtschaft – nicht richtig in Schwung kam. Aber schon den Altvorderen war klar, dass ein mit Zinsen belasteter Kredit bei Nichttilgung ins Unendliche wächst und letztlich alle in die Sklaverei weniger Geldverleiher treibt. Gesetzgeber Moses führte daher ein Erlassjahr ein – ein »Reset«, bei dem alle sieben Jahre sämtliche Forderungen gestrichen werden mussten. »Also soll's aber zugehen mit dem Erlassjahr: wenn einer seinem Nächsten etwas borgte, der soll's ihm erlassen und soll's nicht einmahnen von seinem Nächsten oder von seinem Bruder; denn es heißt das Erlassjahr des Herrn«, steht dazu im Alten Testament (5. Mose, 15). Aber das ist nicht das einzige Gebot der Bibel, das im jüdisch-christlichen Abendland schnell vergessen wurde.

Was wir daraus gemacht haben: Die Unternehmensberatung McKinsey veröffentlichte Anfang des Jahres 2015 eine Studie über die globale Schuldenlast. Danach betrug die Summe an abzutragenden Kredite

199 Billionen Dollar, das sind 199 000 Milliarden, bei einer →*Weltbevölkerung* von 7,3 Milliarden also 27 260 Dollar pro Kopf.[1] Mit diesem Minus geht jedes neugeborene Kind auf der Erde derzeit an den Start – im Durchschnitt. Hat es das Pech, in Irland geboren zu werden, steht es beim ersten Schrei mit 46 533 Dollar im Dispo, denn die 4,5 Millionen Iren haben aktuell Staatsschulden von über 209 Milliarden. Das entspricht etwa dem Siebenfachen der jährlichen Wirtschaftsleistung Irlands, was heißt: Alle Iren müssten sieben Jahre arbeiten, um diesen Berg abzutragen, ohne in dieser Zeit auch nur einen einzigen Cent auszugeben. Wie lange es dauern würde, wenn sie auch noch essen, wohnen, heizen und sich täglich ein bis zwei Guinness genehmigen, könnte man zwar genau ausrechnen, wir begnügen uns hier aber mit einer hohen Wahrscheinlichkeit: Es geht gegen unendlich. Zumal wenn die quasi von Luft und Liebe lebenden Iren es in dieser Zeit nicht schaffen, ihre Leistung jedes Jahr so zu steigern, dass die Wachstumsrate über der Zinsrate liegt. Wenn sie nur um zwei Prozent wachsen, aber drei Prozent Zinsen zahlen müssen, wachsen ja auch die Schulden weiter.

Doch die trink- und sangesfreudigen Iren auf ihrer verregneten Insel sind ähnlich wie die »Pleitegriechen« in der sonnigen Ägäis mit diesem Dilemma nicht allein. In den Niederlanden sieht es genauso finster aus wie in Irland, die Holländer müssen ebenfalls sieben Jahre, die Dänen 5,3, die Briten 4,3, die Franzosen 3,7, die US-Amerikaner 2,7 und die Deutschen 2,5 Jahre arbeiten, um ihre Schulden abzutragen – und die ganze Zeit von ihren Ersparnissen leben, weil sie ja nichts ausgeben dürfen. Absurd? Ja, klar. Aber grausame Realität, und von dem, was in archaischen Zeiten Schuldknechtschaft war, nicht wirklich weit entfernt. Eine Sklaverei light gewissermaßen, in der die Sklaven zwar nicht mehr völlig rechtlos sind, aber auch keineswegs befreit, denn rudern müssen sie immer noch ihr Leben lang. Und ihren Nachkommen ist dasselbe Schicksal auferlegt.

Ein Blick auf die aktuelle Schuldenuhr[2] zeigt, dass Anfang Dezember 2015 die Verschuldung der Deutschen bei 26 778 Euro pro Kopf lag. Da Arbeitslose ebenso wie Neugeborene, Kinder und Greise zur Entschuldung nicht beitragen, schlägt jede/r Erwerbstätige derzeit mit über 53 500 Euro auf dieser Uhr zu Buche, die aber trotz seiner Arbeit und der Steuern, die er oder sie zahlt, ständig weitertickt: Jede Sekunde erhöhen sich Deutschlands Schulden um 1556 Euro. Und die neuerdings eingezogenen Schuldenbremsen können das Wachstum des Bergs nur verlangsamen, abtragen können sie ihn nicht. Allein um die Zinsen zu bedienen, waren 2014 in Deutschland 56,5 Milliarden Euro nötig, der zweitgrößte Posten im gesamten Bundeshaushalt. Und in anderen Ländern – siehe oben – sieht es noch deutlich finsterer aus. Wo soll das alles enden?

Wenn »wir« bei »uns« Schulden hätten, wäre das alles ja gar kein Problem, wir könnten sie einfach streichen und wieder bei null anfangen. Aber »wir« – die Bevölkerung, der Staat bzw. die uns und ihn vertretenden Politiker – haben uns das Monopol über das Geld- und Kreditwesen dummerweise aus der Hand nehmen lassen (→*Geld*) und mussten uns bei privaten →*Banken* verschulden. Weil Staaten anders als andere Kreditnehmer selten in Konkurs gehen oder sterben bzw. unterghen, sind sie für die Banken ideale Kunden: Sie verfügen über eine hohe Bonität. Gleichzeitig können in wirtschaftliche Notlagen geratene Staaten leicht dazu gebracht werden, ihre wertvollsten öffentlichen »Assets« (Infrastruktur, Staatsunternehmen, →*Ressourcen*) zu Schleuderpreisen zu privatisieren. So sind Kredite nahezu perfekte Umverteilungsmaschinen (→*Verteilung*), die dank Zins und Zinseszins immer weiter laufen. Die 60 ärmsten Länder der Erde nahmen zwischen 1970 und 2000 Kredite von 540 Milliarden Dollar auf, zahlten an Zinsen und Tilgung bisher 530 Milliarden zurück, doch der Schuldenstand aus diesen Krediten beträgt aktuell nicht zehn, sondern 528 Milliarden.[3]

Statt den Ärmsten der Armen das Doppelte und Dreifache dessen abzupressen, was »wir«, der reiche Norden, ihnen einmal geliehen haben, wäre hier ein kompletter Schuldenerlass eigentlich selbstverständlich, sofern wir noch über einen Restbestand an Moral verfügen, doch selbst wenn wir den hätten, haben wir's nicht mehr in der Hand. Oder nur so weit, wie es die internationalen Finanzmärkte zulassen, bei denen wir ebenfalls in der Kreide stehen.

Mit Moral und Vertrauen, wie sie sich in den Worten »Schuldner« und »Gläubiger« widerspiegeln, haben diese Zustände wenig zu tun; es sind vielmehr, wie der Anthropologe David Graeber in seiner vielbeachteten Untersuchung *Schulden. Die ersten 5000 Jahre*[4] gezeigt hat, Gewaltverhältnisse. So wie die unsichtbare Hand des Marktes nur mit der dahinter drohenden Faust des Militärs funktioniert, ist auch die Schuld – »Sühne« und »Eintreibung« – stets mit einer Gewaltdrohung verbunden. Dass die Inkassobeauftragten, die für IWF und Weltbank in verschuldete Länder einreiten, um das zu erbeutende Tafelsilber zu konfiszieren, nach Schlägertrupps – »economic hitmen«[5] – benannt werden, ist daher kein Zufall. Und es wundert ebenfalls wenig, dass die Troika, die in Griechenland die Verkäufe der letzten profitablen Staatsunternehmen und das sogenannte Schuldenmanagement organisierte, kaum weniger martialisch mit Vergleichen zur Nazi-Okkupation belegt wurde. Dass diese Okkupanten unter den Bewohnern kein Blutbad anrichten, sondern ihre

Opfer am Leben lassen, könnte man notfalls als zivilisatorischen Fortschritt werten: Der Kannibalismus immerhin ist überwunden. Der Vampirismus aber steht nach wie vor in voller Blüte.

Was ihr daraus machen werdet: Ohne ein Reset, ohne einen Schuldenschnitt, ohne ein Erlassjahr habt ihr keine Chance und werdet mit euren Nachkommen den Weg in die Sklaverei gehen, als Schuldknechte eines neofeudalen Finanzadels, der die gesamte Welt regiert (→*Verteilung*). Da ein solches Reset in der Vergangenheit häufig durch →*Kriege* vorgenommen wurde, ist eine politische Lösung im Zeitalter von Atomwaffen und eines potentiellen Nuklearschlachtfeldes Europa überlebenswichtig.

Mit einem radikalen Schnitt allein ist es allerdings nicht getan, ihr müsst auch dafür sorgen, dass diese gigantische Umverteilungsmaschine »Schulden« danach nicht wieder in Gang kommt, ein Problem, an dem sich die Menschheit seit Moses die Zähne ausbeißt. Denn Kredite – Schulden – sind eine segensreiche Einrichtung, und der Zins – die Gebühr, die Gewinnbeteiligung, die Verzichtsprämie für den Kreditgeber – ist eine logische Folgeerscheinung. Die Verbote von Zins und Wucher, die als Bremsen der Maschine schon in das Alte Testament und später auch in den Koran eingezogen wurden, sind seitdem immer wieder trickreich umgangen worden. Verbote von Kredit und Zins sind auch für die Zukunft keine Lösung. Ihr werdet das Problem nur mit einer Reform des Geldsystems (→*Geld*) in den Griff bekommen.

Schule

> *Kinder wollen nicht wie Fässer gefüllt,*
> *sondern wie Leuchten entzündet werden.*
>
> François Rabelais

Was gemeint war: Eine Bildungs- oder Lehranstalt, in der junge Menschen nicht nur auf ihr späteres Berufsleben vorbereitet, sondern auch zu kritischem Denken und verantwortungsvollem Handeln erzogen werden. Die Aufgabe der deutschen Schulen besteht spätestens seit Wilhelm von Humboldt insbesondere darin, junge Menschen geeignet vorzubereiten auf die Teilnahme an einer allgemeinen bürgerlichen Öffentlichkeit – eine Aufgabe, die sich sogar in der Allgemeinen Erklärung der Menschenrechte wiederfindet[1] sowie in den Verfassungen verschiedener Bundesländer.[2] Wohl am schönsten hochdeutsch formuliert ist das für die bayerische Verfassung: »Die Schulen sollen nicht nur Wissen und Können vermitteln, sondern auch Herz und Charakter bilden.«

Was wir daraus gemacht haben: Die möglichst früh beginnende konzentrierte Vorbereitung auf lebenslanges Konkurrenzdenken in Beruf wie Privatleben unter vollständigem Verzicht auf Herz, Charakter, Hirn und Originalität. Unser Schulsystem tötet aber nicht nur systematisch Solidarität, Empathie und moralische →*Werte*, sondern macht auf dem industriegesponserten Weg[3] zum »Reifezeugnis« auch die beteiligten Lehrer, Schüler und Eltern zu sehr nervösen und ängstlichen Kranken.[4] Das allerdings ist gewollt, denn andernfalls drohte ein Zustand unkontrollierter Kreativität und das noch von Humboldt gewünschte Heranwachsen aufgeklärter Menschen – mithin das Ende unserer derzeitigen ungesunden Gesellschaftsordnung.

Wir verfügen indes über effektive Maßnahmenkataloge, diese Gefahr abzuwenden, denn wir unterrichten längst keine Menschen mehr, sondern Fächer. Schon 1995 haben wir unsere Lehrpläne gründlich optimiert, nachdem ausgerechnet die Weltbank gefordert hatte, »dass die Prioritäten in der Erziehung durch ökonomische Kriterien festgelegt werden, durch festgesetzte Standards und die Messung, ob diese Standards erzielt wurden«.[5] Seither ist, was im Erziehungswesen geschieht, ökonomisch festgelegt. Entscheidendes Werkzeug ist hierbei der sogenannte PISA-Test, erdacht eben nicht von irgendwelchen Kultusministerien, sondern von der OECD, also der Organisation für wirtschaftliche Zusammenarbeit und Entwicklung.[6] So ist der PISA-Test ein »Tool«, das ausdrücklich nichts humanistisch Relevantes misst, sondern lediglich Lesekompetenz, mathematische Kompetenz und naturwissenschaftliche Grundbildung. Zur objektiven Evaluierung des Schulniveaus ist PISA daher denkbar ungeeignet, schafft es aber bestens, Panik zu verbreiten. Entsprechend bang geraten die Blicke unserer Politikerdarsteller, wenn alle Jahre wieder das internationale PISA-Ranking die mediale Berichterstattung stundenlang beherrscht. Nach unserem 2000er-Schock (Wir! Deutschland! Im untersten Drittel!) kam der blaue Brief der internationalen Wirtschaftskonferenzen folgerichtig per Express an: Binnen kürzester Zeit hat sich PISA in den Lehrplänen unausrottbar eingenistet, in unseren Schulen wird fast nur noch unterrichtet, was PISA messen kann, und unser Jubel ist groß, denn die Testergebnisse werden besser.[7] Wir kommen mithin der OECD-Aufforderung gern und eifrig nach, die Befähigung unserer Schüler zu fördern, »sich an eine durch Wandel, Komplexität und wechselseitiger Abhängigkeit gekennzeichnete Welt anzupassen«[8], anders gesagt: »Der von PISA als kompetent Geprüfte soll später einmal ebenso Babynahrung produzieren können wie Landminen.«[9] Denn: »Damit die Maschine gut funktioniert, braucht man keine aufgeklärten Könige oder Bürger, sondern ›Gleichartige‹, austauschbare Elemente, die sich in unzähligen Kombinationen wirkungsvoll zusammenkoppeln lassen.«[10] Für ein potentiell aufmüpfiges, querschießendes Teil mit der Typenbezeichnung »Ich« ist in dieser Maschine kein Platz.

Bei der konsequenten Abrichtung unserer Kinder auf klare Ziele ist uns indes bewusst, dass weitere Gefahren durch erwachsene Querdenker drohen – beziehungsweise drohen würden, wenn man diese Leute nur in Ruhe denken ließe. Daher haben wir nicht nur, europaweit exklusiv, den erst von den Nationalsozialisten durchgesetzten Schul*zwang*[11] beibehalten, sondern erhöhen den Druck auf *alle* Eltern nicht nur psychologisch (indem wir ihnen fortwährend suggerieren, ohne Abitur sei das Leben ihrer Kinder quasi schon mit 18 prekär gescheitert), sondern auch wirtschaftlich. Die temporäre Verkürzung der Gesamtschulzeit um ein Jahr hat uns hierbei hervorragende Dienste geleistet und sogar noch nützliche →*BIP*-Effekte beschert, denn die deutschen Eltern investieren jährliche drei Milliarden Euro in Nachhilfe[12], der Leistungsdruck ist, anders als im europäischen Ausland, für unsere Schüler schon in jungen Jahren enorm hoch[13], und wer seinen auf natürliche Weise bewegungsfreudigen Sprössling nicht von morgens bis nachmittags ohne Smartphone ruhiggestellt bekommt, unterstützt aus dem gesellschaftlichen Abseits ja immerhin noch unser alles entscheidendes Wirtschaftswachstum, dank 325 000 Ritalin-Abonnements[14] für die durchgeknallten Racker (→*Medikamente*).

Veränderungsvorschläge von weltfremden Irren (Steiner, Montessori) hören wir uns bevorzugt nicht mal an (keine Zeit), wissenschaftlich gesicherte Erkenntnisse wie die, dass junge Menschen vor neun Uhr morgens überhaupt nichts lernen *können*[15], verweisen wir souverän ins Reich der Fabel, weil wir uns sonst die Mühe machen müssten, ganze Busfahrpläne auf den Kopf zu stellen oder gar unser eigenes Berufsleben anders zu organisieren. Und spätestens da hört der Spaß auf, denn Lehrjahre sind nun mal keine Herrenjahre. Und den Rest haben wir schon immer so gemacht. Wenn auch nicht ganz so brutal wie heute.

Vorwürfe an uns sind fehl am Platze. Sowieso, weil man Vater und Mutter gefälligst zu ehren hat, erst recht aber, weil wir verantwortungsvoll handeln, indem wir unsere Jungen und Mädchen durch permanenten Leistungsdruck und frühe Burn-out-Erfahrungen auf ihr späteres Berufsleben vorbereiten. Wer sich von Kindesbeinen an im knochenharten Konkurrenzkampf behaupten kann, hat später gute Aussichten, zu den gesellschaftlichen Gewinnern zu gehören, und wer in der Schule lernt, nur zu lernen, was sich in Form guter Noten auszahlt, wird nach der Schulzeit wenig Anpassungsschwierigkeiten haben beim Ersetzen der Schul- durch Banknoten. Das uralte pädagogische Postulat, man lerne nur effektiv aus eigenen Fehlern, hat selbstredend schon eine ganze Weile ausgedient. Der Typ, der sich das ausgedacht hat, kannte nämlich garantiert keine →*Computer*.

Und so sind unsere Schutzbefohlenen heutzutage schon vor Beginn der Pubertät bestens vorbereitet für das globalisierte Berufsleben – organisiert wie die effektivsten Betriebssysteme, ohne Herz und ohne Charakter, im allzeitigen Wissen, dass der Sinn des Lebens aus Selbstoptimierung und Siegen im →*Wettbewerb* besteht. Dem Jubeln des ehemaligen NRW-Ministerpräsidenten Jürgen Rüttgers können wir uns nur wolfsrudelgleich anschließen: »Humboldt ist tot!«

Was ihr daraus machen werdet: Karl Popper notierte 1979: »Wenn ich an die Zukunft dachte, träumte ich davon, eines Tages eine Schule zu gründen, in der junge Menschen lernen könnten, ohne sich zu langweilen; in der sie angeregt werden, Probleme aufzuwerfen und zu diskutieren; eine Schule, in der sie nicht gezwungen wären, unverlangte Antworten auf ungestellte Fragen zu hören; in der man nicht studierte, um Prüfungen zu bestehen, sondern um etwas zu lernen.«[16] Ihr werdet euch daran erinnern. Und – mit Schaudern – an eure eigene Schulzeit. Denn aus diesem Schaudern werdet ihr eine Schule entwickeln, die Humboldts Ansprüchen genügt oder gar denen der alten Griechen. Oder eben denen von Sir Karl Popper.

Eure Schule wird später beginnen. Später im Leben und später am Tag. Ihr werdet unser nationalsozialistisches Erbe des *Schulzwangs* durch eine Bildungspflicht ersetzen, das dreiteilige Schulsystem begraben (mit dem wir ja ohnehin global praktisch allein auf weitem Irrweg standen) und die Entscheidung deutlich später treffen, wohin der Lebensweg des Schülers führen könnte oder sollte. Ihr werdet die Neugierde der Schüler wecken und die angeborene Lust am Lernen nicht durch die Vergabe von Noten korrumpieren.[17] Ein individuelles Zeugnis, in dem der Lehrer konkret auf die Entwicklung eines Schülers eingeht, wird für euch eine Selbstverständlichkeit sein, so wie für uns heute diese Art der Zeugnisse in den ersten beiden Schuljahren oder an Waldorfschulen. Ihr werdet das individuelle Lernen ebenso fördern wie das gemeinsame Lernen, und ihr werdet eure Schüler zu Empathie und Mitmenschlichkeit erziehen, nicht zur Konkurrenz (außer spielerisch, auf dem Sportplatz).

Eine gerechtere Verteilungspolitik wird für euch ein wichtiger Bestandteil der Bildungspolitik sein. Vor allem aber werdet ihr die Bildungsdiskussion auf die zentrale Rolle fokussieren, die des Lehrers. Denn nichts beeinflusst das Lernen von Schülern stärker (im Guten wie im Schlechten) als die Qualität des Lehrers oder der Lehrerin.[18] Das wisst ihr ebenso wie wir, aber anders als wir werdet ihr die Konsequenzen daraus ziehen. Die Besten, die Klügsten und zugleich Herzlichsten von euch werden Lehrer sein, und sie werden hohes Ansehen genießen und zu den höchstbezahlten Mitgliedern eurer Gesellschaften zählen (während eure Banker und Versicherungsvertreter kaum eine Kneipe finden werden, in der man sie gern bedient). Ganz besonders aber wird euch die Bedeutung einer breiten Bildung und eines kritischen Geistes bewusst sein, denn diese unsere Kardinalsünde habt ihr erkannt: Dichter und Denker, Erfinder und Genies gedeihen nur in Freiheit, nicht dort, wo jede Andeutung von Individualität bestraft wird (ob nun mit einer miesen Note oder miesen Drogen). Und ihr wisst ja, dass ihr dringend eine paar freie Geister braucht, um auch in Zukunft bestehen zu können. Sowie einen Haufen aufgeklärter Schulabsolventen und Wähler, denn ohne die könntet ihr die von uns verratene und beerdigte →*Demokratie* ja niemals reanimieren.

Sex

Was gemeint war: Notwendig zur Arterhaltung und macht Spaß.

Was wir daraus gemacht haben: Nicht notwendig zur Arterhaltung und macht Stress.

Was ihr daraus machen werdet: Nicht notwendig zur Arterhaltung und macht Spaß.

Sicherheit

Was gemeint war: Securitas – also ein Zustand größtmöglicher Gefahrenfreiheit, wörtlich hergeleitet aus *sed* (ohne) und *cura* (Sorge).

Was wir daraus gemacht haben: Angst. Vor allem. Den Patriot Act, die Behörde für Homeland Security, die Vorratsdatenspeicherung, ein zunehmend flächendeckendes Überwachungsnetz und eingeschränkte Bürgerrechte, vulgo: massive Freiheitseinschränkungen unter dem Vorwand, die →*Freiheit* schützen und sichern zu wollen.

Was ihr daraus machen werdet: Ihr werdet euch an Benjamin Franklins Diktum erinnern: »Wer die Freiheit aufgibt, um Sicherheit zu gewinnen, wird am Ende beides verlieren.« So werdet ihr freier sein, im sicheren Wissen, dass es Sicherheit nicht gibt.

Den TÜV aber werdet ihr behalten.

Souveränität

Was gemeint war: Jeder →*Staat* hat das alleinige Recht, seine Gesetzgebung, Verwaltung und Rechtsprechung innerhalb seines Staatsgebietes so zu gestalten, wie er es für geboten hält. In den modernen →*Demokratien* verfügt die Staatsgewalt – sowohl legitimiert als auch begrenzt durch die Volkssouveränität – über sämtliche Hoheitsrechte nach innen und nach außen.

Was wir daraus gemacht haben: Auch nach der Wiedervereinigung 1989 und dem Zwei-plus-vier-Vertrag mit den Siegermächten des Zweiten Weltkriegs hat Deutschland seine volle Souveränität noch nicht erlangt. »Deutschland ist ein besetztes Land und wird es bleiben«, sagte US-Präsident Barack Obama 2009 auf der Militärbasis Ramstein, von wo aus die US-Armee unter anderem ihre Drohnenangriffe steuert. Diese nach deutschem Recht strafbaren Taten sind indes ebenso legal wie die Abhöraktivitäten der NSA, denn das Nato-Truppenstatut von 1959 ist trotz einer neueren Ausführungsbestimmungsvereinbarung nicht außer Kraft gesetzt.

Heribert Prantl notierte in der *Süddeutschen Zeitung* dazu: »Es existieren offensichtlich zwei Staatsgewalten in Deutschland: erstens die deutsche, und zwar in der Gestalt, die ihr die EU- und andere Verträge gegeben haben; daneben zweitens die US-amerikanische, in nicht genau bekannter Form. Mit zwei nebeneinander existierenden Macht- und Herrschaftssystemen gibt es freilich in Deutschland reiche Erfahrungen: Jahrhunderte lange waren das zuerst Kaiser und Papst, dann Staat und Kirche.«[1]

Was ihr daraus machen werdet: Ihr werdet fürs Erste zumindest den Parlamentsvorbehalt verteidigen – das Gesetz, nach dem der Bundestag über Militäreinsätze abzustimmen hat. Auch wenn diese wie zuletzt die Beteiligung am Syrien-Einsatz dort im Eilverfahren durchgepeitscht werden, werden solche Einsätze zumindest noch ein öffentliches Thema und nicht von irgendeinem Nato-General einfach befohlen. Sodann solltet ihr überlegen, mit dem Kaiser in Washington (→*USA*) über diese diskrete Ausführungsbestimmungsvereinbarung zu diskutieren – mit dem Ziel, sie zu kündigen. Und das Nato-Besatzungsstatut in einen Friedens- und Beistandspakt für ein Europa zu verwandeln, das von Lissabon bis Wladiwostok reicht.

Staat

> *Was anderes sind also Reiche,*
> *wenn ihnen Gerechtigkeit fehlt,*
> *als große Räuberbanden?*
>
> Augustinus

Was gemeint war: Auch wenn er das berühmte »L'état c'est moi« – der Staat bin ich – selber nie deklariert hat, gilt das Frankreich unter Ludwig XIV. als Wiege des modernen Staates. Anders als die Kaiser und Könige früherer Zeiten, die zur Sicherung ihrer Macht und des Territoriums ihrer →*Nation* auf den Adel angewiesen waren, hatte Ludwig einen Apparat von Staatsbediensteten konstruiert, der Finanzen und Bürger zentral unter Kontrolle hielt. Dieses Konzept, hoheitliche Aufgaben an besonders ausgebildete Bürger zu vergeben, die durch Zusicherung von Privilegien (Pensionen) treue Dienste erwarten ließen, machte Friedrich II. dann mit dem preußischen Beamtenstaat zum weltweiten Vorbild für effiziente staatliche Organisation. Und dabei blieb es auch, als Könige und Kaiser von ihren Thronen gestürzt wurden, Parlamente in der →*Demokratie* die Macht übernahmen und sich die Aufgaben des Staats änderten. Wie diese neuen Aufgaben eines nunmehr demokratischen Staates aussahen, übernehmen wir der Einfachheit halber und zusammenfassend der Bundesverfassung der Schweiz:

»Der Staat schützt die Freiheit und die Rechte des Volkes und wahrt die Unabhängigkeit und Sicherheit des Landes [...], fördert die Wohlfahrt, die nachhaltige Entwicklung, den inneren Zusammenhalt und die kulturelle Vielfalt des Landes [...], sorgt für eine möglichst große Chancengleichheit unter den Bürgerinnen und Bürgern [...], setzt sich ein für die dauerhafte Erhaltung der natürlichen Lebensgrundlagen und für eine friedliche und gerechte internationale Ordnung. [...] Jede Person nimmt Verantwortung für sich selber wahr und trägt nach ihren Kräften zur Bewältigung der Aufgaben in Staat und Gesellschaft bei.«[1]

Was wir daraus gemacht haben: So, oder sehr ähnlich, sind in den meisten der bei den Vereinten Nationen (UN) versammelten demokratischen Staaten die per Verfassung festgelegten »Hausaufgaben« des Staates definiert – und erfüllen sie allesamt bestenfalls »mangelhaft«. Was daran liegen könnte, dass das System »Staat«, wie Michail Bakunin 1873 schrieb, grundsätzlich ungeeignet ist »dem Volk das (zu) geben, was es braucht, nämlich die freie Organisation der eigenen Interessen von unten nach oben, ohne jede Einmischung, Bevormundung oder Nötigung von oben, weil jeglicher Staat, selbst der republikanischste und demokratischste, letzten Endes nichts anderes darstellt als die Beherrschung der Massen von oben nach unten, durch eine intellektuelle und eben dadurch privilegierte Minderheit, die angeblich die wahren Interessen des Volkes besser erkennt als das Volk selbst.«[2]

Andererseits hatten freiheitsliebende Anarchisten wie Bakunin aber auch kein wirklich realistisches Konzept zu bieten, wie eine Massengesellschaft herrschaftsfrei organisiert werden könnte. Weshalb der Staat bis heute das Mittel der Wahl geblieben ist, unter den derzeit 7,3 Milliarden domestizierter Primaten des Planeten Terra Ordnung zu halten. Halbwegs – oder nicht einmal das, weil sie sich immer noch in Massen abschlachten (→*Krieg*), aber immerhin. Denn ohne staatliche Strukturen in den »failed states« oder da, wo das Imperium Entstaatlichung (»regime change«) betreibt, herrschen umgehend wieder Verhältnisse wie im Dreißigjährigen Krieg: Milizen, umherschweifende Soldateska und marodierende Räuberbanden übernehmen die Kontrolle. Weshalb die großen Staatstheoretiker – Machiavelli, Hobbes und Carl Schmitt – stets für den »Leviathan«, das monströse Ungeheuer staatlicher Gewalt, plädierten, um die »Ordnung« aufrechtzuerhalten. Notfalls, im »Ausnahmezustand«, auch gegen den Willen des Volkes.

Vor allem nach den bösen Erfahrungen mit dem staatlichen Totalitarismus durch faschistische und kommunistische Diktaturen mühten sich die demokratischen Gesellschaften, mit dem Prinzip der Gewaltenteilung und strikter parlamentarischer Kontrolle, das zur Aufrechterhaltung von Ordnung unverzichtbare Monster staatlicher Gewalt zu zähmen. Nicht immer mit Erfolg. So wurde etwa Leo Strauss, der auf Empfehlung des NS-»Kronjuristen« Carl Schmitt (»Der Führer schützt das Recht!«) ein Rockefeller-Stipendium in den USA bekommen hatte, an der Universität Chicago zum einflussreichen Professor einer politischen Philosophie, nach der die »noble Lüge«, die Massen hinters Licht zu führen, für die Führer eines Staats nicht nur gestattet, sondern angeraten sei. Wo es um »höhere Werte« – nationale und politische Stabilität – geht, seien solche Täuschungen erlaubt, Aufrichtigkeit und Ehrlichkeit müssten nach Strauss die weisen Machthaber nur unter ihresgleichen pflegen. Diese weniger den Grundprinzipien liberaler Demokratien als einer neo-aristokratischen Eliteherrschaft verpflichtete Lehre, die Leo Strauss in ein Gewand antiker Textinterpretationen kleidete, zog in den 50er und 60er

Jahren zahlreiche Schüler an, die ihn auch nach seinem Tod 1973 als philosophischen Guru verehrten. Aus diesem Kreis ging dann eine politische Fraktion, die Neokonservativen, hervor – laut William Kristol, einem ihrer Wortführer, könnte man sie auch »Leo-Konservative« nennen –, die unter Ronald Reagan und später unter Bush II./Dick Cheney an die Schaltstellen der Macht gelangten.[3] Geimpft nicht nur (in Sachen Macht) mit der Ideologie eines starken Staates unter der Herrschaft einer Elite, sondern (in Sachen Wirtschaft) auch mit der Lehre eines weiteren sehr einflussreichen Chicagoer Professors, Milton Friedman, die den Rückzug des Staats aus sämtlichen Belangen der Wirtschaft forderte (→*Marktwirtschaft*).

Hinter der demokratischen Fassade wurde so ein System installiert, dessen Regeln mit den eingangs zitierten verfassungsmäßigen Aufgaben demokratischer Rechtsstaaten nicht mehr viel zu tun haben. Es besteht aus der Aufrüstung außen- und innenpolitischer Militär- und Kontrollgewalt bei gleichzeitiger Abrüstung staatlicher Macht durch Privatisierung öffentlicher Güter, Infrastruktur und Leistungen. Der Bürger als eigentlicher Souverän wird zum Kunden, das Rathaus zum Servicecenter und der Staat zu einem Dienstleister, dessen Möglichkeiten politischer Weichenstellung immer weiter reduziert werden. Mit dem Argument höherer Effizienz dringen in Form vom public-privat-partnerships (öffentlich-private Partnerschaften) Profitinteressen mittlerweile sogar in Bereiche vor, die noch vor wenigen Jahren als unantastbarer Kern staatlicher Aufgaben gesehen wurden. Dies wird besonders deutlich im Outsourcing von Militär-, Sicherheits- und Geheimdienstaufgaben an private Firmen. Der Whistleblower Edward Snowden war z.B. nicht beim staatlichen Geheimdienst NSA angestellt, sondern bei einem privaten Vertragsunternehmen; so wie in den jüngeren US-Kriegen jetzt regelmäßig Söldnertruppen des Unternehmens Blackwater/Academie kämpfen.[4] Ein weiteres Beispiel sind die boomenden Aktien der privaten Gefängniskonzerne, die in der Wallstreet als äußerst krisenfest gelten.[5]

Der idealen »Verschmelzung von Großkapital und Staat«, als welche Benito Mussolini einst sein System des Faschismus beschrieb, kommt diese staatlicher Organisation durchaus nahe, doch wegen solcher Ahnherren bezeichnet man sie heute freundlicher als »marktkonforme →*Demokratie*« (→*Marktwirtschaft*). Wobei das Adjektiv eher groß und das Substantiv eher klein geschrieben wird, was dann eben auch bedeutet, dass die Demokratie (der Steuerzahler) ran muss, wenn sich das Großkapital verzockt (Bankenkrise). In dieser Fusion von Konzern- und Staatsinteressen sind die markwirtschaftlichen Regeln außer Kraft gesetzt, die von den Marktradikalen ansonsten massiv bekämpfte Solidargemeinschaft, der verfassungsgemäß dem Gemeinwohl verpflichtete

(Sozial-)Staat, wird zur Rettung gezwungen. Von jenen, denen er sein Monopol über das →*Geld* vertrauensvoll abgetreten hatte, mit der Folge, dass jetzt sie – und nicht der Staat – über den Ausnahmezustand entscheiden. Sie – das Großkapital, die »Finanzmärkte«, die 0,1 Prozent – sind zu mächtig geworden, als dass der Rechtsstaat, die Verfassungen der demokratischen Länder, ihrer noch Herr werden könnten. Sie sind zu groß, um sie fallen zu lassen, und zu groß, um die Allgemeinheit vor ihnen zu schützen und sie einzusperren. »Gegen die internationalen Finanzmärkte lässt sich keine Politik machen«, hatte der grüne Oberrealo Joschka Fischer denn auch bekundet, bevor er sich als Exminister auf die Honorarliste internationaler Pipelineprojekte und amerikanischer Thinktanks setzen ließ.[6]

Was ihr daraus machen werdet: Ihr müsst euch »euren« Staat, wie er auf dem Papier noch existiert – z.B. in der bayerischen Landesverfassung (Artikel 3: »Bayern ist ein Rechts-, Kultur- und Sozialstaat. Er dient dem Gemeinwohl.«) zurückholen, bevor er vollends in die Hände von Räuberbanden fällt, gegen die die →*Politik* keine Chance mehr hat. Wenn eine Gemeinde ihre Stadtwerke an einen Konzern verkauft, entscheidet nicht mehr der Gemeinderat über die Energiepolitik. Wenn Straßen und Bahnen privatisiert werden, treffen Konzernmanager die verkehrspolitischen Entscheidungen; wenn Polizisten, Soldaten und Geheimdienstler bei privaten Konzernen arbeiten; wenn →*Geld* von privaten Banken geschaffen wird; wenn private Konzerne über →*Sicherheit* und →*Krieg* befinden, dann liegt die Macht nicht mehr in den Händen der von euch gewählten Regierungen, sondern der ominösen internationalen Finanzmärkte. Kurz: Werden ganze Länder wie Unternehmen geführt, dankt die Demokratie endgültig ab. Das heißt nun nicht, dass ihr »Vater Staat« wieder in die Rolle bringen müsst, die er unter einem Hitler oder Stalin hatte, aber genauso wenig könnt ihr ihn den Profitinteressen der 128 Megakonzerne überlassen, die schon jetzt fast die Hälfte der gesamten Weltwirtschaft beherrschen (→*Verteilung*). Und deren →*Freihandel* euch mittels privater Schiedsgerichte auch noch die Rechtsprechung aus der Hand nehmen will.

Aber ihr seid ja nicht blöd. Ihr seht sehr wohl, dass der Markt mit seinem Gesetz von Angebot und Nachfrage in vielen Bereichen besser funktioniert als staatliche Monopole, aber nur, wenn starke Leitplanken eingezogen werden: bis hierher und nicht weiter! Ein schlanker Staat ist machbar, Herr Nachbar – aber nur, wenn er verhindert, dass stattdessen ein übermächtiger globaler Corporate state entsteht, der die Individuen und die Völker mit noblen Lügen manipuliert und mit privaten Sicherheitstruppen in Schach hält.

Steuern und Steueroasen

> *Man soll seine Steuern dem Staat zahlen,*
> *wie man seiner Geliebten einen Blumenstrauß schenkt.*
>
> Novalis

Was gemeint war: Zur Durchführung von Gemeinschaftsaufgaben tragen alle Mitglieder einer Gemeinschaft mit einer Abgabe bei. Wie diese Aufgaben und wie diese »Steuer« genannte Abgabe zu bemessen sind, ist seit jeher ein Dauerthema des politischen Streits. Ein Steuersystem sollte nicht nur gerecht, sondern auch ergiebig, einfach und kostengünstig sein. Sowie in der Lage, gewisse von der Gemeinschaft gewollten Lenkungs- und Förderungsaufgaben zu erfüllen.

Was wir daraus gemacht haben: Dass Deutschland heute eines der kompliziertesten Steuersysteme der Welt sein eigen nennt, mutet wie eine Ironie der Geschichte an, denn die besagt, dass die Germanen einst im Teutoburger Wald vor allem deshalb gegen die römischen Besatzer vorgingen, weil die Römer die Zahlung von Steuern einführen wollten. Eine Zwangsabgabe, die den germanischen Stämmen unbekannt war, da sie ihre Gemeinschaftsaufgaben durch eine freiwillige Abgabe an den Stammesfürsten finanzierten. Steuern waren ebenso wie Steuereintreibung in diesen kollektivistisch organisierten Stammeskulturen offenbar noch unnötig, wurden aber schon bald überall und nicht nur in Deutschland selbstverständlich. Was ihre Höhe und ihre Verwendung betrifft, sind sie seit jeher und überall umstritten. Doch ohne Steuern läuft gar nichts – auch wenn es immer hoffähiger wird, Steuern als staatlich geschützten Diebstahl zu bezeichnen und sich gleichzeitig über heruntergekommene Schulen und Krankenhäuser zu beschweren. Dass es in Deutschland aber noch halbwegs funktionierende Bildungs- und Gesundheitseinrichtungen gibt, hat natürlich mit einem Steuersystem zu tun, das eben auch noch halbwegs effizient funktioniert.

Selbst wenn es kompliziert ist: Unlängst wurden in einem deutschen Finanzamt 1735 Vordrucke (Antragsformulare, Fragebögen, Erklärungen, Meldungen, Bescheide, Verfügungen, Mitteilungen) gezählt[1], was erklärt, warum die Forderung nach einer Steuererklärung auf einem

Bierdeckel ebenso populär wie offenbar undurchführbar ist. Die Papiermagie des deutschen Steuerwesens von 1735 Formularen auf nur noch ein einziges zu reduzieren, wo die deutschen Finanzämter sich bis dato noch nicht einmal auf eine gemeinsame Software einigen konnten und für ein Pilotprojekt schon 400 Millionen Euro versenkt haben – eine solche Entbürokratisierung wird so bald nicht möglich sein.

Aber selbst wenn der Bierdeckel Realität werden sollte, hätten wir zwar ein unbürokratisches und effizientes, aber noch lange kein gerechtes Steuersystem. Denn wo Kapitalerträge wie bei uns mit maximal 25 Prozent versteuert werden, muss die Schere der Ungleichheit zwangsläufig immer weiter auseinandergehen (→Verteilung). Dazu kommt, dass sich eine bestimmte Gruppe von Steuerzahlern, die Superreichen, in den letzten Jahrzehnten ein internationales Netzwerk von Offshore-Bastionen erschaffen haben, die sich dem Zugriff von Steuerfahndern und Finanzämtern systematisch entziehen. »Steueroasen« sind fast schon ein zu idyllisches Wort für diese Rückzugsorte, die wie einst die Burgen der Raubritter oder die Schatzinseln der Piraten für die Geplünderten und Beraubten uneinnehmbar sind. Und es sind nicht mehr erfolgreiche Zahnärzte oder Besserverdienende, kleine Millionäre wie Uli Hoeneß oder Alice Schwarzer, die ein bisschen Schwarzgeld am Finanzamt vorbei offshore parken, in der Schweiz oder in der Karibik – es sind die Großkonzerne, Multimilliardäre und korrupten Oligarchen, die hier den Wohlstand ihrer Nationen privat bunkern.

»Die Beträge, die in solche Standorte geflossen sind, stiegen von elf Milliarden US-Dollar im Jahr 1968 über 385 Milliarden US-Dollar 1978 und sechs Billionen US-Dollar 1998 auf 21 Billionen US-Dollar im Jahr 2010. Nach konservativen Schätzungen hat die Verlagerung von Geldvermögen von 1968 bis heute somit um das 2000-Fache zugenommen. Nahezu alle großen Konzerne verfügen über Offshore-Zweigunternehmen, mehr als die Hälfte des Welthandels fließt durch diese Steueroasen, fast alle hochvermögenden Privatpersonen besitzen Offshore-Konten, die ihnen steuerliche ›Gestaltungsmöglichkeiten‹ eröffnen.«[2] So summiert John Urry, einer der wenigen Soziologen, die dieses gigantische Schattenreich der globalen Ökonomie erforschen, das Problem. Und macht deutlich, dass die Debatten über Pendlerpauschalen oder über die Entbürokratisierung des Steuerwesens auf Bierdeckelformat letztlich nur Scheingefechte sind. Der eigentliche Kampf um ein gerechtes Steuersystem muss nicht um Kilometergeld und Ehegattensplitting, sondern gegen diese Raubritterburgen der Neuzeit geführt werden. Und gegen die »Gestaltungsmöglichkeiten«, die nichts anderes sind als die vordergründig legale, aber gemeingefährliche Hinterziehung von Steuern. Eben diese Gestaltungsmöglichkeiten ermöglichen es nicht nur globalen Konzernen wie Google, Apple oder Amazon, dort, wo sie ihre Hauptumsätze machen, so gut wie keine Steuern zu entrichten, sondern auch Diktatoren, Oligarchen und organisierten Kriminellen, die Beute ihrer Raubzüge zu versilbern.

In der Vergangenheit konnten die Staaten durch Kriege oder Krisen entstandene Finanzprobleme mittels Erhöhung der Spitzensteuersätze ausgleichen. So stieg zu Roosevelts New-Deal-Zeiten in den 1930er Jahren der Spitzensteuersatz, der zuvor in den USA bei 25 Prozent gelegen hatte, auf 80 Prozent, in Deutschland lag er von 1946–1951 sogar bei stolzen 95 Prozent.[3] Wirksam konnten diese Maßnahmen damals werden, weil die Ausweichmöglichkeiten der Superreichen begrenzt waren. Heute dagegen haben Fluchtwillige die freie Auswahl unter mehr als 60 Destinationen und einem Heer von internationalen Finanzdienstleistern, die Steueroptimierungen über Briefkastenfirmen, Stiftungen und Vermögensverwaltungen anbieten. Und dies nicht nur auf exotischen Inseln in der Karibik, sondern mitten in der Europäischen Union wie etwa in Luxemburg – oder mitten in der größten europäischen Hauptstadt, in der City of London. Dieser Distrikt ist exterritorial und unterliegt nicht der britischen Gesetzgebung, und wenn die Queen ihn traditionsgemäß einmal im Jahr besucht, muss sie den Mayor der City am Tor um Erlaubnis fragen. Was der Vatikanstaat mitten in Rom für die katholische Welt, das ist die City mitten in London für die Welt der Finanzen. Mit ihren Ablegern in der Karibik und auf den Kanalinseln ist sie die Mutter aller Steueroasen – und das Herz der Finsternis, wenn es um globale Steuergerechtigkeit und demokratische Transparenz geht. Dabei geht es keineswegs nur um ein paar Rückzugsgebiete für Superreiche; mehr als 50 Prozent des Welthandels fließen mittlerweile über diese Offshore-Zentren.[4]

2012 berechnete der ehemalige McKinsey-Manager John Henry in einer Studie die in Offshore-Zentren lagernden Vermögen und kam auf die Summe von mindestens 21 Billionen Dollar, also knapp 20 000 Milliarden Euro. In seiner methodisch anders vorgehenden, äußerst konservativen Berechnung kommt Gabriel Zucman von der London School of Economics zwar nur auf etwa ein Drittel dieser Summe, aber vor seinem Ergebnis »acht Billionen Pfund resp. 7500 Milliarden Euro« kann deshalb noch lange kein »nur« stehen, sondern lediglich ein »unfassbar«.[5]

Festzuhalten bleibt: So lange diese Raubritterburgen nicht trockengelegt sind, so lange Magnaten, Oligarchen und Diktatoren im Verein mit internationalen Konzernen ihre Beute hier bunkern, anlegen und vermehren können, ohne kontrolliert und zu ihrer steuerlichen Verantwortung gezogen zu werden – so lange bleiben alle Versuche, ein gerechtes und einfaches Steuersystem zu schaffen, ein Schauturnen für die Galerie.

Was ihr daraus machen werdet: Wenn ihr verhindern wollt, dass eure Kinder zu Sklaven eines globalen neofeudalen Systems werden, die schon verschuldet geboren werden und nie aus der Verschuldung und Tributpflicht gegenüber ihren megareichen Herren herauskommen, dann müsst ihr deren Raubritterburgen schleifen. Und ihr könnt damit vor eurer Haustür anfangen, denn auch die Bundesrepublik ist für viele Superreiche eine Steueroase, wie Markus Meinzer, ein Analyst des Tax Justice Network, unlängst überzeugend aufgezeigt hat.[6] Der erste Schritt eines internationalen Kampfes zu Erstürmung der Raubritterburgen muss dann darin bestehen, die vom Bankgeheimnis gedeckte Anonymität der Geldanlagen aufzuheben und ein globales Wertpapier-Register zu schaffen. Ohne ein solches Finanzkataster, in dem die eindeutigen Besitzer von Wertpapieren registriert sind, ist jede Kontrolle der Steueroasen aussichtslos. Standorte, die sich weigern, dieser Registrierungspflicht nachzukommen, können so lange mit Strafzöllen auf ihre Transaktionen belegt werden, dass sich ihre Geheimnistuerei nicht mehr rechnet. Die Ökonomen Thomas Piketty und Gabriel Zucman haben einen praktikablen Aktionsplan für eine solche Politik der Daumenschrauben bereits vorgelegt.

Da es sich bei den Betroffenen nicht um irgendwen, sondern die megareichen 0,1 Prozent der Weltbevölkerung handelt, wird es indes nicht von heute auf morgen umsetzbar sein, die Herrschaften zur Kasse zu bitten. Bis dahin empfehlen wir, auf Ebene der UN und der nationalen Gesetzgebung, eine einfache und schnell durchsetzbare Initiative: die Einführung einer rigiden Residenzpflicht. Ein Offshore-Briefkasten darf nicht mehr ausreichen, um sich vor Steuerzahlungen drücken zu können, die Person oder die Firma muss leibhaftig anwesend, sprich: niedergelassen sein, um in den Genuss der Steuervermeidung zu kommen.

Wir prognostizieren: Es wird keine Überbevölkerung auf den Caymans, den Jungferninseln oder Jersey geben, denn wenn ihr diese Oasen in Wüsten verwandelt habt, hält es dort niemand mehr lange aus.

Terrorismus

> *Mutwilliges Töten unschuldiger Zivilisten ist Terrorismus und kein Krieg gegen den Terrorismus.*
>
> Noam Chomsky

Was gemeint war: Gewaltaktionen, die gegen eine politische Ordnung gerichtet sind, können als Terrorismus oder als politischer Widerstand bezeichnet werden. Oberst von Stauffenberg, der am 20. Juli 1944 das misslungene Bombenattentat auf Hitler ausführte, war aus Sicht der Nationalsozialisten fraglos ein krimineller Terrorist, aus heutiger Sicht aber ebenso fraglos ein ehrenwerter Widerstandskämpfer. Den Gefangenen Nelson Mandela bezeichneten die Regierungen von Ronald Reagan und Margaret Thatcher als Terroristen, während er für den Rest der Welt ein Freiheitskämpfer war. Entsprechend dieser unscharfen, von der Weltanschauung abhängigen Definition von Terrorismus sagt der Soziologe Mike Davies über die bei Terroranschlägen häufig verwendete Waffe: »Die Autobombe ist die Air Force des kleinen Mannes.«[1] Terror ist eine militärische Strategie oder, wie es Peter Ustinov in einem seiner Bonmots ausgedrückt hat: »Terrorismus ist der Krieg der Armen gegen die Reichen – und Krieg der Terrorismus der Reichen gegen die Armen.«

Was wir daraus gemacht haben: Die →USA und ihre westlichen Verbündeten führen seit 15 Jahren einen Krieg gegen den Terror, mit dem ein gigantisches Wachstum der Rüstungs- und Sicherheitsausgaben (→*Waffen*) ebenso begründet wurde wie die Notwendigkeit stärkerer Überwachung der Bevölkerung und Einschränkungen von Bürgerrechten (→*Freiheit*). Nach dem 11. September 2001 hatte der amerikanische Verteidigungsminister Donald Rumsfeld angekündigt, dass dieser große Krieg gegen den Terror »länger als eine Generation« dauern werde, und nach 15 Jahren, also nach etwa einer halben Generation, fällt die Bilanz mehr als nur ernüchternd aus: Der Krieg gegen Terror verhindert Terrorismus nicht, sondern produziert ihn. Die 1,3 Millionen Menschen, die diesem Krieg (in Afghanistan, Pakistan, Irak, Libyen, Syrien) bisher zum Opfer gefallen sind[2], sind nicht für eine friedlichere Welt gestorben, denn ihre Ermordung hat in diesen Ländern Chaos und Rechtlosigkeit geschaffen und den Boden nicht für weniger, sondern für mehr Terrorismus bereitet. Die Sicherheitslage im gesamten Nahen und Mittleren Osten hat sich durch den War on Terror auf dramatische und tragische Weise verschlechtert. Und jedes Opfer hat bei seinen überlebenden Angehörigen nicht nur Trauer hinterlassen, sondern auch einen Samen der Wut und des Hasses auf die unsichtbaren Herren der Drohnen und Raketen, die ihre Heimat in Schutt und Asche legen. Bei weitem nicht alle, aber einige dieser Samen sind aufgegangen und haben Kämpfer heranwachsen lassen, die bereit sind, für ihren Hass und ihre Rache ihr Leben zu geben. Gegen solche Selbstmordattentäter ist jede Gesellschaft machtlos, und auch der massivste Überwachungs- und Polizeistaat kann nicht verhindern, dass ein Verrückter sich und andere an einem belebten Ort in die Luft sprengt.

Wenn aber Terrorismus mit militärischen Mitteln nicht bekämpft werden kann, warum wird dann der Krieg gegen den Terror überhaupt geführt? Wie an anderer Stelle bereits angemerkt (→*Krieg*) führen »wir« (der Westen, angeführt vom US-Imperium) Kriege primär zur Sicherung von →*Ressourcen* und unserer Geschäftsinteressen. Da wir aber gleichzeitig als Wertegemeinschaft firmieren, die sich Menschenrechte, →*Freiheit* und →*Demokratie* auf ihre Fahnen geschrieben hat, stehen solche Interessen in scharfer Dissonanz zu diesen ehrenwerten Gütern, weshalb wir für unsere Kriege stets einen geeigneten Vorwand brauchen. Ein gefährlicher Feind, der es auf unsere →*Werte* abgesehen hat, ist dazu seit Urzeiten das Mittel der Wahl, die gesamte Horde zu mobilisieren (→*Nationalismus*) und auf Krieg einzuschwören.

Mit dem überraschenden Ende des Kalten Krieges, hinter dessen Eisernem Vorhang fast fünf Jahrzehnte lang der böse Kommunismus gelauert hatte, gegen den man sich militärisch wappnen musste, war dem Westen seit Anfang der 1990er Jahre dieser ideale Großfeind abhandengekommen – was die Geschäftsgrundlage der riesigen Budgets für →*Waffen*, Militär und Verteidigung ernsthaft gefährdete. Schon gar nicht, so notierten die Rüstungsplaner der neokonservativen Denkfabrik Project for the New American Century (PNAC), ließe sich ein weiteres Wachstum dieser Budgets realisieren – es sei denn, die Bevölkerung würde durch ein Ereignis »wie ein neues Pearl Harbor« auf einen weiteren Krieg eingestimmt.[3]

Dieses Ereignis trat dann am 11. September 2001 ein. George W. Bush notierte am Abend in sein Tagebuch, er habe nun sein neues Pearl Harbor erlebt, und konnte am nächsten Tag den »Great War on Terror« ausrufen. Angesichts des Schreckens, den der live übertragene Einsturz der WTC-Türme weltweit verbreitet hatte, war diese Reaktion emotional auf Anhieb nachvollziehbar. Doch schnell stellte sich heraus, dass es beim Krieg gegen den Terror gar nicht darum geht, den Terrorismus einzudämmen – einen offiziellen Ermittlungsausschuss zu Tätern, Hintermännern und Hergang der Attacken lehnte die Bush-Regierung über ein Jahr lang ab –, sondern um einen Vorwand für ganz andere Kriege. Die afghanischen Taliban, die Osama bin Laden, den angeblichen Chefplaner der Anschläge, an die USA ausliefern wollten – sofern die USA bereit gewesen wären, Beweise für seine Schuld vorzulegen –, hatten mit 9/11 nichts zu tun; dasselbe gilt für Saddam Hussein im Irak und Muammar Gaddafi in Libyen. Letzterer war sogar der Erste, der gegen den (einst von der CIA aufgerüsteten) Al Qaida-Führer Osama bin Laden einen internationalen Haftbefehl bei Interpol beantragte. Genützt hat es ihm nichts, und wie zum Hohn regiert nach seiner Ermordung und der »Befreiung« Libyens im Anti-Terror-Krieg in Tripolis jetzt: Al Qaida.

Mit dem Krieg gegen den Terror hat sich der »Tiefenstaat«, wie der kanadische Politikwissenschaftler Peter Dale Scott die verdeckte Verbindung staatlicher Organe mit dem militärisch-industriellen Komplex nennt[4], eine Art Perpetuum mobile erschaffen, einen Krieg ohne definiertes Ziel und ohne Exit-Strategie, der seine Ursache immer wieder selbst erzeugt und sich so die nötige Energie – ein nie versiegendes Budget – verschafft. Als Generator dieser Energie fungieren Furcht und Schrecken der Bevölkerung, weshalb dem Geheimdienst- und Kriegsapparat stets noch eine »Kirche der Angst« zugeordnet ist, ein Medienapparat, der den Schrecken des Terrors multimedial inszeniert und die Alternativlosigkeit des Krieges gegen den Terror predigt. Fragen nach dem Sinn, dem Zweck, der Strategie, dem Ziel sind dann überflüssig. Und so antwortet die Sprecherin der Bundesregierung auf die Frage, wessen Krieg die Bundeswehr in Syrien denn nun unterstützen wird, in aller Schlichtheit: »Ziel ist der Krieg gegen den Terror.«[5] Und der ist selbsterklärend. Ein Krieg gegen diesen Feind braucht auch kein UN-Mandat, und was das deutsche Grundgesetz über Angriffskriege sagt, ist ja schon von Kosovo bis Hindukusch dehnbar und reicht dann locker auch bis nach Syrien/Irak. Kann man im Bundestag kurz durchwinken »Sicherheit«, »Freiheit verteidigen«, »Beistand« …, ganz gleich –, solange es gegen den Terror geht, geht alles. Und im Kampf gegen den Terror sind wir automatisch die Guten.

9/11 New York, 7/7 London, 13/11 Paris: Die markantesten Meilen- und Grabsteine in der westlichen Welt, die der Terrorismus hinterlassen hat – angesichts der Leichenberge des Kriegs gegen den Terror ein durchaus bescheidener Kollateralschaden –, weisen alle ein ähnliches Muster auf. Ein schrecklicher Terroranschlag bei gleichzeitig stattfindender Anti-Terror-Übung, tote Attentäter mit überlebenden Ausweisen, ungeklärte Bekennerschreiben, schleppende Ermittlungen, sofortige Schuldzuweisungen ... Ausnahmezustand ... Kriegserklärung.

Dass die Täter in Paris am 13.11.2015 bis auf einen allesamt aus Frankreich und Belgien stammten, die Bundeswehr aber dann beim Bombardement nicht von Belgien, sondern von Syrien hilft (so wie seit 2001 beim Bombardement von Afghanistan, obwohl die 9/11-Hijacker fast alle aus Saudi-Arabien kamen) – das sind komplett vernachlässigenswerte Details, sobald ein Anschlag Furcht und Schrecken verbreitet und auf allen Kanälen zu einer notwendigen Reaktion geblasen wird. Ohne dass auch nur eine erste Spur auf die Täter und Hintermänner ermittelt wurde, ist der vermeintlich Schuldige als Sündenbock umgehend zur Hand. Auch dies ist ein weiteres Strukturmerkmal von Attacken, die als Fanal für einen neuen Eskalationsschub im Krieg gegen den Terror dienen: ein schnelles, griffiges Narrativ mit einem klar definiertem Erzbösen bei gleichzeitiger Nicht-Ermittlung der genauen Tatumstände und Hintergründe.[6] Dadurch werden authentische, autonome Terrorattacken nahezu ununterscheidbar von Anschlägen, die von Geheimdiensten und Militärs inszeniert werden, um bestimmte Ziele zu erreichen.[7]

Terror und die Angst vor Terror sind das beste Vehikel für politische Maßnahmen, die in Friedenszeiten kaum Chancen auf Durchsetzung hätten. »Strategie der Spannung« wurde diese Methode in den Papieren zu Gladio genannt, der nach dem Zweiten Weltkrieg von der Nato in Europa installierten Geheimarmee, deren Kämpfer nach einer Besetzung durch russische Truppen mit Terroranschlägen Widerstand leisten sollten. Sie wurden aber auch in Italien in den 1960er und 1970er Jahren für eine Serie von Terroranschlägen unter falscher Flagge eingesetzt, mit denen Wahlsiege linker Parteien verhindert werden sollten.[8] Inwieweit sie auch in Deutschland tätig wurde, ist offiziell nie ermittelt worden. Und obwohl das EU-Parlament die Existenz dieser Geheimarmee bestätigte und alle EU-Länder zur Untersuchung aufrief, hat die Bundesregierung dies bis dato abgelehnt.[9]

Was ihr daraus machen werdet: Weil »authentischer« Terror (wie ihn etwa »Ureinwohner« gegen Kolonisatoren, Partisanen gegen Besatzungsmächte oder unterdrückte Minderheiten gegen ihre Unterdrücker einsetzen) von inszeniertem Terror durch Geheimdienst- und Militärorgane immer schwerer zu unterscheiden ist, werdet ihr bei jedem Terroranschlag auf polizeilichen und gerichtlichen Ermittlungen bestehen, die diesen Namen verdienen. Und ihr werdet erst nach Abschluss dieser Ermittlungen Entscheidungen treffen, wie die Täter wirksam verfolgt und weitere Taten verhindert werden können. Anders als mit diesem Beharren auf Aufklärung könnt ihr der »Kirche der Angst« und ihrem suggestiven Medienzirkus nicht entgehen.

Weil ihr euch aber von der Panik-Propaganda nicht mehr verrückt machen lasst und euch über das Glück freut, in einem Land zu leben, in dem die Gefahr, durch einen Sturz von der Haushaltsleiter ums Leben zu kommen, mehr als hundertmal größer ist als die, durch einen Terroranschlag zu sterben, könnt ihr entspannt dafür sorgen, dass kein weiterer Terror durch einen Krieg gegen den Terror geschaffen wird, und wirksame Anstrengungen zur echten Schadensminimierung durch Terrorismus unternehmen. Z.B. durch Einstellung des illegalen Drohnenkriegs, mit dem »wir«, dirigiert von der US-Basis im pfälzischen Ramstein, jahrelang und weltweit Hochzeitsgesellschaften ins Jenseits befördert haben; oder durch politische und diplomatische Anstrengungen überall dort, wo ethnische oder religiöse Minderheiten so unterdrückt werden, dass sie glauben, sich nur noch mit Terror wehren zu können. Ihr werdet weiter in einer Welt mit Terrorismus leben müssen, aber ihr könnt sie so gestalten, dass Haushaltsleitern nicht nur bei uns, sondern überall gefährlicher werden als Terroranschläge.

USA

*Wir sollten niemals aus den Augen verlieren,
dass der Weg zur Tyrannei mit der Zerstörung der Wahrheit beginnt.*

George W. Bush

Was gemeint war: Das Ende von Kolonialherrschaft und Unterdrückung – eine neue freie Staatengemeinschaft, in der alle Menschen als gleich erschaffen gelten, Freiheit und Gerechtigkeit herrschen und keine Religion und keine Regierung die Menschen davon abhalten wird, ihr persönliches Glück zu suchen.

Diese Vereinigten Staaten waren der aufgeklärte, humanistische Gegenentwurf zum feudal verstaubten Imperium Europa, von Ausbeutern, Kriegstreibern und Kolonialherrschern, angeführt von Briten und Franzosen. Der neue Vereinigte Staatenbund, selbst bestehend aus Exkolonien, hatte sich 1776 endgültig unter Waffen freigekämpft – und diese Revolution gut begründet, denn die nun freien Vereinigten Staaten hatten das Empire dutzendfach ermahnt, die bestehenden Missstände zu beheben, darunter die Behinderung und Korrumpierung der Rechtsprechung, die Vergrößerung der Bürokratie, das Unterhalten eines stehenden Heeres auf dem Gebiet der Kolonien (zu Friedenszeiten und ohne gesetzliche Grundlage), die Behinderung des Handels, das Einschleusen von bewaffneten Söldnern und den Import von gewalttätigen Fremden.[1] Nach der Befreiung vom imperialen Regime postulierten die Gründerväter der freien Neuen Welt erstmals in der Weltgeschichte die Menschenrechte in einem offiziellen Dokument (der Unabhängigkeitserklärung von 1776)[2] und meißelten förmlich in Granit: *Alle Menschen sind gleich erschaffen und von ihrem Schöpfer resp. der Natur mit unveräußerlichen Rechten ausgestattet: dem Recht auf Leben, auf Freiheit sowie auf das »Streben nach Glückseligkeit« (»pursuit of happiness«); und kein König und keine Regierung hat dem Einzelnen hierbei im Wege zu stehen. Sollten Regierungen an dieser Vorgabe fortgesetzt rütteln, habe das Volk nicht nur das Recht, sondern die Pflicht, diese Regierungen abzuwerfen.*[3] Gewaltentrennung, Religionsfreiheit und klare Rechte und Regeln wurden hernach in der Verfassung kategorisch festgelegt, Leitplanken zum Schutz vor Machtkonzentration geschaffen und überdies ausge-

schlossen, dass das neue weltweite Freiheitsvorbild sich jemals über die eigenen Grenzen hinausbewegen würde – nicht einmal, um anderen Völkern die eigene Vorstellung von Freiheit näherzubringen. John Quincy Adams, sechster US-Präsident, unterstrich diese kategorische Haltung seines freien Staatenbundes noch 1821 abermals und glasklar:
»Wo auch immer sich die Werte von Freiheit und Unabhängigkeit entfalten, wird sie [die USA] mit dem Herzen sein, mit ihren Segnungen und ihren Gebeten. Aber sie geht nicht ins Ausland und sucht nach Ungeheuern, um diese zu vernichten. [...] Die fundamentalen Grundregeln ihrer Politik würden hierdurch unwiederbringlich verändert von Freiheit zu Gewalt. Das Band über ihren Brauen erstrahlte nicht mehr vom unvergleichlichen Glanz der Freiheit und der Unabhängigkeit, sondern würde ersetzt von einem imperialen Diadem, schillernd im falschen und trüben Schein der Unterdrückung und der Macht. Sie könnte zur Diktatorin der Welt werden; aber sie wäre nicht länger Herrin ihres eigenen Geistes. Ruhmreich macht sie nicht die Unterdrückung, sondern die Freiheit.«[4]

Was unsere Freunde daraus gemacht haben: Kolonialherrschaft und Unterdrückung mit militärischen wie wirtschaftlichen Mitteln, eine Staatengemeinschaft, in der alle Menschen als ungleich erschaffen gelten, in der Ungleichheit und Ungerechtigkeit herrschen[5] und Religion, Regierung, Militär und Industrie die Menschen davon abhalten, ihr persönliches Glück zu suchen. Die Gründerväter der USA würden rund um die Uhr im Grab rotieren, müssten sie mit ansehen, wie sehr das Kind ihres Geistes und ihres Kampfes inzwischen eben jenem Empire gleicht, dessen Unrechtsherrschaft sie einst unter Waffen abgeworfen hatten. Nicht nur hat das Empire all seine Ideale verraten und sich eben jene zu eigen gemacht, die man einst als feudal und europäisch energisch zurückgewiesen hatte, es dominiert inzwischen die Welt mindestens ebenso rücksichtslos wie einst seine Besatzer, die Briten.

An Warnungen, dies könne und werde passieren, hat es in der Geschichte des kühn gestarteten neuen Staatenbundes nie gemangelt, spätestens aber nach dem Ersten Weltkrieg und den folgenden Entwicklungen in den USA selbst wie in der allmählich zusammenwachsenden Welt war der späte Triumph der überwunden geglaubten feudalen europäischen Strukturen unausweichlich. Nicht, weil die US-Amerikaner plötzlich eine kollektive Amnesie oder Vollmeise entwickelt hätten, sondern weil sie vor allen anderen Ländern den Verheißungen (und, tatsächlich, Segnungen) des →*Kapitalismus* folgten. Dem anfangs märchenhaften Wohlstandszuwachs folgten allerdings jäh und überraschend der Schwarze Freitag und die Große Depression von 1929, und obwohl Volk wie Regierung die Worte von John Quincy Adams noch deutlich nachhallen hörten, blieb dem System im Lauf der folgenden Jahrzehnte gar keine andere Wahl, als den Kapitalismus sukzessive von den lästigen Leitplanken zu befreien – zunächst, widerwillig, im Land selbst, spätestens ab den 1970er Jahren in Europa, als »freiheitliches« Gegengewicht zum Kommunismus sowjetischer Prägung, und schließlich, ab den 1980er Jahren, ungebremst und aller Fesseln ledig, hinaus im globalen Markt.

Der Rest steht ausführlichst in den Geschichtsbüchern[6] und war spätestens von 1930 an systematisch vorgezeichnet. Schon Roosevelt wusste, dass von den alten Idealen und der →*Demokratie* nur noch als Kulisse die Rede sein konnte, tatsächlich aber andere über den Weg des Landes entschieden: »Hinter der sichtbaren Regierung thront eine unsichtbare Regierung, die dem Volk keine Treue schuldet und keine Verantwortlichkeit anerkennt.«[7] Später verhallte auch die explizite Warnung von Eisenhower vor dem »katastrophalen Einfluss […] des militärisch-industriellen Komplexes«[8] ungehört – von denen Kennedys, des letzten Hoffnungsträgers des alten Amerika, ganz zu schweigen.[9]

Nichts von dem, was wir heute entsetzt weltweit besichtigen, ist inkonsequent. Der selbstzerstörerische Weg der USA ist der selbstzerstörerische Weg des ganzen Planeten geworden, die USA sind dem Rest der Welt nur einige Schritte voraus – in jeder Hinsicht. Vom →*Ressourcen*verbrauch (lebte jeder Mensch wie ein durchschnittlicher US-Amerikaner, benötigten wir vier Erden) bis zur →*Müll*produktion, von der Vernichtung aller Lebensgrundlagen (→*Landwirtschaft*) bis zur →*Erderwärmung*. Was das Empire indes von allen Nacheiferern unterscheidet, ist zweierlei. Zum einen seine militärische Dominanz: Das Budget des Pentagon beträgt jährlich zwischen 600 und 850 Milliarden US-Dollar, die US-Streitkräfte unterhalten etwa 1000 Operationsbasen in rund 40 Ländern, US-Soldaten sind in 144 Ländern stationiert. Und zum anderen seine weltumspannend wie geölt funktionierende Propagandamaschine (→*Werbung*), die auch Operationen unter falscher Flagge von Gladio (→*Terrorismus*) bis zu den Besetzungen Afghanistans 2001 und des Irak 2003 zur Festigung des Status quo erfolgreich »verkauft«. Überdies wird der US-amerikanische kapitalistische Weg als alternativlos noch in die letzte Lehmhütte posaunt – obwohl längst ersichtlich ist, dass dieser Weg nur in eine Katastrophe führen kann, die Hunderte Millionen Menschenleben kosten wird.

Und es sieht nicht so aus, als würden die US-Amerikaner von heute zur Besinnung kommen können. Weil sie keine Amerikaner mehr sind. Sondern längst die feudalen Herrscher von einst, die sie als Besatzer sowie in sich selbst überwunden zu haben glaubten.

Was ihr daraus machen werdet: Ihr werdet Freunde bleiben. Oder werden. Denn rauswerfen könnt ihr das Empire nicht, und ihr könnt auch nicht irgendwelche Verträge einseitig kündigen. Wie Barack Obama im Juni 2009 auf dem US-Luftwaffenstützpunkt Ramstein klipp und klar feststellte, ist Deutschland noch immer »ein besetztes Land und wird es auch bleiben«, und wie der ehemalige Sicherheitsberater Zbigniew Brzezinski schon Jahre zuvor ebenso klipp und klar festgestellt hatte, ist Deutschland obendrein ein unverzichtbarer Spielstein auf dem »eurasischen Schachbrett«.[10] Dennoch werdet ihr euch nicht ganz so devot verhalten wie wir und zumindest höflich darum bitten, als souveräner Partner angenommen zu werden. Im Klartext: Ihr werdet auf einen echten Friedensvertrag drängen (gern inklusive eurer glaubhaften Versicherung, dass ihr nicht vorhabt, kollektiv zu den Russen überzulaufen, denn ihr seid ja nicht bescheuert). Schon dieser Wunsch eurerseits wird dem Empire allerdings nicht gefallen, also brauchen eure Vertreter garantiert starke Nerven und starke Leibwächter.[11] Zu Schusswaffen werdet ihr *nicht* greifen (mit euren Heckler & Kochs würdet ihr eh ja nicht treffen), aber mit etwas Beharrlichkeit dürfte eure starke Souveränitätserklärung durchaus zu den Amerikanern durchdringen – sofern sie sich noch nicht komplett selbst vergessen haben. Denn als Textentwurf für eure Erklärung wird euch etwas dienen, was zumindest *einigen* Amerikanern noch bekannt vorkommen dürfte (und sie hoffentlich daran erinnert, dass ihr aus genau den unten genannten Gründen ein echtes Recht zur Kündigung habt):

»Indem wir, die Repräsentanten Europas[12], im Europaparlament versammelt, uns wegen der Redlichkeit unserer Gesinnungen auf die naturgegebenen Rechte des Menschen berufen, so verkündigen wir hiermit feierlich und erklären, im Namen und aus Macht der anständigen Leute Europas, dass unsere Länder freie und unabhängige Länder sind und von Rechtswegen sein sollen; dass sie von aller Pflicht und Treuergebenheit gegen die Vereinigten Staaten von Amerika frei- und losgesprochen sind und dass alle politische Verbindung zwischen ihnen und den USA hiermit gänzlich aufgehoben ist und aufgehoben sein soll; und dass als Freie und Unabhängige Staaten Europas sie volle Macht und Gewalt haben, Krieg zu führen, Frieden zu machen, Allianzen zu schließen, Handlung zu errichten, und alles und jedes andere zu tun, was Unabhängigen Staaten von Rechtswegen zukommt.«[13]

Der 4. Juli 2016 wäre 240 Jahre nach dem Startschuss ein schönes und relativ rundes Datum, um diese Erklärung abzuschicken. Bis zur 250-Jahr-Feier anno 2026 werdet ihr leider nicht warten können ...

Ob es indessen noch genügend wahre Amerikaner gibt, die euch mit dieser nachgebetenen Lossagung vom Empire ohne Widerspruch durchkommen lassen? Mag sein. Oder auch nicht. Fragt sich nur: Habt ihr eine andere Wahl?

Und, nein, natürlich werdet ihr Apple und Google nicht vollständig boykottieren, sondern eure Lieblinge primär nur nötigen, endlich →*Steuern* zu zahlen. Ihr werdet ja auch nicht aufhören, euch die besten Filme und Serien anzusehen (oder erst, wenn ihr das endlich selbst besser hinbekommt). Die besten Amerikaner aller Zeiten haben ja 1776 auch nicht aufgehört, Tee zu trinken oder französischen Wein zu trinken. Ihr wollt doch nur die Unterdrückung und Gewalt aus der Welt schaffen, nicht euer komplettes Kultur- und Freizeitprogramm. Und wer sagt denn, dass Revolutionäre keinen Spaß verstehen?

Verantwortung

Was gemeint war: Seine Verantwortung kennen und verantwortungsvoll handeln.

Was wir daraus gemacht haben: Verantwortung übernehmen: zurücktreten und woanders den gleichen Scheiß machen.

Was ihr daraus machen werdet: Verantwortungsvoll handeln.

Verschwörungstheorien

> The individual is handicapped by coming face to face with a conspiracy
> so monstrous he cannot believe it exists.
>
> Edgar J. Hoover

Was gemeint war: Verschwörungen sind das Selbstverständlichste der Welt: A und B verabreden sich hinter dem Rücken von C, um sich einen Vorteil zu verschaffen. Im Alltag der Wirtschaft und der Politik sowie vor allem im Liebesleben kommen solche geheimen Absprachen regelmäßig vor. Deshalb stellen auf Indizien beruhende Annahmen über solche Verschwörungen – Verschwörungstheorien – eine logische Herangehensweise an dieses alltägliche Phänomen dar. Jeder Kommissar der Kriminalpolizei, der anhand von Spuren und Hinweisen auf die Täter eines Verbrechens schließt und Hypothesen über die möglichen Täter aufstellt, ist ein Verschwörungstheoretiker. Und bleibt es so lange, bis definitive Beweise vorliegen, die Täter ermittelt sind und die Verschwörung aufgedeckt ist.

Was wir daraus gemacht haben: Astreine Verschwörungstheorien, die schon auf den ersten Blick als paranoide Hirngespinste durchgeknallter Spinner zu erkennen sind, wie etwa: »Die NSA hört uns alle rund um die Uhr ab – sogar Merkels Handy!« Klar: Nur kranke Geister, die geheime Mächte und ein übermächtiges Böses hinter den Kulissen der Welt am Werk sehen, können so etwas ernsthaft behaupten und für wahr halten. Und nur notorische Anti-Amerikaner und Altkommunisten gehen mit der kruden Verschwörungstheorie hausieren, dass sich die USA die Massenvernichtungswaffen des Irak komplett zusammenlügen, um dort einzumarschieren. Bis sich dann der von Minister Powell bei der UN vorgezeigte Uran-Beweis als Fake erwies und Edward Snowden die Weltöffentlichkeit über die Aktivitäten der NSA aufklärte und sich diese durchgeknallten Theorien als Verschwörungs*realität* herausstellten. Hmmmh, dumm gelaufen, oder nur Zufall?

Eher nicht. Die Geschichte ist voll von Beispielen realer Verschwörungen, die zum Zeitpunkt des Ereignisses und oft noch lange danach als solche nicht erkennbar waren und erst später aufgedeckt wurden. Von der geheimen Stay-behind-Armee der Nato, die nach dem Zweiten Weltkrieg in Europa installiert wurde und in zahlreiche Terroranschläge verwickelt war, über die amerikanisch-britische Operation Ajax, mit der 1953 die gewählte iranische Regierung von Mohammad Mossadegh beseitigt wurde, bis zur Iran-Contra-Affäre und dem illegalen Drogen- und Waffenhandel des Weißen Hauses unter Reagan/Bush. Dass die CIA mit Kokain und Heroin dealt, dass die Briten demokratische Regierungen brutal wegputschen oder dass unter Schirmherrschaft der Nato mit False-flag-Terror in Italien eine Strategie der Spannung gefahren wird[1] – all dies war zum Zeitpunkt der Ereignisse anhand von Indizien, nicht aber durch gerichtsfeste Belege oder glaubwürdige Zeugen nachweisbar. Und so blieb es beim Verdacht, bei Hypothesen, bei Gerüchten über mögliche Verschwörungen, und das oft für lange Zeit, da die »Lückenpresse« in der Regel wenig dafür tat, diese Erkenntnislücken zu füllen und der Wahrheit recherchierend auf den Grund zu gehen. Allein schon der Gedanke, dass solche Verbrechen nicht von verrückten Einzeltätern oder fanatischen Terroristen begangen werden, sondern möglicherweise im Auftrag eines Staates, verbietet sich doch von selbst. Und da dann bei begründetem Verdacht noch investigativ weiter zu graben, ist einfach ein Unding.

Aber was tun, wenn sich auf Indizien beruhende Hypothesen und Spekulationen einfach nicht abstellen lassen und der Zweifel der Öffentlichkeit an den offiziellen Verlautbarungen überhandnimmt?

Eine solche Situation sah die Abteilung für psychologische Kriegsführung der CIA 1966 gekommen, als Staatsanwalt Jim Garrison in New Orleans neue Ermittlungen zum Mord an Präsident Kennedy im November 1963 aufgenommen hatte. Der nach dem Mord von der Regierung eingesetzte Untersuchungsausschuss, die Warren-Kommission, hatte zwar 1964 offiziell festgestellt, dass der ehemalige Soldat und Kommunist Lee Harvey Oswald als Einzeltäter gehandelt habe, doch die von Beginn an kursierenden Zweifel an dieser Zuschreibung wollten nicht verstummen. Als Garrison jetzt einige inoffizielle Mitarbeiter der CIA ins Visier nahm, die mit Oswald in Kontakt gestanden hatten, musste die Geheimdienstzentrale in Langley reagieren. Sie versuchte, aus dem Begriff »Verschwörungstheorie« eine Waffe im Informationskrieg zu machen, einen Kampfbegriff der psychologischen Kriegsführung, mit dem bestimmte Themen aus der öffentlichen Diskussion verbannt werden können. Im Januar 1967 ging das Memo 1035–260 an alle CIA-Stationen heraus, die dadurch angewiesen wurden, wie mit Kritik an der von der Warren-Kommission verkündeten Einzeltäterschaft Oswalds umzugehen sei. Es handele sich bei diesen Kritikern um bloße Verschwörungstheoretiker, die allein von kommerziellen und/oder kommunistischen Interessen motiviert seien, die aus niederen Motiven Zweifel säten und die öffentliche

Meinung vergifteten. In einer Art Betriebsanleitung empfahlen die Spin-Doktoren der CIA ihren Stationen, ihre Kontakte zu Eliten und Medien zu nutzen und die Muster und Argumente vorzugeben, mit denen Kritiker der offiziellen Untersuchung erfolgreich zu diskreditieren seien – als unseriöse und unglaubwürdige Figuren, eben als Verschwörungstheoretiker. Bis dahin war in den amerikanischen Medien in der Regel von »assassination theories« (Attentatstheorien) die Rede gewesen, wenn über die Skepsis an der Oswald-Geschichte und alternative Szenarien berichtet wurde – von nun an wurde der Begriff »conspiracy theories« (Verschwörungstheorien) verwendet, aber nicht mehr als neutrale Bezeichnung, sondern als abwertender Negativbegriff.[2]

Dass der Begriff »Verschwörungstheorie« als durchaus rationale und analytische Bildung von Hypothesen bei der Untersuchung ungeklärter Verbrechen ausgerechnet mit dem Kennedy-Attentat zu einer diffamierenden Kampfparole wird, mag damit zu tun haben, dass im Zentrum des offiziellen Untersuchungsergebnisses ein höchst fragwürdiges Beweisstück steht: ein einziges Geschoss, die sogenannte »magische Kugel«, die zuerst den Präsidenten getötet und dann dem vor ihm sitzenden texanischen Gouverneur John Connally fünf verschiedene Verletzungen beigebracht haben soll. Diese offizielle Version des Ereignisses steht also auf einem derart dubiosen Fundament, dass ihr durchaus der Charakter einer nicht glaubhaft bewiesenen Hypothese, also einer Verschwörungstheorie, zugesprochen werden könnte. Was optimal verhindert wird, indem man jede Kritik daran ihrerseits von vorneherein als Verschwörungstheorie brandmarkt.

Für diese Vermutung spricht auch der Boom, der nach den Attentaten vom 11. September 2001 den Begriff »Verschwörungstheorie« zu einer regelrecht inflationären Trendvokabel machte. Dass 19 junge Araber mit Teppichmessern, ferngesteuert aus einer afghanischen Höhle mit dem schönen Namen Tora-Bora, die gesamte Luftabwehr der USA zwei Stunden lang lahmlegen, mit Verkehrsflugzeugen zwei Wolkenkratzer treffen und so gleich drei zum Einsturz bringen konnten[3] – auch diese offizielle Geschichte steht, was Plausibilität und Beweiskraft betrifft, auf so dubiosen Füssen, dass sie zu Recht als offizielle Verschwörungstheorie bezeichnet worden ist. Gleichzeitig hat sie jedoch als offizielle Wahrheit und gesicherte Version Eingang in jedes Lexikon gefunden, weshalb nun jeder Zweifel daran schon *a priori* und automatisch dem Bereich der Verschwörungstheorien und damit des Irrationalen zugeschlagen werden kann.

Und so sind Verschwörungstheoretiker heute wieder zu dem geworden, was im 3. Jahrhundert die Antichristen oder im Mittelalter die Ketzer waren, die unbezweifelbaren Dogmen wie der Dreifaltigkeit oder der

Jungfrauengeburt widersprachen. Immerhin: Wer das Höhlenmärchen von Osama und den 19 Teppichmessern als Gruselgeschichte bezeichnet und ihm den Rang eines historischen Ereignisses abspricht, muss nicht mehr mit Verließ oder Scheiterhaufen rechnen, sondern nur mit Verbannung aus dem »seriösen« öffentlichen Diskurs. Wer sich indessen von all den Ungereimtheiten und Absonderlichkeiten nicht in seinem festen Glauben beirren lässt, dass Terror immer und einzig und allein vom Teufel (Terroristen/Kommunisten/Islamisten) ausgeht, ist als Prediger gegen den Terror auf den Kanzeln von Politik und Medien gern gesehen. Wer würde schließlich in dieser »Kirche der Angst« noch für seinen Ablass (→*Sicherheit*) bezahlen, wenn er wüsste, dass Päpste und Bischöfe den Horror erfunden haben und am Leben halten? Die ganze Gemeinde würde vom Glauben abfallen angesichts dieser Erkenntnis – und das ist zweifelsohne Ketzerei, Teufelswerk, Sünde: Verschwörungstheorie.

So sind wir im aufgeklärten 21. Jahrhundert wieder bei der Dämonologie des Mittelalters angekommen: Wer die Anwesenheit des Teufels leugnet, ist von ihm besessen.

Was ihr daraus machen werdet: Ihr werdet den demagogischen Missbrauch des Begriffs »Verschwörungstheorie« und seinen Einsatz in der psychologischen Kriegsführung beenden. Denn es gibt reale Verschwörungen, und wer die Realität verstehen will, muss sie erforschen. Diese Erforschung zu tabuisieren ist zutiefst irrational und antiaufklärerisch, deshalb werdet ihr faktenorientierte Kritik – etwa an der offiziellen Version von 9/11 oder an den offiziellen Kriegsgründen in Afghanistan, Irak oder Syrien oder an dem US-gesponserten Oligarchenwechsel in der Ukraine oder an der Totalüberwachung durch NSA, CIA & Co. oder an den Geheimarmeen der NATO oder, oder, oder – nicht mehr reflexartig aus der öffentlichen Diskussion verbannen.[4] Ihr werdet den denunziativ und diffamierend eingesetzten Begriff »Verschwörungstheorie« nicht länger verwenden, wenn es um Verbrechen unter Beteiligung staatlicher Behörden geht, und euch dagegen verwahren, dass solche Untersuchungen mit irgendwelchem Mumpitz aus Ufologie oder Esoterik oder lebendem Elvis zusammengerührt werden, um sie komplett kontaminiert in die Spinnerecke schieben zu können. Vielmehr werdet ihr für die Untersuchung möglicher Verschwörungen im Namen des Staats einen Begriff verwenden, wie ihn der Politologe Lance DeHaven-Smith, Professor an der Universität Florida, unlängst vorgeschlagen hat: »State Crimes Against Democray« (SCAD).[5] Und ihr werdet dafür sorgen, dass ordentlich bestallte »SCAD«-ologen oder Konspirologen diese Verbrechen untersuchen, weil euch sonst die →*Demokratie* definitiv verloren gehen wird.

Verteilung

*Verschwende deine Zeit nicht auf soziale Fragen.
Woran die Armen kranken, ist die Armut,
woran die Reichen kranken, das ist die Nutzlosigkeit.*

George Bernard Shaw

Was gemeint war: Stellen wir uns vor, die gesamte Erde mit ihren derzeit 7,3 Milliarden Bewohnern (→*Weltbevölkerung*) sei ein Dorf mit hundert Einwohnern. In diesem globalen Dorf leben 51 Frauen und 49 Männer. 61 Dorfbewohner sind Asiaten, 15 Afrikaner, elf Europäer, neun Südamerikaner, vier Nordamerikaner, und einer stammt aus Ozeanien. 20 Bewohner sprechen Chinesisch, sieben Hindi und Urdu, sieben Arabisch, sechs Englisch, fünf Spanisch, und auf Deutsch können sich zwei unterhalten. Als ihre Religion bezeichnen 30 Bewohner das Christentum, 21 den Islam, 15 sind Hindus, sechs Buddhisten sowie 16 Agnostiker, die keiner Religion anhängen. In unserem Dorf leben 27 Kinder unter 15 Jahren und acht Senioren, die älter sind als 64 Jahre. Im Lauf seiner langen Geschichte hat es das globale Dorf zu einigem Wohlstand gebracht, der in den historischen Anfängen unter den Bewohnern auch noch weitgehend gleich verteilt war. Doch das hat sich dramatisch geändert.

Was wir daraus gemacht haben: Heute müsste ein Milliardär, der sein Geld nicht in einer →*Steueroase* anlegt, sondern wie jedermann zu zwei Prozent Zinsen in einer langweiligen →*Bank* an jedem einzelnen Tag des Jahres (Sonntage inbegriffen) 55 000 Euro ausgeben, um *nicht noch reicher* zu werden. Wie es zu diesem obszönen Reichtum kam, sehen wir im Zeitraffer-Rückblick auf unser globales Dorf: Vor einigen Jahrtausenden begannen ein paar erfindungsreiche Bewohner, sich mit →*Waffen* auszustatten und einige Quartiere des Dorfs gewaltsam zu erobern, die dortigen Bewohner zu versklaven und die Bodenschätze (→*Ressourcen*) auszubeuten. Diese Raubzüge verschafften ihnen die Mittel für weitere Waffen und Armeen, sodass sie bald alle schwächeren Bewohner und Häuser im Dorf unter ihre Kontrolle brachten. Gleichzeitig sorgten sie dafür, dass ein von den Dorfältesten in den Anfängen erlassenes Gesetz, dass →*Geld* nur aus Mitgefühl, aber nicht gegen Zins verliehen werden durfte, abgeschafft wurde. Waren es bis dahin nur Gewalt und überlegene Waffen, die die Umverteilung des Wohlstands erzwungen hatten, kam mit diesem neuen Geld ein weiterer Faktor dazu, mit der Sklaven unter Kontrolle gehalten werden konnten. Als Kredit (→*Schulden*) vermehrte sich das Geld von selbst, wenn man es an die Besitzlosen verlieh – und notfalls mit Gewalt dafür sorgte konnte, dass sie es auch zurückzahlten. So stieg der Wohlstand der Waffen- und Geldbesitzer nach und nach ins Unermessliche.

Ende des Jahres 2006 legten die Vereinten Nationen – eine Institution aller Dorfbewohner – die Ergebnisse einer Studie zur aktuellen Verteilung des Wohlstands im globalen Dorf vor. Danach waren 50 Prozent des gesamten Vermögens im Besitz von zwei Bewohnern, diesen beiden allein gehört also die Hälfte der gesamten Welt; acht weitere konnten 35 Prozent des gesamten Wohlstands ihr eigen nennen. Diesen zehn Bewohnern, denen zusammen also 85 Prozent gehören, stehen 50 Bewohner gegenüber, die alle zusammen nur über ein Prozent des Wohlstands verfügen. Dieser Hälfte der Dorfbewohnerschaft reichen ihre Einkünfte oft nicht einmal zum Essen und für ausreichend Trinkwasser. Verbleiben noch 40 Dorfbewohner, die über die restlichen 14 Prozent des Vermögens verfügen – *noch*, denn sie sind verschuldet, und der Zinsmechanismus sorgt dafür, dass ihr Vermögen immer schneller dahinschmilzt und ebenfalls bei den Superreichen landet. Bzw. bei *dem* Superreichen, denn seit Ende 2014 ist es nur noch einer, dem jetzt schon knapp die Hälfte (48 Prozent) allen Vermögens im globalen Dorf gehört. Die weiteren neun reichsten Bewohnern besitzen nicht mehr 35 Prozent, sondern nun 47 Prozent, und der Rest des Dorfs – 90 Menschen – prügelt sich um die verbleiben fünf Prozent des Kuchens.

Kurz hochgerechnet auf die reale Welt heißt das: 80 Milliardäre besitzen aktuell so viel wie 3,6 Milliarden Menschen[1], ihr Vermögen hat sich von 2009 und 2014 verdoppelt, und das der 3,6 Milliarden lag 2014 niedriger als fünf Jahre zuvor.[2] Diese Megareichen sind der entscheidende Faktor der wachsenden Ungleichheit.»Kapitaleinnahmen haben erst im oberen 0,1 Prozent eine Bedeutung für die Ungleichheit«, schreibt Thomas Piketty und hält fest:»Zentraler Aspekt aller Industrieländer (ist), dass die Gruppe der obersten 0,1 Prozent eine Explosion der Kaufkraft erlebt hat, während die Kaufkraft insgesamt stagniert.«[3]

Wenn wir uns das Ganze als großes Monopolyspiel mit hundert Spielern vorstellen, dann gehört einem einzigen Spieler, über die Schlossallee und Parkstraße hinaus, schon mehr als die Hälfte aller Straßen, Häuser und Hotels, neun weitere besitzen zusammen fast ebenso viel –

und um den verbleibenden Rest von fünf Prozent schlagen sich 90 Spieler. Dass ein solches Spiel nicht funktionieren kann, weil die Verteilung der Chancen einfach nicht stimmt, ist offensichtlich; für 90 Prozent der Mitspieler kann so etwas wie Spielfreude überhaupt nicht aufkommen. Die Hälfte von ihnen nagt am Hungertuch, hat in der Realität 2,50 Euro pro Tag zur Verfügung und kommt kaum noch lebend über die Runden. Und die andere Hälfte kloppt sich verbissen um den schmalen Wohlstandsrest, den die Supermonopolisten noch nicht vereinnahmt haben. Und von Runde zu Runde wird es enger, da hilft es nicht einmal, wenn ein paar Superreiche freiwillig ein paar Milliarden per anno spenden, die sie zuvor meist an der Steuer vorbei zur Seite geschafft haben.

Was ihr daraus machen werdet: Wollt ihr da mitspielen? Ok, das ist eine rhetorische Frage, denn dies ist ja kein Spiel, sondern die Welt, in der wir leben. Wir haben keine Wahl, einfach auf »Mensch ärgere dich nicht« umzusteigen, weil uns dieses Monopolyspiel absurd erscheint, ein zweites globales Dorf steht uns nicht zur Verfügung. Wir sind mittendrin, entrichten als Zinssklaven täglich unseren Obolus und füttern das System: Jedes Brötchen, jedes U-Bahn-Ticket, jedes Telefongespräch ist mit Zinskosten belastet, ebenso wie jeder Gang zum Klo, denn auch in den Abwassergebühren stecken Zinsen.

Ihr könnt also gar nicht anders, als dafür zu sorgen, dass die Schere zwischen Arm und Reich nicht immer weiter auseinandergeht. Worauf dieses Spiel hinausläuft, ist offensichtlich: auf ein Feudalsystem, in dem nur einem Geldbesitzer das ganze Dorf gehört und die gesamte Bevölkerung sich in der Rolle besitzloser Leibeigener vorfindet. Nein, lautet da ein beliebter Einwand, denn wenn die wenigen Reichen reicher werden, sorgt das auch immer dafür, dass die vielen Armen weniger arm sind – und es letztlich allen besser geht. »Wachstum ist eine Flut, die alle Boote anhebt«, formulierte der US-Ökonom Robert Solow 1956 das Mantra, nach dem die Ungleichheit im Kapitalismus nur anfangs steige, langfristig aber abnehme, weil der Reichtum nach unten durchsickere. Tut er aber nicht, was man nicht erst seit 2012 weiß, als der *Guardian* die Ergebnisse einer großen Studie vorstellte: »Reichtum sickert nicht nach unten – er flutet in die →*Steueroasen*.«[4]

Ihr habt nur eine Möglichkeit, dieses grausame Spiel zu stoppen: eine Änderung der Regeln, die die Feudalherren zwingt, ihr Vermögen dem Gemeinwohl zukommen zu lassen. Für ein Fair Play am Monopolybrett, bei dem die Megamilliardäre ihre Schlossalleen und Parkstraßen sogar behalten können (und als CEOs immer noch das Zehnfache ihrer Sekretärinnen verdienen dürfen, aber nicht mehr das 10 000-Fache), der ganze Rest des Feudalbesitzes aber von unten nach oben neu verteilt wird. Jedoch nicht von ihnen selbst, denn nicht Einzelne haben nach Gusto zu entscheiden, welche Hilfe geleistet und welche Not gelindert werden muss. Darüber haben die 99 Prozent zu befinden, ebenso wie darüber, wie künftig verhindert werden kann, dass die Schere der Ungleichheit im globalen Dorf wieder so extrem auseinandergeht. Mit einigen Stellschrauben an den Geld- und Steuerregeln – z.B. mit einer progressiven Steuer auf Kapitalerträge, die derzeit bei 25 Prozent festgeschrieben ist – kann hier ohne Frage wirksam Erste Hilfe geleistet werden. Mit den entsprechenden Leitplanken sind die Instrumente der →*Marktwirtschaft* auch in der Lage, Gerechtigkeit und Wohlfahrt im gesamten globalen Dorf herzustellen und die inhärente Wachstumslogik des →*Kapitalismus* auszugleichen, die zwangsläufig zu zunehmender Ungleichheit führen *muss*.[5] Dies wird euch dann leichter fallen, wenn sich die Erkenntnis endlich durchgesetzt hat, dass es hierzu auf den angeblich entscheidenden (und irrsinnigen) »Motor« – ewiges →*Wachstum* – gar nicht ankommt.

Und das ist eine wirklich gute Nachricht: Die britischen Soziologen Kate Pickett und Richard Wilkinson haben 23 der 50 reichsten Länder analysiert, aus denen gesicherte Daten über die Einkommensverteilung vorliegen, und kommen zu einem ebenso erstaunlichen wie empirisch fundierten Ergebnis[6]: Die Probleme innerhalb einer Gesellschaft entstehen nicht dadurch, dass eine Gesellschaft nicht reich genug ist, sondern durch das Ausmaß der *Unterschiede* im Reichtum. Je gleicher der Reichtum einer Gesellschaft verteilt ist, desto gesünder ist diese, und umgekehrt. Zwar hat es nachweisbar positive Auswirkungen auf Gesundheit und Wohlbefinden, wenn sehr arme Gesellschaften den Lebensstandard verbessern können, aber sobald die Grundbedürfnisse der Menschen befriedigt sind, spielt Reichtum eine untergeordnete Rolle: Ab 25 000 Dollar pro Jahr hat zusätzlicher Reichtum keinen Einfluss mehr auf das Wohlbefinden der Menschen. Selbst wenn sich die Realeinkommen verdoppeln, ist unter der Bevölkerung kein weiterer Anstieg von »Glück« zu verzeichnen.

Wachstum

Die Bäume wachsen nicht in den Himmel.
N.N., Landschaftsgärtner

Was gemeint war: Das natürliche, für die meisten Lebensformen überlebensnotwendige Prinzip der Entfaltung und Ausbreitung, der Zunahme und Vermehrung, um als Art oder Gruppe gegen Krisenzeiten gewappnet zu sein und »unausrottbar« zu werden. Für uns Menschen ist Ziel allen Wachsens allerdings etwas mehr als Überleben, wir wünschen uns Wohlergehen (mal beschrieben als Zufriedenheit, mal als Glück), worunter für die meisten fällt: Dach überm Kopf, Licht und Wärme, ausreichend zu essen und zu trinken, Gesundheit, Sex, gute Beziehungen zu Familie, Kindern, Freunden, Nachbarn. Etwas Nützliches tun. (Zugaben wie »dickes Konto« und »dicke Hose« landen weltweit abgeschlagen unter »ferner liefen«.)

Endloses Wachstum ist in geschlossenen Systemen wie der Erde nicht möglich. Alles ist irgendwann ausgewachsen und bleibt dann bestehen oder schrumpft wieder zurück. Ohne Phasen der Konsolidierung oder Schrumpfung (Winter) geht es nicht, die Bäume wachsen nicht in den Himmel. Sogar Gebirge machen irgendwann Feierabend.

Was wir daraus gemacht haben: Die Natur sagt zu Recht: »Mit dauerndem Wachstum geht es nicht.« Der einst so segensreiche →*Kapitalismus* sagt ebenfalls zu Recht: »Ohne dauerndes Wachstum geht es nicht.« Ein unauflösbarer Widerspruch, und da uns bei so was kognitiv-dissonant schwindlig wird, sind wir froh über eine Kanzlerin, die das unscheinbare Wörtchen »Liebe« hilfreich ersetzt und verkündet: »Ohne Wachstum ist alles nichts.«[1] 61 Prozent von uns unterschreiben diesen Satz in Umfragen, 73 Prozent unterschreiben obendrein: »Ohne Wachstum kann Deutschland nicht überleben.«[2] Schlaumeier attestieren uns deshalb, die Hirnwäsche sei soweit durch, und wenden sich ab mit Grausen. Der eine sagt: »Nur Verrückte können ja glauben, dass es in einer physikalisch begrenzten Entität von allem immer mehr geben könnte.«[3] Der andere sagt: »Wer in einer begrenzten Welt an unendliches exponentielles Wachstum glaubt, ist entweder ein Idiot oder Ökonom.«[4]

Wir aber schaffen es weitgehend problemlos, diese Kassandras zu überhören, und halten uns mit neuen iPhone-Steckern im Ohr singend die Augen zu, erst recht, wenn dann auch noch Oberschlaumeier daherkommen, die unser Denken schlicht »bizarr« nennen und uns vorrechnen: »Ein Vier-Prozent-Wachstum bis zum Ende dieses Jahrtausends (bedeutet) im Vergleich zu heute eine 33-mal so große bewegte Güter- und Dienstemenge – statt eines Welt-BIP von 61 Billionen Dollar also eines von 2000 Billionen US-Dollar (im Geldwert von heute). [...] Erwartet wird also nicht nur die Fortsetzung des durch die Industrialisierung in Gang gesetzten menschheitsgeschichtlich beispiellosen Wirtschaftswachstums der vergangenen zwei Jahrhunderte, sondern dessen extreme Beschleunigung.«[5]

Ja. Das erwarten wir. Und zwar zwingend. Es dürfen auch notfalls statt vier Prozent nur jährlich drei Prozent sein, aber weniger nicht, denn diese Zahl haben wir uns in die DNA unserer »marktkonformen Demokratie« (Merkel) und die der EU tätowiert. Kein Wachstum, das wissen wir, ist unser Untergang.

Fakt ist: Eine kapitalistische Gesellschaft ist ohne Wachstum tatsächlich undenkbar, denn bei der Konstruktion unserer Wirtschaftswunderseifenkiste →*Kapitalismus* haben wir schlicht vergessen, eine Bremse einzubauen[6] – und inzwischen bewegen wir uns zu schnell, um noch auszusteigen. Drum gilt also bis zum bitteren Ende »mitgefangen, mitgehangen«, wir wachsen rasend so lange immer weiter, bis wir krachend umfallen oder zusammenbrechen. Die natürlichen Grenzen des Wachstums sind bei unserer Fahrt gen Zukunft zwar klar zu erkennen – in unserem Rückspiegel –, dennoch müssen wir weiter auf den Abgrund zufahren, und das auch noch immer *schneller*, denn nur durch Beschleunigung bleibt unser Wachstumsgefährt überhaupt stabil.[7]

Im Fahrtwind übersehen wir tränenden Auges nicht nur die von uns für die Nachwelt zerstörten, einst blühenden Landschaften am Wegesrand, sondern auch, dass wir uns längst im Paradies befinden, nicht mehr in unterversorgten Regionen, in denen der Kapitalismus seine Existenzbedingung hatte. Dass dessen gesammelte Zusagen längst gebrochen sind, nehmen wir allenfalls noch als Rauschen zur Kenntnis. Denn anders als versprochen, treten diverse Probleme *trotz* unseres Wachstums auf: Massenarbeitslosigkeit, Finanzierungsprobleme der sozialen Sicherungssysteme, steigende Staatsverschuldung, stagnierende bzw. sogar seit 20 Jahren sinkende reale Masseneinkommen und eskalierende ökologische Probleme (→*Erderwärmung*).

Wir aber können darauf nicht mehr reagieren. Wir haben mangels geeigneter Strategie (und auch mangels eines geeigneten Tachos, unseres

→*BIP*) die letzte Ausfahrt verpasst. So sind wir hilflos verdammt zum Weiterwachsen, weil die Natur, unsere ebenso wie die »da draußen«, der Natur des Kapitalismus einfach nicht gewachsen ist. Dumm nur, dass wir, auch wenn wir das gelegentlich souverän leugnen, selbst Teil der Natur sind.

Nur ganz selten, in lichten Augenblicken, hören wir bei all dem Tempo aus all dem Rauschen noch heraus, was wir (73 Prozent) *wirklich* meinen, wenn wir sagen, »ohne Wachstum ist alles nichts und kann Deutschland nicht überleben«. Denn da wir ja gleichzeitig tief in unserem natürlichen Inneren wissen, dass es weder mit noch ohne Wachstum geht, bleibt nackt stehen: »Wir können so oder so nicht überleben.« Das ist der Kern von Alternativ- und Hoffnungslosigkeit, denn genau diese deprimierte Weltsicht steckt hinter unserer Mehrheitsaussage. Daraus machen wir, jede/r für sich, allerdings etwas sehr Interessantes. Denn da »wir« ja eh nicht überleben können, bemüht jede/r Einzelne von uns sich nach Leibeskräften, eben nicht zu diesem »Wir« zu gehören, sondern zu den wenigen, die es in die Rettungsboote schaffen. Unser Wissen, dass es weiterwachsend nicht gehen *kann*, mündet also nicht in der logischen Erkenntnis, dass es ohne den Kapitalismus gehen *muss*, sondern in der klammheimlichen Hoffnung, wir – und nicht die anderen, ob nah oder fern – mögen am Tag des Untergangs das rettende Ufer oder die rettende Security-geschützte Urbanisation doch noch erreicht haben. Womit wir uns abermals, ein mentales Stockwerk tiefer, als Gefangene des Kapitalismus und seiner Legenden vom Tellerwäschermillionär entpuppen. Und auch wenn die Illusion von einer Verbesserung der kollektiven Umstände mittels Wachstum längst erkennbar zerstoben ist, glaubt doch jede/r Einzelne weiter felsenfest daran, dass er oder sie es noch schaffen wird. Dieses klammheimlich komplett entsolidarisierte Denken *aller* ist also die große Manipulationsleistung und das eigentliche Pfund derer, die das Wachstum wider besseres Wissen als alternativlos darstellen.

»Wir« sind also, um den oben zitierten Mahnern zu widersprechen, keine Idioten. Wir sind nur, jeder für sich, isoliert und hoffnungslos depressiv, weil man uns erfolgreich weisgemacht hat, es gebe keinen gemeinsamen Weg, sondern nur den einsamen Kampf Mann gegen Mann, Frau gegen Frau, um zu den letzten zu gehören, die am Tag des Untergangs noch hinter schützende Mauern springen können.

Was ihr daraus machen werdet: Ihr werdet den Unterschied zwischen *unmöglich* und *undenkbar* kennen und es, anders als wir, bei dem Widerspruch zwischen Natur und Kapitalismus mit der Natur halten: »Mit dauerndem Wachstum geht es nicht.« Da es *unmöglich* ist, die Naturgesetze zu brechen[8], muss das *Undenkbare* geschehen und das Marktgesetz gebrochen werden, sprich: Da Kapitalismus und Wachstumsende nicht vereinbar sind, muss der Kapitalismus zwingend weichen.[9]

Da diese Umkehr tatsächlich alternativlos ist, ist es fast unerheblich, ob sie euch schwer- oder leichtfallen wird, denn eine andere Option steht ja nicht zur Verfügung. Vermutlich werden euch aber diverse Erkenntnisse helfen, die Verwerfungen der kommenden Übergangszeit leichter zu überstehen. Allen voran die Erkenntnis, dass Kapitalismus und immanenter Wachstumszwang per definitionem lediglich in Zuständen des Mangels dienlich sein konnten, in Zeiten des Überflusses und der erfüllten Grundbedürfnisse hingegen Wachstum nie ein probates Mittel war.

Ihr werdet euren Reichtum erkennen und den Kopf schütteln über unseren hektischen, depressiven Irrweg. Ihr werdet, anders als wir, erkennen, dass ihr alles habt. Dass es euch an nichts mangelt. Dass ihr auch ohne jedes Wachstum im Paradies lebt. Dass ihr Häuser habt für alle, Essen für alle, Wasser für alle, Elektrizität für alle, für Licht und Heizungen und für alle Maschinen, die alle Arbeit für euch erledigen. Ihr könntet glatt vollständig die Arbeit einstellen, den ganzen Tag in der Sonne sitzen oder euch gegenseitig beim Schlafen filmen und hättet noch immer mehr als genug. (Na, gut, garantiert müsstet ihr zwei-, dreimal im Jahr ein paar Wochen raus, um den →*Maschinen* bei der Ernte und beim Transport zu helfen, und eure Alten müsstet ihr füttern und versorgen, aber, hey, das sind eure Eltern!) Ihr werdet überrascht sein, wie entspannt es in eurem nur mehr auf Erhalt ausgerichteten Paradies zugeht, in jeder Hinsicht.

Waffen

> Politik ist die Unterhaltungsabteilung
> des militärisch-industriellen-Komplexes.
>
> Frank Zappa

Was gemeint war: Ein Knüppel, um sich gegen wilde Tiere zu wehren, dann ein Faustkeil, eine Speerspitze, ein Pfeil, um sie zu jagen. Bis zur Frühzeit des europäischen Ackerbaus (→*Nation*) gibt es keine Funde von Waffen, die auf bewaffnete Auseinandersetzungen zwischen Menschengruppen schließen lassen.

Was wir daraus gemacht haben: Eine waffenstarrende Welt. Ein Cartoon des US-Magazins *Politico* verlegte die Situation unlängst in das Zimmer eines Psychiaters. Auf der Couch der amerikanische Patient, Uncle Sam, über und über bedeckt mit Raketen, Gewehren, Waffen: »Ich habe 1800 Nuklearraketen, 283 Schlachtschiffe, 9400 Flugzeuge ... ich gebe mehr für das Militär aus als die nächsten zwölf Nationen zusammen – und obwohl ich Jahr für Jahr mehr ausgebe, fühle ich mich noch immer unsicher!« »Das ist einfach«, antwortet der Therapeut. »Sie haben einen militärisch-industriellen Komplex.«[1]

Auf den Begriff gebracht und bekannt gemacht wurde die Krankheit erstmals im Januar 1961, als Dwight D. Eisenhower nach acht Jahren als Präsident der USA sein Amt an John F. Kennedy übergab und in seiner schon erwähnten Abschiedsrede die Nation mahnte: »Wir müssen auf der Hut sein vor unberechtigten Einflüssen des militärisch-industriellen Komplexes.« Diese Mahnung vor einem Machtzuwachs der Rüstungsindustrie aus dem Mund eines Mannes, der fast 40 Jahre in Uniform zugebracht und als General im Zweiten Weltkrieg die US-Truppen in Europa befehligt hatte, war einigermaßen erstaunlich. Doch sie blieb genauso wirkungslos wie Eisenhowers Empfehlung, wie diese krakenhafte Machtausbreitung des militärisch-industriellen Komplexes (MIK) verhindert werden könne, nämlich nur »durch wachsame und informierte Bürger«.[2]

Dass die Bürger in der Folge eher unaufmerksam und ahnungslos blieben, hatte damit zu tun, dass die Maschinerie in der Folge noch ein weiteres Geschäftsfeld vereinnahmte und zum militärisch-industriellen Medien-Komplex (MIMK) mutierte.³ Wenn dann ein führender TV-Kanal (NBC) in der Hand eines führenden Rüstungskonzerns (General Electric) ist, kann man sehr leicht, wie im Irakkrieg 2003, erfundene Massenvernichtungswaffen zur Bedrohung aufblasen und Milliardenaufträge (Pentagon) für zusätzliche Tomahawks und Patriots (General Electric) einfahren. Und wenn die eingebetteten Reporter (→*Journalismus*) im gescripteten Reality TV von der Front berichten, dass die Luftschläge »mit chirurgischer Präzision vorgetragen werden« – dann ist alles gut.⁴

Im Jahr 2014 betrug das Budget des Pentagon 610 Milliarden Dollar. Potentielle oder imaginierte Feinde müssen mit 216 (China), 84 (Russland) oder drei Milliarden (Syrien) auskommen, während alle Nato-Staaten per anno zusammen über einen Etat von über 1000 Milliarden verfügen. Nun hat in den vergangenen Jahrzehnten niemand irgendeines der Nato-Länder angegriffen, sodass die Frage aufkommen muss, wozu diese Unsummen eigentlich gebraucht werden. Ihre Abzweigung aus den Steuereinnahmen der seit Jahrzehnten nicht angegriffenen Staaten läuft überall unter dem Label »Verteidigung«. Wir kennen das: »Unsere Freiheit« muss am Hindukusch, in Syrien usw. »verteidigt« werden, was im Klartext bedeutet, dass wir den Begriff nur noch in der Umdeutung »Angriff ist die beste Verteidigung« verwenden. Denn »wir«, der Westen, die USA und andere Nato-Mitglieder greifen ja permanent an bzw. ein, denn als selbsternannte Wertegemeinschaft führt man natürlich niemals Angriffskriege. Wobei: Gegen den Terror muss man schon sein und auch ohne Rücksicht auf Verluste und Konsequenzen angreifen, geht leider nicht anders. Das US-Budget des Krieges gegen den Terror übersteigt mit 3,6 bis vier Billionen Dollar mittlerweile die Kosten für den Zweiten Weltkrieg ⁵ – und dieser →*Krieg* hat den sexy Vorteil, niemals aufzuhören.

General Eisenhower rotiert im Grabe. Und das nicht nur, weil die Krake, vor der er bei seinem Abschied warnte, ihre Arme unaufhaltsam weiter ausgestreckt hat und nach 9/11 mit der (schon länger vorbereiteten) flächendeckenden Überwachung auch noch sämtliche Bürger in die Fänge nehmen konnte – zu ihrer eigenen Sicherheit, versteht sich. Sondern auch, weil derzeit in den USA neun Schusswaffen auf zehn Personen kommen und »alle 16 Minuten jemand mit einer Feuerwaffe getötet wird«.⁶

Dass trotz der starken Zunahme des privaten Waffenbesitzes die Mordrate in den USA (und weltweit) in den vergangenen Jahren stetig zurückgegangen ist, wird von der Waffenlobby zwar gern als Argument gegen strengere Gesetze gebraucht – ob es aber eine gute Idee ist, Lehrer und Schüler zu bewaffnen, damit sie sich gegen »Highschool Shootings« wehren können[7], darf ebenso bezweifelt werden wie die Hoffnung, dass mit strengerer Reglementierung des Waffenverkaufs schon geholfen wäre. Denn es nicht allein die Zahl der vorhandenen Waffen, die für ihren Einsatz verantwortlich ist. In den Vereinigten Staaten liegt die statistische Tötungsrate bei 4,6 Menschen pro 100 000 Bewohner, in Deutschland, wo privater Waffenbesitz stark reglementiert ist, liegt sie bei 0,8, in der Schweiz bei 0,6, obwohl dort fast jeder Haushalt über eine Feuerwaffe verfügt, weil die Wehrpflichtigen sie nach der Dienstzeit mit nach Hause nehmen, einschließlich eines »Päcklis« mit 20 Schuss Munition.[8]

Es hat also nicht allein mit der Verfügbarkeit von Feuerwaffen, sondern auch mit dem Grad der Ungleichheit in einer Gesellschaft (→*Verteilung*) zu tun, dass US-Amerikaner sich siebenmal häufiger um die Ecke bringen als die Eidgenossen. Wobei weder die Schweizer noch gar die Deutschen die zurückhaltende Verwendung von Schusswaffen im eigenen Land moralisch an die große Glocke hängen können, denn sie tragen mit ihren Waffenexporten in anderen Ländern massiv zum Morden bei. Deutschland ist nach den USA und Russland der drittgrößte Waffenexporteur der Welt[9], beliefert unter anderem Diktaturen wie Saudi-Arabien und ist vor allem im Geschäft mit Kleinwaffen führend. Alle 14 Minuten, so schätzt der Waffenforscher und Rüstungsgegner Jürgen Grässlin, stirbt irgendwo auf der Welt ein Mensch durch eine Kugel aus einem deutschen Gewehr.[10]

Was ihr daraus machen werdet: Ihr werdet weiter einige Gewehre, Panzer und Abwehrwaffen herstellen, aber nicht für den Export, sondern ausschließlich für eine Landesverteidigung, wie sie im Grundgesetz festgeschrieben ist. Diese Verteidigung beginnt definitiv an den Landesgrenzen und nicht irgendwo am Hindukusch. Bis es euch gelingt, die Nato in ein globales Bündnis zu transformieren – wozu eigentlich erst mal »nur« die Rüstungsnationen zwei und drei (Russland und China) ins Boot geholt werden müssten –, werdet ihr euren »Beistandspflichten« nachkommen und, falls z.B. die USA angegriffen werden, bei ihrer Verteidigung helfen: auf amerikanischem Boden und abermals nicht irgendwo am Hindukusch. Ihr werdet euch vom MIMK nicht mehr einreden lassen, dass eure →*Freiheit* nur verteidigt werden kann, wenn ihr global »militärische Verantwortung« zeigt und auf vereinzelte Terroranschläge zu Hause mit dem permanenten Terror eines Kriegs antworten müsst. Ihr werdet verstehen, dass das Geschäftsmodell des MIMK auf dauerhafter Konfrontation gründet, die er nach Bedarf produzieren kann, indem er euch vor immer neuen Feinden Angst einjagt und so dauerhaft verhindert, dass Koexistenz und Kooperation möglich werden. Ihr werdet dem MIMK den Übergang in die Zivilgesellschaft und die Transformation in eine Friedensproduktion erleichtern, indem ihr aus Abrüstung ein Geschäft macht: Jeder *nicht* zum Einsatz kommende Leopard oder Tornado wird zum Kulturgut erhoben und auf ein Podest gestellt. Als Denkmal.

Wasser

Die Kriege der Zukunft werden um Wasser geführt.

Boutros Boutros-Ghali

Was gemeint war: Wasser ist der Entstehungsort allen irdischen Lebens und das faszinierendste Element von allen, aus dem unser Heimatplanet zu 70 Prozent besteht (ebenso wie wir selbst). Vom auf der Erde vorhandenen Wasser sind allerdings nur 0,01–0,3 Prozent für uns trinkbar[1], unsere einzige nachhaltige Süßwasserquelle ist Regen, und ohne Wasser sterben wir binnen weniger Tage. Der Zugang zu Wasser ist daher lebensnotwendig, und da wir das Recht auf Leben schätzen und schützen, ist der Zugang zu Wasser ein Grundrecht.

Was wir daraus gemacht haben: In der Allgemeinen Erklärung der Menschenrechte von 1948 ist Wasser als Menschenrecht *nicht* erwähnt – und zwar nicht, weil das keinem eingefallen wäre, sondern weil sich schlicht niemand von uns vorstellen konnte, dass je ein Mangel an sauberem Wasser herrschen könnte. Und erst recht konnte sich niemand vorstellen, irgendwer würde irgendwann das existenzielle Wasser vom Grundrecht umdeuten zum Grundbedürfnis. Genau das aber haben wir zu Beginn des Jahrtausends getan, und die begriffliche Kleinigkeit hat weitreichende Folgen. Wasser gilt seit dem 2000er Weltwasserforum in Den Haag als marktfähiges Gut, nicht mehr als Allgemeingut, seither weigern sich die politischen und wirtschaftlichen Lobbyisten, das Recht auf Wasser in ihren Erklärungen auch nur zu erwähnen – obwohl die Vereinten Nationen 2012 klipp und klar definiert haben, dass der Zugang zu trinkbarem Wasser sowie Sanitärversorgung, eben, Menschenrechte sind. Klingt gut. Ist aber dem leitplankenlosen Markt völlig egal. Denn Wasser, blaues Gold, ist ein Riesengeschäft. Und wer sich kein Wasser leisten kann – auch wenn er das *Bedürfnis* danach hat, wie nach z.B. einem iPhone –, der bekommt eben keins. Auch wenn er dann stirbt. Den Gedanken sogar über den Verdurstenden hinaus zu führen ist nicht sonderlich schwierig: »Wenn Wasser Privatbesitz ist, wer kauft es dann für die Natur?«[2]

Da wir beileibe nicht permanent desinteressiert waren am Zustand unseres Heimatplaneten, hat uns indes die Mitteilung schon vor Jahrzehnten alarmiert, *unser* Wasser werde knapp. Interpretiert haben wir das »unser« als das Wasser, das bei uns zu Hause läuft, und so haben wir schon vor etwa 15 Jahren angemessen reagiert und flächendeckend Wasserspartasten in unsere Klospülungen eingebaut. Tatsächlich ist so der Wasserverbrauch der privaten Haushalte in unseren regenreichen Regionen in den letzten Jahren zurückgegangen (um fast 25 Liter pro Tag seit 1991), was immerhin das →*BIP* wachsen lässt. Denn unser Wassersparen verkrustet unsere Abflussrohre von innen und stellt ein regelrechtes Klempner-Konjunkturprogramm dar. In Sachen globaler Wasserknappheit ist dieses Programm natürlich völlig sinnlos, beruhigt aber unser Gewissen und unsere Nerven. Umso mehr, als uns der Blick in amtliche Statistiken zeigt, dass wir uns regelrecht vorbildlich verhalten. Der Anteil der privaten Haushalte und der Gemeinden am Wasserverbrauch liegt nämlich weltweit nur bei zehn Prozent – inklusive Duschen und Klospülen. Wir Deutschen nutzen alltäglich rund 121 Liter Trinkwasser pro Tag im Haushalt[3], für Körperpflege, Kochen, Wäschewaschen oder auch für das Putzen sowie einen sehr geringen Teil zum Trinken. Und wenn wir dann auch noch beim Besuch des Fast-Food-Dealers unseres Vertrauens nur eine *kleine* Pepsi zu unseren zwei Burgern bestellen, fühlen wir uns förmlich als Weltenretter.

Bei all dem übersehen wir allerdings das 6000-Liter-Fass Wasser, das neben unserem Burgertablett steht, denn für die Produktion eines einzelnen Burgers werden nun mal 3000 Liter Wasser benötigt (woraus, am Rande, allein für die Versorgung der USA ein jährlicher Wasserbedarf von 42 Billionen Litern resultiert: für Burger, pro Jahr).[4] Aber selbst wenn wir Ausnahme-Asketen keine Burger mögen, kommen zu den von uns direkt verbrauchten 121 Litern täglich im Schnitt weitere 3900 Liter Wasser hinzu, die für die Herstellung unserer anderweitigen Lebensmittel, unserer Bekleidung und unserer Bedarfsgüter benötigt werden. Ein Großteil dieses indirekt genutzten Wassers wird für die Bewässerung von Obst, Gemüse und Getreide verwandt, denn den atemberaubenden Löwenanteil des weltweit verfügbaren Wassers verbraucht mit 65–70 Prozent die Agrarindustrie (die verbleibenden 20–25 Prozent gehen aufs Konto der anderen Industrien).[5]

Die Zahlen, die die meisten von uns beim Sparspülen nie hören oder lesen wollten, sprechen eindrucksvolle Bände: Ein Kilo Schokolade kostet 27 000 Liter Wasser[6], ein Kilo ägyptische Frühkartoffeln 300 Liter[7], eine Tasse Kaffee 150 Liter, eine Jeans 8000 Liter, ein Kilo Rindfleisch 15 000 Liter, ein Kilo Leder 17 000 Liter.[8] Jedes Baumwoll-T-Shirt schleppt einen ökologischen Rucksack von mehr als 50 Badewannen voll Wasser mit sich rum[9], für die in unseren iPhones und Computern verbauten Chips (und zwar nur für die!) verbraten wir alljährlich mindestens 145 Milliarden Liter, und erschreckend absurd wird das ganze unsichtbare Spiel beim Wasser selbst, nämlich dem in Flaschen. Denn von diesen, aus Plastik, füllen wir alljährlich etwa 100 Milliarden ab und karren sie lokal und global von links nach rechts, was nicht nur in Sachen CO_2-Bilanz (und in Sachen →*Müll*) ungeheuer bekloppt ist. Denn um eine Ein-Liter-Plastikflasche Mineralwasser zu produzieren, benötigen wir vier bis acht Liter Wasser.[10] In Deutschland sind jährlich etwa eine Milliarde PET-Flaschen unterwegs (aber deshalb noch lange nicht im Recyling-Umlauf)[11], für das kleine England behauptet Stephen Emmott gar neun Milliarden Pullen[12], also schlappe 36 Milliarden Liter Wasseraufwand, nur um Wasserflaschen zu produzieren.

121 Liter Privatverbrauch?

Wir Spartastenfüchse lügen uns schön in die Tasche.

Das Ergebnis lässt sich weltweit besichtigen, flächendeckend und mit zunehmender Geschwindigkeit austrocknend. Unsere Flusssysteme werden derartig angezapft, dass seit Anfang des Jahrtausends Flüsse wie der Colorado River oder der Rio Grande ihr Ziel nicht mehr zuverlässig erreichen (2001 lieferte der Rio Grande zum ersten Mal in der Geschichte keinen Tropfen Wasser mehr in den Golf von Mexiko), unser Regenwasser ist weltweit kontaminiert und nicht mehr trinkbar (jedenfalls nicht ohne vorherige chemische Reinigung), und unsere Grundwasserspeicher (Aquifere) müssen wir immer tiefer anbohren, um unseren Durst nach Burgern, Hosen und iPhones noch stillen zu können.[13] Der Witz bei diesem besonderen Grundwasserteil der Story ist allerdings: Da wir den Wasserstand unserer tief im Erdinneren liegenden Aquifere nicht beurteilen können, bemerkt man erst, dass ein Aquifer »leer« ist, wenn die Brunnen plötzlich für immer versiegen.[14] Das dürfte, da der Industrieverbrauch des weltweit verfügbaren Wassers sich bis 2025 vermutlich verdoppeln wird, in spätestens zehn Jahren der Fall sein.[15]

Aber ihr kennt ja unseren trockenen Humor: Für uns wird's schon noch reichen, und der Rest der Welt ist weit weg. Derzeit herrscht ja nur in 31 Ländern der Erde Wasserknappheit, mehr als eine Milliarde Menschen haben keinen Zugang zu sauberem Trinkwasser, drei Milliarden keinen Zugang zu sanitären Einrichtungen[16]. Etwa ein Drittel der Menschheit leidet also derzeit an Wasserknappheit, bis 2025 werden es laut UN-Umweltbehörde UNEP möglicherweise schon zwei Drittel sein.[17] Aber wir vertrauen im Wissen um die proklamierte Alternativlosigkeit unseres Wirtschaftssystems darauf, dass unsere großen Wasserkonzerne sich des Problems schon annehmen werden, und Stephen Emmotts düstere Prophezeiung geht uns – qua Gnade der frühen Geburt –

sowieso am Arsch vorbei: »Am Ende dieses Jahrhunderts wird es in weiten Teilen unseres Planeten kein brauchbares Wasser mehr geben.«[18]

Was ihr daraus machen werdet: Ihr werdet klipp- und klarstellen, dass Wasser ein Grundrecht ist, kein Grundbedürfnis. Ihr werdet dem Wasser seinen derzeitigen Warencharakter nehmen, es für alle Zeit für unprivatisierbar und zu einem Gemeinschaftsgut erklären: »Das Wasser gehört der Erde und allen auf ihr wohnenden Lebewesen.«[19] Den internationalen Konzernen, die nach blauem Gold schürfen, von Vivendi Universal bis Suez, von Nestlé bis RWE, werdet ihr per Gesetz das Wasser abgraben. Und sei es, indem ihr sie zerschlagt. (Ihr müsst nur ein bisschen aufpassen, dass wir nicht bis dahin zu viele TTIPs unterschrieben haben.)

Nicht nur aus Respekt vor der Natur, sondern schlicht aus reinem Selbsterhaltungstrieb und im Interesse eurer Kinder und Enkel werdet ihr deutlich weniger Wasser verbrauchen als wir. Allerdings nicht beim Klospülen. Euch wird ständig bewusst sein, wie viel Wasser zur Herstellung eurer Alltagsgegenstände und Lebensmittel erforderlich ist, und ihr werdet entsprechend handeln – oder eben verzichten. Wer von euch statt deutscher Kartoffeln (zehn Liter Wasser pro Kilo) ägyptische (300 Liter) zu seinem frisch gestochenen Spargel verlangt, bekommt fairerweise nur eine Gabel in den Handrücken.

Und ihr werdet ganz am Rande ganz dringend eure großen salzigen Wasserreservoire schützen und nicht weiter aufheizen, auch wenn ihr die sowieso nicht austrinken könnt. Denn in eurer Generation weiß ja jedes Kind, dass unsere Ozeane die weltweit größte CO_2-Senke sind und dringend wohltemperiert gebraucht werden, sofern ihr noch eine Weile länger in ihnen schwimmen wollt – das heißt: als Badende, nicht als Leichen (→*Erderwärmung*).

Sorgen bereitet uns bei all dem nur eure Intelligenz. Denn sicherlich wird es euch im Lauf der kommenden zehn, 20 Jahre gelingen, humanitär motiviert Wasser zu entsalzen, im großen Stil, so dass nie wieder ein Mensch verdursten muss. Das ist die begrüßenswerte Upside eures Erfindungsreichtums. Die Downside ist, wie auch bei anderen Aspekten der zukünftig grüneren Energiegewinnung, dass es euch dank dieses Quantensprungs in Richtung »Wasser im Überfluss« gelingen wird, alle anderen →*Ressourcen* noch stärker zu übernutzen als wir.[20]

Aber da ihr weiser seid als wir, behaltet ihr eure Allersmartesten ja fest im Auge. Im Wissen, dass die →*Zukunft* sonst ins Wasser fällt.

Weltbevölkerung

Wir sind schlichtweg zu doof, um so viele zu sein.

Michael Schmidt-Salomon

Was gemeint war: Na, was wohl? Ein Gebot von ganz oben: »Seid fruchtbar und mehret euch und füllet die Erde und macht sie euch untertan.«[1] Unser gemeinsames Ziel war dabei indes bereits vor Gottes Genehmigung, nämlich von Anfang an, der dringende Wunsch nach »Arterhaltung«, eingebaut in unsere DNA (nicht nur die unserer Art) – ein Wunsch, der dann ein paar Jahre später ganz entscheidend verstärkt wurde durch ein kollektives Trauma, nämlich die sogenannte Toba-Katastrophe, einen Vulkanausbruch, der vor 75 000 Jahren die damals bestehende Menschheit um 90–98 Prozent reduzierte – von 75 000 Seelen auf 10 000 oder vielleicht sogar nur 1 000 (Aufzeichnungen fehlen, selbstredend).

Diese dramatische Erfahrung und die im Lauf der Jahrtausende folgenden Asteroiden-Katastrophen fanden ihren Niederschlag in sämtlichen Menschheitsmythen vom *Popul Vuh* über die *Edda* bis zur biblischen Johannes-Offenbarung, und wir waren gut beraten, uns für alle Zukunft dagegen abzusichern, dass uns »der Himmel auf den Kopf fällt« (Majestix): indem wir die Welt bevölkerten. Massenhaft. Am Ende der letzten Kaltzeit, vor 10 000 Jahren, zählten wir bereits beruhigende fünf bis zehn Millionen, vor 1000 Jahren 300 Millionen Erdbewohner, vor 500 Jahren etwa 500 Millionen. Was die Klassifizierung »vom Aussterben bedroht« anbelangt, waren wir damit so weit auf der sicheren Seite, wie man's als Art im Universum nur sein kann.

Was wir daraus gemacht haben: Im Planetarischen wie im Alltäglichen sind wir verständlicherweise verblüffend oft zu doof, um zu erkennen, wann sich eine überlebenswichtige Idee überlebt hat. Daher ist unsere ursprünglich gute Idee, uns zahlenmäßig abzusichern gegen alle kosmischen Schicksalsschläge, vor 500 Jahren aus dem Ruder gelaufen und uns inzwischen gehörig um die Ohren geflogen. Spätestens mit unserer Domestizierung von Weizen und Haustieren, der landwirtschaftlichen Revolution (→*Landwirtschaft*), und der im 18. Jahrhundert einsetzenden industriellen Revolution gerieten die Zuwachszahlen der Spezies

Mensch ins Absurde, von 0,5 Prozent (18. Jhd.) hin zu zwei Prozent p.a. im 20. Jahrhundert. In Millionen ausgedrückt, beträgt der weltweite Nettozuwachs derzeit ein Deutschland pro Jahr, sprich: 83 Millionen Menschen, sprich: 2,6 pro Sekunde.[2] Waren wir noch 1800 eine Milliarde, hat sich unsere Zahl binnen 200 Jahren fast vervierfacht, auf 7,4 Milliarden. Und die Prognosen reichen von acht bis zehn Milliarden bis zum Jahr 2100 (sofern die weltweite Kinderzahl auf unter 2,1 sinkt, also das Ersatzniveau unterschreitet).[3]

Hierbei von »Überbevölkerung« zu sprechen, ist zwar zulässig, nicht aber so, wie wir es gemeinhin tun – nämlich grundsätzlich mit nach Süden und Osten gerichtetem Zeigefinger. Denn das vermeintlich überbevölkerte China ist weit weniger dicht besiedelt als Deutschland, und während das bevölkerungsreichste Land Afrikas, Nigeria, mit 168 Einwohnern pro Quadratkilometer als überbevölkert gilt, sagen wir das eher selten über Monaco, wo sich 16 600 Einwohner pro Quadratkilometer drängen.

Hier nun müssten wir einsteigen in eine beliebte Dauerdebatte, beginnend mit der sachlichen Feststellung, Nahrungsmittel gäbe die Welt derzeit wohl trotz ihrer vielen zu stopfenden Mäuler ausreichend her, möglicherweise sogar für zwölf bis 14 Milliarden (→Hunger). Schließlich könnten »alle Hungernden der Welt rein rechnerisch allein dreimal von der Hälfte der in Nordamerika und Europa weggeworfenen Lebensmittel satt werden«.[4] Allerdings sollten wir dann auch gleich konstatieren, dass wir Menschen im Jahr 1500 weltweit Waren und Dienstleistungen im Wert von umgerechnet 250 Milliarden Dollar produziert, diese Produktion inzwischen jedoch auf 60 Billionen Dollar ausgebaut haben. Anders: Unser Verbrauch belief sich anno 1500 auf 13 Billionen Kalorien Energie pro Tag und ist inzwischen auf 1500 Billionen Kalorien/Tag angestiegen. Noch anders: 14-mal so viele Menschen produzieren 240-mal so viel wie einst und verbrauchen dabei 115-mal so viel Energie.[5] Daher bleibt fraglich, wie viele Menschen ein abgeschlossenes System wie unser »Raumschiff ohne Bedienungsanleitung« (Buckminster Fuller) zu tragen vermag. Die Schätzungen reichen von 500 Millionen bis zwölf Milliarden[6], einig ist man sich allenfalls, dass unser Ressourcenverbrauch wie unser derzeitiger CO_2-Ausstoß beim Ausatmen nicht gesund sind für Gaia.

12 Milliarden? Wir leben in einer Welt, in der die Einwohner der Stadt New York am Tag mehr Energie verbrauchen als der gesamte afrikanische Kontinent.[7] Und selbst wenn es rechnerisch denkbar ist, unsere westlichen Ressourcen-Rucksäcke (→Ressourcen) gehörig zu verkleinern, dürfte doch jeder ernsthafte Versuch, uns Verwöhnte zum freiwilligen Verzicht auf so gut wie alles zu bewegen, schlicht an unserer Natur

scheitern: »Die Menschen in den reichen Nationen (halten) ihren Wohlstand und seine technischen Prämissen, die sie nicht mehr aus der Hand geben. [...] Sie werden sich weigern, sich mit einer Zukunft anzufreunden, die auf Schrumpfung und Zurückhaltung gründet.«[8]
Wohl wahr, das ist eine fiese Einschätzung. Gerade weil wir selbst derzeit (anders als unsere europäischen Freunde) so gern unsere abgelegten Mäntel und altes Spielzeug mit Flüchtlingen teilen. Aber wenn es ans Eingemachte geht – also den Verzicht auf das Gästezimmer, das Gästebad, den gebrauchten Erstwagen für die volljährige Tochter, die nächsten zwei Jahresurlaube unter südlicher Sonne oder die nächste Lohnerhöhung –, hört der Spaß auf. Daher gehen alle diesbezüglichen Debatten und Diskussionen verlogen in die falsche Richtung. Im Konjunktiv geht das natürlich alles: *Wären* wir andere Menschen, *gingen* wohl problemlos auch zehn bis zwölf Milliarden von uns auf die Erde. Wir sind aber keine anderen Menschen. Und deshalb sind wir drei bis sechs Milliarden zu viele.

Dieser Erkenntnis allerdings konnten wir und unsere Vorfahren uns nie ernstlich nähern, und das gleich aus *allen* biologischen, biographischen, historischen und religiösen Gründen, derer wir uns alltäglich nicht einmal bewusst sind. Undenkbar, das alles, es scheitert schon im gedanklichen Ansatz: Welchen Sinn hat mein Leben, wenn ich »mich« nicht in Form meiner Kinder an die Zukunft weitergebe? Hätten meinen Vorfahren Kinder abgelehnt, wäre ich selbst doch gar nicht da. Das haben wir schon immer so gemacht. Wäre das schon immer so gewesen, gäbe es uns Menschen doch gar nicht mehr.

Das muss Blödsinn sein. Und wenn sich dann auch noch die alten »Eliten« von Gorbatschow bis Turner zu Wort melden und meinen, mit etwa 500 Millionen müssten wir doch locker auskommen[9], ist der gedankliche Ofen sowieso aus. Denn die Typen meinen bestimmt nicht sich selbst, wenn's darum geht, sieben von acht auszusortieren.

Wir konnten das alles nicht denken. Und so ist in unserer Generation die alles entscheidende Frage unbeantwortet, weil ungestellt geblieben: Wieso arbeiten wir eigentlich nicht weltweit, aber erst recht »national«, energisch an unserer »natürlichen Schrumpfung«? Nicht mittels alltäglichem Massenmord – sondern mittels natürlicher Vernunft?

Denn dass Deutschland sich »abschafft«, ist gleich doppelt richtig: inhaltlich, weil durchschnittlich 1,3 Nachkommen pro »biodeutscher« Frau eben tatsächlich zu einer Schrumpfung der urdeutschen Bevölkerung führen. Es ist aber auch in der Sache richtig, also wünschenswert. Die Welt *braucht* keinesfalls noch mehr Menschen, schon gar nicht noch mehr »Biodeutsche«. Sondern weniger. Immerhin: Dem tragen die Intelligenteren unter uns längst stillschweigend Rechnung und lassen sich auch durch Elterngeld-Angebote der Politik nicht beirren. Aber erst ihr werdet erkennen (und auch aussprechen), was für eine verdammt gute Idee es ist, wenn wir uns selbst auf natürlichem Wege etwas dünner machen.

Was ihr anders machen werdet: Hierzulande werdet ihr den von unseren Akademikerinnen bereits vorgezeichneten Weg weiter beschreiten und losgelöst von →*Nationen* und Folklore dafür sorgen, dass dieser gesegnete Landstrich mitten in Europa immer gut bewohnt ist von Menschen, die eure Überzeugungen teilen (also vor allem den kategorischen →*Imperativ* als Grundgesetz anerkennen) und dem Rest der Welt mit gutem Beispiel friedlich vorangehen. Dabei wird euch herzlich wurscht oder banane sein, wo jemand geboren ist oder welche Hautfarbe er hat, solange er euer aufgeklärtes Wertesystem teilt.

All das werdet ihr im entspannten Wissen tun, dass Deutschland schon vor dem »Zeitenwandel« von 2015 wichtigstes Migrationsland der EU war (nur 4,5 Prozent der Weltbevölkerung haben einen Migrationshintergrund, aber 19 Prozent der deutschen Bevölkerung).[10] Und 9,7 Millionen dieser zugewanderten 16,5 Millionen sind: deutsche Staatsbürger[11]. Nicht vergessen werdet ihr dabei, anders als wir, dass unsere neuen Mitbürger in geeigneter Form integriert werden müssen[12], aber die Herkunftsfrage wird sich spätestens mit eurer Generation sowieso erledigt haben. Denn schon heute haben 30 Prozent der hier lebenden unter 15-Jährigen einen Migrationshintergrund[13], und sobald diese jungen Internationalen sich in Liebe den Un-Migranten verbunden haben, ist das Thema sowieso vom Tisch.

Als »Biodeutsche« werdet ihr euch auf diese Weise vernünftigerweise halbieren, nicht aber zwingend die Überbevölkerung dieses reichen und gesegneten Landstrichs. Ihr werdet nicht mehr Deutsche zur Welt bringen, sondern mehr bereits Geborene von euch und euren Ideen und eurem Handeln begeistern.

Woraus dann ganz am Rande eure wichtigste Mission folgt, nämlich die Drosselung des weltweiten Bevölkerungswachstums. Ihr werdet erkannt haben, dass Kinderreichtum eine Funktion von Armut ist (weil eben für die Armen die einzige Form von →*Rentenversicherung* im Kinderkriegen besteht), folgerichtig aber auch unsere Kinderarmut eine Funktion von Reichtum ist. Das Bevölkerungswachstum hängt also eng mit der in unserer Welt herrschenden ungerechten →*Verteilung* zusammen. Indem ihr folglich →*Wachstum* und Wohlstand in die Welt bringt, statt auf ausgewachsenem Gebiet weiterzuwachsen, wird die Weltbevölkerung ebenso glücklich in sich zusammenschrumpfen wie die eures eigenen Landes.

Euch wird sonnenklar sein: Die Entscheidung (über euer aller Zukunft) liegt bei drei Milliarden Frauen. Bliebe es im Durchschnitt bei 2,1 Geburten pro Frau, würde sich die Weltbevölkerung stabilisieren. Nähmen ungleiche Verteilung und Armut weiter zu und beschlösse dann jede zweite Frau, statt zwei Kindern sicherheitshalber drei zu bekommen, würde die Weltbevölkerung bis 2050 auf 27 Milliarden Menschen steigen. Zöge es hingegen – dank eurer komplett veränderten Politik und zunehmender Verteilungsgerechtigkeit – jede zweite Frau vor, statt zwei Kindern nur eines zu bekommen, würde die Weltbevölkerung bis 2050 auf 3,5 Milliarden sinken.[14]

Kleine Veränderung, große Wirkung. Auf natürliche Weise.

Werbung

Werbung ist die Kunst, auf den Kopf zu zielen und die Brieftasche zu treffen.

Vance Packard

Was gemeint war: Ursprünglich das Hervorheben eigener positiver Eigenschaften, um das Herz einer begehrten Person zu gewinnen. Später (und darum geht es hier): das Hervorheben positiver Eigenschaften des eigenen Produkts oder der eigenen Dienstleistung, um den begehrten Brieftascheninhalt anderer Leute zu gewinnen.

Was wir daraus gemacht haben: Das Erzeugen von positiven Gefühlen bei anderen Leuten, um deren Brieftascheninhalte oder Zustimmung zu politischen Entscheidungen zu gewinnen, ohne dass der Verstand irgendwem dazwischenfunkt. Werbung, längst erweitert um Public Relations, ist in unserer Welt zu einer unsichtbaren, alles lenkenden Hand geworden, denn alles ist inzwischen komplett ganz oder teilweise werbefinanziert, also eben nicht von der *Werbe*industrie bezahlt, sondern von der Industrie selbst – nicht nur das Fernsehprogramm, auch Wissenschaft, Forschung, Berichterstattung und Politik.

Die Werbung hat sich dabei weit von ihrer ursprünglichen Bedeutung und dem ihr zugewiesenen Spielfeld entfernt, nämlich dem Point of Sale (POS). Dem ursprünglichen Marktschreier folgten Ausleger und Plakatierer, dann sukzessive Print-, Funk-, TV- und Netzwerbetreibende. Von der anfänglichen Idee des positiven Hervorhebens (nützlicher oder neuer) Eigenschaften einzelner Produkte entfernte man sich immer weiter, denn mit zunehmender Angebotsvielfalt erwies sich die Erzeugung eines Markenimages als erheblich effektiver. Den Anfang dieser neuen Strategie markierte in Deutschland die Werbung für Dr. Oetker, die ein positives Image (glückliche, erfolgreiche Hausfrau) mit einer ganzen Palette von Produkten verknüpfte und endgültig für die vom Umworbenen als positiv empfundene Bekanntheit der Marke schon vor dem Besuch des Marktplatzes sorgte.

Die höheren Ziele dieser Imagestrategien hatte Edward Bernays, Großvater aller Spindoktoren, bereits 1928 unter dem Begriff (und Buchtitel) *Propaganda* klug und prägnant ausgeführt, allerdings musste man das Image der Propagandamacher selbst nach dem Zweiten Weltkrieg verbessern (»Goebbels gibt Bernays fünf Amazon-Sterne!« wäre kein Verkaufsargument gewesen) und den Begriff durch Public Relations und Public Affairs[1] ersetzen, in Deutschland gern auch durch Öffentlichkeitsarbeit (weil der Deutsche mit Arbeit generell was Positives verbindet).

Die Produktpropagandisten durchschauten dabei früh sowohl das Wesen des Kapitalismus als auch das des Menschen. Im Wissen, dass Werbung zum Mark des globalen, zum ewigen →*Wachstum* verdammten →*Kapitalismus* gehört, verlegte man sich früh darauf, »Information« immer kleiner zu schreiben und »Gefühl« zunehmend groß. Denn die gesellschaftsrettende Anforderung an Werbung und Werbetreibende ergab sich aus dem ebenso segensreichen wie naturwidrig zu ewigem Wachstum gezwungenen Kapitalismus von selbst: nämlich die künstliche Erzeugung von Nachfrage – weit über den Punkt der natürlichen Bedürfnisbefriedigung hinaus. Goldrichtig konstatierte Bernays daher: »Während in der [...] Ökonomie, die für das letzte Jahrhundert typisch war, die Nachfrage das Angebot schuf, muss für das Angebot heute aktiv die nötige Nachfrage geschaffen werden.«[2]

Anfangs bereitete das Treiben der Werber und Propagandisten dabei der Öffentlichkeit gelegentliches Unwohlsein. Noch in den 1960er Jahren sorgten Berichte über die zunehmend manipulativen Methoden von Werbung und PR für einiges empörtes Aufsehen, Vance Packards Buch *Die geheimen Verführer* (1957)[3] wurde ein weltweiter Bestseller, nicht zuletzt wegen des Untertitels *Der Griff nach dem Unbewussten in jedermann*, wies Packard doch schlüssig nach, dass die Werbetreibenden zweierlei beabsichtigten: die Manipulation sowohl des Konsumenten (Produkte zu kaufen, die er nicht braucht und eigentlich auch nicht will) als auch des Wählers (Parteien zu wählen, deren Programme seinen natürlichen Wünschen entgegenstehen). Da Packards Bestseller tatsächlich temporär die Wahrnehmung der Konsumenten veränderte, beeilten sich die entlarvten PR-Experten, seinen Ruf schnell und gründlich zu zertrümmern, und zogen aus der Erfahrung ihre Lehren. Inzwischen sind die Manipulatoren praktisch unsichtbar – obwohl sie, anders als noch in den 60er Jahren, tatsächlich alles lenken und steuern, jede Kaufentscheidung, jeden Gedanken. Werbung und PR entscheiden, worüber wir wie nachdenken. Wenn überhaupt.

Der rasante Aufstieg der Werbebranche ab Mitte der wirtschaftsliberalisierten 80er Jahre vollzog sich kreuz und quer durch die Medien, nicht nur weil Werbe- und Pressetexter zunehmend der »vierten Gewalt« (der unabhängigen Presse) als »fünfte Gewalt« helfend zur Seite standen. So fällt heute allenfalls noch als Spitze des Eisbergs ins Gewicht, dass die Industrie sagenhafte 540 Milliarden Dollar p.a. in direkte Werbemaßnahmen investiert, denn der Löwenanteil der meinungsbildenden Arbeit wird unter anderen Kostenstellen verbucht. Weder festangestellte Pharmareferenten (vulgo: Vertreter) fallen in der Bilanz unter Werbung noch Geldspenden (z.b. für als Vereine eingetragene Patientenorganisationen), weder Stiftungslehrstühle an Hochschulen oder die Unterstützung von willigen Wissenschaftlern und angehenden Doktoren aller Fachrichtungen noch wohltätige Sachspenden für Bildungseinrichtungen wie etwa Nutella-Turnbeutel beim Schulfest (→Schule). Die *Apotheken Umschau* (Leserreichweite 20 Millionen) ist selbstredend sowieso keine Werbung, sondern eine unabhängig informative Zeitschrift. Und allerlei Öffentlichkeitsarbeitskosten verschwinden auch bilanzierend in den Schubladen Research and Development oder Personalkosten – für publikumswirksam wohlmeinende Fachleute und akademische Titelträger, vulgo: Bestochene, die eben nicht unter »M« wie Marketing in der Bilanz auftauchen, sondern unter »Gehälter«. Wenn überhaupt.

Das Problem sind also weniger die klassischen Werbeformen (Anzeigen, TV-Spots, Banner), sondern die zahlreichen verdeckten, mit denen an unsere Gefühle appelliert wird. In einer immer schnelleren und komplizierteren Welt, in der wir permanent Entscheidungen zu treffen haben, versichern wir uns bei Starbucks oder beim Handyanbieter unserer Rolle als »Bestimmer«, indem wir souverän und frei unsere ganz individuelle Latte-macchiato-Venti-Flatrate-3 aus dem Überangebot wählen, und leben so im ausreichend sicheren Gefühl, Herren und Damen unseres Schicksals zu sein. Liegen die Sachverhalte marginal komplexer, sind wir indes dankbar für jede Entscheidungshilfe, die uns nicht intellektuell fordert, schließlich ist unser Verstand im täglichen Hamsterrad ohnehin überfordert. Daher ist die Verkürzung auf ein Gefühl (mit Vertrauen auf unseren Bauch) uns gerade recht. Wer es also schafft, sich selbst, seine Dienstleistung oder sein politisches Programm an ein positives Gefühl zu koppeln, erhält unser Geld.[4] Oder unsere Stimme.

Diese Vereinfachung auf »Bauchentscheidungen« unter dankbarer Weglassung der Verstandestätigkeit ist längst nicht mehr auf Lifestyle-Produkte von Margarine bis Parfüm beschränkt, sondern entscheidet inzwischen sämtliche Wahlen. Alles Wichtige (Kritische/Anstrengende/Entscheidungsrelevante) findet nur noch in Nischen statt, die in der Regel fast unbesucht bleiben und im seltenen Erfolgsfall von aufmerksamen PR-Abteilungen und ihren Mietmäulern quer durch alle »unabhängigen« Medien elegant diskreditiert werden. Zuverlässig reagiert das Publikum dabei aus dem Bauch heraus mit strikter Ablehnung auf

Schlagwörter wie »Verschwörungstheoretiker«, »Trolle«, »Internetnutzer« oder »Nazi«. Zum eigenständigen Denken kommt es dabei selten, weil dies als anstrengend empfunden wird – und die verbale Darstellung von Komplexität als Unfähigkeit, sich klar auszudrücken. So ist inzwischen praktisch alles, was einen Relativsatz enthält, »too much information«, und der Konsument verlangt dringend: klare, kurze Sätze. Sowie starke Emotionen – in sich selbst.

Dabei möchte der Einzelne aber natürlich nicht wissen, *dass* er manipuliert wird, weshalb Werbung und PR wohldosiert Nebelkerzen anzünden und sich gar beim öffentlich zugänglichen Diskurs ein Minimum an Dissens gönnen, damit dem manipulierten Volk der Eindruck bleibt, es befinde sich im »Freien«.[5]

Die beste Werbung ist die, die man nicht sieht, und PR lässt sich durchaus auch als »Public Recognition« lesen. »Wahr« nämlich ist eine Funktion von »wahrgenommen«, und was man nicht wahrnimmt, kann nicht wahr sein. 99 Prozent unserer Werbung sind effektiv, und es fällt uns ungeheuer schwer zu sehen, was uns niemand zeigt. Problematisch ist an dieser Form der ebenso alltäglichen wie unsichtbaren Werbung und Meinungsbildung allerdings, dass sie die Grundlagen der Demokratie an sich zerstört, weil wir tatsächlich nur noch über Images entscheiden, nicht über Inhalte. Unser Verstand hat bei unseren Abstimmungen nichts mehr zu melden

Alle Zusammenhänge sind uns unter dem Botschaftsbombardement vernebelt. Tagtäglich erreichen uns bis zu 3500 Konsumreize, also während unserer wachen Stunden alle 15 Sekunden einer. »Im Alter von 75 Jahren wird jeder von uns mehr als zwölfeinhalb Jahre vor dem Fernseher verbracht haben, dazu ein volles Jahr mit dem Anschauen von Werbeblöcken.«[6] Und so wissen wir nicht einmal mehr, dass wir alles Wichtige nicht wissen. Informiert sind wir ja nicht einmal mehr darüber, welcher Thinktank und öffentlich laut werdende Experte von welchen Industrien und welchem Sponsor abhängt – und natürlich auch nicht darüber, dass unsere Klimakonferenzen ausgerechnet von Big Coal und Big Oil gesponsert werden.[7] Verlassen können wir uns nur noch darauf, dass wir uns auf niemanden verlassen können. Also verlassen wir uns auf unser Gefühl. Nur ist leider auch das längst verkauft.

Widerstand gegen diese permanente Manipulation, den »Griff nach unserem Unbewusstsein«, ist, da wir inzwischen all unsere Gefühle via Facebook offen legen und algorithmisch erkunden lassen, zunehmend zwecklos, und die Neurowissenschaft tut alles, um auch die Positionen der letzten Widerstandsnester unseres »freien Willens« der Allianz aus Big Data und Werbewirtschaft anzudienen.

Wir dürfen dem Propagandisten einen Sieg auf der ganzen Linie attestieren.

Was ihr daraus machen werdet: Eure Grundhaltung wird ein gehöriges Misstrauen sein gegenüber allen vermeintlich kostenlosen Angeboten. Bei allem, was gratis tut, von Google bis zur *Apotheken Umschau*, von Facebook bis zum Anzeigenblatt, werdet ihr euch immer fragen: Warum schenken die mir das? Was bezahle ich gerade wirklich? Und womit?

Und weil die Antwort meist lauten wird: »Mit Dingen, die mir wirklich lieb und teuer sind – mit Demokratie, Freiheit, Privatsphäre, meiner Gesundheit, dem Recht auf Individualität«, werdet ihr daher Gratis-Angebote grundsätzlich ablehnen: Weil ihr nicht wollen werdet, dass euch eure Informationen teuer zu stehen kommen, werdet ihr dafür bezahlen. Und zwar direkt, mit Geld, nicht auf Umwegen. Ihr werdet für eure Unterhaltung bezahlen, für eure Ärzte, für unabhängige Forschung. Für euren Journalismus und eure Informationen aus dem Netz. Ihr werdet euch werbefrei informieren. Teurer als heute. Aber euer Gewinn wird groß sein – an Freiheit und Demokratie.

Und ihr werdet eure Kinder von früh an animieren, sich mit euch über die Werbung lustig zu machen.[8]

Ihr werdet euer Gehirn wieder mit komplizierteren Entscheidungen belasten als mit der zwischen Caramel Macchiato Soja oder Cappuccino grande halbfett.

Werte

Was gemeint war: Moralisch hochstehende Qualitäten oder Eigenschaften.

Was wir daraus gemacht haben: Preisschilder incl. Umdeutung von Sünden zu Tugenden (Geiz ist geil).

Was ihr daraus machen werdet: In memoriam Oscar Wilde: Ihr werdet wieder den Wert von Dingen kennen, nicht nur deren Preis.

Wettbewerb

Psychologisch gesehen, handelt es sich hier um pathologischen Narzissmus: Sich besser zu fühlen, weil andere sich schlechter fühlen, ist krank.

Christian Felber

Was gemeint war steht im Duden: »Etwas, woran mehrere Personen im Rahmen einer ganz bestimmten Aufgabenstellung oder Zielsetzung in dem Bestreben teilnehmen, die beste Leistung zu erzielen, Sieger zu werden.« Mitgemeint war aber obendrein, dass echte Wettbewerbe unter fairen Bedingungen stattfinden: Fliegengewichtler müssen eben nicht gegen Schwergewichtler antreten. Wettkampf und Vergleich finden vorwiegend auf dem Sportplatz statt, in eher seltenen Fällen fürs *Guinness-Buch der Rekorde* wird aber auch um die Wette gehäkelt oder auf Pfählen gesessen. In der Wettbewerbssonderform »Überlebenskampf« konkurriert eine Art (z.B. der Mensch) mit anderen Arten (Pflanzen, Insekten, Aliens) um die nackte Existenz. Im äußersten Extremfall – etwa bei eklatanter Ressourcenknappheit, die das Überleben aller nicht erlaubt – kämpfen auch Vertreter der gleichen Art miteinander. Vernichtung von Artgenossen ohne existenzielle Not ist als Wettbewerb nirgendwo vorgesehen.

Was wir daraus gemacht haben: Wettkampf und Vergleich bestimmen unser Leben überall und rund um die Uhr, beginnend in der Kita, fortgesetzt in der →*Schule*, weitergeführt an den Universitäten und im Berufsleben, permanent begleitet von Konkurrenzdenken fördernden Nachrichten- und Unterhaltungs-Formaten wie *DSDS* und *Germany's next Topmodel* im meinungsbildenden Fernsehen. Immer geht es dabei um das Prinzips: »Es kann nur einen geben.« Mit Lorbeer belohnt werden hierbei grundsätzlich zwei Arten von Siegern. Das sind zum einen jene, die sich am besten gegen die Konkurrenz durchsetzen, wobei weder gleiche Ausgangsbedingungen hergestellt werden noch irgendwelche ethischen Fairnessregeln gelten. Und das sind zum anderen jene, die äußersten Kadavergehorsam bei vollständiger Ausschaltung von Moral, Vernunft und eigener Identität unter Beweis stellen. Wer nach der Aufforderung seines Generals oder seiner Heidi nicht salutierend von der

Brücke oder vom Laufsteg springt, verliert: wer fehlerfrei im Multiple-Choice-Modus Antworten nachbetet, behält als Jahrgangsbester die gesellschaftlichen Spitzenplätze im Auge.

Wir übersehen dabei konsequent, dass dieses allgegenwärtige Konkurrenzdenken, essentieller Bestandteil des kapitalistischen Menschenbildes, der Natur des Menschen diametral entgegengesetzt ist.[1] Triumphieren kann hier längst nur mehr der asozial Verformte, vulgo: der empathiefreie Psychopath. Und wenn man in jeder zufällig gewählten Gruppe von hundert Menschen getrost davon ausgehen darf, lediglich *einen* Psychopathen anzutreffen[2], verändert sich das Verhältnis in Politik und Vorstandetagen geschlechtsunabhängig auf zirka 1:1.

Aufgrund der psychopathischen Verzerrung auf höchster Ebene ist die nach jahrhundertelangen Kämpfen und viel trial-and-error-gesicherte Menschheitserkenntnis praktisch vergessen, dass nicht Konkurrenz, sondern Kooperation der einzige Schlüssel zu unserem friedlichen und erfolgreichen Zusammenleben ist. Wissenschaftliche Belege für diese historische Wahrheit sind längst dutzendfach nachgereicht[3], dringen aber kaum zu uns durch, da wir zu sehr mit Wettkampf und Wettkampfvorbereitung beschäftigt sind: Wer skeptisch innehält, hat schon verloren.

In unserem simulierten Rund-um-die-Uhr-Überlebenswettkampf lassen wir alles Wesentliche außer Acht, sogar die Regeln des Wettbewerbs selbst. Wir sorgen nicht für Chancengleichheit und teilen die Wettbewerber nicht in Gewichtsklassen ein, obwohl wir einst wussten, dass nur in Fabeln eine Maus den Elefanten besiegt. Wir lassen reiche Kinder arme Kinder besiegen und nennen das fair. Wir lassen die afrikanische Landwirtschaft gegen unsere antreten und nennen das fair. Es siegen nicht die Besten, sondern die mit den besten Startbedingungen – und sogar auf dem eigentlichen Wettkampfplatz, im Sport selbst, gilt: »Das Geld schießt die Tore.«[4]

Die große Zahl der unter diesen Bedingungen vom Start weg chancenlosen Bewerber wird indessen mittels einiger höchst eleganter Schachzüge von Protest und Revolution abgehalten. Denn wir verfügen über unbestechliche Evaluierungsmethoden, die computergestützt alle Erfolgskriterien festlegen. Dass allerdings gerade der →*Computer* das für den Erfolg einer Zivilisation Wesentliche aufgrund seiner eigenen Herkunft nicht erfassen kann, haben wir nach 20 Jahren konditioniertem Desktop-Denken in Schubladen und Ordnern völlig vergessen und betrachten inzwischen allen Ernstes *alles* als binär erfass- und bewertbar. Auch halten wir die chinesische Schule für vorbildlich, ohne zu berücksichtigen, dass kadavergehorsames Nachbeten allenfalls geeignet ist, ein Milliardenvolk ohne blutigen Widerstand durch die Jahrzehnte zu führen. Hingegen sind doch alle für unseren bisherigen Fortschritt und unsere eigene Zivilisation wichtigen Erfindungen von der *Kleinen Nachtmusik* bis zum Antibiotikum, von der Relativitätstheorie bis zum iPad eben jenen zwei Prozent zu verdanken, die nicht lediglich dasselbe wie alle anderen nur minimal schneller oder eifriger können, sondern die querdenken – und über den Tellerrand hinaus, zur Seite oder nach oben von der Norm abweichen.

Was ihr daraus machen werdet: Ihr werdet wissen, dass ihr originelle Ideen, ja, Genialität benötigt, um in Zukunft zu bestehen. Da Genies sich nun nicht dadurch auszeichnen, dass sie einen Multiple-Choice-Test nur ein bisschen besser ausfüllen können als alle anderen, werdet ihr euer System wieder auf die tatsächlichen Bedürfnisse und Erfordernisse des Menschen abstimmen, mit hoffnungsvollem Blick auf eure Genies – und eure potentiellen zukünftigen Genies, eure Kinder. Ihr werdet das Wettbewerbsdenken aus Schule, Familie, Ehe und Alltag verbannen und nur noch dort dulden, wo es hingehört: auf dem Sportplatz.

Eure kategorische Grundaussage wird sein: Vergleiche sind nur spielerisch erlaubt – für all jene, die das Vergleichen partout nicht lassen können. Hiermit ist der Wettbewerb als zulässige Idee definiert und zugleich in die Freizeit geschickt. Und nirgendwo sonst haben Evaluierungen, Vergleiche oder Wettkämpfe ihren Platz.

Im Übrigen werden die weniger Sportlichen unter euch sich daran erinnern, dass ohnehin alles Vergleichen nur zulässig ist mit sich selbst. Schließlich bringen wir alle, ausnahmslos, unterschiedliche und nicht von uns selbst hergestellte Voraussetzungen mit auf den Startblock. Daher ist jeder Vergleich mit anderen *per definitionem* grober Unfug. Außer zum Spaß. Auf dem Sportplatz ist solcher Unfug erlaubt. Und »unter der Dusche ist alles vergessen« (Juvenal, vermutlich).

Das Gesagte gilt natürlich *nicht* für den Fall (und *nur* diesen Fall), dass tatsächlich das Leben eurer ganzen Art auf dem Spiel steht, weil echte Billionen Heuschrecken, genmanipuliertes Unkraut oder einmarschierende Aliens eure Lebensgrundlage zu vernichten drohen. In diesem Fall hier wäre euch der harte und gnadenlose Wettkampf selbstredend gestattet, und ihr dürftet, bis die Gefahr abgewendet ist, sogar die Fair-Play-Leitplanken restlos abmontieren.

Wissenschaft

*Wunder geschehen nicht im Gegensatz zur Natur,
sondern im Gegensatz zu dem, was wir von der Natur wissen.*

Augustinus

Was gemeint war: Eine freie Wissenschaft und Forschung, die unabhängig von politischen, religiösen und ökonomischen Einflüssen das Wissen über die Welt vermehrt und für jene Bereiche, in denen keine eindeutigen Erkenntnisse möglich sind, Hypothesen (Theorien) aufstellt, die durch wiederholbare Experimente bestätigt oder falsifiziert werden können.

Was wir daraus gemacht haben: Auch wenn die Gewährung der wissenschaftlichen →*Freiheit* im Grundgesetz als wichtige staatliche Verpflichtung festgehalten ist, sind die öffentlich bestellten Wissenschaftler an den Hochschulen unserer Tage oft weniger mit der Suche nach Wahrem als mit der Akquisition von Barem (Drittmitteln) beschäftigt. Ohne private Finanzierungen durch die Industrie lassen sich viele Forschungsvorhaben gar nicht mehr durchführen, doch schränkt diese durch Förderung hinzugewonnene Freiheit eine wirklich freie Wissenschaft gleichzeitig auch wieder ein. Denn welchen Forschungen oder Problemlösungen nachgegangen wird, wird schon längst nicht mehr allein durch wissenschaftliches Erkenntnisinteresse bestimmt, sondern durch die geschäftlichen Interessen der Auftraggeber, die sich am Ende auch die Patent- und Verwertungsrechte an den Forschungsergebnissen sichern. Und die alle mit öffentlichen Mitteln gewonnenen Forschungsergebnisse geheim halten können, wenn sie keine direkt vermarktbaren Ergebnisse bringen oder eben Vermarktungsinteressen entgegenstehen (→*Medikamente*). So wird aus einem wissenschaftlichen Miteinander der gegenseitigen Falsifizierung bei der Suche nach Wissen und Wahrheit eine geheimniskrämerische Konkurrenzsituation.

Nun war die Gewinnung von Wissen schon immer an Nützlichkeitsüberlegungen geknüpft und fand in einem bestimmten politischen oder religiösen Rahmen statt; wirklich frei waren Wissenschaft, Forschung und Lehre mithin zu keiner Zeit der Geschichte. Und doch waren ihre

Exponenten, die großen Geister und Gelehrten, zu allen Zeiten davon überzeugt, dass sie die Rätsel des Universums bis auf ein paar Kleinigkeiten gelöst hätten. Sie hielten ihren Glauben – etwa, dass die Erde auf dem Rücken einer Riesenschildkröte ruht oder eine Scheibe ist oder der Mittelpunkt des Sternenhimmels – für ausgemachtes Wissen. So wie wir heute z.b. den Urknall für gesichertes, gut belegtes Wissen über den Beginn des Universums halten – was die Kulturhistoriker der Zukunft wahrscheinlich kaum für weniger naiv halten werden als wir die Schildkröten-Kosmologie der frühen Südseebewohner, was aber eben typisch ist für das Denken eines Zeitalters, in dem der Explosionsmotor eine zentrale Rolle spielte.

Neue Werkzeuge und Sichtweisen gebären neue Weltbilder, sprich: Wer einen Hammer hat, sieht überall Nägel. Aber das Neue ist immer auch erst einmal ein Schock. Als Antonie van Leeuwenhoek, der Erfinder des Mikroskops, behauptete, im Speichel jedes Menschen lebten Bakterien, erklärten seine Zeitgenossen ihn für verrückt. Wenig anders erging es später Charles Darwin, als er die Primaten als Vorfahren der Menschen installierte, oder Sigmund Freud, als er erstmals von einem Bereich des Unbewussten sprach. Zu allen Zeiten hatten Pioniere gegen eine satte Überzeugung der Wissenschaft und des Zeitgeistes zu kämpfen: den Glauben, dass bereits alles entdeckt sei. Dass vor der Angst, über gesichertes Terrain hinauszugehen, selbst große, offene Geister nicht gefeit sind, zeigte Albert Einstein, als er sich standhaft weigerte, die quantenmechanischen Schlussfolgerungen seiner Relativitätstheorie zu akzeptieren.[1] Ähnlich wie eine der Speerspitzen der europäischen Aufklärung, die Academie Française, die herabstürzende Meteore noch 1790 zu Fantasiegebilden erklärte, weil das Herabfallen von Steinen vom Himmel physikalisch unmöglich sei.

Dass Wissenschaftler für ihre grundstürzenden Entdeckungen leibhaftig verbrannt werden wie Giordano Bruno, ist heute eher unwahrscheinlich, verketzert und aus den Hallen der wissenschaftlichen Kirche verbannt werden sie aber nach wie vor. Wie einst die Religionen die unhinterfragbaren Erklärungen des Weltgeschehens lieferten, beansprucht heute *die* Wissenschaft ein konkurrenzloses Monopol für die Deutung der Welt, weil sie, anders als einst die Kirche, Gewissheiten nicht einfach als Glaubenssätze verkündet, sondern diese erst mit der Einführung des Zweifels, des Trial-and-error-Verfahrens und der Bestätigung oder Widerlegung durch Experimente zu Gewissheiten macht. So sind angeblich echte Wissenschaft von Pseudowissenschaft, Medizin von Quacksalberei, astronomische Daten von astrologischem Kaffeesatz, Wissen und Glauben definitiv zu unterscheiden[2]. Dergleichen funktioniert indessen nur im Labor, in klinischer Umgebung, im Elfenbeinturm, solange ein künstlich isolierter Teilaspekt untersucht wird, wo dann z.B. eine homöopathische Arznei wegen nicht messbarer Wirkstoffe als definitiv unwirksam klassifiziert werden kann. Tatsächlich aber wirkt diese Arznei sehr wohl, und das nicht nur bei Menschen – was notfalls noch mit dem Placeboeffekt[3] erklärt werden könnte –, sondern auch bei Tieren, die sich nicht einbilden, dass in ihrem Futtertrog wirksame Medizin gelandet ist, und deshalb ihre Selbstheilungskräfte in Gang setzen.[4]

Dass isolierte Messungen und Berechnungen nicht ausreichen, um wirkliches Wissen und nicht nur Teilwahrheiten zu Tage zu fördern, belegen immer wieder aufs Neue die sogenannten Wirtschaftswissenschaften, deren Rezepte trotz harter Mathematik niemals aufgehen. Dennoch kommen sie als Wirtschaftsweise daher, die vermeintlich alternativlose Rezepte verkünden. Kaum weniger apodiktisch geht es im Lager der Genforschung zu, wie Hans Magnus Enzensberger treffend notiert hat: »Waren einst für die Ausrottung aller Leiden Schamanen und Wunderheiler zuständig, so sind es heute Molekularbiologen und Genetiker; und von der Unsterblichkeit sprechen nicht mehr die Priester, sondern die Forscher.«[5]

Als am 26. Juni des Jahres 2000 der genetische Code des Menschen endgültig entziffert worden war, wurde das einerseits und zu Recht als großer Durchbruch gefeiert, andererseits schwang sich die Kirche der Wissenschaft einmal mehr zu Lobpreisungen der eigenen Großartigkeit auf, so dass es im Publikum schnell einer beträchtlichen Duldungsbereitschaft bedurfte, um die ermüdende Wiederholung der immer gleichen Simplifizierungen durchzustehen: über bestimmte Gene, die für bestimmte individuelle Eigenschaften zuständig seien. Vom Putzfimmel über sexuelle Vorlieben bis zur Verpeiltheit gab es bald keine persönliche Macke mehr, die nicht auf irgendein Gen zurückgeführt wurde. Auch wenn sich die ursprüngliche Grundannahme der Gentechnik, dass ein Gen nur eine Wirkung erzeugt, in keiner Weise halten ließ – die nur etwa 30 000 Gene des Menschen, von denen 15 000 auch in jeder Banane stecken und 99 Prozent in jedem Schimpansen, funktionieren nur in Wechselwirkung untereinander und mit den Proteinen –, minderte dies die Heilsversprechen der Genetiker in keiner Weise. Vom Welthunger (→*Hunger*) über unheilbare Krankheiten (→*Medikamente*) bis zur Unsterblichkeit scheint es seitdem kaum mehr ein Problem zu geben, das nicht durch ein paar Drehungen an den genetischen Stellschrauben des Lebens gelöst werden könnte. Dass mit dem genetischen Code zwar die Menge der Bausteine, aber keineswegs der Bauplan des Lebens bekannt ist und die komplexen Wechselwirkungen von Genen und Proteinen kaum erforscht und ihre langfristigen Folgen nicht vorhersagbar sind, ficht diese Heilslehre kaum an. Was möglicherweise mit der »Kühlkette« zu tun hat, wie sie der Anthropologe und Wissenssoziologe Bruno Latour beschrieben hat: »Mit wissenschaftlichen Fakten verhält es sich wie mit gekühlten Fischen; die Kette der Kälte, die sie frisch hält, darf nicht abreißen.«[6]

Was ihr daraus machen werdet: Wirkliches Wissen schafft die Wissenschaft nicht im Labor, sondern als kollektives Experiment – und dazu müsst ihr die Epoche der wissenschaftlichen Moderne hinter euch lassen. Statt Subjekt und Objekt also scheinbar rational zu trennen in eine durch Wissenschaft objektivierbare Natur auf der einen und eine alles verwertende und benutzende Gesellschaft auf der anderen Seite, gilt es eine Akteur-Netzwerk-Beziehung einzugehen. Am Beispiel der Entdeckung des Milchsäurebakteriums durch Louis Pasteur zeigt Latour, dass ein neu entdeckter »Akteur« wie dieses Bakterium erst in einem Netzwerk an Relevanz gewinnt und Folgen zeitigt; und wie nicht nur sein Entdecker, die wissenschaftliche Community und das Netzwerk mit dem Akteur umgehen, sondern auch, was dieser mit der Gesellschaft, dem Staat, den Lebensweisen macht. In diesem Fall führte die Entdeckung zu Vorschriften für Lebensmittel und Hygiene und in der landwirtschaftlichen Produktion. Im Fall des aktuell neuen Akteurs »Smartphone« führte die Entwicklung zu Menschen, die fast nur noch mit gesenktem Kopf herumlaufen.

Ihr werdet also verstehen, dass euer Wissen und die Dinge, die es erzeugt, nicht der alleinige Baumeister der Welt sind, sondern dass diese Dinge an der Verfertigung der realen Welt mitarbeiten; dass ihr und diese Dinge schon längst zu Hybriden geworden seid. *Das* ist der objektive Zustand der Realität – und nicht die im Labor geschaffenen wissenschaftlichen Tatsachen über isolierte Teilbereiche. Diese bleiben in der Tat nur so lange frisch, wie ihre »Kühlung« – die Fiktion der Objektivität – aufrechterhalten wird. In der realen Welt aber wirken sie dann ganz anders, werden aktiv, machen sie etwas mit uns (→*Das Netz*, →*Cyborgs*).

So wäre es wohl angesichts der Zerstörungen, die die wissenschaftliche Moderne und ihre grandios erfolgreiche Trennung von Subjekt und Objekt mit sich gebracht haben, nicht das Schlechteste, bis auf weiteres zu den Regeln der amerikanischen Ureinwohner zurückzukehren und vor jeder Entscheidung die Folgen für die nächsten sieben Generationen zu bedenken.

Ein solches Denken bedeutet allerdings auch, die Wissenschaft aus ihren Verflechtungen mit der Wirtschaft zu befreien und Transparenz darüber zu schaffen, wer was für wen mit welchen Mitteln erforscht.[7] Ihr werdet also dafür sorgen müssen, dass die Wissenschaft wieder das sein kann, was das Bundesverfassungsgericht schon zu unseren Zeiten in einer Entscheidung festgeschrieben hat: »*ein von Fremdbestimmung freier Bereich autonomer Verantwortung*«.[8]

Zuwanderer

> *Fatal ist mir das Lumpenpack,*
> *Das, um die Herzen zu rühren,*
> *Den Patriotismus trägt zur Schau*
> *Mit allen seinen Geschwüren.*
>
> Heinrich Heine

Was gemeint ist: Zuwanderer oder Immigrant ist, wer seinen Wohnort verlässt und sich anderswo für längere Zeit oder dauerhaft niederlässt. Jeden in seinem Geburtsland sesshaften Menschen hingegen, also jeden, der zufällig innerhalb anderer willkürlich gezogener Landesgrenzen zur Welt gekommen ist als wir selbst, bezeichnen wir als Ausländer. Für uns etwa 82 Millionen Deutsche besteht die Welt zu 98,75 Prozent aus Ausländern, bis 2050 werden es 99,2 Prozent sein (→*Weltbevölkerung*). Ab- und Zuwanderungsbewegungen sind historischer Normalzustand, die Gründe für diese Wanderungen sind vielfältig, in der Regel aber treiben Not, Verfolgung oder Elend die Menschen aus ihrer Heimat fort in andere Regionen. Nur sehr selten findet man unter Migranten Eroberungswillige wie Columbus und Cortez oder Religionskrieger wie Richard Löwenherz.

Was wir daraus gemacht haben: Deutschland war aufgrund seiner zentralen europäischen Lage seit jeher Durchgangs- und Zuwandererland, und mit flüchtigem Blick auf die Landkarten der letzten paar hundert Jahre ist uns ohnehin bewusst, dass »Deutschland« lediglich ein fröhlich oszillierendes Territorialkonstrukt ist. Nicht nur die Sachsen können davon bei Bedarf ein Lied singen, ein mehrsprachiges: von -Anhalt über Nieder- bis Angel-. Nach dem Zweiten Weltkrieg haben wir, mittendrin geteilt, das eigentlich beruhigende Wissen um die Beweglichkeit unserer Grenzen aber glatt vergessen. Zwar konnten wir →*Deutsch* hernach nicht mehr definieren (weil uns die positiven Adjektive allesamt braungefärbt ausgegangen waren), übrig blieb als typisch deutsche Nachkriegseigenschaft im Grunde nur noch: unser Fleiß.

Zuwanderer kamen in den Anfangsjahren unseres Wiederaufbaus kaum vor, bis der deutsche Westen, dank des Plans von George C. Marshall ein nach Osten offenes Schaufenster des →*Kapitalismus*, sein Wirtschaftswunder inklusive Vollbeschäftigung erlebte und Millionen Arbeiter aus Italien, Spanien, Griechenland und der Türkei anwerben musste, um das deutsche Wachsen und Produzieren weiter zu befeuern. Unser einmillionster Auslandshelfer, ein portugiesischer Zimmermann, wurde von uns Fremdenfreunden 1964 sogar symbolisch mit einem Eins-a-Moped und einem Strauß Nelken begrüßt[1], aber gleichzeitig signalisierten wir dem guten Mann und seinen Nachwanderern auch gleich per Muttersprache-Crashkurs, dass wir sie keineswegs permanent behalten wollten, sondern lediglich temporär als Gastarbeiter. Dass daraus nichts wurde, freut die meisten von uns bis heute, denn nicht nur entlastet die Zuwanderung den deutschen Sozialstaat gehörig (durchschnittlich zahlt jeder Ausländer p.a. 3300 Euro mehr an Steuern und Sozialabgaben, als er an staatlichen Leistungen erhält)[2] – auch an das kulinarisch erschütternd phantasielose Deutschland vor dem Beginn dieser neuen Zuwanderung denken die Älteren unter uns höchstens noch alpträumend zurück.

Da wir allerdings nicht vorgesehen hatten, dass unsere Gastarbeiter nach Ableistung ihrer Sklavendienste bleiben würden, unterließen wir von Anfang an so gut wie alle Integrationsbemühungen, denn: Gäste brauchen ja so was nicht. Kritisch vorausdenkende Geister mahnten indes schon in den 70er Jahren, wir sollten uns doch allmählich mal irgendwelche wenigstens rudimentären Regeln für unser zukünftiges Multi-Kulti-Zusammenleben ausdenken, aber da uns aufgrund unserer jüngeren Vergangenheit außer »fleißig« kein einziges Adjektiv mehr als unverdächtig erschien, fiel es uns ungeheuer leicht, diese wichtige Aufgabe fortwährend zu vertagen. Als dann spätestens Ende der 80er Jahre niemand mehr an den demographischen Daten bzw. unserer im Fundament arg ausgezehrten Alterspyramide vorbeischauen konnte und jedermann und -frau dämmerte, dass das zunehmend kinderlose Deutschland schlicht nicht zukunftsfähig sein würde (→*Rentenversicherung*), kam uns Prokrastinationalen allerdings eine erfreuliche Zuwanderungswelle in Folge unserer sogenannten Wiedervereinigung dazwischen, und statt mit der Integration von echten Ausländern hatten wir fortan alle Hände voll zu tun mit der internen Völkerverständigung zwischen Ossis und Wessis. Dennoch war uns allen spätestens mit Meinhard Miegels Fünf-vor-zwölf-Weckruf 2003[3] sonnenklar, dass wir Deutschland umgehend zum organisierten Einwanderungsland machen müssen – mit, eben, endlich klaren Regeln für Sesshafte ebenso wie für Zuwandernde.

Passiert ist danach: so gut wie nichts.

Verständlicherweise. Denn wir mögen das Thema nicht. Mochten es nie. Und können nicht damit umgehen. Schließlich können wir keine

Green Cards einführen, denn damit würden wir ja der ganzen Welt signalisieren, dass uns manche Menschen willkommener sind als andere. Erst recht können wir nicht wie Amerikaner, Engländer oder Franzosen darauf bestehen, dass Zuwanderer z.b. erst mal unsere Sprache lernen oder einen Staatsbürgertest bestehen müssen. Undenkbar. Natürlich nehmen wir Hochqualifizierte notfalls auf. Sofern sie sich geeignet bewerben. Aber ansonsten sind wir einfach: weltoffen. Für jederfrau und -mann. Wir machen keine Unterschiede zwischen Menschen. Wer verfolgt wird und unserer Hilfe bedarf, den nehmen wir auf. Sofern er es aus eigener Kraft schafft, übers Mittelmeer zu schwimmen oder zu Fuß bis an unsere Grenze zu laufen, mit zwei Kindern auf dem Rücken. Aber eine »organisierte Zuwanderung«, nein, die lässt sich mit unserem Selbstbild nicht vereinbaren.

Von der »Flüchtlingswelle« des Jahres 2015 wurden wir daher selbstredend kalt erwischt, denn diese Bewegung hatte niemand von uns kommen sehen, hatte niemand kommen sehen *können* nach fast 15 Jahren, in denen wir das Vertagen, Verschieben und Aussitzen zu unseren neuen nationalen Tugenden erhoben hatten. Wer von uns hätte also vorhersehen können, dass *urplötzlich*, gleichzeitig und komplett unerwartet die eine oder andere Million der etwa 50 Millionen weltweiten Flüchtlinge[4] an unsere Türen resp. Grenzen klopfen und Einlass begehren würde? Wer hätte mit so was rechnen können? Dass 1,7 Millionen syrische Flüchtlinge sich nach nur anderthalb Jahren Elend in den Grenzgebieten auf den Weg zu *uns* machen würden? Und das nur, weil wir unsere Nothilfezahlungen im Dezember 2014 einfach *gestrichen* hatten?[5] Aus Geldmangel, selbstredend, denn diese Nothilfe hätte jeden Einzelnen von uns erwachsenen Deutschen finanziell ungeheuer belastet, nämlich mit monatlich fast einem ganzen Euro.[6]

Aber so sind wir eben: Wir helfen den Menschen lieber hier, bei uns, als sie dort zu unterstützen, wo sie leben (→*Entwicklungshilfe*). Wir fühlen uns dabei einfach besser, haben was für unser Selfie-Fotoalbum, waschen unsere Hände so kurz vor unserem Pensionsantritt ganz humanitär in Unschuld – und winken zum Abschied auch noch die prognostizierten 350 Millionen Klimaflüchtlinge heran. Den gesellschaftlichen Sprengstoff, den diese gnadenlos verlogene Stoffteddy-Sentimentalität mit sich bringt, hinterlassen wir gern euch. Und gebt's zu: Das ist doch immerhin besser als gar kein Erbe.

Was ihr daraus machen werdet: Anders als wir werdet ihr euch nicht mehr in die Tasche lügen und das Kardinalproblem der ungerechten →*Verteilung* von Reichtum und Besitz beheben – dazu gehört natürlich auch eine Entwicklungshilfe, die diesen Namen verdient. Anders als wir werdet ihr nicht Menschen zur Migration zwingen oder sie einfach umkommen lassen, statt ihnen monatlich einen Euro zu überweisen.

Dennoch wird euer Paradies Deutschland ein begehrtes Ziel für die paar Milliarden Menschen bleiben, die trotz harter täglicher Arbeit nicht mal davon träumen können, so luxuriös zu leben wie ihr, selbst wenn ihr nicht arbeitet. Im Wissen, dass man euch weiter alljährlich millionenfach zuwandern wird und ihr das nicht mal dann verhindern könntet, wenn ihr's *wolltet* (weil euer Deutschland nun mal sehr viel grüne Grenzen hat und ganz und gar keine Insel ist wie Neuseeland), werdet ihr die Zuwanderung nicht zu unterbinden versuchen, sondern lediglich geeignet organisieren.

Dass ihr Zuwanderer braucht, wisst ihr ja selbst am besten. Ihr könnt ja lesen: Derzeit gehen wir trotz Zuwanderung davon aus, dass die deutsche Bevölkerung bis 2060 von 82 Millionen auf etwa 62 Millionen sinkt.[7] Es werden also nicht nur reichlich Wohnungen frei, es ist auch unheimlich viel Platz – und zwar heute schon. Anders als wir werdet ihr Millionen Menschen einladen, sich selbst »blühende Landschaften« zu schaffen, und zwar dort, wo wir genau das nicht geschafft haben – im Osten unseres Landes, der erstens durchaus seine Reize hat und zweitens halb leer steht.

Auf dem Weg werdet ihr ein paar spannende Fragen beantworten. Nicht nur die, was Europa sein soll oder sein sollte, auch die, wofür das seltsame Wort →*Deutsch* eigentlich steht. Oder stehen soll. Vor dem Rückfall auf nationale Positionen (→*Nationen*) werdet ihr euch hüten, aber ihr werdet euch, anders als wir (kollektives Sternzeichen: Fisch) nicht aus der Affäre winden und jede Position mit Hinweis auf die braune Vorgeschichte eurer Großväter verweigern.

Wir haben nicht *nur* Mist gemacht. Wir haben ein paar Dinge erreicht. Unsere Frauen sind zu Recht stolz darauf, dass sie nicht hinter uns Kerlen hergehen müssen. Ihr werdet niemanden in eurer Mitte dulden, der diese Selbstverständlichkeit nicht versteht. Ihr werdet Dinge erwarten von denen, die mit euch, bei euch leben wollen. Ihr werdet nachsichtig denen gegenüber sein, die aus dem Mittelalter zu euch kommen und 500 Jahre Nachholbedarf haben in Sachen →*Aufklärung*, Toleranz und →*Freiheit*, aber ihr werdet nicht zögern, Höhlenmenschen vor die Tür zu setzen, die euch als »Opfer« betrachten.

Ob ihr euch weiter »Deutschland« nennen solltet? Vielleicht tauft ihr euch ja auch einfach um, mit festem humanistischen Regelwerk. Und vermutlich formuliert ihr das auch gleich in einer anderen Amtssprache als eurem komplizierten Heimatidiom, denn eine gemeinsame Sprache wirkt ja durchaus Wunder. Fragt doch einfach mal die Sachsen und deren verwandte Angeln, ob's da nicht eine Variante gibt, auf die ihr und all eure neuen Mitbewohner euch einigen könntet (und anders als wir sprecht ihr doch sowieso alle schon seit eurer Geburt fließend Youtube).

Zukunft

> *Die verkehrte Welt bedeutet uns, die Wirklichkeit zu ertragen, anstatt sie zu verändern, die Vergangenheit zu vergessen, anstatt ihr zuzuhören, und die Zukunft hinzunehmen, anstatt sie uns vorzustellen.*
>
> Eduardo Galeano

Was gemeint war: Alle Zeitpunkte zwischen gleich und dem Ende des Universums. Zum gegenwärtigen Zeitpunkt (jetzt) hat alles, was existiert, mehr oder weniger viel Zukunft, der Mensch allerdings verfügt (vermutlich exklusiv) auch über eine *Vorstellung* von der Zukunft; eine Vorstellung, die er in der Gegenwart aus möglichst realitätsnaher, vernünftiger Einschätzungen vergangener Ereignisse gewinnt. Anders als Eichhörnchen oder Tulpen hält der Mensch daher die Zukunft für gestaltbar durch sein eigenes Handeln. Diese vergleichsweise junge Überzeugung[1] kann einerseits zu gefährlicher Selbstüberschätzung führen[2], andererseits aber auch zu interessanten philosophischen Konzepten (→*Freiheit*), weltverändernden Erfindungen und Produkten (→*Das Netz*) sowie zur Herrschaft über alle anderen Tiergattungen im gemeinsamen Lebensraum.

Was wir daraus gemacht haben: Eine Worthülse auf unserem Weg zum erweiterten Suizid. Als unser Unwohlsein mit dem ganzen Konzept begann, sind uns ja immerhin noch gelungene Aphorismen gelungen wie »Früher war sogar die Zukunft besser« oder »Die Zukunft ist auch nicht mehr das, was sie mal war« oder »Mangels Nachfrage findet morgen nicht statt«[3] – aber dieses vergleichsweise lustige Mahnen ist lang her, und heute scheint es, als wäre unsere Zukunft nicht nur schlechter geworden, sondern förmlich verschwunden, als hätten wir vor lauter Fragen, Aufgaben und Tempo schlicht gar keine *Zeit* mehr für unsere Zukunft; als sei sie uns »abhandengekommen unter der Diktatur der Gegenwart«.[4] Schon in den 1960er Jahren hieß es allerdings: »Mir will es doch so vorkommen, als ob das, was […] dem Menschen abhandengekommen ist, die Fähigkeit ist, ganz einfach das Ganze sich vorzustellen als etwas, das völlig anders sein könnte.«[5]

Das stimmt natürlich nicht. Vorstellen können wir uns die Zukunft nämlich durchaus noch, allerdings absolut nicht mehr als Utopie, sondern nur noch als Dystopie, also schwarz. Licht und bunt schaffen wir nicht mehr, und das, obwohl wir in unserem gemeinsamen Rückspiegel sehen, dass unsere Zukunft immer gestaltbar war, und zwar (meist) zu unserem grandiosen gemeinsamen Vorteil. Das scheint vergessen worden zu sein, denn heute setzen wir unsere politischen Vertreter nicht umgehend ab und vor der Landesgrenze aus, wenn sie uns die vermeintliche »Alternativlosigkeit« ihres Handelns einzureden versuchen[6], also uns das Allerwesentlichste unseres Menschseins absprechen, nämlich die Möglichkeit des Gestaltens unseres zukünftigen Lebens. Diesen Glauben an die Gestaltbarkeit unserer Zukunft, den scheint man uns tatsächlich genommen zu haben.

Utopien? Sind als naiv diskreditiert. Hatten wir doch alles schon. Hat alles nicht funktioniert. Gute Ideen? Hatten wir auch. Haben auch nicht funktioniert. Dass wir so ticken und empfinden, ist gewünscht und gewollt. Nicht von uns vielen, die wir unter der Gegenwart mehr oder minder leiden, sondern von den wenigen, die von und in dieser Gegenwart profitieren. So läuft die aus der Gegenwart schlicht fortgeschriebene Zukunftsvorstellung nur auf den uns auferlegten Fatalismus hinaus: »Wir können ja eh nichts ändern, es geht zu Ende.« So oder so. Vermutlich blutig und im Kampf Mann gegen Mann, Frau gegen Frau, Kind gegen Zombie. Und wenn uns überhaupt noch irgendwas helfen kann in dieser nahen Zukunftswelt der uns überschwemmenden Aliens aus dem Weltall oder dem Nahen Osten, dann doch am ehesten das US-Militär.

Unser Medienmenü (angerichtet nicht ganz zufällig von eben jenen 10%, die von der Gegenwart profitieren und davon, uns 90% den Zugang zu längst erreichbaren Paradies zu verwehren) dreht unsere Herzen und Gehirne dabei permanent weiter bis zur zukunftsreinen Porentiefe durch die Trommel: Eine glückliche Zukunft für uns, unsere Nachbarn und unseren Planeten ist undenkbar, vergessen wir also jeden Gedanken daran, essen noch möglichst sofort alles auf und leben, esoterisch klingend, im Jetzt[7]. Und sind inzwischen ernsthaft überzeugt, erst recht nach den letzten zwölf Jahren Alternativlosigkeit, es wäre normal, eben nicht einmal über die Zukunft nachzudenken, sondern in ewiger Gegenwart, im permanenten »wird schon« abzuwarten, bis alles wieder besser wird. Oder wenigstens wieder halb so schlimm: Wir blicken nicht mehr Richtung Horizont; wir »fahren auf Sicht«.[8]

Was wir dabei übersehen und übersehen sollen, sind ein paar Kleinigkeiten. Erstens herrscht kein Nebel, nur Kurzsichtigkeit, zweitens, entscheidend, haben unsere gewählten Vertreter offenkundig selbst gar keine Vorstellung mehr vor einer gestaltbaren, wünschbaren Zukunft. Und das ist fatal, denn »eine wünschbare Vergangenheit reicht nicht«.[9]

Die Diagnose fällt aber noch ein bisschen verheerender aus, wenn wir den verbleibenden Kitsch entfernen und konstatieren müssen: Wir haben die Zukunft vergessen und verraten, und die Zukunft, das ist eure Zeit. Die Zukunft, das seid ihr. Das heißt: Obwohl wir alle – Politiker wie Nichtpolitiker – seit Jahrzehnten wissen[10], dass es so nicht weitergeht und wir unseren Kindern und Enkeln einen Desasterplaneten hinterlassen werden, haben wir nicht gehandelt. Sondern abgewartet. Und uns damit beruhigt, dass ihr uns ja höchstens unterlassene Hilfeleistung vorwerfen könntet, aber keinen Mord. Das allerdings wird nicht wahr, selbst wenn wir es uns hundertmal in unsere Köpfe und Strafgesetzbücher lügen: Auch Nichthandeln ist Handeln, und im Ergebnis besteht kein Unterschied zwischen Mord und unterlassener Hilfeleistung. Letztere hat nur einen besseren Ruf.

Das Schlimme ist: Wir spüren das. Wir wissen das. Wir haben es verbockt, gründlich. Haben nicht richtig hingeguckt, viel vergessen, waren bequem und gedankenlos und haben nichthandelnd zugelassen, dass eure Zukunftsaussichten immer schlechter werden. Heute aber, im Jetzt, können wir das nicht mehr ignorieren. Heute wissen wir und gestehen uns sogar ein, dass es euch, unseren Kindern, eben nicht »einmal besser gehen wird« als uns. Das glauben nur noch 13 Prozent von uns[11], und Harald Welzer fragt zu Recht: »Wo nehmen die restlichen 87 Prozent die entspannte Haltung her, dagegen nichts zu tun?«

Aber diese Haltung ist keine. Und schon gar nicht entspannt. Sondern eine schwere, zukunftslose Depression. Wir wissen doch, dass es kein Argument gibt, nichts zu tun. Dass es schon seit Jahrzehnten kein Argument mehr für unser Nichtstun *gab*. Und ihr könnt euch gar nicht vorstellen, wie *peinlich* uns das ist. Wie sehr wir uns schämen. Denn alles, was wir verschoben haben, wird euch auf die Füße fallen. Und jetzt haben wir auch noch den Glauben verloren, dass wir es überhaupt noch ändern *könnten*.

Unsere Geisteshaltung gleicht der eines frisch gefeuerten US-Familienvaters, der verzweifelt weiß, dass er seine Familie nicht mehr wird ernähren können. Der weiß, dass seine Frau ihn verlassen wird. Der weiß, dass seine Kinder nicht werden studieren können. Dass ihn alle hassen werden, für immer. Der weiß, dass man höchstens noch auf sein Grab spucken wird, und der verzweifelt nach Hause fährt, die Waffe im Handschuhfach, und konsequent in seiner schweren schwarzen Störung tut, was so ein Mann eben tun muss: Ehe der so was zulässt, nimmt er die ganze Familie doch lieber mit.

Der Fachmann nennt das »erweiterten Suizid«, und solltet ihr das Bild allzu drastisch finden, müsstet ihr euch die Frage beantworten, uns betreffend: Wieso haben diese Leute nicht gehandelt?

Was ihr daraus machen werdet: Ihr werdet die Zukunft restaurieren, in eurem Jetzt: als positive Vision; die Zukunft für euch zurückerobern und sie wieder gestalten, statt sie nur geschehen zu lassen. Ihr werdet euch erinnern, wie »Zukunft« vor uns gemeint war, dass das vorausschauende Handeln uns Menschen von Amöben unterscheidet. Und ihr werdet engagiert darüber diskutieren, wie denn diese Zukunft gestaltet werden soll.

Sofern ihr mit uns rechtet, weil wir euch in unserer Zukunftsmüdigkeit so viele Probleme hinterlassen haben, dann vergebt uns, indem ihr die Einsicht von Thomas Jefferson beherzigt: »Probleme oder Schulden sind nicht übertragbar von einer Generation auf die nächste.« Ihr werdet die Ungerechtigkeit beenden, denn nur sie steht eurem Frieden im Paradies im Weg. Ihr werdet umverteilen, auch wenn das den 0,001 bis zehn Prozent von euch nicht gefallen wird, also vor allem den 64 Menschen nicht, denen derzeit der halbe Reichtum des Planeten gehört (→*Verteilung*). Vermutlich werden die kämpfen wollen, aber vergesst nicht: Ihr seid denen zahlenmäßig nicht nur ein bisschen überlegen, und so werdet ihr siegen, fast ohne Blutvergießen, Franklin D. Roosevelt im Sinn: »Zu fürchten habt ihr nichts außer der Furcht selbst.«

Ihr werdet wissen: Es ist besser, Fehler zu machen als gar nichts. Besser, beim Versuch zu scheitern als beim Aussitzen. »Trotzdem!« ist das neue »Alternativlos«.

Ihr werdet drei, vier Fragen immer im Kopf haben, als Leitsterne: Ihr werdet wissen wollen: »Wozu mache ich das eigentlich (das, was ich gerade mache), in jedem Moment?«, »Was will ich, was wollen wir *sein*?«; »Was will ich, über das Jetzt hinaus, *gewesen sein*?«

Und zuletzt, am Anfang von allem: »Was wollen wir wollen?«[12]

Nachwort

Die ganze Wahrheit ist: Wir wissen, dass wir nichts wissen, und nicht mal das wissen wir so ganz genau. Nur von etwa vier Prozent des Universums, so schätzt die Wissenschaft, haben wir eine ungefähre Ahnung, vom ganzen Rest, also fast von allem, wissen wir nichts. »Nichts« hört sich nicht gut an, weshalb unsere Experten dafür neuerdings schönere Begriffe gefunden haben, wie z.b. »dunkle Materie« oder »verborgene Variablen«. Die klingen zwar auch nicht viel angenehmer, aber immerhin scheint da noch etwas Materielles, etwas Fassbares zu sein. Und fassbar, also maximal auf Armeslänge entfernt, muss etwas sein, dass wir es er-fassen, be-greifen, uns vor-stellen können. Die Be-Griffe, die wir dafür verwenden, deuten an, dass unsere Konzeption von Wahrnehmung aus einer Zeit stammt, in der die Primaten noch auf Bäumen lebten. Seitdem wurden zwar in Windeseile das Feuermachen, die Dampfmaschine und das Internet erfunden, doch mit dem Be-Greifen sind wir als nunmehr domestizierte Primaten immer noch schwer überfordert. Das Universum, das Leben und der ganze Rest sind einfach zu viel, als dass sie sich simpel, einfältig vor-stellen und be-greifen lassen. D.h. einen Begriff, eine Vorstellung kann man sich mit dieser Baummenschen-Methode davon schon machen, der Glaube indessen, dass diese Vorstellung der Wirklichkeit entspricht, ist pure Einbildung. Oder, wie es der Darth Vader der deutschen Philosophie, Martin Heidegger, ausgedrückt hat: »Seinsvergessenheit«.

Ja, aber ... haben wir denn nicht Nobelpreisträger, leibhaftige Genies und all die Experten im Fernsehen, die auf fast jede Frage eine Antwort wissen – vom Ablauf des Urknalls bis zu den Vorteilen der Mehrkomponentenwertstofftonne? Haben wir nicht Forschungseinrichtungen, Elite-Universitäten und Thinktanks, in denen unsere Spitzendenker und HochintelligenzlerInnen der Lösung der letzten noch offenen Fragen Tag für Tag näher kommen? Haben wir als Menschheit insgesamt nicht derart gigantische Fortschritte in der Ansammlung und Verbreitung von Wissen gemacht, dass heute jeder Durchschnittsbürger mehr vom Aufbau des Universums oder der Funktionsweise des menschlichen Körpers weiß als vor 200 Jahren das größte lebende Genie? Und haben Wissenschaft und

Technologie uns nicht einen unvorstellbaren Fortschritt, immensen Wohlstand und unerreichte Bequemlichkeit und Lebensdauer beschert? Das kann man wohl sagen. Aber mit diesem »Fortschritt« ist es nicht mehr weit her, für diesen »Wohlstand« können wir uns bald nichts mehr kaufen, und wenn wir es so weiter treiben, fährt der Karren gegen die Wand. Und das *sollte* man nicht nur wissen, das *kann* man auch wissen, wenn man genau hinschaut – nur ist das nicht gerade schön, weshalb es von den meisten Menschen vermieden wird.

Wer sich aber auf die Schultern einiger Riesen (siehe etwa die Namensgalerie in unserem Literaturverzeichnis) stellt und Ausschau hält, kann auch als Zwerg erkennen: Das Wissen über die Welt und die Gesellschaft stellt Lösungen bereit, um das mit Vollgas Richtung Crash bretternde Gefährt abzubremsen und umzusteuern. Dem Fatalismus, dass eh alles zu spät ist und Buchautoren allenfalls noch eine Rolle im Orchester der *Titanic* zufällt, schließen wir uns nicht an. Denn wir haben es auf diesem Kollisionskurs nicht mit einem Eisberg, sondern mit selbstgeschaffenen, hausgemachten Problemen zu tun: einem Wirtschaftssystem, das als zerstörerischer Kaputtalismus wütet, und einer Zivilisation, die zur Zuvielisiation mutiert ist und an ihrem eigenen Müll erstickt. An ihrer eigenen Dummheit. Die vermutlich der Tatsache geschuldet ist, dass ins Betriebssystem der allerersten Lebewesen ein Befehl programmiert war – »Wenn sich was bewegt, hau drauf und friss es!« –, der auf diesem äußerst unwirtlichen Planeten für das Überleben von entscheidender Bedeutung war und deshalb auch bei allen folgenden DNA-Updates bis hin zur aktuellen Version des *Homo sapiens* weiter ein Bestandteil des Betriebssystems blieb. Mittlerweile aber ist er für die potentiell fatalen Bugs, die Systemfehler, verantwortlich, die wir von A-Z aufgeführt haben.

Ohne Frage hat dieser tief im Kern des Überlebensprogramms steckende Reflex unsere Vorfahren über Millionen Jahre hinweg in einer von Knappheit und Mangel geprägten Umwelt extrem erfolgreich gemacht. Aber diese vielversprechende Strategie der Gier – darauf deuten alle identifizierten Bugs hin – hat definitiv ausgedient. So wie der Hecht im Karpfenteich irgendwann checkt, dass es mit seinem Hechtsein zu Ende geht, wenn er alle Karpfen frisst, so haben wir Menschen mittlerweile gecheckt, dass wir dank unserer Erfindungsgabe und Ideen in der Lage sind, aus diesem von Knappheit und Mangel geprägten Planeten ein Paradies zu machen. Mit einem gigantischen Atomkraftwerk am Himmel, das (für die nächsten ca. zwei Milliarden Jahre) kostenlos freie Energie liefert, mit (noch) fruchtbaren Böden, (noch) sauberem Wasser und einer (noch) ausreichenden Vielfalt von Pflanzen und Tieren, sodass die Erde auch eine größere Menschenbevölkerung ernähren könnte als die derzeit lebende – sofern sich diese Bevölkerung an die Spielregeln hält. Entscheidend ist die Gesundheit des ganzen Planeten und nicht die irgendeiner einzelnen Art von Organismen, entscheidend für die Regulierung des Gesamtsystems ist die Vielfalt organischen Lebens. Wer sich parasitär, auf Kosten dieser Vielfalt ausbreitet, wird zwangsläufig untergehen. Wenn wir den Zoom ganz weit öffnen und die vier Milliarden Jahre der Entwicklung des Lebens auf der Erde in den Blick nehmen, können wir die einzige wirklich unumstößliche Regel erkennen, die Wahrheit, die auf diesem Planeten von Beginn an gilt: Alle Parasiten müssen Symbionten werden – oder sie werden verschwinden.

Diese große Wahrheit gilt als Regel nicht nur für das Gesamtsystem, den Superorganismus Erde, sondern für sämtliche Sub-Sub-Sub-Systeme, die sich in der Biosphäre tummeln. Und nicht nur die natürlichen, sondern auch die hergestellten und geschaffenen gesellschaftlichen, kulturellen und technischen Systeme. Diese Wahrheit spiegelt sich in vielen der oben angesprochenen guten und wahren Ideen für die Organisation dieser Systeme, die in der Praxis immer noch scheitern, weil wir – als Menschheit insgesamt und als unsere Generation im Besonderen – den Switch vom Parasitären zum Symbiotischen nicht geschafft haben. Und das hat nicht nur mit dem immer noch zuschlagenden »Friss«-Befehl zu tun, der aus den Urzeiten der Evolution in unserem Betriebssystem steckt, sondern auch mit den diesen Impuls ansprechenden Ideologien: vom Überleben des Stärkeren im Kampf ums Dasein, vom *Homo oeconomicus*, der allein von egoistischen Impulsen getrieben wird, vom *Homo homini lupus*, dem Menschen, der für den anderen stets ein Wolf und nur mit Gewalt zu bändigen ist.

Doch wie wir in den vorangegangenen Kapiteln hoffentlich zeigen konnten: Diese Theorien und die daraus abgeleiteten Ideologien sind falsch, weil sie nur Teilwirklichkeiten erfassen. Und zwar solche, die für Planeten gelten, auf dem Knappheit und Mangel ein schier unüberwindliches Problem darstellen. Auf der Erde anno 2016 tun sie das indes nicht mehr. Und während die gute alte Hippie-Utopie »Stell dir vor, es ist Krieg, und keiner geht hin« allenfalls insoweit verwirklicht ist, als Krieg mittlerweile ferngesteuert wird, stehen wir jetzt, wo die Lösungen für die Probleme der Welt auf dem Tisch liegen, vor dem Paradox »Stell dir vor, es geht, und keiner kriegt's hin«.

Zumindest wir haben's nicht geschafft. Aber ihr seid hoffentlich ein bißchen smarter – weil ihr die andere Seite der Evolution, der Ökonomie, der (Staats-)Macht entdeckt und Ideologien schafft, die die symbiotischen, kooperativen und emphatischen Eigenschaften betonen, ohne die das Leben auf diesem Planeten gar nicht hätte entstehen können.

Ohne die auch ihr gar nicht sein könntet und – so dürfte in diesem Buch klar geworden sein – auch keine Zukunft habt, sofern ihr die alten Saurier-Reflexe nicht schleunigst runterfahrt. Bei euch selbst und vor allem bei dieser Busladung von Super-Dinos, den milliardenschweren 80 Vertretern der humanoiden Sub-Spezies »Tyrannosaurus«, die sich schon fast 50 Prozent des globalen Vermögens einverleibt haben. Wenn ihr sie weiter fressen lasst und euch damit zufrieden gebt, was sie an Wiedergekäutem wieder ausspucken (»Philantropie«), gehört ihnen bald alles – und ihr seid wirklich das, für das sie euch und uns schon immer gehalten haben: *sheople*, menschliche Schafe, eine Herde dummer Sklaven.

Nun haben wir den Punk (»eat the rich!«) zwar hinter uns gelassen, doch ohne den neuen Feudalherren, wenn nicht an die Gurgel, dann doch an die Brieftasche zu gehen, kann sich am System nichts ändern. Und weil sie über mindestens so viele Stoßtrupps verfügen wie Darth Vader im Kino, wird das kein Kinderspiel, ist aber machbar. Warum? Weil ihr die 99,9 Prozent seid und keine Angst habt, weil euch gar nichts passieren kann. Weil ihr euch von der »Kirche der Angst«, die Terror, Tod und Teufel an die Wand malt, nicht länger erschrecken lasst. Weil ihr das Spiel durchschaut, mit dem ihr gegeneinander aufgehetzt werdet: wegen eures Geschlechts, eurer Hautfarbe, eurer Nationalität, eurer Kultur, eurer Religion. Dieser ständige Zwist, der immer wieder zum Krieg ausartet, ist das Gift, von dem ihr eure Sinne nicht länger vernebeln lasst. Denn es sind die falschen Kriege – unter den Geschlechtern, den Rassen, den Nationen und Religionen –, die euch davon abhalten, einig zu sein und den entscheidenden Kampf zu führen: gegen die dunkle Macht des Kapitals, für neue Spielregeln auf dem Planeten Erde.

Wenn das hier ein wenig wie frisch von der Tafelrunde der Jedi-Ritter klingt, dann nur deshalb, weil die »Force« der Guten im Kino ja eine geistige Kraft ist – und die wird auch für euch entscheidend sein. Denn Glauben, da hatte Jesus völlig recht, kann Berge versetzen. Oder dafür sorgen, dass sie stehen bleiben. So lange ihr glaubt, was euch Experten, Autoritäten, Institutionen erzählen, so lange wird das System bestehen bleiben; so lange ihr nicht beginnt, selbst zu denken, so lange ihr euch nur vorkauen lasst, was ihr denken sollt, so lange wird sich nichts ändern. Dasselbe gilt, wenn ihr euch von den beiden älteren Herren hier bloß was erzählen lasst und euch nicht beflügelt seht, an dem einen oder anderen Punkt weiter zu denken, anders zu denken, darüber hinaus zu denken, und euch in den nachfolgend aufgelisteten Quellen sogar noch etwas schlauer macht, als ihr es ohnehin schon seid.

Und anfangt, etwas zu ändern.

May the force be with you!

Dank

Unser größter Dank gilt den Riesen, von deren Schultern aus wir Zwerge unsere Blicke werfen dürfen (seitwärts, abwärts, vorwärts, aufwärts).
Obendrein aber danken wir ausdrücklich und von Herzen:
Andreas von Westphalen, der uns auf dem ganzen Weg begleitet hat, als unerschöpfliche Quellenquelle wie als Advocatus Diaboli und unerschrockener Korrektor.
Markus Karsten und Rüdiger Grünhagen, den Anführern der Westender, die stets alle überlebenswichtigen Fahnen hochhalten, koste es auch manchmal Kopf, Kragen und alle klingenden Gewinne ...
Donata Kindesperk (brauchichnpulli.com) für die Illustration des Covers,
Ziska Riemann und Gerhard Seyfried für die Videos im Web,
Dr. Bo für seine Hilfe in Rechtsfragen und
Klaus Gabbert für sein kluges Lektorat.

Mathias dankt extra: den Freunden der »Invisible Academy« für immerwährendes konstruktives Contra; seinen Kindern Hannah und Boris für ihre Unterstützung und den Enkeln Hugo, Clara, Juri und Nora, für die er dieses Buch geschrieben hat.

Sven dankt extra: Katia, für den unschätzbar wertvollen alltäglich wesentlichen Austausch über alle philosophischen wie politischen Sachverhalte; Katharina, Emma und Lisa dafür, dass ihr mir alles beigebracht habt und Nachsicht übt, wenn ich als Bewahrer eurer Zukunft temporär ins Straucheln gerate. Ihr bringt mich ja jederzeit wieder auf die Beine – und auf Kurs.

Anmerkungen

Vorwort
1 Roosevelts berühmter Ausspruch bei seiner Amtseinführung im März 1933 »The only thing we have to fear is fear itself« bezog sich nämlich nicht etwa (wie die meisten von uns glauben) auf die Nazis und den drohenden Krieg – sondern auf FDRs bevorstehenden Krieg gegen die Feinde im eigenen Land. Also jene, die die »Great Depression« ausgelöst hatten. Deren Gegenangriff begann dann folgerichtig in der Woche nach Roosevelts Amtsübernahme, als alle Banken im Land schlossen. Die Regierung konnte ihre Rechnungen nicht mehr bezahlen, 25–33 Prozent der Amerikaner im »erwerbsfähigen Alter« wurden arbeitslos, aber das sprichwörtliche Licht blieb an, nicht zuletzt dank des umverteilenden »New Deal« (mit Spitzensteuersätzen von 90 Prozent).

Arbeit
1 Das indogermanische *orbho* bedeutet »Plage« oder »unwürdige Tätigkeit«, das lateinische *labor* »Mühe«, während Franzosen und Spanier schon früh einen Schritt weiter gingen, indem sie ihre *travail* resp. *trabajo* aus dem lateinischen *tripalinum* herleiteten – einem wirklich gemeinen Folterwerkzeug.
2 Das Althochdeutsche *muoza* ist die »Gelegenheit« oder »Möglichkeit«, das englische *leisure* geht auf lateinisch *licere* zurück, was ebenfalls bedeutet »erlaubt« oder »Erlaubnis haben«. Die Möglichkeit oder Erlaubnis zum »Nichtstun« war damit höchstens für Knallköpfe gemeint.
3 Vgl. Yuval Noah Harari, *Eine kurze Geschichte der Menschheit*, S. 104 f.
4 »Früher waren die Menschen noch fähig, sorglos und verspielt zu sein, was bis zu einem gewissen Grade durch den Kult mit der Tüchtigkeit verschüttet wurde.« (Bertrand Russell, *Lob des Müßiggangs*, London 1935)
5 Hier zit.n. Jeremy Rifkin, *Die Null-Grenzkosten-Gesellschaft*, S. 18
6 Carl Benedikt Frey/Michael A. Osborne, *The Future of Employment: How Suspectible are Jobs to Computerisation*, 17.9.2013 (www.oxfordmartin.ox.ac.uk/downloads/academic/The_Future_of_Employment.pdf)
7 Vgl. (auch und gerade zu den betriebswirtschaftlichen Grenzen des Sinnvollen) Hans-Arthur Marsiske, »Das Reich der Freiheit«, *Brand eins* 09/2014
8 Vgl. Christian Bartlau, »11 Thesen zur Zukunft der Arbeit« (http://web.de/magazine/geld-karriere/thesen-zukunft-arbeit-30611042)
9 Das deutsche Gesundheitswesen setzt p.a. etwa 330 Milliarden Euro um, also fast zwölf Prozent des BIP. 23 Prozent des Umsatzes fallen für reine Verwaltungstätigkeiten an.
10 Der Anteil des Dienstleistungssektors am deutschen BIP steigt kontinuierlich, zuletzt von 70 Prozent (2012) auf 74 Prozent (2014). Der Anteil des produzierenden Gewerbes beträgt etwa 22 Prozent, des Baugewerbes 4,5 Prozent, der Landwirtschaft knapp ein Prozent (2012) (http://de.statista.com/statistik/daten/studie/36846/umfrage/anteil-der-wirtschaftsbereiche-am-bruttoinlandsprodukt/; https://www.destatis.de/DE/ZahlenFakten/Indikatoren/LangeReihen/Arbeitsmarkt/lrerw013.html).
Gestattet sei an dieser Stelle die ketzerische und irgendwie beamtenfeindliche Bemerkung aus dem Kosmos der economics reloaded: »Da fast die Hälfte des Bruttoinlandproduktes von staatlichen Stellen verwaltet wird, wäre eine Analyse des Homo sapiens buerocraticus eigentlich viel ergiebiger als die Analyse des Homo oeconomicus.« (www.economics-reloaded.de/1_Klassik/Adam_Smith/1_1_6_Produktive_und_unproduktive_taetigkeit.htm)
11 »Die Angst vor dem Scheitern ist in Deutschland für 81 Prozent der Männer und für 77 Prozent der Frauen der überragende Grund, sich gegen eine Selbstständigkeit zu entscheiden. [...] Dabei stehen Unabhängigkeit, flexible Arbeitszeiten und die Vereinbarkeit von Beruf und Familie

bei der jüngeren Generation hoch im Kurs: 38 Prozent der Befragten zwischen 20 und 35 Jahren können sich vorstellen, ihr eigenes Unternehmen zu gründen. Das Gründerinteresse in dieser Altersgruppe liegt um 10 Prozent höher als in der deutschen Gesamtbevölkerung. Im europäischen Vergleich ist der Anteil jedoch bescheiden: Der Anteil der europäischen jungen Bevölkerung, die sich eine Selbstständigkeit vorstellen können, liegt um 10 Prozent über dem deutschen Anteil.« (Keine Selbstständigkeit: Deutsche fürchten nichts so sehr wie das Scheitern: http://deutsche-wirtschafts-nachrichten.de/2013/12/26/keine-selbststaendigkeit-deutsche-fuerchten-nichts-so-sehr-wie-das-scheitern/)

12 Elf Prozent der Deutschen sind selbstständig, Tendenz fallend. Damit liegen wir zehn Prozent unter dem europäischen Schnitt und weit abgeschlagen hinter den Spitzenreitern aus Griechenland (31 Prozent), Italien (23 Prozent) und Portugal (21 Prozent). Wer sich hieraus und aus dem »Exportweltmeister« ein Ruhekissen zu basteln versucht, wird hart landen. (Die Zahlen gelten für das Jahr 2012 und sind entnommen der Publikation Selbstständigkeit in Deutschland von Christoph-Martin Mai und Katharina Marder-Puch, https://www.destatis.de/DE/Publikationen/WirtschaftStatistik/Arbeitsmarkt/SelbststaendigkeitDeutschland_72013.pdf?__blob=publicationFile)

13 Die BKK konstatieren zwar: »Bei psychischen Störungen von einer ›Epidemie des 21. Jahrhunderts‹ zu sprechen wäre [...] übermäßig dramatisierend«, räumt aber gleichzeitig ein: »Krankentage wegen seelischer Leiden haben sich gegenüber 2003 mehr als verdoppelt« und: »Rund 15 Prozent aller Krankentage mit ärztlichem Attest gehen auf psychische Erkrankungen zurück. Seelische Leiden sind meist sehr langwierig. Im Schnitt dauern Krankschreibungen deswegen mit 40 Krankentagen je Fall sehr lange. Affektive Störungen, zu denen Depressionen zählen, machen einen Großteil psychischer Diagnosen aus: Die Ausfallzeit ist hierbei im Schnitt sogar 58 Tage je Fall.« (BKK Gesundheitsatlas 2015, 9.7.2015; www.presseportal.de/pm/107789/3067576)

14 »Knapp drei Millionen Menschen in Deutschland schlucken verschreibungspflichtige Pillen, um am Arbeitsplatz leistungsfähiger zu sein und Stress sowie Ängste abzubauen.« (Spiegel online, 17.3.2015; www.spiegel.de/gesundheit/diagnose/doping-im-job-millionen-arbeitnehmer-schlucken-medikamente-a-1023921.html)

15 »Demnach legt knapp ein Viertel der Vollzeit-Beschäftigten in Deutschland ein Tempo vor, das es langfristig selbst nicht durchzuhalten glaubt. 18 Prozent erreichen oft die Grenze ihrer Leistungsfähigkeit, auf Pausen verzichten 23 Prozent. Jeder Achte erscheint krank im Unternehmen. Selbstgefährdendes Verhalten äußert sich neben dem Verzicht auf Erholung im übermäßigen Konsum von scheinbar die Leistung steigernden Substanzen wie Nikotin, Medikamenten oder dadurch, dass Sicherheits-, Schutz- und Qualitätsstandards unterlaufen werden. Ursache hierfür sind häufig die permanent wachsenden Anforderungen: 42 Prozent der Befragten geben an, dass ihr Arbeitsumfeld durch steigende Leistungs- und Ertragsziele geprägt ist. Jeder Dritte weiß nicht mehr, wie er die wachsenden Ansprüche im Betrieb bewältigen soll. Dadurch komme es leicht zu einer Überforderung, bilanziert die Studie. Werden die Vorgaben dennoch erfüllt, gelte die übersprungene Messlatte schnell als neuer Standard. Dass er dieser Spirale selbst entrinnen kann, glaubt nur jeder zweite Arbeitnehmer. 51 Prozent der Befragten geben an, keinen oder nur geringen Einfluss auf ihre Arbeitsmenge zu haben; über 40 Prozent sagen das auch über ihre Arbeitsziele.« (Studie der Bertelsmann-Stiftung, »Steigende Zielvorgaben im Betrieb fördern selbstgefährdendes Verhalten von Arbeitnehmern«, 16.03.2015 (www.bertelsmann-stiftung.de/fileadmin/files/Projekte/17_Gesundheitsmonitor/Newsletter_Gesundheitsmonitor_selbstgefaehrdendes_Verhalten_20150316.pdf)

16 »Die Folgekosten des psychischen Drucks sind hoch. So weist Hans-Jürgen Urban, Vorstandsmitglied der IG-Metall, darauf hin, dass laut Statistischem Bundesamt jährlich 27 Milliarden Euro für die Behandlung arbeitsbedingter psychischer Erkrankungen ausgegeben werden müssten. Zusätzlich entstünden Kosten in Höhe von 26 Milliarden Euro aufgrund von Produktionsausfall. Diese Zahl ist wohl auch deshalb so hoch, weil die Dauer des Arbeitsausfalls bei diesen Erkrankungen mit durchschnittlich 28,9 Tagen besonders lang ist. Über alle Erkrankungen hinweg betrachtet dauert eine Arbeitsunfähigkeit 11,3 Tage lang an. (Silvio Duwe, »Arbeit macht zunehmend psychisch krank«, Telepolis, 25.1.2012; www.heise.de/tp/druck/mb/artikel/36/36293/1.html)

17 »Im Jahr 2010 schieden bundesweit 71 000 Männer und Frauen wegen Depressionen, chronischer Angst- oder Erschöpfungszustände vorzeitig aus dem Berufsleben aus – das waren rund 30 000 mehr als noch knapp 20 Jahre zuvor.« (Jörg Schindler, Stadt, Land, Überfluss, S. 105) »41 Prozent der Arbeitnehmer, die eine Erwerbsminderungsrente beantragten, wollten sich wegen Depressionen, Angststörungen oder anderer seelischer Leiden vor dem 65.Lebensjahr in den

Ruhestand verabschieden.« (*Spiegel online*, 30.12.12; www.spiegel.de/wirtschaft/sozia les/burnout-psychische-leiden-treiben-immer-mehr-menschen-in-fruehrente-a-875151.html)
18 Gut, zugegeben, der versierte Ökonom könnte auch völlig zu Recht mit seinem →*BIP* argumentieren, die umsatzsteigernden Milliardenumsätze in Sachen Wiederherstellung der Erkrankten wögen die Produktionsausfälle locker wieder auf, aber die ganze Wahrheit übers BIP steht ja auf einem anderen Blatt.
19 Es führte wahrhaftig zu weit, im kurzen Haupttext nun auch noch das komplette Definitionsfass »Arbeit vs. Tätigkeit« aufzumachen, aber der Hinweis sei doch gestattet, dass »15 Stunden Arbeit« eben nicht bedeutet »und sonst nur rumsitzen«. Zu tun gibt es ja jederzeit genug, daran wird sich auch nichts ändern, so lange noch ein Blatt Papier unbeschrieben oder ein Blatt Laub ungeharkt ist. Was wir allerdings brauchen (und uns bisher in Sachen Arbeit nicht ausreichend gönnen), sind intrinsische Belohnungen, die Jane McGonigal in ihrer brillanten Zukunftsanalyse von Arbeit und, ausgerechnet, »Gaming« so prägnant verkürzt: eine befriedigende Arbeit, die Erfahrung, erfolgreich zu sein, soziale Bindung und Bedeutsamkeit (McGonigal, *Besser als die Wirklichkeit*, S. 69 ff.). »Arbeit«, die uns diese Belohnungen verspricht (ganz oder teilweise), verrichten wir nur allzu gern und weit auch über Keynes' 15-Stunden-Ziel hinaus – ohne solche Tätigkeit nun zwingend Arbeit nennen zu wollen.
20 Catharina Bruns, *Work is not a job*, zit.n. Wolf Lotter, »Gute Arbeit«, *Brand eins* 9/2014

Autos und Mobilität

1 Ivan Illich, *Die sogenannte Energiekrise oder die Lähmung der Gesellschaft. Das sozial kritische Quantum der Energ*ie, 1974
2 »Pseudomobilität – sind wir mit dem Auto wirklich schneller?«, *FAZ*, https://blogs.faz.net/ deus/2012/03/06/pseudomobilitaet-sind-wir-mit-dem-auto-wirklich-schneller-722/
3 »Auf dem Fahrrad kann der Mensch sich drei- bis viermal schneller fortbewegen als der Fußgänger, doch er verbraucht dabei fünfmal weniger Energie. Auf flacher Straße bewegt er ein Kilogramm seines Gewichts einen Kilometer weit unter Verausgabung von nur 0,15 Kalorien. Das Fahrrad ist der perfekte Apparat, der die metabolische Energie des Menschen befähigt, den Bewegungswiderstand zu überwinden. Mit diesem Gerät ausgestattet, übertrifft der Mensch nicht nur die Leistung aller Maschinen, sondern auch die aller Tiere.« (Ivan Illich , ebd.)
4 In den USA bescheinigte das US-Verkehrsministerium im Nationwide Personal Transportation Survey (NPTS) des Jahres 1995, dass ein amerikanischer Autofahrer im Mittel 73 Minuten am Tag mit seinem Pkw fährt. Ähnliche Werte konnten auch für Seoul in Südkorea (92,3 Prozent im Jahr 1995) und Singapur (94 Prozent) festgestellt werden (aus: 1995 UITP Millennium Cities Database; www.zukunft-mobilitaet.net/13615/strassenverkehr/parkraum-abloesebetragparkgebuehr-23-stunden; »Staus kosten jeden Haushalt 509 Euro im Jahr«, *Die Welt*, 18.12.2013; www.welt.de/motor/article123059457/Staus-kosten-jeden-Haushalt-509-Euroim-Jahr.html). Jedes der 230 Mio. in der EU zugelassenen Autos verursacht 1600 Euro Kosten, die von der Gesellschaft getragen werden. (EU-Studie zu Folgekosten des Autoverkehrs; (www. eu-koordination.de/umweltnews/news/verkehr/1847-studie-zu-folgekosten-des-autover kehrs).

Banken

1 Zum ersten Mal gibt die Bank of England 2014 offen zu, dass Geld aus dem Nichts geschaffen wird (Michael McLeay, Amar Radia and Ryland Thomas: »Money creation in the modern economy«, *Quarterly Bulletin der Bank of England*, 2014 Q1). Auch die Deutsche Bundesbank erklärt, anders als in einer früheren Publikationen, in ihrer neuesten Veröffentlichung *Geld und Geldpolitik* (Frühjahr 2015) die Geldschöpfung noch etwas verklausuliert, aber korrekt. »Die Wahrheit ist raus: Geld besteht nur aus Wechseln (IOU), und die Banken wälzen sich darin«, kommentierte David Graeber im *Guardian* den bemerkenswerten Klartext der britischen Zentralbank (www.theguardian.com/commentisfree/2014/mar/18/truth-money-iou-bank-of-eng land-austerity).
2 Vor der Finanzkrise 2008 waren es sogar nur drei Prozent, erst mit der »Basel III«-Vereinbarung zur Bankenaufsicht wurde die Mindestreserve auf sieben Prozent erhöht.
3 Nachdem die britische Krone zur Kriegsfinanzierung in der Vergangenheit regelmäßig das Vermögen reicher Kaufleute und Händler konfisziert hatte, entschlossen sich diese, dem König das Geld künftig »freiwillig« zur Verfügung zu stellen – gegen Zinszahlung. Obendrein aber verlangten sie, ihrer 1694 mit 1,2 Millionen privatem Geld gegründeten Bank of England das Wäh-

rungsprivileg zu erteilen. Pro forma versicherten die Banknoten zwar noch, dass dem Besitzer ihr Wert jederzeit in Gold ausgezahlt werden kann, faktisch aber war schon damals das Vertrauen in das Zahlungsversprechen des Königs die einzige Deckung dieses Papiergeldes – und die Bank of England schuf ein Vielfaches ihrer eigentlichen Reserven.
4 Das nach dem Finanzcrash 1929 eingeführte Trennbankensystem wurde in den 90er Jahren wieder aufgehoben, aber nach dem Crash 2008 zumindest teilweise wieder in Kraft gesetzt (→Marktwirtschaft).

Bienen

1 Diese beeinträchtigten Lebensjahre heißen im Jargon DALY (disability-adjusted life years).»A 50 percent loss of pollination services would be associated with 700000 additional annual deaths and 13.2 million DALYs.« (Matthew R. Smith et al.,»Effects of decreases of animal pollinators on human nutrition and global health: a modelling analysis«; www.thelancet.com/journals/lancet/article/PIIS0140–6736 Prozent2815 Prozent2961085–6/abstract)
2 Reynard Loki,»Honeybees Are Facing a Global Threat, and If They Go, So Do We«, Alternet 6.10.2015; www.alternet.org/environment/honeybees-are-facing-global-threat-and-if-they-go-so-do-we
3 »Milder Winter: Ein Drittel der Bienenvölker ist tot« (Spiegel online, 5.3.2015; www.spiegel.de/wissenschaft/natur/bienen-voelker-ein-drittel-hat-den-winter-nicht-ueberlebt-a-1021880.html)
4 http://scienceblogs.de/astrodicticum-simplex/2015/06/21/albert-einstein-das-sterben-der-bienen-und-das-ominoese-zitat/

BIP

1 Der US-amerikanische Ökonom und BIP-Erfinder Simon Smith Kuznets wies bereits 1934 öffentlich (bzw. vor dem US-Kongress) darauf hin, seine schlichte Kennziffer sei als Indikator nur äußerst bedingt geeignet, Wohlstand oder gar Wohlergehen zu messen.
2 Vgl. Birgit Kelle, Dann mach doch die Bluse zu, S. 177. Kelle stellt eben diese beispielhafte Absurdität obendrein in den richtigen Wertekontext, denn während die BIP-Mütter als modern, emanzipiert und verantwortungsvoll wirtschaftend gelten, steht die geradeausdenkende und daher tauschunwillige Zaunmutter mit ihrem »Habt ihr sie noch alle?« als Heimchen am Herd bzw. als »Glucke« auf gesellschaftlich verlorenem Posten.
3 Eine Alternative zum BIP wird spätestens seit 2009 dringend, aber erfolglos gesucht. Die vom ehemaligen französischen Präsidenten Nicolas Sarkozy eingesetzte Stiglitz-Kommission forderte schon damals, die Politik müsse »schnellstens« handeln, konnte allerdings keinen konsensfähigen Vorschlag vorlegen, obwohl Einigkeit bestand (und weiter besteht), dass das BIP nichts taugt. Diese Einschätzung teilt auch die »schnellstens« vom deutschen Bundestag 2013 eingesetzte Enquete-Kommission »Wachstum, Wohlstand, Lebensqualität« – ohne daraus irgendwie dringend etwas Nützliches entwickelt zu haben. Einig sind wir uns zwar so weit: »Wirkliche Unterstützung auf dem Weg zu einer zukunftsfähigen Gesellschaft können [...] letztlich nur Systeme der gesellschaftlichen Berichterstattung bieten, die sich an der Zielsetzung einer nachhaltigen Entwicklung in den Grenzen der globalen ökologischen Tragfähigkeit orientieren.« (Vgl. Diefenbacher/Rodenhäuser, »Alternativen zum Bruttoinlandsprodukt«, Atlas der Globalisierung, S. 112 ff.) Uneinig sind wir uns allerdings, wie das gehen soll. Beispielsweise finden sich an der Spitze des Happy-Planet-Index-Rating 2012 »nicht etwa westliche Industrieländer, sondern Costa Rica und Vietnam, während sich Deutschland auf Platz 46 von 151 wiederfindet. Dies ist nicht allein dem größeren ökologischen Fußabdruck pro Kopf in Deutschland geschuldet, auch Lebenserwartung und Lebenszufriedenheit sind vor allem in Costa Rica hoch – allerdings haben ärmere Menschen dort eine geringere Lebenserwartung und sind weniger zufrieden mit ihrem Leben als hier.« (Ebd. S. 115) Beim Human Development Index (HDI) hingegen sollen zwar vernünftigerweise Lebenserwartung, Bruttonationaleinkommen (BNE) pro Kopf und Bildungsindikatoren in einem Index zusammengefasst werden, allerdings liegen diese Komponenten dummerweise in ganz unterschiedlichen Einheiten vor – und bislang ist niemand auf den Trichter gekommen, was der gemeinsame Nenner sein könnte von Zufriedenheitsniveau, Lebensdauer und Größe des ökologischem Rucksacks. Mangels Genies debattieren wir uns also fröhlich weiter einen Wolf und stören den BIP nicht bei seiner zerstörerischen Arbeit.
4 Zum übergangsweise hochspannenden NWI vgl. abermals Diefenbacher/Rodenhäuser (ebd.): »Die Bausteine für eine Gesamtrechnung können auch monetär, also in Geldeinheiten, bewertet

werden. Das ist beispielsweise beim Nationalen Wohlfahrtsindex (NWI) der Fall, dessen Rechenverfahren dem BIP vergleichsweise nahekommt, der jedoch durch die Berücksichtigung ökonomischer, sozialer und ökologischer Aspekte eine erweiterte Perspektive einnimmt. Ausgangsgröße des NWI sind die Konsumausgaben aller privaten Haushalte in einer Gesellschaft. Hier wird allerdings davon ausgegangen, dass ein insgesamt hoher, aber ungleich verteilter Konsum zu einer geringeren gesamtgesellschaftlichen Wohlfahrt führt, als dies bei einer gleichmäßigeren Verteilung der Fall wäre. Daher werden die Konsumausgaben mit der Einkommensverteilung gewichtet; je ungleicher die Einkommensverteilung ist, desto geringer gehen die Konsumausgaben in das Wohlfahrtsmaß ein. Hinzugefügt werden dann wohlfahrtssteigernde Komponenten wie der Geldwert von Hausarbeit und ehrenamtliche Tätigkeiten. Dagegen werden Kosten in sozialen und ökologischen Bereichen wie etwa Schäden durch Verkehrsunfälle, Luftverschmutzung oder die Emission von Treibhausgasen abgezogen. Für den Verbrauch nicht erneuerbarer Energieträger werden Ersatzkosten berücksichtigt. Ziel ist es, das BIP auf wirksame Weise durch eine umfassendere Sichtweise gesellschaftlicher Entwicklung zu ergänzen: So tritt der ›Preis‹ eines wachsenden BIPs vor allem in jenen Ländern zutage, in denen das BIP steigt und gleichzeitig der NWI sinkt.« (Ebd., S. 114 f.)

Börsen

1 John Maynard Keynes, *General Theory of Employment, Interest and Money*, S. 242
2 Zit.n. Mathias Bröckers, *JFK. Staatsstreich in Amerika*, 2013, S. 36
3 Mit dem Glass-Steagall Act von 1932 und 1933 wurde eine institutionelle Trennung von Einlagen- und Kredit- sowie dem Wertpapiergeschäft vorgeschrieben. Mit diesem Trennbankensystem wurde auch eine staatliche Einlagensicherung für Sparguthaben etabliert, die nach den USA von zahlreichen Ländern übernommen wurde. Seit Mitte der 70er Jahre wurden diese Vorschriften immer weiter gelockert und 1999 von der Clinton-Regierung ganz aufgehoben. Im Herbst 2008, nach dem Desaster der Lehman-Brothers-Pleite, erlebte das Gesetz dann eine Renaissance.
4 Der Derivatehandel ist seit dem Finanzcrash 2008 keineswegs zurückgegangen; der Guardian kam 2015 nach Dutzenden Gesprächen mit Börseninsidern zu dem Schluss, dass die Banken die Lehren des Crashs ignorieren (www.theguardian.com/business/2015/sep/30/how-the-banks-ignored-lessons-of-crash). Die Gesamtsumme der Derivate betrug Ende 2013 geschätzte 710 Billionen $, bis Ende 2014 ging sie auf 631 Billionen zurück und steigt seitdem wieder.
5 Wie der Börseninsider Volker Handon, der seit 25 Jahren als »Day-Trader« handelt, gezeigt hat, haben selbst professionelle Händler gegen die großen Finanzinvestoren kaum Chancen. Privatinvestoren mit ihrem Online-Depot haben erst recht keine, sondern werden dafür aber bei den Transaktionskosten gnadenlos ausgenommen. Statt einer schwer zu realisierenden und letztlich auch nicht fairen Transaktionssteuer (Tobinsteuer) schlägt Handon ein ebenso einfaches wie wirksames Modell vor, um einen fairen Handel im Börsencasino zu erreichen: 1.) Alle Transaktionen über 100 000 $ müssen über eine Börse abgewickelt, d.h. registriert werden. 2.) Die öffentliche Hand übernimmt die Rolle der (bisher privaten) Clearingbanken und wird so zum Spielleiter und Buchmacher der Börse. (Volker Handon, *Psycho-Trader. Aus dem Innenleben unseres kranken Finanzsystems*, 2015)

Bücher

1 Details und Zahlen siehe: Künstlerdämmerung #1-#3 (www.erzähler.net/?p=303)

Computer

1 Das Mooresche Gesetz von 1965 besagt, dass sich die Komplexität integrierter Schaltkreise mit minimalen Komponentenkosten regelmäßig verdoppelt. Moore ging anfangs von einer jährlichen Verdopplung aus, korrigierte sich später aber auf 18 bzw. 24 Monate. Letzterer Wert entspricht wohl am ehesten der tatsächlichen Entwicklung der letzten 20 Jahre. Moore selbst vermutete 2007, das Gesetz werde noch bis zirka 2020 gültig bleiben, andere sind optimistischer und prognostizieren das Ende erst für 2029 – schließlich wurde eben jenes Ende (wegen kommender technischer Hürden) schon oft vorhergesagt, bislang aber zuverlässig vom erfindungsreichen Menschen verschoben. Soweit die Naturgesetze gültig bleiben, muss das exponentielle Leistungswachstum aber spätestens im atomaren Bereich enden. Also zirka 2029.
2 Und, ja, wir meinen hier den kommenden Quantencomputer, nicht den Digitalrechner. Der Un-

terschied zwischen beiden ist zirka der »zwischen einer Wasserstoffbombe und einem Knallfrosch« (Ray Kurzweil, *Homo s@piens*, 1999, S. 179)
3 Spätestens 2023 – sofern nicht unser eifriges Bemühen mittels »Blue Brain Project« sogar schon vorher Früchte trägt. Ziel dieses 2005 ins Leben gerufenen Vorhabens ist die vollständige Rekonstruktion eines menschlichen Gehirns in einen Computer, sprich: die Nachahmung aller neuronalen Schaltkreise. Die EU fördert das Projekt seit 2013 mit jährlich einer Milliarde Dollar Forschungsgeld (und nur, wer noch bei klarem Kopf und Herz ist, findet das eingedenk der Tatsache, dass wir kein Geld haben, um Flüchtlinge am Ertrinken zu hindern (→*Entwicklungshilfe*, →*Zuwanderer*), »vollkommen absurd« (Philipp Ruch, *Wenn nicht wir, wer dann?*; S. 40).
4 100 Billionen Neuroverbindungen, die pro Sekunde 200 Operationen durchführen – 20 Millionen Milliarden Operationen pro Sekunde (Kurzweil, ebd., S. 167 ff.).
5 Vorsicht, Selbstberuhigung: Uns sollte langsam auffallen, dass der Computer immer noch nicht übersetzen kann. Und keine Witze erzählen kann. Maschinen können nämlich nicht fühlen – und erst recht nicht verstehen. Aber das wird sich ändern – schon heute verstehen ja auch die meisten Menschen kaum mehr was. Spracherwerb wie bei Kindern ist der »Key«. Noch ist die »laterale Kausalität« (Kevin Kelly/Martin Baltes, *Der zweite Akt der Schöpfung*, 1999, S. 41 ff.) ein echtes Problem für den Rechner. Noch.
6 Wir könnten inzwischen Programme erheblich weniger starr gestalten und tatsächlich dem menschlichen Denken programmierend näher kommen, aber wir kämen damit nicht weiter als bis zur Labortür, denn diese neue Architektur verträgt sich nicht mit den bestehenden Strukturen resp. Protokollen. Die weltweit vernetzten Rechner müssten ja allesamt modernisiert werden, und das ist tatsächlich komplett illusorisch. So könnte sich also das eigentlich bessere Rechnersystem ebenso wenig durchsetzen wie ein modernes und wirklich smartes Textverarbeitungsprogramm gegen das bis heute lausige Microsoft Word.
7 Sven Böttcher, »Da fehlt ein Ordner in Ihrem Kopf«, *Erzähler.net*, 29.4.2015
8 »Früher konnte ein Versicherer seine Gewinne in erster Linie dadurch erhöhen, dass er mehr Kunden versicherte. Im Zeitalter von Big Data macht ein Unternehmen vor allem dann Gewinn, wenn es nur diejenigen versichert, die laut Algorithmenberechnungen die Versicherung am wenigsten in Anspruch nehmen würden.« (Jaron Lanier, *Wem gehört die Zukunft?*, 2014, S. 16 ff.)
9 »Wir geben uns der Illusion hin, dass Big Data eine Art Substanz sind, wie ein natürlicher Rohstoff, der nur darauf wartet, abgebaut zu werden. Wir verwenden regelmäßig Begriffe, wie datamining. ›Datenabbau‹, um diese Illusion zu verstärken. Aber Big Data über Menschen sind anders. Sie warten nicht passiv ab, sondern können sich gegen uns wenden.« (Lanier, ebd., S. 165)
10 Ray Kurzweil, *Homo s@piens*, 1999, S. 389
11 Es lohnt sich wirklich, heute, also 15 Jahre später, den legendären Essay von Sun-Gründer Bill Joy nochmals hervorzukramen und zur Gänze zu lesen: »Why the future doesn't need us«, *Wired*, April 2000; http://archive.wired.com/wired/archive/8.04/joy.html.
12 Kurzweil, ebd., S. 396
13 Lanier, ebd., S. 255
14 John von Neumann, Quantenmechaniker, einer der Väter der Informatik und offenkundig, anders die von ihm studierten Maschinen, humorbegabt.
15 Lanier, *You are not a Gadget*, S. 123
16 Kelly/Baltes, *Der zweite Akt der Schöpfung*, S. 82
17 Kelly, ebd., S. 83
18 Lanier, ebd. , S. 28
19 Neil Postman, *Das Technopol*, 1994, S. 130

Cyborgs

1 Golem, Homunculus und Dolly: Der Golem entstammt der jüdischen Mystik und ist ein aus Buchstaben erweckter Riese, der ungefähr so smart ist wie ein Industrieroboter. Der Homunculus hingegen, ein Gedankenkind des Mittelalters, ist eher ein »Nanobot«, also anders als der Golem ein besonders kleines, vom Menschen im Reagenzglas erschaffenes »Menschlein« (dessen Herstellungsanleitung wohl Paracelsus als Erster niederschrieb. Die Waliserin Dolly (1996–2003) war das erste vom Menschen geschaffene Säugetier, ein Klonschaf.
2 Titan Prometheus (»der Vorausdenkende«) war derjenige, der die Menschen überhaupt erst schuf und ihnen obendrein das Feuer brachte – wofür er dann ja bekanntlich von Zeus und seiner Oligarchenbande mit jahrhundertelanger Folter bestraft wurde, von der erst der sehr menschliche Herakles den Titanen erlöste. Als fürchterliche Mahnung, den Göttern nicht auf-

klärerisch ins Geschäft zu pfuschen, bleibt Prometheus aber ewiglich über unseren Köpfen hängen, an seiner Felswand und von Adlern alltäglich seiner Leber beraubt.
3   Die historisch ersten Maschinenstürmer unter der Führung des fiktiven Ned Ludd gingen 1811/12 in England auf die Barrikaden, 1818 erschien Mary Shelleys prophetisch-philosophischer Roman um den Schöpfer Frankenstein und sein »Monster« aus Fleisch und Elektrizität unter dem vollständigen Titel *Frankenstein oder der moderne Prometheus*: Kein Schauerroman, sondern ein Tanz über alle Fragen der Moral und des Machbaren, die Zurückweisung der Menschmaschine durch den Menschen, aber auch über den schon damals am Horizont drohenden Rollentausch zwischen Herrn & Knecht.
4   Hier sei der Hinweis gestattet, dass nicht nur Ridley Scotts legendärer Blade Runner, sondern auch die allerorten als Menschmaschinen-Referenz genannte (brillante) Matrix-Trilogie der Wachowski-Brüder hinsichtlich aller düsteren philosophischen Fragen auf den Kafka der Science-Fiction zurückgehen, nämlich Philip K. Dick, der noch immer nicht so weltberühmt ist (und wohl niemals sein wird), wie er's verdient hätte. Anders als die Großmutter des philosophischen Genres, also Shelley, bei der ja am Ende das von »uns« geschaffene Monster ebenso tot ist wie sein Erfinder und somit alles wieder im Lot, ist Dicks verstörender Fragenkatalog inzwischen längst direkt unterhalb der Wasseroberfläche im Mainstream angekommen und liest sich bis heute ungeheuer faszinierend. Empfohlen sei daher an dieser Stelle die Lektüre gleich der gesamten zehnbändigen Kurzgeschichtensammlung, ehe man sich Dicks viele Romane vornimmt. Denn schon nach Lektüre der Kurzgeschichten fragt sich der Leser verwundert, welche Idee von *Orphan Black* bis *Truman Show* Dick eigentlich nicht schon lange vor allen anderen gehabt hatte.
5   Siehe →*Krieg* und →*Waffen*. Nicht nur unsere Teflonpfannen verdanken wir dem Militär, auch →*Das Netz* und andere Errungenschaften, ohne die wir uns das Leben kaum mehr vorstellen können.
6   Siehe →*Börsen* zum »Hochfrequenzhandel« resp. »Algo Trading«
7   Hörprothesen für Gehörlose: https://de.wikipedia.org/wiki/Cochlea-Implantat
8   Vgl. »Introducing Jesse Sullivan, the World's First ›Bionic Man‹« (www.ric.org/research/accomplishments/Bionic/)
9   Vgl. Benedict Carey, »Monkeys Think, Moving Artificial Arm as Own«, *New York Times*, 29.5.2008 (www.nytimes.com/2008/05/29/science/29brain.html?_r=0). Zu den gottlob noch nicht vorhandenen Problemen in Sachen »Alltagstauglichkeit« auch für den inzwischen gedankenfernsteuernden Menschen empfiehlt sich ein Blick in die *MIT Review*, genauer in Antonio Regalados Beitrag »The Thought Experiment«, 17.6.2014 (www.technologyreview.com/featuredstory/528141/the-thought-experiment/).
10 Vgl. Elizabeth Gibney, »Injectable brain implant spies on individual neurons«, *Nature*, 8.6.2015 (www.nature.com/news/injectable-brain-implant-spies-on-individual-neurons-1.17713)
11 Die Kosten für die Genomentschlüsselung befinden sich seit langem in freiem Fall. Kosteten Craig Venters erste Entschlüsselungen noch drei Milliarden Dollar, ist der Spaß heute schon für ein paar tausend Dollar zu haben, Tendenz »Dauerschnäppchen für 999,99«.
12 www.golem.de/news/tissue-engineering-forscher-zuechten-kuenstliches-ohr-1308-100746.html
13 Bei einer »Umfrage unter EU-Bürgern fürchteten einerseits 70 Prozent der Befragten um ihre Arbeitsplätze, und es forderten 60 Prozent, den Einsatz von Robotern in der Betreuung von Kindern, Senioren und Behinderten gesetzlich zu verbieten. Andererseits bekundeten 70 Prozent auch eine grundsätzlich positive Einstellung zu mechanischen Gehilfen. Dieses widersprüchliche Ergebnis ist seitdem auf zahlreichen Konferenzen zitiert, diskutiert und gelegentlich als ›irrational‹ interpretiert worden.« (Frank Marsiske, »Kollege Roboter«, *Brand eins* 04/2014)
14 Wir lassen an dieser Stelle aus Gründen der Sachlichkeit ins Kleingedruckte fallen, dass den kommenden Unsterblichen und seinen Angehörigen ebenfalls eine interessante philosophische Herausforderung droht. Denn ob man nun als Identität auf einer Festplatte unbegrenzt lebensfähig ist oder gar als Cyborg, es bleibt ja dem Sensenmann immer noch die Option, den prinzipiell mehr zum Sterben Verurteilten dennoch gewaltsam abzuholen – ob nun als Cyborg, der mit einer Tankstelle explodiert, oder als »Identitätsfestplatte«, die beim Update und Neuformatieren versehentlich gelöscht wird. Daraus ergibt sich ein ganz neues interessantes Unwohlsein, denn anders als wir wird der neue Unsterbliche wissen, dass er eben nie sterben müsste, wird aber gleichzeitig wissen, dass es ihm trotzdem täglich droht. (Die Autoren dieses Buches sind unterm Strich glücklich, dass sie dank der Gnade der frühen Geburt wenigstens um solche Existenzkrisen garantiert herumkommen werden.)

Das Netz
1 Kein Scherz, das war wirklich nicht Anfang 1998, sondern am 19. Juni 2013 (https://www.youtube.com/watch?v=D-EUytbzO5Y). Es soll aber sogar unter deutschen Politikern solche geben, die wissen, dass man als Ministerin oder Kanzlerin nicht Selfies von sich selbst mit Unbekannten durch die Welt schickt und drunterschreibt: »Kommt alle zum Kaffee!«
2 »Die Nutzbarkeit des Internets ist ein Wirtschaftsgut, dessen ständige Verfügbarkeit seit längerer Zeit auch im privaten Bereich für die eigenwirtschaftliche Lebenshaltung typischerweise von zentraler Bedeutung ist.« (BGH, 24.1.2013; http://juris.bundesgerichtshof.de/cgi-bin/rechtsprechung/document.py?Gericht=bgh&Art=pm&pm_nummer=0014/13)
3 Der Marktwert der drei Platzhirsche betrug 2015 etwa 1,5 Billionen Dollar. Apple, wertvollstes Unternehmen der Geschichte, liegt mit 710 Milliarden Dollar klar vorn, Google (470 Milliarden) und Microsoft (380 Milliarden) liegen auf den anderen beiden Goldplätzen. Apple allein könnte statt ganz Griechenland, Spanien und Italien auch sämtliche milliardenschweren Sportmannschaften der US-Profiligen einfach kaufen und obendrein die besten 20 Fußballmannschaften inklusive Real Madrid, dem FC Bayern und dem FC Barcelona. Oder jedem der 320 Millionen US-Amerikaner ein iPhone 6 für 620 Dollar schenken – und hätte danach trotzdem noch 60 Milliarden in der Kasse. (Kalli Halloway, »Apple has enough money to buy every major sports team in the world«, *Alternet*, 12.11.2015; www.alternet.org/news-amp-politics/apple-has-enough-money-buy-every-major-sports-team-world?akid=13650.202437.x0UMSY&rd=1&src=newsletter1045688&t=14)
4 »Die ganze Wahrheit über Games« passt natürlich nicht auf diese paar Seiten, aber der Hinweis sei doch wenigstens im Kleingedruckten gestattet, dass im Spielerischen einiges Potenzial zur Weltverbesserung liegt. Immerhin haben alle World-of-Warcraft-Spieler zusammen genommen schon mehr als sechs Millionen Jahre Zeit für ihr Spiel aufgewendet, während der Bau der gigantischen und überwiegend enorm nützlichen Wikipedia bis heute »nur« 100 bis 120 Millionen Stunden menschlicher Arbeit erfordert haben dürfte. Sprich: Allein in das erfolgreichste Multi-Media-Online-Role-Player-Game fließen pro Woche etwa doppelt so viele Zeitstunden wie für den gesamten Wikipedia-Aufbau, die »Gamer« wären also ohne Weiteres in der Lage, »alle dreieinhalb Tage ein neues Wiki zu schaffen« (Jane McGonigal, *Besser als die Wirklichkeit*) – wenn man sie denn animieren könnte, ihre Zeit dafür zu investieren. Was uns nicht gelingt, aber euch selbstredend gelingen wird.
5 Die (Tablet-)App-Umsätze werden 2017 ca. 200 Milliarden Dollar betragen.
6 Siehe unsere Ausführungen zum →*Computer*, dort insbesondere den Aspekt des exponentiellen Wachstums. Einen im Sinn: Es ist erst drei Jahre her, dass Youtube das Durchbrechen der Datenschallmauer »one hour per second« vermelden konnte (vgl. www.erzähler.net/?p=433).
7 Einen schaurig-schönen Blick in diese neue Welt ermöglicht die ausdrücklich kommerzielle US-Website patientslikeme.com. Wer sich traut, sich dort anzumelden (ohne selbst Daten abzuliefern!), und anschließend eine Weile durch die gigantischen Datensätze Hunderttausender Kranker »browst«, bekommt mehr als eine Ahnung davon, welche Bedeutung dieser Datenschatz in Zukunft haben wird – nicht nur für Pharmahersteller, sondern auch für Banken, Versicherungen und die Leute, von denen Sie 2025 eine Wohnung mieten wollen.
8 Ein alter Hut, der aber bis heute nicht so richtig zum Tragen gekommen ist, jedenfalls nicht als Warnsignal: »Personal data is the new oil of the Internet and the new currency of the digital world.« (Meglena Kunewa, seinerzeit EU-Kommissarin für Verbraucherschutz, 31.3.2009)
9 Vgl. https://netzpolitik.org/2015/eu-parlament-beschliesst-umstrittene-netzneutralitaetsregeln/
10 »Aber bitte, googeln Sie doch weiter. Ziehen Sie sich die Haut ab und Ihre Seele aus und schmeißen Sie sie dem größten Datensauger aller Zeiten, dem GröDaZ und seinen totalitären Plänen, in den Rachen. Sie wird ihm schmecken.« (Lektüreempfehlung: Ute Scheubs Gastbeitrag »Die Google-Diktatur« in der *Frankfurter Rundschau* vom 27.5.2015; www.fr-online.de/gastbeitraege/gastbeitrag-die-google-diktatur,29976308,30539610.html)
11 Die folgende schwarze Bildbeschreibung steht in der Fußnote, weil wir beiden zu alt für Pessimismus sind. Das heißt aber noch lange nicht, dass wir bescheuert wären, denn unser kritischer *Hintergrund*-Mitstreiter AvW hat ja nicht ganz unrecht:
»Das Internet of Things ist die perfekte Überwachungswelt, die den vollkommenen gläsernen Bürger produziert. Einen Traum für jede Diktatur und ein Albtraum für jeden Widerstand. Beispielsweise: Wie soll verhindert werden, dass Versicherungen einem einen höheren Beitrag berechnen, weil Big Data eine ungesunde Lebensweise aufzeigt (selbst wenn ich für meine Daten bezahlt werde)? Wie soll verhindert werden, dass ich gesellschaftlich ausgegrenzt werde, weil

ich keine gesundheitliche Selbstoptimierung betreibe – und daher die Gesellschaft es absolut richtig findet, dass ich den Höchstsatz zahlen muss, aus einem bisher recht undenkbaren Gerechtigkeitsempfinden? Solidaritätsgedanke ade? Wie soll trotz Bezahlung verhindert werden, dass Geheimdienste vor Geilheit steilgehen, weil jedes Fremdgehen unliebsamer Elemente registriert wird und daher jeder, der nicht ein absolut makelloses Verhalten hat, an den Eiern aufgehängt wird? Was bedeutet das – nicht zuletzt – für die (immerhin noch theoretisch vorhandene) Unabhängigkeit von Politikern und Politik? Selbst die heimischen vier Wände werden mit dem IoT nicht mehr der Raum sein, in dem ich machen kann, was ich will. Auch hier werde ich 24 Stunden am Tag nicht mehr allein sein. Denn das IoT weiß, ob ich gerade eine neue Freundin habe, und schließt schon aus entsprechender Luftfeuchtigkeit und Temperaturanstieg zu gewissen Zeiten auf allerlei Dinge, auf die niemand schließen können sollte. Das IoT weiß, wer jede Nacht vier Mal aufs Klo geht und einen Termin beim Arzt brauchen könnte bzw. sollte. Das IoT weiß, wer zur falschen Zeit den Kühlschrank öffnet – und was sie oder er nachts um drei alles entnimmt.

Kurz gesagt: Das IoT löst die Privatsphäre vollkommen auf. Aber zum Fortbestand des Menschen als Individuum (wenigstens in schönen Rudimenten) ist das Geheimnis zwingend notwendig. Der Bereich, in dem nur ich weiß, was ich tue und denke. Und nachdem Google Nest Labs gekauft hat, kann man sich problemlos ausmalen, wohin die Reise auch beim IoT gehen soll – und könnte.

Kurz: Ich weiß wahrhaftig nicht, wie man das IoT gleichzeitig nutzen und in seiner extremen Macht begrenzen kann.
12 Die Schätzungen gehen quer durchs Netz weit auseinander und reichen anderswo von 50 bis zu 212 Milliarden Geräten. wir selbst können in dieser fernen Größenordnung nicht mitzählen und stützen uns daher auf die vorsichtigste Prognose – denn auch die unterstreicht ausreichend die Größenordnung der auf uns zukommenden Veränderungen. (Siehe »Fakten und Prognosen: Die Vernetzung der Welt«, Siemens, Oktober 2014; www.siemens.com/innovation/de/home/pictures/of-the-future/digitalisierung-und-software/internet-of-things-fakten-und-prognosen.html)
13 Vgl. Jeremy Rifkin, *Die Null Grenzkosten Gesellschaft*, S. 163 ff.
14 Zu den Möglichkeiten des »Zwei-Wege-Link« siehe Jaron Lanier, *Wem gehört die Zukunft?*, 2014, S. 297 f.

Demokratie

1 Die antike Theorie kennt sechs Staatsformen, die als Paare in wünschenswerter und entarteter Variante vorkommen. Der Monarchie steht die Tyrannis gegenüber (Herrschaft eines Einzelnen), der Aristokratie die Oligarchie (Herrschaft weniger). Betreffend die »Herrschaft der vielen« unterschied Aristoteles Politie (positiv) und Demokratie, während Polybios 150 Jahre später anders definierte, nämlich die Demokratie als gelungene Form der Herrschaft aller Bürger und die Ocholokratie als ihr entartetes Gegenstück, also die Orientierung der Bürger an Eigennutz und Habsucht statt am Gemeinwohl. Da Demokratie uns (anders als die nicht mehr gebräuchliche Politie) als begrifflich positiv besetzt erscheint, halten wir uns hier also an Polybios' Differenzierung – und im Übrigen an unsere im Kapitel selbst genannte moderne Definition.
2 Man geht davon aus, dass nur zirka 5000 der 40 000 Bewohner der »Demokratiewiege« Athen abstimmen durften, aber da wir keine rückwirkende Volkszählung vornehmen konnten, widersprechen wir auch nicht, wenn jemand darauf besteht, es seien 20 Prozent gewesen. Unstrittig ist wohl, dass die zehn bis 20 Prozent vorwiegend Besitzende waren (ergänzt um ein paar smarte Philosophen), nicht wahlberechtigt war der nicht ausreichend gebildete Rest der Bewohner: was arbeitende Bevölkerung, Sklaven, Zugereiste – und alle Frauen. Obwohl Aristoteles explizit erklärte, Frauen seien natürlich nicht wie Sklaven, sondern erheblich wertvoller. So richtig reißt ihn das aber nicht raus in unseren modernen Augen.
3 Der Historiker Thukydides konstatierte schon vor 2500 Jahren: »Die Masse ist in ihren Auffassungen unstet und wetterwendisch, für ihre Fehlleistungen macht sie andere verantwortlich«, aber anders als manch anderer freie Mann sah er die politischen Führer in keinem besseren Licht dastehen als die unstete Masse, waren sie doch beherrscht von ihrem »Verlangen nach Macht, um Herrschsucht und Ehrgeiz zu befriedigen«.
4 So GBS in einem Brief an Arthur Bingham Walkley, als Vorwort der Komödie *Mensch und Übermensch* vorangestellt (S. 34). Den Gedanken lässt Shaw seinen Protagonisten, den Revolutionär John Tanner, im Handbuch des Revolutionärs ebenso schön formulieren: »Die Demokratie setzt

die Wahl durch die unfähige Mehrheit an die Stelle der Ernennung durch wenige Korrupte.« (Ebd., S. 310)
5 Im alten Griechenland hieß jeder, der nicht einen Großteil seiner Zeit der öffentlichen Debatte widmete (und sich so weigerte, in Begriffen des Gemeinwohls zu denken), »Idiot« (= Einzelperson = Unwissender). »In diesem Sinn hat uns die Marktwirtschaft in Idioten verwandelt, in blödsinnige Viren, die den Planeten zerstören, auf dem sie leben.« (Janis Varoufakis, *Time for Change*, S. 135)
6 Obendrein kann der Einzelne allenfalls marginal persönlich von einer rationalen Politik profitieren und schert sich kaum um Dinge, die außerhalb seines Erlebensraumes liegen (von Rüstungsvorhaben (→Waffen) bis Subventionen bis TTIP). Daher kann es unmöglich zu einer Politik kommen, die den Interessen der verschiedenen Mehrheiten als Ganzes am besten dient. Die Frage »Was habe ich davon?« ist nun mal kein geeignetes Mindset für die »Herrschaft der Massen« – umso weniger in einem Umfeld, das die radikal konsumorientierte Individualisierung befördert und den solidaritätsfeindlichen ständigen →*Wettbewerb* als allein seligmachendes Überlebensrezept.
7 Die tägliche durchschnittliche Fernsehzeit des über 14-jährigen Deutschen belief sich 2010 auf 237 Minuten. 2014 waren es nur noch 208 Minuten, ergänzt durch 107 Minuten Internetnutzung. Der durchschnittliche US-Amerikaner sieht täglich 272 Minuten fern (2008). (Quelle: statista.de, 14. 9.2015; http://de.statista.com/infografik/3792/mediennutzungsdauer-2015)
8 Sieben der Top-8-Zeitschriftentitel in Deutschland waren Fernsehzeitschriften, allein die Eskapistenpostille *Landlust* kann in diesem Feld auf Platz 6 mithalten (mit gegen den allgemeinen Trend steigender Auflage); (Jens Schröder, »Starke Verluste für *Spiegel*, *Bild* und *Welt*, *Bravo* schafft den Turnaround«; http://meedia.de/2015/07/20/ivw-blitz-analyse-starke-verluste-fuer-spiegel-bild-und-welt-bravo-schafft-den-turnaround/)
9 Jean-Marie Guehenno, *Das Ende der Demokratie*, S. 52
10 Um Deutschland mit absoluter Bundestagsmehrheit (50,1 Prozent) zu regieren, benötigt man lediglich die erklärte Zustimmung von 22,5 Prozent der Bevölkerung, also 18 Millionen von 82 Millionen Bürgern. Dass ein knappes Viertel der Bürger de facto als absolute Mehrheit gegen den Willen der anderen drei Viertel alle Entscheidungen treffen kann, relativiert die Aussage, unsere Form der Demokratie sei repräsentativ. Zustande kommt die Schieflage primär dadurch, dass die meisten Bürger gar nicht repräsentiert werden, insbesondere jene, die alle zukunftsweisenden Wahlentscheidungen am allermeisten angehen, nämlich Kinder und Jugendliche. Zu diesen 18 Millionen »nicht Wahlberechtigten« gesellen sich 18,6 Millionen Nichtwähler (Tendenz zunehmend) sowie knapp 7 Millionen Wähler, die für Parteien gestimmt haben, die die 5-Prozent-Hürde nicht überspringen. Etwa 54 Prozent der Bevölkerung sind also schon bei Ermittlung der Bundestagsmandate nicht mehr repräsentiert. Ein Fünftel der verbleibenden 46 Prozent sind über 70 Jahre alt. Mit etwas mehr als den zwei Fünfteln der verbleibenden 46 Prozent erreicht eine Partei die absolute, demokratisch ermittelte Mehrheit, entscheidet also allein mit den Stimmen von saturierten Rentnern und Systemgewinnern über alle relevanten Zukunftsfragen im Alleingang.
11 Siehe im Detail: Greg Palast, *Shame on you!*; 2003; *Ballots, Billionaires and Ballot Bandits*, 2012

Deutsch

1 Siehe dazu u.a.: Klaus Theweleit, *Männerphantasien*, Bd. I & II, 1986/1993; Nicolaus Sombart, *Die deutschen Männer und ihre Feinde: Carl Schmitt – ein deutsches Schicksal zwischen Männerbund und Matriarchatsmythos*, 1991
2 Der stellvertretende sowjetische Außenminister Andrei Gromyko hatte am 10. März 1952 eine Note Stalins an die USA, Großbritannien und Frankreich übermittelt. Darin schlug er ein wiedervereintes, souveränes, demokratisches Deutschland mit einer begrenzten Armee vor. Das Land sollte militärische Neutralität wahren, die Besatzungstruppen sollten abgezogen und mit einer gesamtdeutschen Regierung sollte ein Friedensvertrag ausgehandelt werden. Die Westmächte und die Adenauer-Regierung lehnten ab. Sie sahen in diesem Angebot der Sowjetunion den Versuch, die Westintegration und die Wiederbewaffnung der Bundesrepublik zu verhindern.
3 Dazu: Ralph Metzner, *Der Brunnen der Erinnerung. Von den mythologischen Wurzeln unserer Kultur*, 1994. Der in Berlin geborene US-amerikanische Psychologe geht in diesem Buch auf die nordischen und germanischen Kosmologien, Mythen und Götter ein, die aufgrund der Vereinnahmung durch die Nazi-Ideologie heute tabuisiert sind: Der Brunnen, aus dem die Deutschen lokale Mythen und Geschichten schöpfen können, ist vergiftet.

Drogen

1 Vgl. Josef H. Reichholf: *Warum die Menschen sesshaft wurden. Das größte Rätsel unserer Geschichte*, 2008. Dass bewusstseinserweiternde Pflanzen nicht nur für die Sesshaftigkeit, sondern auch für die Entstehung metaphysischer Vorstellungen des Menschen eine Rolle spielten, haben viele ethno- und archäo-pharmakologische Forschungen gezeigt, so etwa Terrence McKenna, *Speisen der Götter*, 1993; Albert Hofmann/Gordon Wasson/Carl Ruck, *Der Weg nach Eleusis*, 1995; Mathias Bröckers/Roger Liggenstorfer (Hg.): *Albert Hofmann und die Entdeckung des LSD*, 1995; Christian Rätsch, *Pilze und Menschen*, 2010; Richard M. Doyle, *Darwin's Pharmacy. Sex, Plants, And The Evolution of Noösphere*, 2011
2 Siehe dazu: Hans Georg Behr, *Weltmacht Droge*, 1980; Michael de Ridder, *Heroin: Vom Arzneimittel zur Droge*, 2000; Mathias Bröckers, *Die Drogenlüge*, 2010
3 Hans-Georg Behr, *Von Hanf ist die Rede*, 1995
4 Anslingers erste Anti-Marihuana-Kampagne wurde von dem Chemiekonzern DuPont finanziert, der die Kunstfaser Nylon auf den Markt gebracht hatte und mit dem 1937 ergangenen Anbauverbot des klassischen Naturfaserlieferanten Hanf einen »grünen« Konkurrenten ausgeschaltet hatte. Henry Fords »Auto, das vom Acker wächst« – die Karosserie aus Hanf-Kunststoff, mit Dieselmotor für Hanföl – kam aufgrund der Prohibition über die Prototypen nicht hinaus (vgl. Mathias Bröckers (Hg.)/Jack Herer/Katalyse-Institut, *Die Wiederentdeckung der Nutzpflanze Hanf*, 1993/2013; zu Hintergrund und Geschichte des ersten »Drogenzars« siehe auch Douglas Valentine, *The Strength of the Wolf. The Secret History of America's War on Drugs*, 2004; sowie Johann Hari, *Drogen. Die Geschichte eines langen Kriegs*, 2015).
5 Mathias Bröckers, *Die Drogenlüge*, 2010, S. 69 ff.
6 1999 produzierten afghanische Farmer 1670 Tonnen Opium; im Jahr 2000 brachte die Taliban-Regierung den Anbau auf 185 Tonnen herunter, nach der Invasion stieg er dramatisch an: 2007 meldete der jährliche Drogenreport der UN eine afghanische Opiumernte von 8850 Tonnen, 2014 waren es 6400 Tonnen (siehe Alfred McCoy, *Die CIA und das Heroin. Weltpolitik durch Drogenhandel*, 2003/2016; Bröckers, *Die Drogenlüge*, ebd.).
7 Catherine Austin Fitts vergleicht zwei Händler, die beide Ende der 40er Jahre beginnen, ein aus Pflanzen raffiniertes Produkt zu importieren: Sam (Zucker) und Dave (Kokain). »Ich habe einmal eine Exceltabelle angelegt, um die Gesamtsumme des ›Narco-Kapitals‹ zu berechnen. Die Zahlen zeigten, dass der Drogenmann Dave nicht nur Sams Zuckerfirmen aufgekauft hatte, sondern – zusammen mit dem Cashflow seiner kriminellen Kollegen – alle wichtigen Aktiengesellschaften an der New Yorker Börse kontrollierte.« (»There's No Business Like Drug Business« , in: Bröckers, *Die Drogenlüge*, 2010, S. 46 ff.) »352 Milliarden Dollar hat das organisierte Verbrechen 2008 an Profiten erzielt. Und ein Großteil davon sei, wie Antonio Maria Costa, der Leiter der UN-Drogenbehörde, dem *Observer* berichtet hat, während der Finanzkrise in das globale Bankensystem geflossen. Gelegentlich habe das schmutzige Geld, das vorwiegend aus dem Drogenhandel stamme, auch Banken, die nicht mehr liquide waren, gerettet.« (www.heise.de/tp/news/Geld-aus-Drogenhandel-soll-Banken-2008-gerettet-haben-2011516.html)
8 Ein Porträt Bruce Alexanders und seines Forschungsansatzes, der trotz überzeugender Ergebnisse keine weiteren Fördermittel erhielt, findet sich in: Johann Hari, Drogen. *Die Geschichte eines langen Krieges*, 2015, S. 203 ff. (siehe auch Bruce K. Alexander: *The Globalization of Addiction: A Study in Poverty of the Spirit*, 2010; »Glücklich und clean: Der Rattenpark des Dr. Alexander«, *FAS*, 12.9.2005).

Energie

1 Vgl. Sven Böttcher, *Quintessenzen*, 2013, S. 68
2 »We'll be out of oil by 2067, natural gas by 2069, and coal by 2121.« http://knoema.de/smsfgud/world-reserves-of-fossil-fuels)
3 Meinhard Miegel, *Exit. Wohlstand ohne Wachstum*, 2011, S. 123
4 Zu Geschichte und Perspektive der Sonnen- wie der anderen »erneuerbaren« Energien gönne man sich den einen oder anderen Ausflug in des »Datenscheichs« Achmed Khammas *Buch der Synergie*, hier direkt in Buch C: www.buch-der-synergie.de/c_neu_html/inhalt_c.htm.
5 Vgl. Yuval Noah Harari, *Eine kurze Geschichte der Menschheit*, 2013, S. 415 f.
6 Verhungern dürfte sogar im Dunkeln schwierig werden, sofern man sich nicht primär von Bananen ernährt, denn der Selbstversorgungsgrad Deutschlands ist hoch (Stand 2006, * 2014): *Getreide (101 Prozent), *Kartoffeln (130 Prozent), Zucker (136 Prozent), *Fleisch (119,8 Prozent), Frischmilcherzeugnisse (121 Prozent), Eier (75 Prozent), Käse (117 Prozent), Butter (81

Prozent), Hülsenfrüchte (96 Prozent). Beim übrigen Gemüse (36 Prozent) und Fisch (25 Prozent) haben wir Zucht- und Anbau-Nachholbedarf, aber oben ging's um die Panik »bei Licht aus verhungern«, nicht um Zander an Zucchini (Details beim BMEL, dem Landwirtschaftsministerium: www.bmelv-statistik.de/index.php?id=139&stw=Selbstversorgungsgrad).

7 Die Stromerzeugung aus »erneuerbaren« Energien ist im Jahr 2014 erneut gewachsen und betrug nach Angaben des Bundesverbandes der Energie- und Wasserwirtschaft (BDEW) nunmehr 25,8 Prozent der Bruttostromerzeugung in Deutschland. Damit überholten Sonne, Wind, Biomasse und Co. zusammen erstmals die Braunkohle als Energieträger mit dem höchsten Anteil im deutschen Strommix. Ihr Anteil am Bruttostromverbrauch liegt sogar bei 27,3 Prozent, da Deutschland auch 2014 erhebliche Mengen an Strom exportiert hat. Deutschland kann seinen benötigten Strom inzwischen selbst produzieren. Im Jahr 2012 exportierten die Deutschen so viel Strom wie noch nie zuvor. Laut BDEW sei dies äußerst positiv zu bewerten, denn der Stromimport und -export sorgen für Flexibilität, die dem Ausbau der erneuerbaren Energien zugutekomme (www.unendlich-viel-energie.de/strommix-deutschland-2014).
8 Und lest bei Kerzen- oder Elektrolicht entspannt weiter, bevorzugt Hermann Scheers *Der energethische Imperativ*, 2010, sowie Friedrich Schmidt-Bleecks *Grüne Lügen*, 2013.
9 Der Darwin Award wird seit 1994 an Menschen verliehen, die sich auf besonders bekloppte Weise umbringen und so ihrer Art einen wichtigen Gefallen tun. Preisträger müssen unter anderem das Kriterium der über »gewöhnliche Blödheit« hinausgehenden »außerordentlich dummen Fehleinschätzung« erfüllen. Und wer uns diese abspricht, bekommt Post von unseren Anwälten.
10 http://www.enev-online.de/
11 Folgeschäden für Klima und Industrie hat Greenpeace im Januar 2009 im Schnelldurchlauf dokumentiert (https://www.greenpeace.de/themen/klimawandel/ursachen-klimawandel/abwrackpraemie-schaedlich-fuer-klima-und-industrie).
12 Weiterlesen von hier aus: www.broeckers.com/2012/04/23/die-gluhbirnenverschwurong/
13 Jumpstation zum Projekt von Lichtblick und VW: https://de.wikipedia.org/wiki/Zuhause-Kraftwerk. Der Wirkungsgrad ist ein paar hochgezogene Augenbrauen wert, die Zukunftsidee »Methan statt Erdgas« vielleicht auch. Aber wer weiß, ob ihr nicht noch auf viel bessere Ideen kommt, Strom zu speichern als wir phantasielosen Batteriewegwerfer.

Entwicklungshilfe

1 Leider ist der Autor dieses Aphorismus nicht weiter bekannt; sein *Economist*-Artikel von 2009 bleibt aber unverändert lesenswert (www.economist.com/node/14926111).
2 Um in 15 Jahren den Hunger in der Welt zu beseitigen, braucht es nach Auffassung der UNO jährliche Investitionen in Höhe von 267 Milliarden Dollar. Bleiben die Investitionen auf dem heutigen Stand, müssten 2030 noch über 650 Millionen Menschen Hunger leiden (www.msn.com/de-de/finanzen/top-stories/welt-ohne-hunger-kostet-j ProzentC3 ProzentA4hrlich-267-milliarden-dollar/ar-AAcMYrm). Die FAO kommt auf deutlich niedrigere Zahlen und »schätzt, dass mit einer fünfjährigen Investition von 44 Milliarden Dollar in den Nahrungsmittelanbau der Länder des Südens das erste Millennium-Entwicklungsziel erreicht werden könnte« (Jean Ziegler, *Wir lassen sie verhungern*, 2013, S. 75 f.).
3 Vgl. »Milliardenrätsel Entwicklungshilfe«, *FAZ*, 22.4.2015; www.faz.net/aktuell/wirtschaft/wirtschaftspolitik/entwicklungshilfe-helfen-die-miilliarden-ueberhaupt-13551128.html
4 Peter Singer, *Leben retten*, 2009, S. 145
5 Jean Ziegler, *Das Imperium der Schande*, 2008, S. 71
6 Laut Bundesministerium für wirtschaftliche Zusammenarbeit und Entwicklung, *Die aktuelle Entwicklung der Auslandsverschuldung der Entwicklungsländer* (2014); https://www.bmz.de/de/themen/entwicklungsfinanzierung/entschuldung/hintergrund/aktueller_stand.html
7 Die Studie *Illicit Financial Flows from Developing Countries: 2002–2011* der amerikanischen Forschungsorganisation Global Financial Integrity (GFI; http://iff.gfintegrity.org/iff2013/Illicit_Financial_Flows_from_Developing_Countries_2002–2011-HighRes.pdf) kommt zu dem Ergebnis, dass im Jahr 2011 durch kriminelle Geschäfte, Korruption und Steuervermeidung 946,7 Milliarden Dollar von Ländern des Südens abgezogen worden sind. Das sind 13,7 Prozent mehr als im Vorjahr. Zwischen 2002 und 2011 gingen insgesamt, so GFI, 5,9 Billionen Dollar verloren. »As the world economy sputters along in the wake of the global financial crisis, the illicit underworld is thriving – siphoning more and more money from developing countries each year«, erklärt dazu GFI-Präsident Raymond Baker. Die gerade veröffentlichte Studie baut auf Forschung auf, die GFI zusammen mit der Afrikanischen Entwicklungsbank seit geraumer Zeit

durchgeführt hat. GFI hat für die Berechnung die Untersuchungsmethode verfeinert, die nun erstmals Handelsdaten von Re-Exporten aus Hongkong beinhaltet sowie bilaterale Handelsdaten der Länder, in denen diese Daten zugänglich gemacht werden.Die Zahlen dokumentieren den starken Anstieg der illegalen Finanzströme. Allein die jährliche reale Zunahme um 10,2 Prozent von Abflüssen aus Ländern des Südens übertrifft deutlich den Anstieg des BIPs in den betroffenen Ländern. Darüber hinaus umfassen die 946,7 Milliarden Dollar, die im Jahr 2011 illegal aus Ländern des Südens geflossen waren, etwa die zehnfache Menge der netto 93,8 Milliarden Dollar an Mitteln der öffentlichen Entwicklungszusammenarbeit (ODA), die 2011 an diese 150 Länder gezahlt wurden. Das bedeutet nichts anderes, als dass für jeden Dollar, der in Form von Entwicklungszusammenarbeit geleistet wird, etwa zehn US-Dollar über illegalen Kapitalabfluss wieder verloren gehen (http://steuergerechtigkeit.blogspot.de/2013/12/europa-entzieht-den-landern-des-sudens.html).

8 »Nach Angaben der in Paris ansässigen OECD, der die 34 reichsten Industrienationen der Welt angehören, betrug die Entwicklungshilfe 2012 rund 125,6 Milliarden Dollar (fast 98 Milliarden Euro). Dies waren demnach 0,29 Prozent des gesamten Bruttoinlandsprodukts (BIP) der Geberländer.« (Zit.n. *Handelsblatt*, 3.4.2013; www.handelsblatt.com/politik/international/oecd-studie-entwicklungshilfe-hat-abgenommen/8016960.html)
9 Deutschland verpasst das Ziel (Quelle: Statista, April 2014).
10 Singer, *Leben retten*, S. 189. Im Übrigen wären natürlich die angepeilten 0,7 Prozent geeignet, eben diese UN-Milleniumsziele zu erreichen: »The costs of achieving the Goals are entirely affordable and well within the promises of 0.7 percent made at Monterrey and Johannesburg. The required doubling of annual official development assistance to \$135 billion in 2006, rising to \$195 billion by 2015, pales beside the wealth of high-income countries—and the world's military budget of \$900 billion a year. Indeed, the increased development assistance will make up only half a percent of rich countries' combined income.« (www.unmillenniumproject.org/re ports/costs_benefits3.htm)
11 Vgl. Burkhart Wilke, »Zur Situation des deutschen Spendenwesens 2014«; www.b-b-e.de/fi leadmin/inhalte/aktuelles/2014/12/nl22_gastbeitrag_wilke.pdf
12 Über ein Prozent des BIP liegen die Privatspenden nur in den USA (1,8 Prozent), in Israel (1,34 Prozent) und in Kanada (1,17 Prozent; http://de.statista.com/statistik/daten/studie/72957/ umfrage/geldspenden-in-prozent-des-bip-in-ausgewaehlten-laendern/).
13 Michael Schmidt-Salomon, *Keine Macht den Doofen*, 2012, S. 62
14 Alle Zahlen unter www.betterplace-lab.org/projekte/deutscher-spendenmarkt
15 Singer, *Leben retten*, S. 152

Erderwärmung

1 http://thinkprogress.org/climate/2015/12/15/3732080/nasa-2015-hottest-year/
2 40 Prozent der gesamten Landoberfläche werden landwirtschaftlich genutzt, es verbleiben im Grunde nur noch: Arktis, Antarktis, Sahara und andere Wüsten, Sibirien und die Tundra, unsere Städte, Nationalparks, Abbaugebiete für →*Ressourcen* sowie: unsere Wälder. »Der Bedarf an Lebensmitteln wird sich bis 2050 verdoppeln.« (Stephen Emmott, *10 Milliarden*, 2013, S. 49)
3 Der erste Bericht des Club of Rome, *Die Grenzen des Wachstums*, erschien 1972, und erstaunlich viele der düsteren Vorhersagen haben sich bewahrheitet. Seitdem sind 30 Folgeberichte veröffentlicht worden (www.clubofrome.de/).
4 Die N2O-Emissionen sind zwar (erfreulicherweise) im letzten Jahrzehnt zurückgegangen, dennoch sollte, wer über die Reduzierung wirklich hochpotenter Treibhausgase diskutiert, das N2O nicht unter den Tisch fallen lassen. Entwarnendes hier: www.umweltbundesamt.de/ daten/klimawandel/treibhausgas-emissionen-in-deutschland/distickstoffoxid-emissionen. Warnendes unter →*Landwirtschaft*.
5 Rinder furzen viel, und zwar viel Methan. Dennoch sind die jährlichen Emissionen zurückgegangen, das Umweltbundsamt gibt großzügig Entwarnung. Die Methanbombe unter der Tundra erwähnt man amtlicherseits sicherheitshalber nicht (www.umweltbundesamt.de/daten/ klimawandel/treibhausgas-emissionen-in-deutschland/methan-emissionen).
6 »Wenn die Erderwärmung begrenzt bleiben soll, darf im Jahr 2050 jeder menschliche Erdbewohner nur noch einen Ausstoß von 2,7 Tonnen CO2 pro Jahr verursachen. Ein Flug von Frankfurt nach New York schlägt aber bereits mit 4,2 Tonnen zu Buche, und nach Sydney sind es gar 14,5 Tonnen. [...] Schon jetzt hinterlässt jeder Bundesbürger elf Tonnen CO2 im Jahr.« (*Atlas der Globalisierung* 2015, S. 107)
7 http://www.erzähler.net/?p=125

8 »Over 15 billion trees are cut down each year, and the global number of trees has fallen by approximately 46 Prozent since the start of human civilization«. (T.W. Crowther et al., »Mapping tree density at a global scale«, Nature, 10.9.2015; www.nature.com/nature/journal/v525/n7568/full/nature14967.html)
9 Der Anteil der dreckigen Kohle am globalen Energiemix hat sich übrigens seit den ersten Klimabeschlüssen 1992 auch nicht wie besprochen verringert, sondern um fünf Prozent erhöht (auf jetzt 30 Prozent).
10 Die mediale Bewertung des »Meilensteins« von Paris liest sich spektakulär: Nur noch 1,5 Grad Erwärmung! Null Prozent Steigerung! Sogar ein Minus von 0,5 Prozent beim CO2-Ausstoß! Da uns der Unterschied zwischen »absolut« und »relativ« generell viel zu spitzfindig ist, hören wir immer nur »minus!« und machen beruhigt weiter. Aber: Wenn ein Raucher zu Silvester 1992 beschließt, ab dem kommenden Jahr statt täglich 20 Zigaretten nur noch 19 zu rauchen, aber von 1993 bis 2014 alltäglich 35 Zigaretten raucht und 2015 nur noch 34,5, um daraufhin stolz zu verkünden, er habe einen 0,5-Prozent-Rückgang geschafft, würden wir den hustenden Patienten schlicht für bescheuert erklären. Da wir selbst dieser Raucher sind, lügen wir uns aber gern in die Tasche. Mit kühlem und klarem Kopf wohlwollend betrachtet, ist daher das Ergebnis von Paris mit Bill McKibben (350.org) so zusammenzufassen: »Zusammengenommen führen die Vereinbarungen zu einer Erderwärmung von nur 3,5 Grad – sofern sie eingehalten werden. Das ist historisch, das ist bemerkenswert – aber es ist auch katastrophal. Eine 3,5 Grad wärmere Welt wäre keine mit einer Zivilisation, die unserer ähnelte.«
11 Naomi Klein, Die Entscheidung, 2015, S. 98
12 Ebd., S. 90
13 »Der Ölkonzern BP rechnet vor, dass die CO2-Emissionen bis zum Jahr 2035 weltweit um 29 Prozent zunehmen werden.« (www.welt.de/wirtschaft/article124118849/So-stark-wird-der-CO2-Ausstoss-weltweit-ansteigen.html)
14 »In fact, climate change is directly related to the growth of terrorism. And if we do not get our act together and listen to what the scientists say, you're going to see countries all over the world – this is what the CIA says – they're going to be struggling over limited amounts of water, limited amounts of land to grow their crops ask you're going to see all kinds of international conflict.« (Bernie Sanders, zweite Debatte der Demokraten im Wahlkampf 2015/2016, komplette Transkription unter: http://time.com/4113434/transcript-read-the-full-text-of-the-second-democratic-debate/)
15 Es könnten auch eine Milliarde Flüchtlinge werden, aber wir wollen den Teufel nicht an die Wand malen (schon gar nicht an eine Wand wie die mit der Wetter- oder Klimakarte, denn wer wollte hier ernsthaft zuverlässige Prognosen abgeben?). Franz-Josef Radermacher ist vorsichtig, weist aber en passant auch auf einen wesentlichen Punkt hin, nämlich die Rechnung: »Demnach sind für das Jahr 2050 rund 200 Millionen ›Klimaflüchtlinge‹ zu erwarten und können die Kosten des Klimawandels bis zu 20 Prozent des Weltbruttosozialprodukts betragen. Demgegenüber wäre lediglich ein Prozent für Maßnahmen zur Vermeidung katastrophaler Folgen des Klimawandels notwendig.« (Franz Josef Radermacher, Welt mit Zukunft, 2011, S. 124)
16 Vgl. exemplarisch (und höchst amüsant) Dubner/Levitt, Superfreakonomics, 2011, S. 181 ff.
17 Mal ganz abgesehen von wesentlichen Aspekten der de facto unwesentlichen CO2-Debatte, also z.b. a) dass das bedeutendste Treibhausgas Wasserdampf ist, b) dass die CO2-Konzentration vor 80 Millionen Jahren 1000 ppm betrug und c) dass der Meeresspiegel seit 12000 Jahren steigt, also seit dem Ende der letzten Eiszeit. Die Liste ließe sich über das Alphabet hinaus fortsetzen, ist aber irrelevant, da das CO_2 gar nicht unser eigentliches Problem ist.
18 Selbsternannte Nobelpreisträger zu zitieren, gehört sich nicht mal in Fußnoten, aber andererseits kann man es ja wirklich kaum deutlicher sagen als Leland Milett: »Sogar Kaspar Hauser erkennt bei einem Blick auf die Zahlen, dass CO2 das kleinste unserer Probleme ist. […] Zwar erwarte ich nicht von jedem Kaspar Hauser, dass er die wenigen fundamentalen Wahrheiten über Aerosole und Treibhausgase selbst nachschlägt, aber verantwortungsvoll handelnde Menschen haben diese Zusammenhänge angemessen darzustellen. Tun sie es nicht, haben sie offenbar andere Ziele als die von ihnen selbst behaupteten. Die Erklärungen des IPCC sind Konsens-Erklärungen und dienen bestimmten Zwecken, im Kern dem Erhalt unseres imperialen Lebensstils und der Schaffung neuer Absatzmöglichkeiten. Das IPCC arbeitet der Energieindustrie zu – und verteilt das verbliebene Volksvermögen in die Taschen der großen Energieversorger. […] Verstehen Sie mich nicht falsch, ich bin kein Freund von bequemen Lügen. Ich bin, ganz im Gegenteil, ein Freund der unbequemen Wahrheit, wie Gore es so schön plakativ nennt. Aber die unbequeme Wahrheit ist, dass etwa 600 Millionen Menschen beschlossen haben, die Entfaltungsmöglichkeiten der restlichen sechs Milliarden auf grau-

samste Weise zu beschneiden und diese anderen nach Belieben zu vernichten. Die 600 Millionen, das sind wir. Selbst die Ärmsten von uns, die Wohlfahrtsempfänger, die Arbeitslosen und die Nichtsnutze, leben heute wie die Fürsten im Mittelalter, mit fließend Wasser und nicht nur täglich Brot, sondern Tiefkühlpizza und Flachbildschirmen. Die Reicheren unter uns, nun ja, die Reicheren von uns sind die Herren der Welt. Aber wir alle leben auf Kosten der restlichen Welt. Und wir sind finster entschlossen, unsere Position zu verteidigen. [...] Dagegen spricht nichts. Wir alle sind Egoisten. Kein Afrikaner verhielte sich anders, säße er hier, wo wir sitzen. Aber es mangelt uns an Aufrichtigkeit. An der klaren, lauten und öffentlichen Aussage: Ja, wir wollen so weiterleben. Genau so. Nein, wir wollen nicht zurückstecken. Nicht teilen. Nicht Gerechtigkeit. Wir wollen jeder ein Auto, alle drei Tage Fleisch auf dem Teller, billiges Fleisch, soziale Sicherheit, Geld, auch wenn wir keine Arbeit haben, fließend Wasser in jeder Wohnung, Fußbodenheizungen und keinen Eimer unter dem Donnerbalken auf dem Hof, sondern Porzellan im Bad, DVDs und Plastiktüten, um sie nach Hause zu tragen. Medikamente. Krankenhäuser. Ärzte. Renten und Pensionen für die sagenhaften durchschnittlich fast 50 Jahre unseres Lebens, die wir nicht mit Erwerbstätigkeit zubringen. Zwanzig Jahre bis zum Ende der Ausbildung, 30 Jahre vom frühen Rentenbeginn bis zu unserem Tod mit 90. Man muss kein Mathematikgenie sein, um zu verstehen, dass das nicht geht – beziehungsweise nur auf Kosten anderer. Deshalb müsste Gore sagen: Die unbequeme Wahrheit ist, dass wir alle sieben Sekunden ein Kind verhungern lassen, damit unsere Sozialhilfeempfänger weiterhin in Porzellan scheißen können. Und dass 80 bis hundert Millionen Menschen jährlich an den Folgen unseres Tuns beziehungsweise Unterlassens sterben. Wir könnten das verhindern, aber es hätte einen hohen Preis. Den Verlust unseres Wohlstandes, unserer Art zu leben. Wir wollen eine bessere Welt, natürlich: aber nur, so lange das nicht bedeutet, dass unsere Welt schlechter wird. Hier liegt der Kern unserer Verlogenheit. Und wir entscheiden uns, das zu ignorieren, denn wir möchten uns selbst für anständige Menschen halten. Dabei sind wir Schurken. Mörder, Folterer, Teufel, wir alle. Und nichts ist widerwärtiger als ein kaltblütiger Mörder, der sich als Gutmensch geriert. Das sind wir.« (Sven Böttcher, *Prophezeiung*, 2010, S. 183 ff.)
19 Einen inspirierenden Startpunkt zum Weiterlesen bieten das Copenhagen Consensus Centern (www.copenhagenconsensus.com/) resp. Björn Lomborgs *How to spend 75 Billion to make the Planet a better place* (2013). Die Weltbank geht davon aus, dass 40–60 Milliarden zusätzlicher →*Entwicklungshilfe* p.a. benötigt werden (www.worldbank.org/html/extdr/mdgassessment. pdf), die UN kommt bei der Berechnung zum Erreichen ihrer »Millennium Goals« auf derzeit 195 Milliarden, weist in diesem Zusammenhang aber auch auf unsere armseligen Entwicklungshilfebudgets hin (0,5 Prozent des globalen BIP) sowie auf das globale Rüstungsbudget von 900 Milliarden Dollar (www.unmillenniumproject.org/reports/costs_benefits3.htm). 534 dieser 900 Milliarden benötigen die permanent bedrohten USA (www.defense.gov/News/News-Releases/News-Release-View/Article/605365).
20 Das globale Rüstungsbudget beträgt etwa 900 Milliarden US-Dollar. (www.unmillenniumproject.org/reports/costs_benefits3.htm), 607 dieser 900 Milliarden benötigen die permanent bedrohten →USA (für 2016, nach 594 Milliarden im Vorjahr (www.defensedaily.com/obamacongress-broker-budget-deal-with-607b-for-defense/).
21 Pressemitteilung zur Verfassungsklage von 21 US-amerikanischen Jugendlichen gegen die Regierung Obama wegen Verletzung ihrer Grundrechte durch Unterlassung in Sachen Klimawandel (http://ourchildrenstrust.org/US/Federal-Lawsuit)
22 Wer freiwillig vorgreifen möchte: Die natürlichen CO2-Einfänger von Prima-Klima-weltweit haben einen 1A-Emissionsrechner im Netz gestellt (https://www.prima-klima-weltweit.de/co2/kompens-berechnen.php).

Familie und Kinder
1 Friedrich List, *Das nationale System der politischen Ökonomie*, Stuttgart 1841; zit.n. Rainer Stadler, *Vater, Mutter, Staat*, 2014, S. 171
2 Vgl. Felicita Reuschling, »Familie im Kommunismus. Zur Abwertung reproduktiver Arbeit und der Fortschreibung kapitalistischer Geschlechterarrangements in der Sowjetunion«, *Phase 2*, Nr. 36 (http://phase-zwei.org/hefte/artikel/familie-im-kommunismus-177/) und auch Ivan Illich, *Genus. Zu einer historischen Kritik der Gleichheit*, 1995
3 »Der Studie Mouvement Mondial des Mères 2011, unterstützt von der EU-Kommission (11 000 befragte Mütter aus 16 EU-Ländern), zufolge wollen sich 61 Prozent aller Mütter voll auf ihre Kinder konzentrieren, bis diese das dritte Lebensjahr vollendet haben [...]. 37 Prozent wollen dies auch immer noch, bis die Kinder das Schulalter erreichen. Gleichzeitig bevorzugen Mütter

europaweit Teilzeit-Arbeitsmodelle. 70 Prozent aller Mütter würden sogar gern nur in Teilzeit erwerbstätig sein, bis ihre Kinder das 18. Lebensjahr erreicht haben.« (Birgit Kelle, *Dann mach doch die Bluse zu*, 2013, S. 59) »Kinder kosten zuviel Geld wird von 67 Prozent der 2000 befragten repräsentativen Deutschen ab 14 Jahren als Hauptgrund genannt. Bei den Berufstätigen sind es sogar 70 Prozent der Männer und 66 Prozent der Frauen, die angeben, dass ihnen Geld für Kinder fehle.« (www.stiftungfuerzukunftsfragen.de/de/newsletter-forschung-aktuell/248. html)
4 Der Harwood-Bericht *Yearning for Balance* gibt an, »dass drei Viertel der Amerikaner der Meinung sind, dass die Gesellschaft das Gespür für das verloren hat, was wirklich zählt. Sie glauben, dass Konsumismus und Materialismus die für den Menschen viel wichtigeren Werte von Freundschaft, Familie und Gemeinschaft unter sich begraben haben.« Richard Wilkinson/Kate Pickett, *Gleichheit ist Glück*, 2012, S. 249)
5 Preisliste ambulante Pflege: http://www.der-ambulante-pflegedienst.de/preise.html

Fleisch

1 Das kann und sollte der nicht lesefaule, sondern halbwegs bibelfeste Christ allerdings anders sehen. »Der Gerechte erbarmt sich der Tiere; denn nur das Herz der Gottlosen ist den Tieren gegenüber unbarmherzig.« (Sprüche 12, 10). Vollständiger: Alfred Schulte, »Auch in der Bibel wird deutlich: Tiere sollen nicht getötet werden«, *Der Theologe*, 4.12.2015; www.theologe.de/bibel_tiere.htm
2 Vgl. Jonathan Safran Foer, *Tiere essen*, 2010, S. 172
3 »Allein in den Vereinigten Staaten geben die Menschen jedes Jahr mehr Geld für Diäten aus, als nötig wäre, um die Hungernden im Rest der Welt zu ernähren. Fettsucht ist ein zweifacher Sieg des →*Konsumismus*. Statt weniger zu essen, was ja zu einer Schrumpfung der Wirtschaft führen würde, essen wir erst zu viel, kaufen dann Diätprodukte und tragen auf diese Weise gleich doppelt zum Wirtschaftswachstum bei.« (Yuval Noah Harari, *Eine kurze Geschichte der Menschheit*, 2013, S. 425)
4 Vgl. Valentin Thurn/Stefan Kreuzberger, *Harte Kost*, 2014. Die Zahlen gehen gelegentlich ein bisschen auseinander, aber das macht den Kohl ja nicht fett. »In Europa dienen bereits 57 Prozent der Getreideernte als Tiernahrung.« (S. 38) Beim Soja gilt: »Nur zwei Prozent werden direkt für den menschlichen Verzehr angebaut, 98 dienen als Futtermittel.« (S. 38) Etwas weiter unten heißt es: »2012 wurden auf der Welt 2,2 Milliarden Tonnen Getreide geerntet, davon wurden nur 47 Prozent direkt für die menschliche Ernährung verwendet, 34 Prozent gingen ins Tierfutter, der Rest wurde zu Treibstoff oder Industrieprodukten verarbeitet.« (S. 113) Dass die verfütterte Sojamenge inzwischen zu mindestens 60 Prozent gentechnisch verändert ist (vgl. Erwin Wagenhofer/Max Annas, *We Feed the World*, 2003, S. 48), vertiefen wir (dezent) an geeigneter Stelle, also beim →*Saatgut*.
5 »Weideland und für den Futtermittelanbau genutztes Ackerland machen fast 80 Prozent der landwirtschaftlichen Nutzfläche aus. Rund 3,4 Milliarden Hektar Land sind Weideflächen, und 0,5 Milliarden Hektar entfallen auf Futtermittel. Von der eisfreien Erdoberfläche werden 26 Prozent für die Viehwirtschaft genutzt.« (FAO, *The State of Food and Agriculture. Livestock in the Balance*, 2009; www.fao.org/docrep/012/i0680e/i0680e.pdf). Der jüngste UN-Report kommt gar zu dem Ergebnis, dass 38 Prozent unserer Landnutzung auf das Konto der »Produktion von Tierprodukten« gehen (www.unep.org/resourcepanel/Portals/24102/PDFs/PriorityProductsAndMaterials_Report.pdf).
6 Franz-Josef Radermacher, *Welt mit Zukunft*, 2013, S. 83
7 Die Bilanz fällt bei genauer Betrachtung noch deutlich verheerender aus, denn mit dem »Erzeugen« und Schlachten ist es nicht getan, schließlich muss das Fleisch nach der »Gewinnung« aufwendig verarbeitet und vor allem aufwendig transportiert werden, weshalb man den zusätzlichen Kalorienumwandlungsfaktor »x 5« einbauen sollte. »Nur ein Fünftel der für unsere Ernährung aufgewandten Energiemenge wird auf der Farm verbraucht; der Rest geht beim Verarbeiten und Umhertransportieren der Nahrungsmittel drauf.« (Michael Pollan, *Das Omnivoren-Dilemma*, 2011, S. 258) Am Rande notieren wir mit: Fast ein Fünftel des gesamten von uns verbrannten Öls geht für die Nahrungsmittelindustrie drauf (fast so viel wie der Gesamtjahresverbrauch unserer Autos).
8 Nach einer Berechnung des UN-Umweltprogramms (UNEP) könnten die Kalorien, die bei der Umwandlung von pflanzlichen in tierische Lebensmittel verloren gehen, theoretisch 3,5 Milliarden Menschen ernähren (UNEP, *The Environmental Food Crisis*, 2009; www.grida.no/files/publications/FoodCrisis_lores.pdf).

9 Vgl. Valentin Thurn/Stefan Kreutzberger, *Harte Kost*, 2014, S. 143 f.
10 Von 1961 bis 2012 ist der Fleischverbrauch pro Kopf in Deutschland von 23 auf 66 kg gestiegen (d.h. 88 kg Schlachtgewicht pro Kopf). »2014 stieg die Fleischproduktion in Deutschland auf einen Rekordwert von 8,2 Millionen Tonnen – ein Plus von 1,3 Prozent im Vergleich zu 2013. Zuwächse verbuchte mit 1,5 Millionen Tonnen erzeugtem Fleisch vor allem der Geflügelsektor. Seit 1994 hat sich die Geflügelproduktion fast verdreifacht. 2014 wurden 58,7 Millionen Schweine, 3,5 Millionen Rinder und 728 Millionen Tiere Geflügel geschlachtet.« (www.weltagrarbericht.de/fileadmin/files/weltagrarbericht/Weltagrarbericht/Fleisch.pdf) Die hierzulande beobachtete leichte Abnahme des Verbrauchs in allerjüngster Zeit wegen vegetarischer und veganer Moden dürfte dank der »Paläo-Diät« spätestens 2016 wieder vom Tisch sein.
11 »In den vergangenen 50 Jahren hat sich die globale Fleischproduktion von 78 auf 308 Millionen Tonnen pro Jahr gut vervierfacht. Der Weltagrarbericht ging davon aus, dass dieser Trend anhält, vor allem weil sich in den Schwellenländern der Fleischkonsum an die sogenannte western diet Nordamerikas und Europas mit ihren Burgern, Steaks und Schnitzeln annähern wird. Die FAO erwartet eine Steigerung der Fleischproduktion auf 455 Millionen Tonnen bis 2050. [...] 2012 wurden weltweit etwa 304 Millionen Tonnen Fleisch produziert. Für 2014 prognostiziert die FAO einen Anstieg der Fleischproduktion auf 311,6 Millionen Tonnen. Im globalen Schnitt standen 2012 pro Person 42,8 Kilogramm Fleisch im Jahr zur Verfügung. In den Entwicklungsländern lag der durchschnittliche Fleischverbrauch bei 33,4 kg pro Person, in den Industriestaaten bei 76,2 kg Fleisch (http://www.weltagrarbericht.de/themen-des-weltagrarberichts/fleisch-und-futtermittel.html).
12 Jonathan Safran Foer, *Tiere essen*, 2010, S. 301
13 Die 99 Prozent gelten für die USA, in Deutschland sind es nur 98 Prozent (ebd., S 377).
14 Ebd., S 34 und S. 137. In einer modernen Schlachtanlage werden täglich im Millisekundenakkord bis zu 430 000 Hühnchen gekillt, was bei voller Auslastung zu einem Jahreskadaverumsatz von knapp 135 Millionen Vögeln führt.
15 Ebd., S. 26 und 377 (Zahlen für Deutschland)
16 Ebd., S. 143. Foer bezieht sich hier auf die Berechnungen von Noam Mohr auf Grundlage der USDA-Statistik, der Vegetarierbund Deutschland (VEBU) weist im Nachwort der deutschen Ausgabe darauf hin, für Deutschland gebe es keine derartige statistische Grundlage – und muss sich daher auf die eigene Statistik verlassen, die auf erheblich niedrigere »Verbrauchswerte« kommt (S. 384).
17 Ebd., S. 143. Wir verkneifen uns aber nicht die Randbemerkung, dass für jedes Kilo Edelfisch oder lecker Garnelen etwa 25 Kilo »Beifang« weggeworfen werden.
18 Weltweit wurden einer jüngeren Studie der National Academy of Sciences zufolge – konservativ geschätzt – 2010 knapp 64 000 Tonnen Antibiotika an unser Schlachtvieh verfüttert, erwartet wird eine Steigerung um 67 Prozent bis 2030 (Thomas P. van Boeckel et al., »Global trends in antimicrobial use in food animals«, 18.2.2015; www.pnas.org/content/112/18/5649.abstract). In den USA werden 80 Prozent der Antibiotika dem Mastfutter beigegeben, und »mehr als 92 Prozent« der Hähnchen in Deutschland wurden Antibiotika verabreicht« (Thomas Pany, *Telepolis* 10.2.2013; www.heise.de/tp/blogs/8/153713). Vgl. aber auch Foers Zahlen, mit Blick auf gewisse Handelsabkommen: »In den Vereinigten Staaten werden pro Jahr 1,4 Kilo Antibiotika an Menschen ausgegeben, aber unglaubliche acht Millionen Kilo an Tiere« (S. 163), die Union of Concernd Scientists (UCS) geht sogar von mindestens 11,2 Millionen Kilo aus, und »6,1 Mio. Kilo dieser Mittel wären in der EU verboten«. Sollten wir in eurem Namen inzwischen TTIP unterschrieben haben, besorgt euch dringend ein Feuerzeug und macht das Ganze rückgängig.
19 Offiziellen Angaben zufolge sterben 7500–15 000 Menschen jährlich in Deutschland an durch antibiotika-resistente Keime verursachten Infektionen. Seriösen Recherchen zufolge liegt die Zahl aber deutlich höher: »Aus Abrechnungsdaten aller deutschen Krankenhäuser geht hervor, dass es Ärzte im vergangenen Jahr bei verstorbenen Patienten mehr als 30 000-mal mit einem der drei meistverbreiteten multiresistenten Keime MRSA, ESBL oder VRE zu tun hatten.« Walter Popp, der Vizepräsident der Deutschen Gesellschaft für Krankenhaushygiene, spricht sogar von »mindestens eine Million Infektionen und mehr als 30 000 bis 40 000 Todesfällen«, *Zeit*, 21.11.2014; (www.zeit.de/wissen/gesundheit/2014-11/antibiotika-keime-resistenz-bakterien/komplett ansicht). Merke: Bakterien vervielfältigen sich alle 20 Minuten, die »marktreife« Entwicklung eines neuen, wirksamen Antibiotikums dauert 15 Jahre.
20 Wieso Milch? Weil bei der Milch die Pro-Kopf-Verbrauch-Spanne noch größer ist als beim Fleisch. Laut Welternährungsorganisation (FAO Food Outlook 2013) verbrauchen die Men-

schen in den Industrienationen jedes Jahr durchschnittlich 237 Liter Milch gegenüber 74 Litern pro Kopf in den Entwicklungsländern. Unsere Industrie hofft selbstredend auf einen gewaltigen Nachholbedarf und wird garantiert auch nicht davor zurückschrecken, Osteoporosegespenster an jede Hüttenwand zu malen, sofern nicht jemand (von euch) energisch einschreitet. Ergänzende Details in gebotener Länge resp. Kürze siehe Sven Böttcher, *Quintessenzen*, 2013, S. 73 (wahlweise quintessenzen.net) oder *Diagnose: unheilbar – Therapie: selbstbestimmt*, 2015, S. 175 ff.

Frauen und Männer

1 Marija Gimbutas, *Die Sprache der Göttin. Das verschüttete Symbolsystem der westlichen Zivilisation*, 1995; dies., *Die Zivilisation der Göttin. Die Welt des Alten Europa*, 1996; Riane Eissler, *Kelch & Schwert, Unsere Geschichte, unsere Zukunft. Weibliches und männliches Prinzip in der Geschichte*, 2005
2 Im Jahr 2006 gab es noch immer 53 Länder, in denen ein Mann nicht für die Vergewaltigung seiner Frau belangt werden konnte. In Deutschland wird der Tatbestand der Vergewaltigung in der Ehe erst seit 1997 anerkannt, in Österreich und der Schweiz sogar erst seit 2006 (Yuval Noah Harari, *Eine kurze Geschichte der Menschheit*, 2013, S. 182).
3 Ute Scheub/Yvonne Kuschel, *Beschissatlas*, 2012, S. 91 f.
4 Thereas Bäuerlein/Friederike Knüpling, *Tussikratie*, 2014, S. 27. Die Autorinnen beklagen den Verlust, der mit dieser neuen Art von »Gleichheit« unter den Geschlechtern einhergeht: »Mädchen lernen in dieser neuen Art [nicht ihren Rollenklischees entsprechenden] Denkart, dass sie alles tun dürfen, was einst als männlich galt. Sie können pöbeln, saufen, anderen Menschen auf den Arsch starren, Physik studieren, nach Einfluss streben und bei alldem Stöckelschuhe tragen – so lange sie nur nicht die Todsünde begehen, im bloßen Muttersein Erfüllung zu finden (was ist schon dabei, wenn man im Leben zwei- bis dreimal ein neues Leben in die Welt wirft – ein derart alltägliches Wunder sollte uns nicht zu lange beschäftigen). Alles, was weich, liebevoll, fürsorglich, aufopfernd, selbstlos ist, also lauter Eigenschaften besitzt, die eigentlich Ehrfurcht einflößen sollten und zu dem Schönsten zählen, wozu ein Mensch überhaupt fähig sein kann – all das gilt nicht mehr als erstrebenswert, weil es »typisch weiblich« ist und damit als Loser-Qualität abgewertet wird.« (Ebd., S. 71 f.)
5 Laurie Penny, *Unsagbare Dinge*, 2015, S. 13
6 »What Matters to Mothers in Europe. Survey of Mothers in Europe. 2011 results«; www.mmm europe.org/ficdoc/2011-MMM_BROCHURE_What_Matters_Mothers_Europe.pdf

Freihandel

1 Jasper Copping, »British have invaded nine out of ten countries – so look out Luxembourg«, *The Telegraph*, 4.11.2012 (www.telegraph.co.uk/history/9653497/British-have-invaded-nine-out-of-ten-countries-so-look-out-Luxembourg.html)
2 Zum Vergleich: Hundert Jahre später, 1980, wurden für den medizinischen Weltverbrauch jährlich ca. 1700 Tonnen Opium verwendet; 1999 produzierten afghanische Bauern CIA-geschätzte 1670 Tonnen; für 2007 meldete der jährliche Drogenreport der UN eine afghanische Opiumernte von 8850 Tonnen (Mathias Bröckers, *Die Drogenlüge*, 2010; Carl A. Trocki, *Opium, Empire and the Global Political Economy*, London 1999
3 Naomi Klein, *Die Schock-Strategie*, 2007
4 »Angaben der Hilfsorganisation Brot für die Welt zufolge ist Westafrika am stärksten von den EU-Billigausfuhren betroffen. Die Bauern dort hätten Produktionskosten von etwa 1,80 Euro je Kilo. Europäisches Hähnchenfleisch aber koste nur die Hälfte.« (»Billigfleisch für Afrika«, *Die Zeit*, 30.1.2015; www.zeit.de/wirtschaft/2015-01/exporte-gefluegel-afrika). Das ist seit langem bekannt, dennoch haben sich die EU-Exporte seit 2009 verdreifacht.
5 Stefania Vitali/James B. Glattfelder/Stefano Battiston, *The network of global corporate control*, 2011. Die Systemanalysten der ETH Zürich identifizierten ein Netzwerk von 147 Konzernen, die nahezu die Hälfte der gesamten Weltwirtschaft kontrollieren.
6 Die zentralen Kritikpunkte an TTIP (nach: stop-ttip.org/de):
 – Der Rechtsstaat wird durch die Einführung einer Paralleljustiz ausgehöhlt. Kanadische und US-amerikanische Unternehmen erhalten das Recht, Schadensersatz einzuklagen, wenn sie meinen, dass ihnen aufgrund von Gesetzen oder Maßnahmen der EU oder einzelner EU-Mitgliedstaaten Verluste entstanden sind. Das kann auch Gesetze betreffen, die im Interesse des Gemeinwohls erlassen wurden, etwa zum Umwelt- und Verbraucherschutz. Die Entscheidung

über Schadensersatzzahlungen fällen private, größtenteils geheim tagende Schiedsgremien statt öffentlicher Gerichte. Gezahlt wird aus der Staatskasse, also mit Steuermitteln. Mit ähnlichen Klauseln aus anderen Abkommen haben Unternehmen schon vielfach Entschädigungen in Millionen-, manchmal in Milliardenhöhe erstritten. So verklagt beispielsweise die Energiefirma Vattenfall derzeit die Bundesrepublik Deutschland auf 4,7 Mrd. Euro Schadensersatz wegen der Abschaltung von zwei maroden Atommeilern im Rahmen des Atomausstiegs. Solche Klagen würden sich durch CETA und TTIP häufen. Nur ausländische Unternehmen (»Investoren«) sollen von den Sonderklagerechten profitieren. Inländischen Unternehmen steht dieses Instrument nicht zur Verfügung. Die Schiedsgerichte entscheiden endgültig, eine Berufung ist nicht möglich, auch das widerspricht rechtsstaatlichen Prinzipien.

– Konzerne sollen bereits beim Ausarbeiten von neuen Regelungen und Gesetzen eingebunden werden, sofern ihre Interessen betroffen sein könnten. Genannt wird das »regulatorische Kooperation«. Es bedeutet, dass Konzernvertreter/innen von Regierungen eingeladen werden, in Expertengremien Einfluss auf neue Gesetzentwürfe zu nehmen, noch bevor diese in den gewählten Parlamenten beraten werden. Das höhlt die Demokratie aus. Der politische Wille muss vom Volke ausgehen, nicht von Konzernvertretern!

– Konzerne hatten und haben einen übermäßig großen Einfluss auf die geheimen Verhandlungen zu CETA und TTIP. Allein in der Vorbereitungsphase zum TTIP fanden nach offiziellen Angaben 590 Begegnungen der EU-Kommission mit Lobbyvertretern statt. 92 Prozent dieser Begegnungen waren welche mit Unternehmensvertretern, während nur in wenigen Fällen mit Vertretern von Verbrauchern und Gewerkschaften gesprochen wurde. Auch während der Verhandlungen nehmen Industrievertreter Einfluss. Einige Formulierungen in Entwürfen der Abkommen, die an die Öffentlichkeit durchgesickert sind, stammen direkt aus der Feder von Unternehmenslobbyisten. Die Verhandlungen werden im Geheimen geführt. Selbst unsere Volksvertreter/innen wissen nichts über den Verlauf. Sie bekommen die Ergebnisse in Form von langen Vertragswerken (der CETA-Vertrag z.B. hat rund 1500 Seiten) erst nach Abschluss der Verhandlungen und können dann nur noch den Gesamtvertrag annehmen oder ablehnen. Der Druck, zuzustimmen, ist hoch. Die EU-Kommission behauptet, eine Ablehnung würde Wirtschaftswachstum und Arbeitsplätze kosten, fünf Jahre Verhandlungen überflüssig machen und die Handelspartner verärgern.

– Arbeitnehmerrechte geraten unter Druck und Arbeitsplätze in zahlreichen Branchen werden gefährdet. Die USA haben nur wenige grundlegende Rechte für Arbeitnehmer/innen anerkannt (nur zwei der acht ILO-Kernarbeitsnormen). Vor allem in der Landwirtschaft und in der Elektroindustrie drohen massive Arbeitsplatzverluste durch die härtere Konkurrenz aus Übersee.

– Liberalisierung und Privatisierung sollen zur Einbahnstraße werden. Einmal privatisierte Stadtwerke, Krankenhäuser oder die Abfallentsorgung wieder in kommunale Hände zu geben, würde mit CETA und TTIP erschwert oder gar unmöglich.

– Die EU und ihre Mitgliedstaaten geraten unter Druck, Risikotechnologien wie Fracking oder Gentechnik zuzulassen.

– Lebensmittelstandards und Verbraucherschutz bei Kosmetika und Arzneimitteln drohen an US-amerikanische Standards angeglichen zu werden. Wir brauchen aber keine niedrigeren, sondern höhere Schutzstandards, ob es nun den Einsatz von Pestiziden, die Massentierhaltung oder saubere Energiequellen angeht. Eine regulatorische Kooperation würde dies erschweren oder unmöglich machen.

Freiheit

1 Grundsätzlicher (und deshalb hier im Kleingedruckten versteckt) ist das Konzept der Freiheit mehr Idee und Ideal als Beschreibung eines Zustandes, denn ein Leben ganz ohne äußere oder innere Zwänge ist schwerlich vorstellbar. Extern schon deshalb, weil wir eben nicht frei sind, beispielsweise unsere Augenfarbe oder unseren Geburtsort zu wählen oder ob wir arbeiten wollen oder nicht, noch wo wir beerdigt werden oder wann wir sterben wollen; innerlich, weil unsere Freiheit von innen erlernten oder qua Überzeugung im Verlauf unseres Lebens gewonnenen Moralvorstellungen eingeschränkt ist. Ein wahrer Christ ist nicht frei, z.B. in Afghanistan Leute abzuknallen oder die Pharmaindustrie zu dulden, ein wahrer Moslem hingegen kann etwa das Zins-und-Zinseszins-Verleihwesen der Banken nicht billigen.

Spaßeshalber, das ganze große Konzept der Freiheit betreffend, mache man sich daher doch gelegentlich die Freude, eine halbe sonnige Stunde darüber zu sinnieren, dass wir einerseits, auf unser Leben zurückblickend, unser Verhalten immer als durchaus logisch und vollkommen stimmig erklären können (und sei es mit Rückgriff auf unsere frühkindliche Prägung), wir aber gleichzeitig überzeugt sind, hier und jetzt, in diesem Moment, praktisch alle Verhaltensmöglichkeiten zu haben – sogar ganz finstere. Sprich: Wir fühlen uns genau jetzt weitgehend frei, attestieren uns aber dennoch im Rückblick vollständige Unfreiheit, da wir ja immer die einzig stimmige Variante gewählt haben. Wie passt das zusammen? (Nach der halben Stunde Kontemplation dürfen Sie einen Schnaps trinken. Aber fragen Sie uns nicht, ob das dann eine freie Entscheidung ist.)

Geld

1 Zur Geschichte des Geldes siehe u.a.: Keith Roberts, *The Origin of Business, Money and Markets*, 2011; Bernd Senf, *Der Nebel um das Geld. Zinsproblematik – Währungssysteme – Wirtschaftskrisen*, 2009; Bernard Lietaer, *Mysterium Geld. Emotionale Bedeutung und Wirkungsweise eines Tabus*, 2000; ders.: *Das Geld der Zukunft. Über die destruktive Wirkung des existierenden Geldsystems und die Entwicklung von Komplementärwährungen*, 1999
2 Fabian Scheidler, *Das Ende der Megamaschine: Geschichte einer scheiternden Zivilisation*, 2015
3 In den Jahren 1945–1971 gab es in sämtlichen Industrieländern keine einzige nennenswerte Finanzkrise (siehe dazu: Wolfang Streeck, *Gekaufte Zeit: Die vertagte Krise des demokratischen Kapitalismus*, 2015). Seitdem mit der Aufkündigung des Goldstandards 1971 das Finanzkasino erschaffen wurde, sind sie kaum noch zählbar.
4 Im Januar 2014 bezifferte die Bank für Internationalen Zahlungsausgleich (BIZ) die Werte der weltweit gehandelte Derivate auf 710 Billionen US-Dollar (www.bis.org/publ/otc_hy1405.htm). Es handelt sich dabei um außerbörslich (Over-the-counter, OTC) gehandelte Finanzwetten, deren Risiken und Sicherheiten nicht bekannt sind. Der Elefant im Derivat-Laden ist die Deutsche Bank, die 2014 mit Derivaten im Wert von 75 Billionen US-Dollar jonglierte, d.h. mit dem 20-Fachen des deutschen Bruttoinlandsprodukts und mehr als dem 100-Fachen der Einlagen der Bank.
5 Schon Max Weber notierte zu Beginn des 20. Jahrhunderts:»Kein normaler Konsument weiß heute auch nur ungefähr um die Herstellungstechnik seiner Alltagsgebrauchsgüter. Nicht anders aber steht es mit sozialen Institutionen wie dem Geld. Wie dieses eigentlich zu seinen Sonderqualitäten kommt, weiß der Geldgebraucher nicht, da sich ja selbst die Fachgelehrten streiten.« (Max Weber, *Gesammelte Aufsätze zur Wissenschaftslehre*, 1951, S.472) Dass dieses Unwissen sich bis heute gehalten hat, zeigte u.a. eine Studie 2015 in der Schweiz:»Studie bestätigt: Schweizer ahnungslos über Entstehung des Frankens«; /www.newsletter-webversion.de/?c=0–8at1-qhz65-n4d).
6 Zum ersten Mal gibt die Bank of England erst 2014 offen zu, dass Geld aus dem Nichts geschaffen wird: Michael McLeay, Amar Radia and Ryland Thomas,»Money creation in the modern economy«, *Quarterly Bulletin of the Bank of England*, 2014 Q1; (http://static1.squarespace.com/static/515eaee9e4b0daad6e7d3fac/t/5336a847e4b0d0e7955acbb9/1396090951828/BoE+Money+Creation+Q1+2014.pdf).
7 »So ist der Wucher hassenswert, weil er aus dem Geld selbst den Erwerb zieht und nicht aus dem, wofür das Geld da ist. Denn das Geld ist um des Tausches willen erfunden worden, durch den Zins vermehrt es sich dagegen durch sich selbst. [...] Diese Art des Gelderwerbs ist also am meisten gegen die Natur.« (Aristoteles, *Politik*, 1. Buch)
8 Die als »Kreuzzüge« verbrämten Raub- und Eroberungsexpeditionen erforderten Kapital, und so erfand der 1117 von Hugo von Payens im frisch eroberten Jerusalem gegründete Orden der Tempelritter neben Scheck und Kreditbrief auch die »zinsfreie« Pfandleihe, indem er für Kredite auf Häuser und Grundbesitz Gewinnbeteiligung aus Mieten und Ernteerträgen beanspruchte. Diese trickreiche Umgehung des päpstlichen Zinsverbots machte den Templerorden innerhalb kürzester Zeit zu einem multinationalen Finanzkonzern, dessen Einfluss sich über das gesamte Europa und den Nahen Osten erstreckte. Kein König, kein Fürst und kein Abt konnte mehr ohne das Geld des Templerordens agieren, der, außer den Mächtigen auch den gesamten Berufsstand der Kaufleute unter seine Kontrolle brachte, da er ihre internationalen Finanzgeschäfte abwickelte. So wurden die Tempelritter, kaum hundert Jahre, dass der Heilige Bernhard sie als kämpferische *militia christi* ordiniert hatte, von einem päpstlichen Konzil ihrer raffinierten Finanzinnovation wieder beraubt und die Pfandleihe mit dem Wucher auf eine Stufe gestellt. Am Freitag, dem 13. Oktober 1307, wurden die Großmeister des Ordens dann auf Betreiben des Königs Philip IV. von der Inquisition verhaftet und ihr Pariser Tempel, die »Wall Street« des Hochmittelalters, von aufgebrachten Händlern gestürmt. Der Grund für die gewaltsame Beseitigung der Tempelritter waren natürlich nicht die absurden Vorwürfe durch die Inquisition (Blasphemie, Satanismus, Homosexualität etc.), sondern der immense Reichtum, den

sie sich mit ihrem neuen Finanzinstrument verschafft hatten – ganze Staatshaushalte, vor allem der Philips IV., waren Anfang des 14. Jahrhunderts bei den Templern verschuldet. Wenn uns in dem bis zur Reformation und Renaissance zutiefst verachteten »Wucherer« das konspirative, im Tabubereich operierende Urbild des Kapitalisten entgegentritt, dann war, so der volle Name, die Arme Ritterschaft Christi vom Salomonischen Tempel – ab 1139 durch päpstliche Bulle mit Autonomie gegenüber jeder weltlichen und kirchlichen Macht ausgestattet – der erste international operierende Finanzkonzern, die Urform der heutigen »Global Player« (Christian Staas, »Der letzte Kampf der Tempelritter«, *Die Zeit* 13/2012; www.zeit.de/2012/13/Templer/seite-4; Piers Paul Read, *Die Templer. Die Geschichte der Tempelritter, des geheimnisvollen Ordens der Kreuzzüge*, 2005).

9 Schon in seiner Dissertation an der Universität Bologna hatte der Theologe Johannes Eck sich für einen erlaubten Zins von fünf Prozent ausgesprochen. Wegen seiner Verbindung mit dem Handelshaus Fugger wurde er von strengeren Scholastikern als »Fuggerknecht« und Handlanger des Großkapitals kritisiert (www.deutsche-biographie.de/sfz12386.html).

10 Sowohl die Bank of England, 1694 von Londoner Kaufleuten gegründet, als auch die Federal Reserve Bank (FED), deren Aktionäre zu hudert Prozent Privatbanken sind, stehen als Zentralbanken nur unter staatlicher Aufsicht, sind aber keine staatlichen Behörden. Zur Geschichte der FED: Edward Griffin, *Die Kreatur von Jekyll Island*, 2006; Ron Paul, *Befreit die Welt von der US-Notenbank: Warum die Federal Reserve abgeschafft werden muss*, 2010

11 Die in der Schweiz angestrebte »Vollgeldreform« – sie wurde Ende 2015 als Referendum angenommen und steht bei der nächsten Volksabstimmung zur Wahl – sieht im Wesentlichen vor, die Geldschöpfung und die Kreditvergabe voneinander zu trennen. Die privaten Banken vergeben weiter Kredite, die Geldschöpfung obliegt aber einer autonom gestellten Zentralbank (Monetative), d.h. Banken können nicht mehr quasi unendlich Giralgeld schöpfen, sondern müssen für Kredite auf ihre Einlagen zurückgreifen, da die Girokonten aus ihren Bilanzen ausgegliedert werden. Im Falle einer Bankpleite behält dieses Geld seinen Wert, weil es den gleichen rechtlichen Status hat wie Zentralbankgeld (zur Schweizer Vollgeld-Iniative: www.vollgeld-initiative.ch/; Verein Monetäre Modernisierung (Hg.), *Die Vollgeld-Reform. Wie Staatsschulden abgebaut und Finanzkrisen verhindert werden können*, 2013; Joseph Huber, *Monetäre Modernisierung*, 2011;. Paul Schreyer, *Wer regiert das Geld?. Banken, Demokratie und Täuschung*, 2016)

12 Zum Regiogeld siehe u.a. Margrit Kennedy, Bernard A. Lietaer: *Regionalwährungen. Neue Wege zu nachhaltigem Wohlstand*, 2004. Das Zahlungssystem Bitcoin wurde erstmals 2008 in einem unter dem Pseudonym Satoshi Nakamoto erschienen Papier vorgestellt. Die dahinter stehende »Blockchain«-Software benötigt für den Geldverkehr keine zentrale Abwicklungsstelle – wie im herkömmlichen Bankverkehr –, sondern wird von Nutzer zu Nutzer (Peer-to-Peer) abgewickelt, anonym, wie mit Bargeld. https://bitcoin.org/de/. Von der neuen Technologie ist mittlerweile die gesamte Finanzwelt elektrisiert, doch einer der führenden Köpfe hinter dem genialen Programm ist ein junger Anarchist, Vitalik Buterin – »der digitale Lenin hinter Blockchain« nannte ihn die Zeitschrift *Capital* (www.capital.de/dasmagazin/der-digitale-lenin-hinter-der-blockchain.html).

Götter

1 Buch Exodus 32: »Da stellte sich Moses an das Tor des Lagers und rief: ›Wer für den Herrn ist, trete her zu mir!‹ Da scharten sich die Leviten um ihn. Er sprach zu ihnen: ›Es gürte ein jeder sein Schwert um die Hüfte! Zieht hin und her im Lager von Tor zu Tor! Es töte jeder selbst seinen Bruder, Freund und Nächsten!‹ Die Leviten handelten nach des Moses Befehl. So fielen an jenem Tag vom Volk gegen 3000 Mann.« Am Abend zuvor war Moses mit den von JHWE empfangenen Geboten vom Berg Sinai zurückgekommen und hatte sein Volk beim ekstatischen Feiern – »Reigentänzen« um ein goldenes Kalb – erwischt. Bei dem »goldenen Kalb« ging es freilich nicht um den schnöden Mammon, wie die theologischen Interpreten seit jeher behaupten, sondern um eine Drogenrazzia. Das Volk tanzt nicht um das Gold, es hat im Gegenteil all sein Gold hergegeben, um wieder um das Symbol seiner alten Göttin tanzen zu können. Es feierte die alte Muttergottheit der Ägypter, Hathor, die ebenso ihren Hörnern als auch ekstatischen Feiermal auch als Kuhfigur dargestellt ist: die Göttin der Liebe, der Musik und des Rausches (siehe dazu: Mathias Bröckers: *Die Drogenlüge*, 2010, S. 112 ff.).

2 In der auch »Pariser Bluthochzeit« genannten Bartholomäusnacht vom 23. zum 24. August 1572 wurden in einem Massaker Tausende von Protestanten, die sogenannten Hugenotten, abgeschlachtet.

Hunger

1 Zugegeben, das ist nicht ganz richtig, denn das Recht auf Nahrung steht zwar in der allgemeinen Erklärung der Menschenrechte (Artikel 25), nur ist die Erklärung eben kein völkerrechtlicher Vertrag und deshalb nicht bindend. Das dazugehörige tatsächlich völkerrechtliche Ergänzungsstück, der Uno-Pakt 1 (über wirtschaftliche, soziale und kulturelle Rechte) umfasst zwar in Artikel 11 »das Recht angemessener Ernährung« sowie »das Recht, vor Hunger geschützt zu sein«, nur fehlen unter den 162 Staaten, die den Vertrag bis 2015 ratifiziert haben, ausgerechnet die →USA (während z. B. Großbritannien, Australien, Kanada und die Schweiz dem Pakt zwar beigetreten sind, sich jedoch weigern, das Recht auf Nahrung als »einklagbar« anzuerkennen).
2 *Enzyklika Laudato si'* über die Sorge für das gemeinsame Haus, 24. Mai 2015 (52), Hervorhebung von uns: »Die Auslandsverschuldung der armen Länder ist zu einem Kontrollinstrument geworden, das Gleiche gilt aber nicht für die ökologische Schuld. Auf verschiedene Weise versorgen die weniger entwickelten Völker, wo sich die bedeutendsten Reserven der Biosphäre befinden, weiter die Entwicklung der reichsten Länder, auf Kosten ihrer eigenen Gegenwart und Zukunft. Der Erdboden der Armen im Süden ist fruchtbar und wenig umweltgeschädigt, doch in den Besitz dieser Güter und Ressourcen zu gelangen, um ihre Lebensbedürfnisse zu befriedigen, ist ihnen verwehrt *durch ein strukturell perverses System von kommerziellen Beziehungen und Eigentumsverhältnissen*. Es ist notwendig, dass die entwickelten Länder zur Lösung dieser Schuld beitragen, indem sie den Konsum nicht erneuerbarer Energie in bedeutendem Maß einschränken und Hilfsmittel in die am meisten bedürftigen Länder bringen, um politische Konzepte und Programme für eine nachhaltige Entwicklung zu unterstützen. Die ärmsten Regionen und Länder besitzen weniger Möglichkeiten, neue Modelle zur Reduzierung der Umweltbelastung anzuwenden, denn sie haben nicht die Qualifikation, um die notwendigen Verfahren zu entwickeln, und können die Kosten nicht abdecken.« (http://w2.vatican.va/content/francesco/de/encyclicals/documents/papa-francesco_20150524_enciclica-laudato-si.html)
3 Jean Ziegler, *Wir lassen sie verhungern*, 2013, S. 28
4 http://unctad.org/en/pages/PressRelease.aspx?OriginalVersionID=154
5 Ziegler, ebd., S. 49
6 Ziegler, ebd., S. 254
7 »Tatsächlich hat sich die Zahl der Hungernden in den Entwicklungsländern insgesamt erhöht (von 827 Millionen im Zeitraum 1990–92 auf 906 Mio. im Jahr 2010).« (Ziegler, ebd., S. 31)
8 In dieser 20-Prozent-mehr-Prognose ist noch nicht berücksichtigt, dass man, sollte die →*Erderwärmung* wie prognostiziert fortschreiten, mit einer Erhöhung der Zahl der Hungernden um weitere 10–20 Prozent rechnen muss.
9 http://unctad.org/en/pages/PressRelease.aspx?OriginalVersionID=154
10 Für die Produktion von einem Liter Bioethanol sind 4000 Liter →*Wasser* erforderlich. Der Tank eines mit Bioethanol betriebenen Mittelklassewagens fasst 50 Liter. Zur Herstellung einer Tankfüllung eines Mittelklassewagens müssen 358 Kilogramm Mais vernichtet werden. Davon kann in Mexiko oder Sambia, wo Mais das Grundnahrungsmittel ist, ein Kind ein Jahr lang leben (vgl. Ziegler ebd, S. 229/232).
11 Ziegler, ebd., S. 229
12 https://www.washingtonpost.com/news/wonk/wp/2012/08/22/how-food-actually-gets-wasted-in-the-united-states/
13 Vgl. Scheub, *Beschissatlas*, S. 14
14 »In less than 40 years the sub-continent went from being a net exporter of basic food staples to relying on imports and food aid. In 1966–1970, net exports averaged 1.3 million tons of food a year [...] By the late 1970s Africa imported 4.4 million tonnes of staple foods a year, a figure that had risen to 10 million tonnes by the mid 1980s.« (http://news.bbc.co.uk/go/pr/fr/-/2/hi/africa/4662232.stm). Exemplarisch Nigeria: »Nigeria was food self-sufficient in the 1960s and was well known for its global position in major agricultural commodities. We found oil and became too dependent on it. Nigeria soon became a net food-importing nation, spending on average $11 billion on importing wheat, rice, sugar and fish alone.« (http://agriculture.columbia.edu/events/past-events/inaugural-seminar-the-nexus-of-agriculture-environment-and-livelihoods/transforming-nigerias-agriculture/)
15 »In den Sechziger- und Siebzigerjahren, als sämtliche strukturellen Wachstumshemmnisse ebenfalls präsent und stellenweise sogar noch stärker waren, erfreute sich der Schwarze Kontinent eines recht ansehnlichen Wirtschaftswachstums. Ein Großteil des Kontinents war zu dieser Zeit Selbstversorger. [...] Dann suchten Petrodollars verzweifelt nach einer ansehnlichen Rendite, und afrikanische Länder, die nur gering verschuldet waren (der gesamte Kontinent mit weniger als 11 Milliarden US-Dollar), wurden davon überzeugt, Kredite aufzunehmen. Deren

Zinsen sie bald nicht mehr bedienen konnten. [...] Beginnend 1979 mit dem Senegal waren subsaharische Staaten gezwungen, eine liberale Handels- und Marktpolitik einzuführen. Dies gehörte zu den Bedingungen der sogenannten Strukturanpassungsprogramme der Weltbank und des IWF. Heute ist das Pro-Kopf-Einkommen in Schwarzafrika mehr oder weniger das gleiche wie 1980. Die Selbstversorgung ist nur noch eine vage Erinnerung. Der Schuldenberg Afrikas beträgt heute mehr als 300 Milliarden US-Dollar. Die Länder des Kontinents haben inzwischen durch Zinszahlungen fünfmal den ursprünglich erhaltenen Kredit zurückgezahlt.« (Andreas Westphalen, »Die Welt ernähren, ohne sie zu zerstören«, *Hintergrund*, 1/2016)

16 »Heute werden 600 Milliarden Dollar in Wertpapiere investiert, deren Wert an die Preise von Rohstoffen gekoppelt ist. Etwa ein Viertel (also 150 Milliarden Dollar) dienen direkten Wetten auf steigende Agrarpreise. Traditionell dienten solche Wetten als Preisabsicherung. Nur so konnten Anbieter und Verarbeiter von Rohstoffen sicher kalkulieren. Der Anteil aber von rein spekulativen Wetten, die eben nicht diesem Ziel dienen und nicht den geringsten volkswirtschaftlichen Nutzen haben, ist in den letzten Jahren schlicht explodiert, von 20 (Jahr 1999) auf 80 Prozent (Jahr 2006). [...] Die Wetten auf Preissteigerungen folgen einem einfachen Kalkül. Da die Weltbevölkerung wächst, wächst auch die Nachfrage und somit der Preis. Entsprechend munterte die Deutsche Bank mit einer Werbung für Agrarfonds auf Brötchentüten den verzagten Bürger auf: ›Freuen Sie sich über steigende Preise?‹ Bei den Gewinnen wollen auch die Produzenten von Nahrungsmitteln nicht außen vor bleiben. So sind einige der Big Player der Nahrungsmittel-Industrie ins Hedgefonds-Geschäft eingestiegen. [...] Das Resultat: Die Preise explodieren. 2011 waren Weizen, Mais und Reis im weltweiten Durchschnitt nach Abzug der Inflation 150 Prozent teurer als im Jahr 2000. Da kein Bauer natürlich sein Getreide unter dem aktuellen Tagespreis an der Börse verkaufen möchte, bestimmt dieser den weltweiten Preis direkt. Die satten Gewinne der Finanzindustrie zahlt der Verbraucher. [...] Jeder Prozentpunkt Preisanstieg steigert die Zahl der Hungernden weltweit um 16 Millionen. Allein im Jahr 2010 wurden 40 Millionen Menschen zusätzlich durch höhere Nahrungsmittelpreise in Hunger und absolute Armut gestürzt (Angaben Weltbank). Hunger wird zum Big Business. [...] Über einhundert wissenschaftliche Arbeiten haben beschrieben, wie diese fälschlicherweise als ›Investment‹ bezeichneten Wetten die Preise auf den Rohstoffmärkten verzerren und über lange Phasen Preisaufschläge verursachen. Auch die Europäische Zentralbank bestätigt den Zusammenhang zwischen den Spekulationen und dem tatsächlichen Rohstoffpreis. [...] Aber selbst eines einhundertprozentigen Beweises bedarf es nicht, um zu handeln (auch ein Medikament muss beweisen, dass es hilft; der Patient muss nicht beweisen, dass das Medikament schädigt). Im Vertrag von Lissabon, also der EU-Verfassung, ist das Vorsorgeprinzip (Artikel 191) als konstitutives Element verankert. Es schreibt präventives Handeln und Schutz von Leib und Leben vor. Ähnliches gilt auch für das Völkerrecht.« (Westphalen, ebd.)

17 Ergänzend: »Wer auf einem Planeten, auf dem alle fünf Sekunden ein Kind unter zehn Jahren verhungert, Anbauflächen für Nahrung ihrem Zweck entfremdet und Lebensmittel als Kraftstoff verbrennt, begeht ein Verbrechen an der Menschheit.« (Ziegler, ebd., S. 254)

18 Vgl. Scheub, *Beschissatlas*, S. 35, vgl. Westphalen ebd.: »Die UN hat bezüglich der ökologischen Landwirtschaft bereits zu unserer Zeit eindeutig Stellung bezogen. Der Handels- und Umweltbericht der UNCTAD 2013 hält die ökologische Landwirtschaft für eine sehr wichtige Lösungsmöglichkeit für die Hunger-, Umwelt- und Klimaproblematik.« (http://unctad.org/en/pages/PublicationWebFlyer.aspx?publicationid=666s. S. 7, 21 und insbesondere S. 34 ff.) Ein aktueller UN-Bericht betont, dass die ökologische Landwirtschaft, die bereits 2013 als ein zentraler Lösungsbaustein angesehen wurde, nun stark an Bedeutung gewonnen habe (www.un.org/ga/search/view_doc.asp?symbol=A/70/298). Und ein weiterer UN-Bericht diesen Jahres schlussfolgert: »Die ökologische Landwirtschaft bietet die notwendige Bandbreite an Lösungen für alle Elemente der ›Zero Hunger Challenge‹.« (www.un.org/ga/search/view_doc.asp?symbol=A/70/298)

19 Land Grabbing bezeichnet den (legalen) Großgrunderwerb durch ausländische Regierungen oder global operierende Unternehmen. Ziele der Erwerber sind die Ernährungs- oder Trinkwassersicherung der eigenen Bevölkerung, wahlweise aber auch der Anbau von Nutzpflanzen zur Herstellung von Biokraftstoffen. Seit 2001 sind laut Oxfam etwa 220 Millionen Hektar Land in den Entwicklungsländern von ausländischen Investoren aufgekauft oder gepachtet worden. Natürlich spricht grundsätzlich nichts gegen Investitionen in Entwicklungsländern (sondern vieles dafür), da ja die Investoren primär das Gemeinwohl der Entwicklungsländer im Auge haben und nicht weiterhin Soja als Futtermittel für unsere Schlachtrinder oder gar Biodiesel züchten wollen, geschweige denn sich für drohende Wasserkriege zu positionieren versuchen. Und wer wollte uns oder unseren Regierungen und Industrien so was Gemeines unterstellen?

Journalismus

1. Zit.n. Upton Sinclair, *The Brass Check. A Study Of American Journalism*, Pasadena 1919, S. 400
2. Die Gesamtauflage deutscher Tageszeitungen verdoppelte sich zwischen 1953 und 1983 auf 30,1 Millionen und fiel in den folgenden drei Jahrzehnten wieder auf 16,1 Millionen. Das auflagenstärkste Blatt, die *Bild*-Zeitung, verlor zwischen 1998 (4,71 Mio.) und 2015 (2,09 Mio.) mehr als die Hälfte (www.bildblog.de/auflage). Verbunden mit diesem Rückgang sind bei allen Zeitungsverlagen dramatische Einbußen im Anzeigengeschäft.
3. Dan Rather in der *Late Night*-Show mit David Letterman am 17.9.2001: »George Bush is the President, he makes the decisions and you know, as just one American wherever he wants me to line up, just tell me where.«
4. Eine Liste der Atlantikbrücke-Mitglieder findet sich hier: http://spiegelkabinett-blog.blogspot.de/2013/03/journalisten-der-atlantikbrucke-in.html: der Herausgeber der *Zeit*, Josef Joffe, klagte gegen die Satiresendung *Die Anstalt*, weil diese sich in der Liste der transatlantischen Clubs, Vereine und Stiftungen, für die er als Bauchredner tätig ist, angeblich verzählt hat. Erfolglos, denn die Kabarettisten hatten gut recherchiert und sich bei ihrer Kritik an Joffe und weiteren Lautsprechern des Pentagon an die Dissertation des Medienwissenschaftlers Uwe Krüger, *Meinungsmacht. Der Einfluss von Eliten auf Leitmedien und Alpha-Journalisten – eine kritische Netzwerkanalyse* (2013) gehalten. Die lohnenswerte Sendung kann über youtube noch gesehen werden: https://www.youtube.com/watch?v=hnH10TfhkOQ.
5. Mathias Bröckers, »Von Rumorkliniken und Gerüchteküchen«, *Telepolis*, 30.11.2014; www.heise.de/tp/artikel/43/43461/2.html
6. »These 6 Corporations controll 90% of the media in America«, *Business Insider*, 14.6.2012; www.businessinsider.com/these-6-corporations-control-90-of-the-media-in-america-2012-6?IR=T
7. »Laut einer aktuellen repräsentativen Umfrage im Auftrag des NDR Medienmagazins *Zapp* haben 63 Prozent der Deutschen wenig oder gar kein Vertrauen in die Ukraine-Berichterstattung deutscher Medien. Von diesen 63 Prozent nannte fast jeder Dritte als Grund für das mangelnde Vertrauen, die Berichterstattung sei einseitig oder nicht objektiv. Fast jeder Fünfte von diesen 63 Prozent – also derjenigen, die wenig oder gar kein Vertrauen in die Ukraine-Berichterstattung haben – geht von einer bewussten Fehlinformation durch die Medien aus, die Berichterstattung entspreche nicht der Realität. Das mangelnde Vertrauen geht dabei quer durch alle Alters- und Einkommensgruppen, ist unabhängig von Geschlecht und Wohnort und wirkt sich offenbar negativ auf die Wahrnehmung der Medien insgesamt aus. Insgesamt ist das Vertrauen in die Medien in den letzten zwei Jahren deutlich gesunken. Gaben im April 2012 noch 40 Prozent der Befragten an, großes oder sehr großes Vertrauen zu den Medien zu haben, sind es jetzt, im Dezember 2014, nur noch 29 Prozent.« (http://www.ndr.de/fernsehen/sendungen/zapp/ZAPP-Studie-Vertrauen-in-Medien-gesunken,medienkritik100.html; siehe auch Sebastian Range, »Was nicht passt wird passend gemacht. Zur Ukraine-Berichterstattung deutscher Medien«; www.hintergrund.de/201502063419/hintergrund/medien/was-nicht-passt-wird-passend-gemacht.html)
8. »ARD-Mann Fröhder geißelt *Tagesschau* und *Tagesthemen*; www.spiegel.de/kultur/tv/ard-froehder-kritisiert-tagesschau-und-tagesthemen-a-1017309.html
9. Manchmal etwas rustikal im Ton, aber sachlich meist auf den Punkt: https://propagandaschau.wordpress.com/
10. Google Books Ngram Viewer: http://bit.ly/1z7rUrN

Kapitalismus

1. Vgl. Wolfgang Streeck, *Gekaufte Zeit*, 2013, S. 56 ff.
2. Zu den opferreichen experimentellen Anfängen des ungezügelten freien Marktes rund um die gedanklichen »Studienleiter« Friedman und Hayek empfiehlt sich dringend die Lektüre von Noami Kleins *Die Schock-Strategie* (→*Marktwirtschaft*).
3. »Der Kapitalismus ist der Glaube an das grenzenlose Wachstum der Wirtschaft. Dieser Glaube widerspricht so ziemlich allem, was wir über das Universum wissen.« (Harari, *Eine kurze Geschichte der Menschheit*, S. 385)
4. *Atlas der Globalisierung*, *Le Monde Diplomatique* 2015, S. 104

Konsumismus
1 Harari, *Eine kurze Geschichte der Menschheit*, S. 426

Krieg
1 Der Begriff »Petrodollar« für die Abwicklung internationaler Ölgeschäfte in US-Dollar weist seit der Aufhebung der Goldbindung des US-Dollars (1971) darauf hin, dass Öl das eigentliche materielle Äquivalent zu der beliebig vermehrbaren US-Währung darstellt. Da jedes Land, das Öl kaufen will, Dollarreserven halten muss, entstand das Monopol des US-Dollars als globale Leitwährung. Schwände dieses Monopol, würde der Dollar massiv an Wert verlieren. Dass Saddam Hussein im Irak und Oberst Gaddafi in Libyen begonnen hatten, ihr Öl auch gegen Euro abzugeben, gilt als wesentlicher Grund für ihre militärische Beseitigung durch USA und Nato. Ähnlich liegt der Fall in Syrien, wo Assad iranischem Erdöl einen Zugang zum Mittelmeer verschaffen will und eine aus Katar geplante Pipeline abgesagt hat. Seitdem ist er als »Diktator« für den Westen untragbar geworden. Was den neuen »Großfeind« Russland betrifft, hat auch dies mit dem Petrodollar zu tun: Russland ist der Rohstoffstoffriese dieser Welt, verfügt über ein Drittel aller Öl- und Gasreserven – und hat begonnen, seine Rohstoffe an China und andere Nationen in Landeswährung zu liefern (siehe dazu auch: Mathias Bröckers/Paul Schreyer, *Wir sind die Guten*, 2014)
2 Die Strukturgesetze der Kriegspropaganda, die Arthur Ponsonby 1928 am Beispiel des Ersten Weltkriegs formulierte, gelten noch immer. Von Lord Arthur Ponsonby (1871-1946), einem britischen Politiker und Friedensaktivisten, stammt nicht nur das berühmte Diktum, dass das erste Opfer des Kriegs die Wahrheit ist: »When war is declared, truth is the first casualty.« In seinem 1928 veröffentlichten Buch *Falsehood in Wartime* versuchte er auch die Strukturelemente dieser Lügen und Fälschungen zu beschreiben, wie er sie am Beispiel des Ersten Weltkriegs beobachtet hatte:
»Wir wollen den Krieg nicht.
Das gegnerische Lager trägt die Verantwortung.
Der Führer des Gegners ist ein Teufel.
Wir kämpfen für eine gute Sache.
Der Gegner kämpft mit unerlaubten Waffen.
Der Gegner begeht mit Absicht Grausamkeiten, wir nur versehentlich.
Unsere Verluste sind gering, die des Gegners enorm.
Künstler und Intellektuelle unterstützen unsere Sache.
Unsere Mission ist heilig.
Wer unsere Berichterstattung in Zweifel zieht, ist ein Verräter.«
In ihrem Buch über *Die Prinzipien der Kriegspropaganda* (2004) hat die Historikerin Anne Morelli diese von Ponsonby definierten Prinzipien auf ihre Gültigkeit abgeklopft und vom Zweiten Weltkrieg bis zu den Kriegen in Jugoslawien und Irak zahlreiche Belege dafür gefunden: »Wir schenken heute Lügenmärchen genauso Glauben wie die Generationen vor uns. Das Märchen von kuwaitischen Babys, die von irakischen Soldaten aus ihren Brutkästen gerissen wurden, steht dem von belgischen Säuglingen, denen man angeblich die Hände abgehackt hat (dies wurde den deutschen Soldaten im Ersten Weltkrieg zugeschrieben), in nichts nach.«
3 In General Butlers Streitschrift heißt es weiter: »Es mag merkwürdig anmuten, dass ausgerechnet ich als Angehöriger des Militärs einen solchen Vergleich wage. Aber die Wahrhaftigkeit zwingt mich dazu. Ich habe 33 Jahre und vier Monate als Mitglied der agilsten Militärmacht dieses Landes, der Marine-Infanterie, im aktiven Dienst verbracht. Ich habe in allen Rängen gedient, vom Leutnant bis zum Generalmajor. Und einen Großteil dieser Zeit war ich ein erstklassiger Muskelmann für das Big Business, für die Wall Street und die Banker. Kurzum, ich war ein Gangster des Kapitalismus. Damals schon wusste ich, dass ich nur ein Teil eines großen Gangsterplans war. Jetzt weiß ich es ... Ich habe 1903 mitgeholfen, Honduras für die amerikanischen Obsthandelsfirmen ›zuzurichten‹. Ich habe 1914 mitgeholfen, Mexiko und insbesondere Tampico für die wichtigen amerikanischen Ölinteressen abzusichern. Ich habe dazu beigetragen, dass die Jungs von der National City Bank, die in Haiti und Kuba abkassierten, einen angenehmen Aufenthalt hatten. Ich half mit bei der Plünderung von einem halben Dutzend Republiken in Mittelamerika zugunsten der Wall Street. Die Liste der Gangstereinsätze ist lang. 1909-1912 war ich an der Säuberung Nicaraguas für das internationale Bankhaus Brown Brothers beteiligt. 1916 machte ich in der Dominikanischen Republik den Weg frei für die amerikanischen Interessen am Zucker. In China sorgte ich zusammen mit anderen dafür, dass Standard Oil un-

gestört seine Ziele verfolgen konnte. In all diesen Jahren habe ich, wie die Drahtzieher zu Hause sagen würden, ein tolles Ding nach dem anderen gedreht. Im Rückblick glaube ich, dass ich Al Capone ein paar wertvolle Tipps hätte geben können. Er operierte bestenfalls in drei Bezirken. Ich operierte auf drei Kontinenten.« (Smedley D. Butler, *War Is a Racket*, 1935; www.ratical.org/ratville/CAH/warisaracket.html)

4 Eine Chronik der offenen und verdeckten Krieg der USA kommt auf 150 Interventionen seit deren Gründung (siehe Armin Wertz, *Die Weltbeherrscher*, 2015). Der Titel des Invasions-Weltmeisters fällt aber immer noch dem Vereinigten Königreich zu. Unter den 194 Ländern der Vereinten Nationen gibt es nur 22, in die Großbritannien noch nicht irgendwann einmarschiert ist (vgl. www.telegraph.co.uk/history/9653497/British-have-invaded-nine-out-of-ten-countries-so-look-out-Luxembourg.html).

5 Auch wenn die skeptische Ansicht des Kulturphilosophen Arthur Koestler umstritten ist, dass das menschliche Gehirn nicht Herr im eigenen Hause ist und die älteren Gehirnteile, das sogenannte Reptiliengehirn, sich immer wieder durchsetzen und Irrationalität und Grausamkeit der Steuerung übernehmen, scheint seine Diagnose nicht ohne Weiteres von der Hand zu weisen: »Das auffälligste Kennzeichen für die Krankheit unserer Spezies ist der Gegensatz zwischen ihren einzigartigen technologischen Errungenschaften und ihrer ebenso einzigartigen Unfähigkeit, ihre sozialen Probleme zu meistern. ... Homo sapiens (ist) kein vernünftiges Wesen, denn wenn er es wäre, hätte er aus seiner Geschichte keinen solchen Schlachthof gemacht. Es gibt auch keine Anzeichen dafür, dass er dabei ist, ein vernünftiges Wesen zu werden.« Arthur Koestler, *Der Mensch – Irrläufer der Evolution. Die Kluft zwischen Denken und Handeln. Eine Anatomie menschlicher Vernunft und Unvernunft*, 1971

6 Eisenhowers Abschiedsrede vom 17.1.1961, zu hören und zu sehen unter: www.youtube.com/watch?v=CWiIYW_fBfY

7 Steven Pinker, *Gewalt. Eine neue Geschichte der Menschheit*, 2011

8 IPPNW: *Body Count. Opferzahlen nach 10 Jahren »Krieg gegen den Terror«. Irak, Afghanistan, Pakistan*, 2015 (www.ippnw.de/commonFiles/pdfs/Frieden/Body_Count_Opferzahlen2012.pdf)

9 »U.S. Dropped 23,144 Bombs on Muslim-Majority Countries in 2015«, *Alternet*, 10.1.2016; www.alternet.org/news-amp-politics/us-dropped-23144-bombs-muslim-majority-countries-2015

10 »Colin Powell's Former Chief of Staff Decries US Empire Project«; www.ronpaulinstitute.org/archives/peace-and-prosperity/2015/december/14/us-foreign-policy-of-interminable-war-to-support-the-national-security-state/

Landwirtschaft

1 Laut UN-Organisation für Ernährung und Landwirtschaft (FAO) 2014: www.fao.org/fileadmin/templates/righttofood/images/img_event/2014_VG10/FAO_SpecialRapporteurRTF_speech.pdf

2 Vgl. Ute Scheub, *Ackergifte? Nein danke. Für eine enkeltaugliche Landwirtschaft*, 2014. Aktuell weist fast die Hälfte aller vom Bundesumweltamt eingesetzten Grundwassermessstellen Nitratgehalte über 50 mg/l auf, was sie für den Trinkwassergenuss ungeeignet macht (www.umweltbundesamt.de/themen/wasser/gewaesser/grundwasser/nutzung-belastungen/naehr-schadstoffe).

3 Meinhard Miegel, *Exit*, 2011, S. 108

4 Andreas von Westphalen,»Die Welt ernähren, ohne sie zu zerstören«, *Hintergrund* 1/2016

5 Jules Pretty et. al., »An Assessment of the Total External Costs of UK Agriculture«; www.julespretty.com/wp-content/uploads/2013/09/1.-AgSyst-pdf.pdf

6 Thilo Bode, *Die Freihandelslüge*, 2015, S. 186

Marktwirtschaft, freie

1 Sehr anschaulich hat die historische Entwicklung des Marktes der TV-Sender arte 2014 in einer sechsteiligen Dokumentation zum Kapitalismus aufgezeigt (http://info.arte.tv/de/der-kapitalismus-doku-reihe), die auch noch über Youtube zu finden ist. Zur historischen Entwicklung des Kapitalismus siehe auch Fabian Scheidler, *Das Ende der Megamaschine. Geschichte einer scheiternden Zivilisation*, 2015.

2 Artikel 14 des Grundgesetzes: » (1) Das Eigentum und das Erbrecht werden gewährleistet. Inhalt und Schranken werden durch die Gesetze bestimmt. (2) Eigentum verpflichtet. Sein Gebrauch soll zugleich dem Wohle der Allgemeinheit dienen. (3) Eine Enteignung ist nur zum

Wohle der Allgemeinheit zulässig. Sie darf nur durch Gesetz oder auf Grund eines Gesetzes erfolgen, das Art und Ausmaß der Entschädigung regelt.«

3 Wolfgang Streeck hat in *Gekaufte Zeit*, 2013, dargelegt, wie der »demokratische Kapitalismus« als soziale Marktwirtschaft im Nachkriegsdeutschland von 1945–1970 erfolgreich war, bis er durch neoliberale Reformen gestoppt wurde. Seitdem geht die Schere der Ungleichheit immer weiter auseinander – nicht nur in Deutschland, sondern weltweit, wie Thomas Piketty in *Das Kapital im 21. Jahrhundert*, 2015, detailliert aufzeigt. Dazu siehe auch Peter Bofinger et al., *Thomas Piketty und die Verteilungsfrage*, 2015; www.boeckler.de/pdf/Piketty_Verteilungsfrage.pdf

4 Oder umgekehrt. Weil Pinochet sich wirtschaftspolitisch auf die Chicago Boys berief, war er für die Organisatoren des Putsches im Pentagon und ihren »Sicherheitsberater« Henry Kissinger der Mann der Wahl. Wie auch immer. Der marktradikale Chefideologe Friedrich Hayek besuchte den faschistischen General und machte bei einer Tagung in Chile sehr deutlich, dass seine »freie Marktwirtschaft« mit Demokratie nichts zu tun haben muß, so lange ein faschistischer Staat Vertragssicherheit garantiert: »Eine freie Gesellschaft benötigt eine bestimmte Moral, die sich letztlich auf die Erhaltung des Lebens beschränkt; nicht auf die Erhaltung allen Lebens, denn es könnte notwendig werden, das eine oder andere Leben zu opfern zugunsten einer größeren Anzahl anderen Lebens (unter Pinochets Regime wurden mindestens 38 000 Menschen gefoltert oder ermordet; Anm. d. Verf.). Die einzig gültigen moralischen Maßstäbe für die ›Kalkulation des Lebens‹ können daher nur sein: das Privateigentum und der Vertrag.« (Zit.n. Hermann Ploppa, *Die Macher hinter den Kulissen*, 2015, S. 55)

5 Im nach dem Börsenkrach 1929 eingeführten Trennbankensystem konnten Banken entweder als Geschäftsbank für das klassische Einlagen- und Kreditgeschäft sowie damit verbundene Dienstleistungen wie Kontoführung und Zahlungsverkehr (commercial banking) oder als Investmentbank für das Wertpapiergeschäft (investment banking) tätig sein. Die Regierung Clinton hob diese Gesetze 1999 vollständig auf, ebenso wie kurz darauf die rot-grüne Koalition in Deutschland. Nach dem Crash 2008 wurden sie zumindest teilweise wieder in Kraft gesetzt.

6 Die Gemeinwohlökonomie, wie sie u.a. Christian Felber vorgeschlagen hat, intendiert ein Wirtschaftssystem, das über Steuerung und Anreize nicht Konkurrenz und Gewinnstreben, sondern Kooperation und Solidarität fördert. Und das Erfolg in den wirklichen →*Werten* – Vertrauen, Sicherheit, Wertschätzung, Bedürfnisbefriedigung – misst, und nicht in Geldaggregaten. Dazu gehört auch die Stärkung von Gemeingütern (→*Commons*) – Wasser ebenso wie Wissen, Saatgut ebenso wie Software –, die dem Eigennutzprinzip des Marktes entzogen und unter den Schutz der Allgemeinheit gestellt werden müssen. Siehe Christian Felber, *Die Gemeinwohl-Ökonomie*, 2015; Niko Paech, *Befreiung vom Überfluss. Auf dem Weg in die Postwachstumsökonomie*, 2012; Silke Helfrich (Hg.): *Commons. Für eine neue Politik jenseits von Markt und Staat*, 2012; *Le Monde Diplomatique, Atlas der Globalisierung,* »Weniger wird mehr«, 2015; Karl Georg Zinn, *Vom Kapitalismus ohne Wachstum zur Marktwirtschaft ohne Kapitalismus*, 2015

Maschinen

1 Zit.n. Pynchons berühmtem Essay »Is it OK To Be a Luddit?« Der Text wurde 1984 veröffentlicht – während der Attentatsserie des Mathematikers und Computerpioniers Theodore Kaczynski, der sich 1978 in eine Waldhütte zurückgezogen hatte und Briefbomben an seine ehemaligen Kollegen versandte, die mittlerweile zu Global Playern geworden waren. Und damit, aus Sicht des »Unabombers« (university and airline bomber), seine Gedankenspiele von einst in die Realität übertragen hatten. Seine Taten – er wurde 1996 gefasst und zu einer lebenslangen Strafe verurteilt – wurden als Neo-Luddismus und Maschinenstürmerei bezeichnet (https://www.nytimes.com/books/97/05/18/reviews/pynchon-luddite.html).

2 »Fragt man Menschen nach dem Thema, steht zumeist die Sorge um den eigenen Lebensunterhalt im Vordergrund. So stimmten im Frühjahr 2012 bei einer Umfrage 70 Prozent der befragten EU-Bürger der Aussage zu, dass Roboter den Menschen Arbeitsplätze wegnehmen. Was wird aus mir, so die Sorge, wenn eines Tages Maschinen meine Arbeit genauso gut wie ich oder sogar besser erledigen können?« (Frank Marsiske, »Kollege Roboter«, *Brand eins* 04/2014)

3 Die (technische) Singularität bezeichnet den zukünftigen Zeitpunkt, von dem an unsere Maschinen sich mittels Künstlicher Intelligenz bzw. selbstlernender künstlicher Intelligenz (Seed AI) eigenständig optimieren. Die menschliche Zukunft ist ab diesem Punkt nicht mehr vorhersehbar, schlicht weil wir nicht wissen können, was die entstehende unabhängige Intelligenz von unserer unterlegenen Spezies halten wird (→*Das Netz*, →*Computer*, →*Cyborgs*)

4 Die Ludditen oder Luddisten, angeführt vom fiktiven Captain Ned Ludd, waren Textilarbeiter, die sich im früh industrialisierten England 1811 energisch daran machten, die frisch eingeführ-

ten Webstühle zu zerdreschen – weil sie zu Recht annahmen, dass mit Einführung dieser Maschinen auch noch ihre letzte Hoffnung auf das Ende ihrer Ausbeutung schwinden würde. Der geneigte Betrachter sieht also auf den ersten Blick, dass sich der revolutionäre Zorn der Ludditen nicht gegen die Maschinen selbst richtete, sondern gegen die Besitzer der Maschinen, die die erreichte Arbeitserleichterung keinesfalls mit den Arbeitern teilen wollten, sondern lediglich ausnutzten, um diese noch schlechter zu stellen als vorher. Wir dürfen davon ausgehen, dass die »Maschinenstürmer« absolut nichts gegen »Kollege Maschine« gehabt hatten, sondern nur etwas gegen den gemeinsamen Boss, das unmenschliche Arschgesicht.
5 Oder jedenfalls nur in sehr überschaubarer Zahl. Aber auch wenn wir uns nicht dazu durchringen können, den gewünschten neuen Maschinensturm der Deep Green Resistance mitkämpfen zu wollen, raten wir doch vergleichsweise dringend zumindest zur Unterstützung einer Kommunikationsguerilla oder wenigstens zu einem Adbusters-Abo (https://www.adbusters.org/) – deren hehres Ziel ja nicht weniger ist als der Widerstand gegen »the hostile takeover of our psychological, physical and cultural environments by commercial forces«.
6 Isaac Asimovs 1942 erstmals beschriebene »Robotergesetze« besagen schlicht, dass 1) kein Roboter ein menschliches Wesen verletzen oder zulassen darf, dass einem menschlichen Wesen Schaden zugefügt wird, 2) ein Roboter dem Menschen gehorchen muss, so lange dessen Befehle nicht gegen Gesetz 1 verstoßen, und 3) ein Roboter seine Existenz schützen muss, so lange das nicht mit Regel 1 oder 2 kollidiert. Das später hinzugefügte (nicht unwichtige) »Nullte Gesetz« lassen wir hier aus Platzgründen unter den Tisch fallen und verschieben obendrein den Hinweis ins Kapitel »Cyborgs«, dass gerade jene gefährlich gesetzlos sind. Hier soll nur darauf hingewiesen sein, dass die überaus vernünftigen Asimov-Regeln bis heute nicht programmatisch gelten. Sollten sie aber, denn aus (1) ergibt sich ja nicht nur, dass Roboter Menschen nicht abknallen dürfen, sondern auch, dass Roboter nicht Menschen arbeitslos und ihnen so das Leben schwer machen dürfen. (Wikipedia hat einen guten Beitrag zum Thema, auch zu den philosophischen Ausarbeitungen in Schrift und Kinobild: https://de.wikipedia.org/wiki/Robotergesetze.)
7 Vgl. Jaron Lanier, *Wem gehört die Zukunft?*, S. 123 f.
8 Siehe prägnant vertiefend z.B. Uwe Neuhaus, *Die Zukunft des 3-D-Drucks* (Das Science Fiction Jahr 2015 (Golkonda 2016), S. 531 ff.)

Medikamente

1 Die Schätzungen gehen weit auseinander, es könnten auch 80 Prozent fürs Marketing sein (vgl. Marcia Angell, *Der Pharma-Bluff*, 2005; die vorsichtigen 40 Prozent stammen aus Caroline Walter/Alexander Kobylinski, *Patient im Visier*, 2010, S. 153).
2 Die Fachzeitschrift *La Revue Prescrire* verleiht jedes Jahr einen Preis für den wichtigsten Durchbruch (die »Goldene Tablette«), fand jedoch keinen würdigen Kandidaten für 2012. Oder für 2011. Oder 2010 (Peter Goetzsche, *Tödliche Medizin und organisierte Kriminalität*, 2015, S. 375).
3 Ein Bericht des US-Kongresses stellte im Jahr 2000 fest: »Von den 21 wichtigsten Medikamenten, die zwischen 1965 und 1992 auf den Markt kamen, wurden 15 auf der Grundlage des Wissens und der Techniken entwickelt, die der staatlich finanzierten Forschung zu verdanken sind.« Andere Studien gelangten zu dem gleichen Ergebnis. Von 35 wichtigen Medikamenten basierten 80 Prozent auf wissenschaftlichen Entdeckungen in staatlichen Forschungsinstituten. Das Nationale Krebsinstitut spielte die führende Rolle bei der Entwicklung von 50 der 58 neuen Krebsmedikamente, die die FDA zwischen 1955 und 2001 zuließ. Drei der wichtigsten Entdeckungen im 20. Jahrhundert – Penicillin, Insulin und der Polioimpfstoff – wurden in staatlich finanzierten Labors gemacht (Goetzsche, ebd., S. 377).
4 Mehr als vier Fünftel aller Investitionen für die Grundlagenforschung, die nach neuen Medikamenten und Impfstoffen sucht, stammen aus öffentlichen Mitteln (Goetzsche, ebd., S. 378). »Nach Berechnungen der Harvard-Professorin Marcia Angell betragen die Entwicklungs- und Forschungskosten eines Medikamentes nur 100 Millionen US-Dollar. [...] Eine Untersuchung vom unabhängigen Informationsdienst *Arznei-Telegramm* kommt sogar zu dem Ergebnis, dass die tatsächlichen Kosten im Durchschnitt nur etwa 43 Millionen Dollar liegen würden.« (Walter/Kobylinski, ebd., 154)
5 »[...] haben wir bei vielen der wichtigsten Krankheiten keinen Schimmer, welches die beste Therapie ist, weil kein finanzielles Interesse an der Durchführung einer klinischen Studie besteht« (Ben Goldacre, *Die Pharma-Lüge*, 2013, S. 23).
6 Der »größte Diebstahl aller Zeiten«, wie Peter Goetzsche konstatiert, ein Diebstahl, bei dem Roche mit Hilfe der WHO den Regierungen der USA und Europas mehrere Milliarden Dollar abnahm,

sich allerdings bis heute weigert, die Studiendaten vorzulegen, die die damals behauptete signifikante Wirksamkeit des Grippemittels belegen sollten. Eine Zusammenfassung der unschönen Details findet sich bei Bedarf bei Peter Goetzsche (ebd., S. 63 ff.), mit allen erforderlichen Quellen.

7 Der vernünftigerweise als gesund geltende Durchschnittswert wurde 1990 auf Initiative eines privaten Interessenverbundes von 13 Medizinprofessoren von 260 ml/dl auf 200 gesenkt. »Damit wurde über Nacht die Mehrheit der Deutschen zu Risikopatienten erklärt.« (Jörg Blech, *Die Krankheitserfinder*, 2003, S. 59 f. und 78 ff.; wer die Einnahme von Statinen erwägt, ziehe die Quelle sogar dringend zu Rate).

8 Pfizers Statin Lipitor erzielt einen Jahresumsatz von zehn Milliarden Dollar, Zocor von Merck 7,5 Mrd. Dollar. In den USA sind 5,4 Prozent der Bevölkerung Statin-Abonnenten und werden nach Abschluss ihrer Abos als dankbare Abnehmer von Demenz-Mitteln zur Verfügung stehen (vgl. Blech, ebd., S. 84).

9 Walter/Kobylinski, ebd., S. 104. In Sachen »erfundene Krankheiten« siehe Blech, ebd.

10 Markus C. Schulte von Drach, »Die Pharmaindustrie ist schlimmer als die Mafia« (Gespräch mit Peter Goetzsche), *Süddeutsche Zeitung*, 6. 2. 2015; www.sueddeutsche.de/gesundheit/kritikan-arzneimittelherstellern-die-pharmaindustrie-ist-schlimmer-als-die-mafia-1.2267631-2

11 Peter Goetzsche hat in seinem exzellenten Buch *Tödliche Medizin und organisierte Kriminalität* die »Top of the Pops« der jüngeren Zeit in gebotener Kürze versammelt (S. 60 ff.). Wir beschränken uns hier auf einige nackte Zahlen: Novartis 2010 (423 Mio.), AstraSeneca 2020 (523 Mio.), Johnson & Johnson 2012 (1,1 Milliarden), Eli Lilly 2009 (1,4 Milliarden), Abbott 2012 (1,5 Milliarden), Pfizer 2009 (2,3 Milliarden), GlaxoSmtihKline 2011 (3 Milliarden).

12 Zit.n. Irene Berres, »Pharmafirmen verdienen mit weniger Mitteln mehr Geld«, *Spiegel online*, 23.9.2015; www.spiegel.de/gesundheit/diagnose/pharma-konzerne-kassierten-2014-rekordsumme-a-1054232.html

13 Vgl. »Pharma vs. Menschen, Gong zur letzten Runde« (http://www.erzähler.net/?p=1521): Die Patente für Sovaldi und Harvoni laufen bis 2028. In Indien nicht, weil die Inder die Patente nicht anerkennen. Mit der mitschwingend total schrägen Begründung, man könne einen Kranken nicht zum Tode verurteilen, nur weil er nicht statt fairer 300 Dollar 84000 Dollar zahlen will oder kann. (Eingabe der Begriffe »Medizin« oder »Pharma« in der Suchfunktion von Sven Böttchers Blog *Erzähler.net* erbringt einige hübsche weitere Meldungen und Kommentare aus der wunderbar-unfassbaren Pharmawelt.)

14 Vgl. z.B. Andrew Pollack, »Drug goes from $13.50 a Tablet to $750, Overnight«, *New York Times*, 20.9.2015 (http://www.nytimes.com/2015/09/21/business/a-huge-overnight-increase-in-a-drugs-price-raises-protests.html?_r=1). *Erzähler.net* offenbart auf Anfrage (bzw. bei Eingabe der Suchbegriffe »Pharma« oder »Multiple Sklerose«) weitere schaurige Beispiele.

15 Schaut man über den industriellen Tellerrand auf das gesamte Gesundheitssystem, wird einem die wirtschaftliche Bedeutung möglichst vieler Kranker umso klarer, denn der Anteil der Gesundheitsbranche am BIP liegt bei 11,6 Prozent (2014) oder anders bei durchschnittlich 3910 Euro pro Einwohner, gesamt 315 Milliarden Euro – und kaum ein Geschäft wächst gesünder als das mit den Kranken: Die Bruttowertschöpfung stieg zwischen 2007 und 2013 um durchschnittlich 3,5 Prozent p.a. Zum Vergleich: In der Gesamtwirtschaft waren es 2,4 Prozent (Statistisches Bundesamt, www.sozialpolitik-aktuell.de/tl_files/sozialpolitik-aktuell/_Politikfelder/Gesundheitswesen/Datensammlung/PDF-Dateien/abbVI11.pdf).

16 Hervorzuheben sind hier die explodierenden Ausgaben für Lobbyarbeit (wie die in Brüssel). Die Branchenverbände sind zwar nicht verpflichtet, ihre Zahlen offenzulegen, kommen aber nach Recherchen der Nichtregierungs- und Anti-Lobby-Organisation Corporate Europe Observatory (CEO) und der NGO Health Europe International (HAI) schon ohne hohe Dunkelziffer auf 40 Millionen p.a. Die zehn größten Pharmakonzerne haben dabei ihre Lobbyausgaben seit 2012 um sechs Millionen Euro erhöht, die acht europaweit agierenden Branchenverbände haben ihre Ausgaben sogar versiebenfacht, die Top Ten der Lobbyunternehmen in Brüssel verdienen an den Aufträgen mehr als acht Millionen Euro jährlich (vgl. Nicolai Kwasniewski, »Big Pharma zahlt 40 Millionen jährlich für Lobbyarbeit«, *Spiegel online*, 2.9.2015; www.spiegel.de/wirtschaft/unternehmen/ttip-pharmakonzerne-verstaerken-lobbyarbeit-a-1050953.html)

17 Jonas Salk (1914–1995), amerikanischer Arzt und Immunologe, Entdecker des Polio-Impfstoffs, der die Kinderlähmung aus der Welt schaffte. In einem Interview am 12. April 1955 antwortete er auf die Frage, wem das Patent gehöre: »Well, the people, I would say. There is no patent. Could you patent the sun?« Salk hatte jahrzehntelang nach »seinem« Impfstoff geforscht, hielt die Idee indes für absurd, sich daran bereichern zu wollen. Er ließ den Impfstoff nie patentieren. (Und wer jetzt quengeln möchte, Salk sei aber eitel gewesen, hat möglicherweise noch immer nicht verstanden, worauf wir hinauswollen.)

Müll

1 Nichts für ungut, deshalb versteckt hier: Mit 614 Kilo Müll pro Durchschnittskopf liegen wir stolzen Gelbe-Tonnen-Anbeter deutlich über dem Durchschnitt der Industriestaaten (423 Kilo) und belegen unter den zuletzt 2015 untersuchten 34 OECD-Teilnehmern Platz 28. Die auf Platz 1 liegenden Esten bringen pro Jahr und Kopf nur halb so viel Müll weg (293 Kilo), geben aber dafür nicht halb so laut an wie wir (Studiendaten: https://www.bertelsmann-stiftung.de/de/themen/aktuelle-meldungen/2015/september/industriestaaten-drohen-neue-un-nachhaltig keitsziele-zu-verfehlen/).
2 2012 = 380,6 Millionen Tonnen (www.umweltbundesamt.de/daten/abfall-kreislaufwirt schaft/abfallaufkommen)
3 Sofern wir von einem Durchschnittsgewicht von 60 kg ausgehen, Frauen und Kinder eingeschlossen. Wer fairer rechnet, kommt zu einem noch unfaireren Ergebnis.
4 Davon Siedlungsabfälle = 1,3 Milliarden t/p.a., Prognose 2,6 Milliarden t/p.a. 205. (www.bvse.de/2/5698/Studie__Abfallmenge_bis_2025_verdoppelt___Herausforderung_fuer_das_Recycling)
5 Vgl. http://www.finanzen.net/nachricht/aktien/Entsorgungsindustrie-Abfall-und-Recycling-Milliarden-mit-Muell-739059
6 Fotostrecke: http://www.spiegel.de/wirtschaft/elektroschrott-europa-versagt-bei-der-entsorgung-a-1050448.html
7 Für euren Post-it-Zettel: China wird ab 2020 den Import unserer gesammelten toxischen Alpen verweigern, denn mit dem chinesischen Wirtschaftswachstum geht das inländische Müllwachstum Hand in Hand. 2020 wird China schon des Mülls im eigenen Haus nicht mehr Herr werden, geschweige denn des unseren.
8 Armin Reller/Heike Holdinghausen, *Wir konsumieren uns zu Tode*, 2011, S. 93
9 Die in der Vergangenheit oft veröffentlichte Zahl von 140 Millionen Tonnen ist zufolge der PLOS-one-Studie »Plastic Pollution in the World's Oceans: More than 5 Trillion Plastic Pieces Weighing over 250,000 Tons Afloat at Sea« (Erikson et al., Dezember 2015) eine fast hundertprozentige zu harmlose Fehleinschätzung (http://journals.plos.org/plosone/article?id=10.1371/journal.pone.0111913).
10 Die acht Millionen waren bis 2015 eine Konsensschätzung, eine neuere PNAS-Studie (Cozár et al., 2013) kommt allerdings auf nachvollziehbarem Weg zum Ergebnis, dass wir von wenigstens 40 Millionen Tonnen alljährlicher Neuverschmutzung mit Plastikteilen ausgehen müssen (www.pnas.org/content/111/28/10239.full).
11 »Nach einigen Schätzungen schwimmen heute fünfzigmal mehr Plastikteilchen im Meer als Plankton.« (Armin Reller/Heike Holdinghausen, *Wir konsumieren uns zu Tode*, 2011, S. 96)
12 Die nützliche Bayer-Erfindung »Mikroplastik« (bevorzugt in Kosmetika und Putzmitteln verarbeitet) lässt sich auch in Kläranlagen nicht mehr filtern. In gereinigtem Wasser wurden 2014 bis zu 700 Plastikteilchen pro Kubikmeter gemessen, der Nachweis gelang auch in Bier, Milch, Mineralwasser und Honig. Online-Petitionen gegen diese Form der Wasserverschmutzung sind edel, aber garantiert nicht die Lösung (wer will, kann aber möglicherweise noch immer mitzeichnen, unter www.cbgnetwork.org/6072.html).
13 Vgl. den Report der Institution of Mechanical Engineers, *Global Food. Waste Not, Want Not*, 2013; www.imeche.org/docs/default-source/news/Global_Food_Waste_Not_Want_Not.pdf?sfvrsn=0
14 Diese Zahl ist nicht sonderlich zuverlässig, die Schätzungen gehen weit auseinander, von »entsetzlich« bis »unaussprechlich« resp. (z.B. beim Handel) von 500 000 bis fünf Millionen Tonnen p.a.. Mangels präziser Ermittlungsmöglichkeiten halten wir uns an den von Amts wegen vorgeschlagenen Schätzwert. Vgl.: www.bmel.de/SharedDocs/Downloads/Ernaehrung/WvL/Studie_Lebensmittelabfaelle_Faktenblatt.pdf?__blob=publicationFile
15 »Bäckereien sortieren jeden Tag etwa zehn bis 20 Prozent ihres Gebäcks und ihrer Brote aus. Pro Jahr landen in Deutschland unter anderem dadurch 500 000 Tonnen Brot im Abfall.« (Henning Engeln/Jana Hauschild/Rainer Harf, »Brot für den Müllberg«, *GeoKompakt*, 3/2012). Wir erinnern gern an Erwin Wagenhofers und Max Annas' legendäre Einordnung: »In der österreichischen Hauptstadt Wien, der größten Stadt des Landes, (wird) jeden Tag so viel Brot weggeworfen, wie in der zweitgrößten Stadt Österreichs Graz täglich gegessen wird.« (*We Feed the World*, 2006, S. 55)
16 Einige dieser elf Millionen Tonnen weggeworfener Lebensmittel könnte man natürlich problemlos nutzen bzw. essen – und viele Menschen würden das auch gern tun. Wegen unseres Wachstumsdiktats ist das allerdings nicht möglich, und so ist das Containern, also das Retten von kerngesundem Essen aus den Mülltonnen hinter Supermärkten, weiterhin illegal. Sprich:

In unserer konsequent irren Wachstumswelt ist es strikt untersagt, Lebensmittel aus dem Müll zu holen, aber dafür strikt erlaubt, Lebensmittel auf den Müll zu schütten (→*Saatgut*).
17 Vgl. Carl Batisweiler, »Abfall und Recycling: Milliarden mit Müll«, *Euro am Sonntag*, 10.2.2010; /www.finanzen.net/nachricht/aktien/Entsorgungsindustrie-Das-Milliardengeschaeft-mit-Muell-739059
18 Nespresso-Fans, die sich ihre Clooney-Gedenk-Becherchen vom Mund absparen, werden diesbezüglich versuchen, euch in die Suppe zu spucken, denn wenn neben den Herstellungs- und Vertriebskosten auch noch die tatsächlichen Umweltzerstörungskosten (→*BIP*) in den Preis der Alu-Fingerhüte eingepreist werden, kosten die nicht mehr 0,49 Euro pro Tasse, sondern 1,49. Das wird dann vermutlich auch George nicht mehr zur Ecke grätschen können. Allerdings – Post-it-Zettel nicht vergessen! – müsstet ihr vorher alle TTIP-Abkommen kündigen, denn sonst klagt Nestlé euch (als ganzes Land) den Löffel aus der Tasse und übernimmt direkt nach dem gewonnenen Schadensersatzprozess gegen Deutschland alle Flughäfen. Außer natürlich den BER.
19 Vgl. beispielhaft (noch mit »Kinderkrankheiten«): Annika Leister, »Ökologie: Haus aus Müll«, *Spiegel online*, 19.12.2015; (www.spiegel.de/wirtschaft/service/earthship-haus-aus-muell-in-baden-wuerttemberg-a-1067294.html)
20 www.theoceancleanup.com/

Nationen

1 Carl Schmitt, *Der Begriff des Politischen*, 2015, S. 27
2 Jules Dufour, »The Worldwide Network of US Military Bases«, *Global Research*, 20.9.2015; www.globalresearch.ca/the-worldwide-network-of-us-military-bases/5564
3 Selbst überragende Geister wie Immanuel Kant schreckten in Sachen »Nationalcharakter« nicht vor Klischees zurück: »Wenn die Araber gleichsam die Spanier des Orients sind, so sind die Perser die Franzosen von Asien.« (*Beobachtungen über das Gefühle des Schönen und Erhabenen*«, 1838, S. 457) Sie argumentieren dann auf ähnlichem Niveau wie Karl May etwa in *Von Bagdad nach Stambul*: »Der Türke an sich ist bieder und ehrlich.« Über solche Stereotypen kommen auch neuere Behauptungen eines »Nationalcharakters« nicht hinaus. Was typisch ist und was Menschen unterscheidet, sind regionale Eigenschaften, Traditionen, Dialekte – und da ist der Bayer am Alpenrand näher an österreichischer oder schweizerischer Kultur als der von Friesen oder Brandenburgern. Ein gesamtdeutscher Typ oder Charakter existiert nicht. Es gibt das Rechtsgebiet Bundesrepublik Deutschland, zu dem sich die verschiedenen Länder zusammengeschlossen haben, ein Grundgesetz und ein Fähnchen. Sowie die Fußball-Nationalmannschaft mit Boateng, Khedira, Özil ...
4 Buckminster Fuller, *Bedienungsanleitung für das Raumschiff Erde*, 1987; Robert Robertson, »Glokalisierung: Homogenität und Heterogenität in Raum und Zeit«, in: Ulrich Beck (Hg.), *Perspektiven der Weltgesellschaft*, 1998, S. 192–220; Geert Hofstede und Gert J Hofstede, *Lokales Denken, globales Handeln. Interkulturelle Zusammenarbeit und globales Management*, 2008

Recht

1 Vgl. BVerfGE 107, 395 <401>; 113, 273 <310>; 117, 71 <122; zuletzt BVerfG, Beschluss der 3. Kammer des Zweiten Senats vom 09. Juni 2015
2 BvR 965/15 – Rn. (1–30), abrufbar unter: http://www.bverfg.de/e/rk20150609_2bvr096515.html
3 Gustl Mollath hatte seine Frau, eine Bankerin, und andere Banker illegaler Geldgeschäfte bezichtigt, doch niemand schenkte ihm Gehör. Stattdessen wurde er in die Psychiatrie eingewiesen, wo er sieben Jahren zubrachte. Er wurde von Psychiatern weggesperrt, die ihn nie untersucht hatten. Vgl. Uwe Ritzer/Olaf Przybilla, *Die Affäre Mollath. Der Mann, der zu viel wusste*, 2013
4 Zu der Überlastung der Verwaltungsgerichte in Brandenburg vgl. Andreas Wendt, »Justiz hoffnungslos überlastet«, *Märkische Oderzeitung*, 23.5.2013; www.moz.de/artikel-ansicht/dg/0/1/1152881
5 »Deutsche halten Hoeneß-Urteil für gerecht«, *Stern*, 19.3.2014; www.stern.de/sport/fussball/stern-umfrage-deutsche-halten-hoeness-urteil-fuer-gerecht-3414832.html; Allensbacher Archiv, IfD-Umfrage 11017, November 2013
6 Allensbacher Archiv, IfD-Umfrage 11027, Juli 2014, abrufbar unter: http://www.ifd-allensbach.de/uploads/tx_reportsndocs/FAZ_August_Justiz.pdf

7 Wobei freilich nicht jeder Diebstahl als Bagatelldelikt bezeichnet werden kann. Banden- und Wohnungseinbruchsdiebstahl z.b. sind alles andere als »Bagatellen«.
8 Mathias Bröckers, *Die Drogenlüge. Warum Drogenverbote den Terrorismus fördern und der Gesundheit schaden*, 2010; ders.,; *Keine Angst vor Hanf*, 2014
9 »Resolution deutscher Strafrechtsprofessorinnen und -professoren an die Abgeordneten des Deutschen Bundestages«: http://schildower-kreis.de/resolution-deutscher-strafrechtsprofes sorinnen-und-professoren-an-die-abgeordneten-des-deutschen-bundestages/. Die Resolution wurde bisher von 122 Lehrenden unterzeichnet. 30 Jahre zuvor forderten nur die Studenten »legalize it!«, mittlerweile sind es die Professoren. Auch einer der höchsten Strafrichter Deutschlands, Thomas Fischer, Senatsvorsitzender beim Bundesgerichtshof, hat sich in einer Kolumne in der *Zeit* eindeutig dafür ausgesprochen: www.zeit.de/gesellschaft/zeitgesche hen/2015–12/drogenpolitik-alkohol-drogen-sucht-abhaengigkeit-verbot.
10 Interview mit Helmut Schmidt: »Ich bin in Schuld verstrickt«, *Die Zeit*, 30.8.2007; www.zeit. de/2007/36/Interview-Helmut-Schmidt/komplettansicht

Rentenversicherung

1 Dass Bismarck 1883–1889 die Sozialgesetze von Kranken-, Unfall- bis Rentenversicherung (KV, UV, RV) weniger aus humanitären denn aus taktischen Gründen veranlasste, lassen wir hier gern unter den Tisch fallen, weisen aber ebenfalls gern darauf hin, dass schon damals die Verteilungsproblematik nicht adressiert war, weshalb eine gerechtere Verteilung des Volkseinkommens von Anfang an ausblieb – und so auch die Begeisterung der Sozialisten für Ottos Ideen.
2 Die derzeitige Nachhaltigkeitsrücklage verdient natürlich einen Tusch und wird ja gelegentlich regelrecht gefeiert, denn noch 2005 betrug sie nicht 1,8 Monate (32 Milliarden Euro), sondern nur 0,1 Monate (1,7 Milliarden Euro). Beim Jubeln vergessen wir aber generell, dass wir noch 1974 über die damals vorhandenen 8,6 Monate eben nicht beruhigt gewesen waren. Alle Zahlen und Entwicklungen finden sich bei Interesse bei der Deutschen Rentenversicherung selbst, also hier: http://forschung.deutsche-rentenversicherung.de/ForschPortalWeb/contentAction. do?statzrID=C39A91D4160F6A1FC1256F1900301B7C&chstatzr_Finanzen=WebPagesIIOP14 &open&viewName=statzr_Finanzen#WebPagesIIOP14.
3 Vgl. z.B. Alexander Fink, »Hoher Wohlstand durch hohe Arbeitsproduktivität«, *IREF*, 8.8.2015; http://de.irefeurope.org/Hoher-Wohlstand-durch-hohe-Arbeitsproduktivitat,a1083. Hier sei bekräftigend hinzugefügt, dass sich das deutsche →BIP von 1970 bis 2015 von 500 Milliarden auf 3000 Milliarden Euro versechsfacht hat (vgl. Ruch, *Wenn nicht wir, wer dann?*, 2015, S. 25).
4 »Die Demografie fungiert als Mittel der sozialpolitischen Demagogie, weil eine Entwicklung als zwangsläufig dargestellt wird, die politisch gestaltbar ist. Wenn das Bruttoinlandsprodukt steigt – alle vorliegenden Prognosen besagen das – und wenn die Bevölkerungszahl gleichzeitig abnimmt, dann ist ein größerer Kuchen auf weniger Menschen zu verteilen. Für alle müsste genug Geld da sein. Es ist aber ungerecht verteilt, und zwar nicht zwischen den Generationen, sondern innerhalb jeder Generation.« (Christoph Butterwege,»Rente ist keine Frage der Demografie«, *Tagesschau.de*, 5.9.2012; (https://web.archive.org/web/20140108170026/http:// www.tagesschau.de/inland/altersarmut132.html)
5 Thomas Piketty, *Das Kapital im 21. Jahrhundert*, 2015, S. 388
6 Gabriele Goettle, »Einer schuftet im Augiasstall«, *taz*, 31.1.2011; www.taz.de/!5127666/). Der ehemalige Siemens-Ingenieur Otto Teufel – der ältere Bruder des einstigen APO-Aktivisten Fritz Teufel – kämpft mit der »Aktion Demokratische Gemeinschaft« seit Jahrzehnten gegen die Rechentricks der Rentengesetzgebung., die er mit der »Teufel-Tabelle« im Internet dokumentiert: www.rentenreform-alternative.de/adg025–4VersfrLeistTab11–310712.pdf.
7 dpa/fdi, hier zit.n. Spiegel online: »Mehrheit will mehr Geld für arme Alte statt Beitragssenkung«, *Spiegel online*, 25.10.2011; www.spiegel.de/wirtschaft/soziales/0,1518,793933,00. html
8 Meinhard Miegel, *Hybris. Die überforderte Gesellschaft*, 2014, S. 276
9 Demnach fallen die Rentenzahlungen für enorm viele Bezieher aus karg aus, dass sie laut *FAZ* niedriger liegen als die durchschnittliche Altersgrundsicherung, bei der Miete und Heizung eingeschlossen sind. 48,21 Prozent der Alters- und Erwerbsunfähigkeitsrentner erhalten nämlich gemäß der zitierten Statistik »weniger als 700 Euro« (Thomas Pany, »Unter der durchschnittlichen Grundsicherung«, *Telepolis*, 11.6.2013; www.heise.de/tp/blogs/8/154421).
10 »Besonders groß ist der Anteil unter den Frauen im Westen, die im Alter mit einer monatlichen gesetzlichen Rentenzahlung unter 700 Euro auskommen müssen. Das sind fast drei Viertel, 73 Prozent.« (Pany, ebd.)

11 Franz-Xaver Kaufmann, *Herausforderungen des Sozialstaates*, 1997, S. 170
12 »Es kann nicht sein, dass ein Ehepaar – bei dem nur der eine ein Leben lang ein Gehalt oder einen Lohn einsteckt – Kinder aufzieht und am Ende nur eine Rente bekommt. Auf der anderen Seite verdienen zwei Ehepartner zwei Renten. Und die Kinder des Paares, das nur eine Rente bekommt, verdienen diese beiden Renten mit. Das ist ein glatter Verfassungsverstoß.« (Roman Herzog, »Gesichertes Leben«, *Zeitschrift der LVA Baden*, 4/1996, S. 4)
13 »Fast eine Billion Euro muss der Staat bis 2050 für die Versorgung all seiner pensionierten Beamten ausgeben, hat die Finanzwissenschaftlerin Gisela Färber für die Hans-Böckler-Stiftung ausgerechnet. Im Gegensatz zur gesetzlichen Rentenversicherung, in der die Angestellten mit ihren eigenen Sozialbeiträgen Ansprüche erwerben und erarbeiten, spart sich der Staat als Arbeitgeber gern Rücklagen. Die Pensionslasten werden einfach in die Zukunft verlagert und müssen eines Tages zu einem Großteil aus Steuern bezahlt werden. Wie und auf Kosten welcher anderen öffentlichen Aufgaben? Da darf sich dereinst der oder die Nachfolger/-in drum kümmern.« (Max Haerder, »Der Renten-Pensions-Populismus«, *Wirtschaftswoche*, 31.3.2014; www.wiwo.de/politik/deutschland/ruhestand-der-renten-pensions-populismus/9693580.html)

Ressourcen

1 »Im Laufe der letzten 10000 Jahre ist die Bevölkerung der Erde um den Faktor 3000 gewachsen. Das Konsumniveau, das sich z.b. grob am spezifischen Energieverbrauch festmachen lässt, nahm ebenfalls massiv zu. Daraus ergibt sich eine Steigerung der Gesamtbelastung des Biotops durch die Menschen während der vergangenen 10000 Jahr um etwa den Faktor eine Million.« (Franz-Josef Radermacher, *Welt mit Zukunft*, 2012, S. 50)
2 Dass 30–40 Prozent unserer den Planeten mitbewohnenden Arten vom Aussterben bedroht sind, kann unter »Ressourcen« nur eine traurige Fußnote darstellen.
3 Rachel Botsman/Roo Rogers, *What's Mine Is Yours*, 2011, S. 5
4 Christine Ax und Friedrich Hinterberger (*Wachstumswahn*, 2013, S. 156) weisen zu Recht darauf hin, dass zu den 70 Milliarden Tonnen p.a. pro Tonne Ressourcenausbuddlung eine weitere halbe Tonne hinzukommt, um das gewünschte Material überhaupt aus der Erde zu bewegen. Daher liegt der Ressourcenverbrauch wohl schon heute eher bei »über 100 Milliarden Tonnen pro Jahr«.
5 Vgl. Ute Scheub/Yvonne Kuschel, *Beschissatlas*, 2012, S. 144. Die genauen Mengenangaben schwanken je nach Quelle zwischen 110 und 200 Kilo pro Tag.
6 Um diesen Erntefaktor (Energy Returned on Energy Invested, EROI) geht es letzten Endes auch beim Peak Mineral, der sich heute schon beim Uranabbau und bei der Förderung von Kupfer, Silber, Gold und Zink bemerkbar macht. Und natürlich auch – und vielleicht noch wichtiger – bei sogenannten Hightech-Metallen wie Kobalt, Platin, Titanium und vor allem bei den seltenen Erden, auf die »grüne« Industrien (etwa zur Produktion von Batterien für Hybridfahrzeuge, Solarpaneelen, Energiesparlampen oder Windkraftturbinen) ebenso angewiesen sind wie die Telekommunikationsbranche oder die moderne Rüstungsindustrie.
7 Meinhard Miegel, *Hybris*, 2014, S. 165
8 Vgl. Friedrich Schmidt-Bleek, *Grüne Lügen*, 2013, S. 53 ff.
9 Die Schuhgrößenmessungen gehen marginal auseinander, James Bruges (*Das kleine Buch der Erde*, 2002, S. 35) nennt 2,3 ha, Ute Scheub und Yvonne Kuschel (*Der Beschissatlas* 2012, S. 130) nennen 2,7 ha. Die Unterschiede sind in der Summe gewaltig, machen aber andererseits den Kohl auch nicht fett, denn viel zu groß sind unsere Schuhe ja so oder so.
10 Scheub/Kuschel, ebd., S. 131
11 Birgit Mahnkopf, »Peak Everything – das gefährliche Maximum«, *Atlas der Globalisierung* 2015, S. 62
12 Stephen Emmott, *10 Milliarden*, 2013, S. 144
13 Berechnung frei nach (dem Australier) James Bruges, *Das kleine Buch der Erde*, 2002. Die Getreideproduktionsmenge des großen Australien und des kleinen Deutschland liegen aber so nah beieinander, dass der Staatstausch uns zulässig erscheint.
14 Das kann man natürlich auch gepflegter sagen, z.B. mit Elmar Altvater: »Hier zeigt sich ein nicht zu behebender Defekt der europäischen Rationalität des Denkens und Handelns. Sie ist nicht holistisch, auf das Ganze bezogen, sondern lediglich partiell: darauf ausgelegt, Mittel und Zweck ins Verhältnis zu setzen. Bei der Anwendung instrumenteller Rationalität wird alles ausgeblendet, was für die Zweck-Mittel-Relation unerheblich ist oder negative Folgen hätte.« (»Das Erdzeitalter des Kapitals«, *Atlas der Globalisierung*, 2015, S. 45)
15 Harald Welzer/Klaus Wiegandt,, *Perspektiven einer nachhaltigen Entwicklung. Wie sieht die Welt im Jahr 2050 aus?*, 2011, S. 10

Saatgut

1. Die Lektüre der Geschichte der heldenhaften kanadischen Farmer Percy und Louise Schmeiser sei hiermit jeder/m Freund/in der Zivilcourage ans Herz gelegt, die »Urteilsbegründung« der Right-Livelihood-Award-Jury ganz besonders: »With their fight against Monsanto's abusive marketing practices, Percy and Louise Schmeiser have given the world a wake-up call about the dangers to farmers and biodiversity everywhere from the growing dominance and market aggression of companies engaged in the genetic engineering of crops.« (www.rightlivelihood.org/schmeiser.html) Der Stand der Supreme-Court-Entscheidungen bzw. der derzeitige Regelfall sieht so aus: »Vor den US-amerikanischen Gerichten hat Monsanto in solchen Fällen jedes Mal Recht bekommen, sogar vor dem Obersten Gerichtshof, der 2013 entschied, dass Monsanto Landwirte verklagen dürfe, die unbeabsichtigt Samen des Unternehmens erhalten hatten, selbst wenn diese deren Verwendung ausdrücklich ablehnen. [...] In der zweiten Instanz bekamen die Ökobauern teilweise Recht. Monsanto musste sich verpflichten, nicht gegen Farmer vorzugehen, deren Ernte lediglich ›Spuren‹ von Produkten des Unternehmens aufwies. Damit bekräftigte das Berufungsgericht jedoch zugleich das Recht des Unternehmens, Farmer zu verklagen, deren Ernte, sei es auch gegen ihren Willen, mehr als lediglich ›Spuren‹ des patentierten Saatguts enthielt. Die Landwirte wandten sich daraufhin an den Supreme Court, den Obersten Gerichtshof der USA, der dieses Urteil jedoch 2013 für rechtmäßig erklärte.« (Colin Crouch, *Bezifferte Welt*, 2015, S. 95 f.)
2. Vgl. »Selbstmord-Serie unter Baumwollbauern«, ARD-Weltspiegel 13.6.2014; www.daserste.de/information/politik-weltgeschehen/weltspiegel/sendung/swr/2013/indien-bauern-baumwolle-100.html
3. Michael Pollan, *Das Omnivoren-Dilemma*, 2011, S. 259
4. SumOfUs-Petition vom Mai 2015: http://action.sumofus.org/a/monsanto-syngenta-takeover/?akid=10833.909676.7ieBTG&rd=1&sub=fwd&t=1
5. Monsanto versucht seit Jahren, Syngenta zu übernehmen. Sollte dies gelingen, entstünde ein Koloss mit 30 Milliarden Jahresumsatz, der rund 35 Prozent des Saagutmarktes kontrollieren würde (vgl. Reynard Loki, »How Monsanto Could Get Even Bigger and More Powerful«, *Alternet*, 29.5.2015; www.alternet.org/environment/how-monsanto-could-get-even-bigger-and-more-powerful).
6. Vgl. Andreas Westphalen, »Ausweg aus der Sackgasse der industriellen Landwirtschaft«, *Hintergrund* 1/2016
7. Vgl. »Syngenta erhält Lebensmittel-Patent auf Paprika«, *Deutsche Wirtschaftsnachrichten*, 27.10.2015; http://deutsche-wirtschafts-nachrichten.de/2015/10/27/syngenta-erhaelt-le bensmittel-patent-auf-paprika/
8. Okay, das gilt nur für unsere amerikanischen Freunde, wir selbst glauben nur zu 35 Prozent, konventionelle Pflanzen seien, im Gegensatz zu den bösen von Monsanto, total genfrei (vgl. Michael Schmidt-Salomon, *Keine Macht den Doofen*, 2012, S. 82). Aber auch 35 Prozent Vollidioten dürften ein bisschen zu viel sein, sofern ihr langfristig echte →*Demokratie* herstellen wollt.
9. Man benötigt offenbar tatsächlich gar nicht so viele Helfershelfer, wenn man die Welt unter seine Kontrolle bringen will. 2014 hatte Monsanto 22 400 Mitarbeiter (16 Milliarden Dollar Umsatz), Pioneer (im Besitz von DuPont) 5000 Mitarbeiter, Syngenta 28 000 (bei 15 Milliarden Dollar Umsatz).

Schulden

1. Die Unternehmensberatung McKinsey gab jüngst an, dass die globale Gesamtverschuldung zwischen 2007 und 2014 von 269 auf 289 Prozent der Weltwirtschaftsleistung angewachsen ist. Der *Geneva Report*, herausgegeben von dem International Centre for Monetary and Banking Studies, gab im September 2014 die langfristige Zunahme der Weltschulden (unter Ausschluss des Finanzsektors) an. Diese seien von 160 Prozent der Weltwirtschaftsleistung im Jahr 2001 über 200 Prozent 2009 auf 215 Prozent 2013 geklettert (www.mckinsey.com/insights/economic_studies/debt_and_not_much_deleveraging).
2. http://www.staatsschuldenuhr.de/
3. Vijay Prashad, *The Darker Nations. A People's History of The Third World*, 2007, zit.n. Fabian Scheidler, Das Ende *der Megamaschine*, 2015, S. 247
4. David Graeber, *Schulden. Die ersten 5000 Jahre*, 2012
5. John Perkins, *Bekenntnisse eines Economic Hit Man. Unterwegs im Dienste der Wirtschaftsmafia*, 2005. Weiter lesen: Graeber, *Schulden*, ebd.; Scheidler, *Megamaschine*, ebd.; Helmut Creutz, *Globalisierung und Gemeinwohl vor dem Hintergrund der Geld- und Bodenordnung*, 2008 (www.helmut-creutz.de/pdf/artikel/creutz_globalisierung_de_v2.pdf)

Schule

1 »Die Ausbildung soll die volle Entfaltung der menschlichen Persönlichkeit und die Stärkung der Achtung vor den Menschenrechten und Grundfreiheiten zum Ziele haben. Sie soll Verständnis, Duldsamkeit und Freundschaft zwischen allen Nationen und allen rassischen oder religiösen Gruppen fördern und die Tätigkeiten der Vereinten Nationen zur Aufrechterhaltung des Friedens begünstigen.«

2 Beispielhaft die Verfassung Nordrhein-Westfalens: »Die Schule fördert die Entfaltung der Person, die Selbstständigkeit ihrer Entscheidungen und Handlungen und das Verantwortungsbewusstsein für das Gemeinwohl, die Natur und die Umwelt.«

3 Die Unterwanderung unserer chronisch unterfinanzierten Schulen durch Betriebswirte ist weit fortgeschritten, aber neuerdings werden sogar staatliche Fragen zu diesem skandalösen Prozess von der Industrie mutig torpediert. Jüngster Höhepunkt: Das 365-Seiten-Lehrbuch Ökonomie und Gesellschaft der Bundeszentrale für politische Bildung (BPB) musste wegen enthaltener kritischer Diskussionsvorschläge (»Unternehmen haben an öffentlichen Schulen nichts zu suchen«) auf Druck der deutschen Arbeitgeberverbände zunächst aus dem Verkehr gezogen und nach Prüfung als Auszeichnung »unbedenklich« mit einem warnenden Beipackzettel versehen werden, das Werk gebe nicht das ganze Spektrum an Sichtweisen wieder. Das stimmt, denn es steht gar nicht in dem Bundes-Revoluzzer-Heft, dass »87 Prozent der deutschen 15-Jährigen eine Schule besuchen, in der Industrie und Wirtschaft Einfluss auf die Lehrinhalte ausüben. Im OECD-Durchschnitt sind es 63,7 Prozent.« Die stellvertretende DGB-Vorsitzende Elke Hannack nennt den ganzen Vorgang einen »handfesten Skandal« und »historisch einmaligen Vorgang«, wird das aber spätestens bei Eröffnung der Nutella-Universität Leipzig (ca. 2017) zurücknehmen müssen (vgl. Bernd Kramer/Michaela Schießl, »Die gekaufte Schule«, *Spiegel online*, 30.10.2015; www.spiegel.de/spiegel/print/d-139574538.html). Da überdies →*Werbung* heutigentags ein extrem hilfreiches Steuerungsinstrument ist, ist der aktuell schillerndste Bock als Gärtner im Netz zu besichtigen: unter dem unverdächtigen Namen »Mediasmart« (www.mediasmart.de) – ein hilfreiches Angebot, dessen Materialpaket (»Augen auf Werbung!«) dem *Spiegel* zufolge (s.o.) bereits jede zweite Grundschule hierzulande angefordert hat, um die Medien- und Werbekompetenz von Schülern zu erhöhen. Coole Idee. Verdächtig nur, dass die Gründer des gemeinnützigen Vereins Firmen wie SuperRTL, Hasbro und Ferrero sind. Steht im Impressum, aber offenkundig haben 50 Prozent der deutschen Grundschullehrer nicht ausreichend Medienkompetenz, um bis dorthin lesen zu können.
Ein schwacher Trost: Wir sind – einstweilen – noch nicht ganz so weit wie unsere Vorbilder in den USA. Dort nämlich bietet beispielsweise Channel One Schulen kostenlose Fernsehgeräte, Videoanlagen und eine Satellitenverbindung und erwartet im Gegenzug von den Schulen nur die Verpflichtung, das eigene Programm täglich vorzuführen und die Schüler dazu aufzufordern, es sich anzusehen – einschließlich der darin enthaltenen zwei Minuten Werbung. Schon im Jahr 2000 wurde Channel One täglich von acht Millionen Schülern in 12 000 Schulen gesehen.
2012 verkaufte ein Distrikt in Colorado Flächen für Werbung auf Zeugnisformularen. Einige Jahre zuvor gab eine Grundschule in Florida Zeugnisse aus, die in einem Umschlag mit Werbung für McDonald's steckten (vgl. Michael J. Sandel, *Was man für Geld nicht kaufen kann*, 2014, S. 242–246).

4 Aktuell (2015) leiden 18 Prozent der Kinder in Deutschland unter massivem Stress, auch bei Jugendlichen sieht das Bild nicht viel besser aus. Die Schule macht Jugendlichen mehr Angst, als keine Freunde zu haben; fast jeder dritte Schüler klagt über Kopfschmerzen, Schlafprobleme, Gereiztheit oder Niedergeschlagenheit; 40 Prozent der Schüler bekennen, mehrfach in der Woche unter psychosomatischen Beschwerden zu leiden. Die Verschreibung von Psychopharmaka an Minderjährige hat inzwischen laut Barmer GEK einen besorgniserregenden Höchststand erreicht. Zwischen 2005 und 2012 sei die Zahl der an Kinder verabreichten Pillen um 41 Prozent gestiegen (vgl. Jörg Schindler, *Stadt, Land, Überfluss*, 2014). UNICEF, das Kinderhilfswerk der Vereinten Nationen, beobachtet bei deutschen Kindern seit längerem eine »Veränderung des Krankheitsspektrums« von körperlichen zu seelischen Beschwerden und von akuten zu chronischen Leiden. Es spricht obendrein nicht für unser Schulsystem, dass auch die Lehrer unter dem zunehmenden Druck leiden. Fast zwei Drittel gelten aus beruflichen Gründen als gesundheitsgefährdet, erschöpft, ausgebrannt und krank, gerade einmal 41 Prozent beabsichtigen, bis zur Pensionierung zu arbeiten.

5 www-wds.worldbank.org/external/default/WDSContentServer/WDSP/IB/1995/08/01/0000 09265_3961219101219/Rendered/PDF/multi_page.pdf

6 Andreas von Westphalen, »Feindliche Übernahme. Der Siegeszug der Wirtschaft im Bildungssektor«, *Hintergrund*, 3/2015
7 Anders als unsereins hat PISA-Spitzenreiter China den OECD-Schwindel inzwischen durchschaut und seinen Kurs vernünftigerweise korrigiert. Denn nachdem bei einer Studie chinesische Schüler beim Fantasie-Test das internationale Schlusslicht waren und in Kreativität nur den fünftletzten Platz erreichten, erteilte der damalige chinesische Premierminister seinem fehlgeleiteten Schulsaftladen einen öffentlichen Tadel und konstatierte, man habe versäumt, unabhängiges Denken zu trainieren (vgl. Sandra Schulz, »Im Innern glüht der Ehrgeiz«, *Spiegel online*, 7.2.20122; www.spiegel.de/spiegel/0,1518,744030,00.html).
8 www.deseco.admin.ch/bfs/deseco/en/index/03/04.parsys.97111.downloadList.89603.DownloadFile.tmp/2005.dskcexecutivesummary.ge.pdf
9 Der Bildungsforscher Volker Ladenthin kritisiert die Produktion rationaler menschlicher Allzweckwaffen mit den Worten: »Schüler sollen nach PISA eben nicht lernen, nach dem Sinn des Lernens zu fragen, sondern sie sollen Aufgaben lösen, gleichgültig welche. Der von PISA als kompetent Geprüfte soll später einmal ebenso Babynahrung produzieren können wie Landminen.« (Zit.n. Jens Wernicke, »PISA gefährdet unser Bildungssystem«, *Wirtschaftswoche*, 2.12.2013; www.wiwo.de/erfolg/campus-mba/bildungsforscher-volker-ladenthin-pisa-gefaehrdet-unser-bildungssystem/9149594.html)
10 Jean-Marie Guehenno, *Das Ende der Demokratie*, 1998, S. 114
11 »Erstmals wurde im Gesetz über die Schulpflicht im Deutschen Reich (Reichsschulpflichtgesetz) vom 6.7.1938 (geändert am 16.5.1941) festgelegt, dass Schüler mit der Polizei in den Unterricht gezwungen werden dürfen und dass Erziehungsberechtigte mit Geld- und Gefängnisstrafen bestraft werden können, wenn sie die Schulpflicht bei ihren Kindern nicht durchsetzen.« (Hans Balthasar, *Geschichte des Schulzwangs in Deutschland*; www.netzwerk-bildungsfreiheit.de/pdf/Geschichte_Schulzwang.pdf) Um Missverständnissen stellvertretend vorzubeugen: Schulzwang-Gegner haben nichts gegen die in den meisten zivilisierten Ländern bestehende Schul*pflicht* (Details siehe bei Interesse beim Bundesverband Natürlich Lernen: http://www.bvnl.de).
12 20 Prozent der deutschen Eltern investieren mehr als 200 Euro pro Monat in Nachhilfeunterricht für ihre Kinder, jeder fünfte deutsche Schüler benötigt diesen Zusatzunterricht (zum Vergleich: In Finnland ist es nur jeder fünfzigste).
13 Dramatisch sind der Leistungsdruck und der dadurch entstehende psychische Druck bereits in jungen Jahren, wenn am Ende der Grundschulzeit die Auswahl zur weiterführenden Schule ansteht. In anderen europäischen Ländern werden Schüler und Eltern deutlich später vor diese lebensprägende Entscheidung gestellt, in den Benelux-Ländern mit zumindest 13 Jahren, in den meisten Ländern Europas sogar erst mit 16. In Deutschland werden die vorentscheidenden Weichen im Alter von zehn Jahren gestellt – eindeutig zu früh und aufgrund der hierzulande eklatanten Ungleichheit auch eindeutig »unkorrigierbar«.
Das deutsche Selektionsverfahren ist aber auch schlicht ungerecht, wie ein Bericht von UNICEF offenbart. Zehn Prozent der Hauptschüler und ein Drittel der Realschüler schneiden bei vergleichenden Tests besser ab als das schlechteste Viertel der Gymnasiasten (vgl. www.unicef-irc.org/publications/340).
14 Mehr als 325 000 Schüler leiden bundesweit an ADHS-Symptomen, 2015 waren die weiterhin alarmierend hohen Verschreibungszahlen zwar erstmals leicht rückläufig, aber bloß wegen der neuen geltenden Arzneimittelrichtlinien. Ob es ADHS überhaupt gibt, sollen gern andere debattieren, wir legen uns hier fest – auf ein professionelles »Nö«. Unbestreitbar aber ist die Ritalin-Substanz Methylphenidat ein wahrer Pharma-Blockbuster (allein Novartis erzielte 2013 damit 594 Millionen Dollar Umsatz) mit 66-prozentiger Absatzsteigerungsrate zwischen 2012 und 2013. In den USA sind inzwischen elf Prozent der Kinder und Jugendlichen zwischen vier und 17 Jahren als ADHS-krank diagnostizier. Im Jahr 2002 wurden von deutschen Ärzten noch 17 Millionen Tagesdosen Methylphenidat verschrieben, 2011 waren es bereits 56 Millionen. Und seltsamerweise scheint die Krankheit besonders häufig dann aufzutreten, wenn Kinder aus der Grundschule in eine weiterführende Schule wechseln (vgl. DAK-Studie zu ADHS, 12.3.2015, zit.n. www.haufe.de/sozialwesen/leistungen-sozialversicherung/dak-studie-weniger-ritalinverschreibungen-gegen-adhs_242_296294.html).
15 »Mittlerweile belegt eine ganze Reihe von Studien, dass der natürliche Schlaf-Wach-Rhythmus von Jugendlichen und der frühe Schulbeginn nicht zusammenpassen – und dass dies unweigerlich zu schlechteren Leistungen führt. Besonders betroffen sind Teenager, deren Chronotyp ohnehin eher zur Gruppe der Eulen zählt. Im Extremfall müssen diese Schüler aufstehen, wenn sie chronobiologisch gesehen gerade ihren Schlafmittelpunkt erreicht haben.« (Thomas Kantermann, Chronobio-

loge Uni Groningen, zit.n. Stefanie Reinberger, »Acht Uhr ist zu früh zum Lernen«, *Spektrum* 30.4.2015; (www.spektrum.de/news/acht-uhr-ist-zu-frueh-zum-lernen/1344381)
16 Zit.n. der Homepage der Sir Karl Popper Schule in Wien: https://www.popperschule.at/philosophie.html
17 Vgl. Michael Tomasello, *Warum wir kooperieren*, 2010; Andreas von Westphalen, »Über Konkurrenz, Altruismus und Empathie«, *Hintergrund* 4/2014
18 Der australische Erziehungswissenschaftler John Hattie hat mehr als 960 Metastudien mit 260 Millionen beteiligten Schülern ausgewertet, um empirisch herauszufinden, welche Faktoren in der Schule tatsächlich das Lernen der Schüler positiv beeinflussen. Das Resultat der sogenannten Hattie-Studie in seinen eigenen Worten: »Es kommt auf den guten Lehrer an. Er muss ein Klima schaffen, in dem sich Schüler trauen, Fehler zu machen. Die Rahmenbedingungen von Schule dagegen – die Schulstrukturen oder das investierte Geld – haben nur geringen Einfluss. Leider wird in der Bildungsdebatte genau umgekehrt diskutiert.« (Vgl. deutsche Übersetzung der Hattie-Studie »Visible Learning«, Schneider-Verlag 2013; http://visible-learning.org/de/2013/01/visible-learning-deutsche-ubersetzung-der-hattie-studie-erscheint-2013/)

Souveränität
1 Heribert Prantl, »Wie souverän ist Deutschland?«, *Süddeutsche Zeitung*, 18.11.2013; www.sueddeutsche.de/politik/us-geheimdiensttaetigkeiten-wie-souveraen-ist-deutschland-1.1820657

Staat
1 Bundesverfassung der schweizerischen Eidgenossenschaft: https://www.admin.ch/opc/de/classified-compilation/19995395/index.html
2 Michail Bakunin, *Staatlichkeit und Anarchie*, 1978 (1873), S. 439
3 Shadia Drury, *Leo Strauss and the American Right*, 1997; Gerhard Spörl, »Die Leo-Konservativen«, *Spiegel online*, 4.8.2003 (www.spiegel.de/spiegel/print/d-28102441.html); Danny Postel: »Noble lies and perpetual war: Leo Strauss, the neo-cons, and Iraq« [www.informationclearinghouse.info/article5010.htm); Jim Lobe, »Leo Strauss' Philosophy of Deception« (www.alternet.org/story/15935/leo_strauss'_philosophy_of_deception) [
4 Jeremy Scahill, *Blackwater. Der Aufstieg der mächtigsten Privatarmee der Welt*, 2008; ders.; *Schmutzige Kriege. Amerikas geheime Kommandoaktionen*, 2013; James Risen, *Krieg um jeden Preis*, 2015; Glenn Greenwald, *Die globale Überwachung. Der Fall Snowden, die amerikanischen Geheimdienste und die Folgen*, 2014
5 »Der Gefängnis-Industrielle-Komplex, heute einer der trotz Finanz- und Wirtschaftskrise weiterhin boomenden Industriezweige in den USA, entstand während der Regierung von Ronald Reagan und seinem Vize George H.W. Bush mit der Privatisierung des Haftwesens – bei gleichzeitiger Verschärfung des Kriegs gegen Drogen. Bis dahin waren in den Vereinigten Staaten das gesamte 20. Jahrhundert über stets ebenso viele Menschen in Haft wie in Europa, etwa hundert pro 100 000 Einwohner. Von 1983 bis 1990 verdoppelte sich die Zahl der Inhaftierten, obwohl die Gewaltverbrechen in dieser Zeit nur um 24 Prozent zunahmen.« (Mathias Bröckers, *Die Drogenlüge*, 2010, S. 59f. Derzeit sind etwa ein Drittel aller Gefängnisinsassen »privat« inhaftiert, die Inhaftierungsrate der USA ist aktuell die höchste weltweit und etwa zehnmal so hoch wie in Deutschland.
6 Nach vier Legislaturperioden Privatisierungs- und Deregulierungspolitik unter Kohl sorgte die rot-grüne Schröder/Fischer-Regierung Ende 1999 dafür, dass Kapitalanteilsveräußerungen (Firmenkäufe) steuerfrei wurde, und eröffneten so die Börsen-Party, die 2008 zum Crash führte. Kritikern wie Oskar Lafontaine wurde von Fischer bescheinigt, »nicht regierungsfähig« zu sein. Seit seinem Abgang aus der Regierung ist der gelernte Taxifahrer u.a. als Berater des US-amerikanischen Thinktanks Stonebridge Group und beim European Council On Foreign Relations des Investors George Soros tätig.

Steuern und Steueroasen
1 Christian Huther, »Von der Tontafel zum Bierdeckel«, *Südkurier*, 18.2.2015; www.suedkurier.de/nachrichten/kultur/Von-der-Tontafel-zum-Bierdeckel;art10399,7637075
2 John Urry, *Grenzenloser Profit. Wirtschaft in der Grauzone*, 2015, S. 52
3 Gabriel Zucman, *Steueroasen. Wo der Wohlstand der Nationen versteckt wird*, 2014
4 Nicholas Shaxson, *Schatzinseln. Wie Steueroasen die Demokratie untergraben*, 2013; George

Monbiot, »The medieval, unaccountable Corporation of London is ripe for protest«, *The Guardian*, 31.10.2011; www.theguardian.com/commentisfree/2011/oct/31/corporation-london-city-medieval
5 Gabriel Zucman, *Steueroasen*, 2014; James Henry, »The Price Of Offshore Revisited«, *Tax Justice Network*, Juli 2012; www.taxjustice.net/cms/upload/pdf/Price_of_Offshore_Revisited_120722.pdf
6 Markus Meinzer, *Steueroase Deutschland. Warum bei uns viele Reiche keine Steuern zahlen*, 2015

Terrorismus

1 Mike Davis, »The Poor Man's Air Force. The History of the Car Bomb«. *TomDispatch.com*, 11.4.2006; /www.tomdispatch.com/post/76140/mike_davis_on_the_history_of_the_car_bomb
2 Die Gesamtzahl der Todesopfer der Kriege in Afghanistan, Pakistan und dem Irak liegt bei weit über einer Million. Dies ist das Ergebnis einer Untersuchung, die die deutsche, US-amerikanische und kanadische Sektion der Internationalen Ärzte für die Verhütung des Atomkrieges (IPPNW) 2015 veröffentlicht haben (www.ippnw.de/commonFiles/pdfs/Frieden/Body_Count_first_international_edition_2015_final.pdf).
3 Das Strategiepapier des PNAC: *Rebuilding America's Defensens. Strategy, Forces and Resources For a New Century*, September 2000; www.informationclearinghouse.info/pdf/RebuildingAmericasDefenses.pdf
4 Peter Dale Scott, »Der US-amerikanische tiefe Staat«, *Voltaire Netzwerk*, 15.5.2015 (www.voltairenet.org/article187603.html); ders., *Die Drogen, das Öl und der Krieg. Zur Tiefenpolitik der USA*, 2004; ein Interview mit Scott gibt es auf www.larsschall.com/2014/07/16/reden-wir-ueber-den-amerikanischen-tiefenstaat/.
5 Thilo Jung: Chronologie eines deutschen Kriegseintritts: https://www.youtube.com/watch?v=KdDULYzDBvg
6 Zur Nicht-Ermittlung von 9/11 siehe Mathias Bröckers/Christian C. Walther, *11.9. Zehn Jahre danach. Der Einsturz eines Lügengebäudes*, 2011
7 Alt-Kanzler Helmut Schmidt sagte dazu in einem Interview mit dem *Zeit*-Chefredakteur Giovanni di Lorenzo: »Ich habe den Verdacht, dass sich alle Terrorismen, egal, ob die deutsche RAF, die italienischen Brigate Rosse, die Franzosen, Iren, Spanier oder Araber, in ihrer Menschenverachtung wenig nehmen. Sie werden übertroffen von bestimmten Formen von Staatsterrorismus.« Auf die Frage di Lorenzos: »Ist das ihr Ernst? Wen meinen Sie?«, antwortete Schmidt: »Belassen wir es dabei. Aber ich meine wirklich, was ich sage.« (*Die Zeit*, Nr. 36/2007; www.zeit.de/2007/36/Interview-Helmut-Schmidt/seite-7)
Eine Liste der mittlerweile nachgewiesenen »False Flag Operationen findet sich hier: www.washingtonsblog.com/2015/02/false-flag-4.html
8 »Inszenierter Terror. Interview mit Daniele Ganser über die NATO-Armee Gladio«, *Telepolis*, 25.9.2008; www.heise.de/tp/artikel/28/28766/1.html; siehe auch Daniele Ganser, *Nato-Geheimarmeen in Europa. Inszenierter Terror und verdeckte Kriegsführung*, 2009; Regine Igel, *Terrorjahre. Die dunkle Seite der CIA in Italien*, 2006
9 Auch der Anschlag auf das Münchener Oktoberfest 1980 durch eine Metallsplitterbombe in einem Papierkorb wird in Verbindung zu Gladio gesehen. Nach kurzen Ermittlungen stand die Einzeltäterthese schnell fest, die auf Grund staatsanwaltschaftlicher Ermittlungen festgestellten Verbindungen des mutmaßlichen Täters zur neonazistischen Wehrsportgruppe Hoffmann wurden ignoriert. Zur Praxis von Geheimdiensten, Terroranschläge unter falscher Flagge zu verüben, passt auch der unter dem Titel »Aktion Feuerzauber« 1986 durch das Bundesamt für Verfassungsschutz durchgeführte Sprengstoffanschlag auf eine Außenmauer des Celler Gefängnisses, bekannt als »Celler Loch«. Die Tat wurde der Rote Armee Fraktion zugeschrieben.
Im Mai 2013 erklärte Eckart von Klaeden, offiziell der Koordinator der Bundesregierung für Bürokratieabbau und bessere Rechtsetzung: »Infolge der weltpolitischen Veränderungen hat der Bundesnachrichtendienst in Abstimmung mit seinen alliierten Partnern zum Ende des 3. Quartals 1991 die Stay-behind-Organisation vollständig aufgelöst.« Öffentliche Aufklärung der Aktivitäten von Gladio lehnt die Bundesregierung aber weiterhin ab.

USA

1 Die Anklagen gegen die britische Krone bilden Teil 2 der dreigeteilten Unabhängigkeitserklärung vom 4. Juli 1776, Wortlaut und Kommentar finden sich in der diesbezüglich guten Wikipedia.
2 Tatsächlich ist die US-Unabhängigkeitserklärung das erste Dokument, das allgemeine Men-

schenrechte postuliert, die französischen Revolutionäre standen ja erst etwas später auf den Barrikaden. Eingeschränkt wurden diese kühn formulierten Rechte dann allerdings in der Praxis (also nach Vorliegen der Verfassung), denn die Gründerväter der USA hatten ihre griechischen →Demokratie-Väter durchaus gelesen und folgten deren Definition der »freien Männer«, was heißt: Uneingeschränkte Rechte hatten zunächst nur weiße Männer, nicht Frauen, Sklaven und freie Schwarze. Ein Blick in die Geschichte der USA genügt, um sich klarzumachen, welche langwierigen Folgen dieses rasche Zurückrudern vom hehren Ziel der Gleichheit für alle zeitigen sollte.

3 »Wir halten diese Wahrheiten für ausgemacht, daß alle Menschen gleich erschaffen worden, daß sie von ihrem Schöpfer mit gewissen unveräußerlichen Rechten begabt worden, worunter sind Leben, Freyheit und das Bestreben nach Glückseligkeit. Daß zur Versicherung dieser Rechte Regierungen unter den Menschen eingeführt worden sind, welche ihre gerechte Gewalt von der Einwilligung der Regierten herleiten; daß sobald einige Regierungsform diesen Endzwecken verderblich wird, es das Recht des Volks ist, sie zu verändern oder abzuschaffen, und eine neue Regierung einzusetzen, die auf solche Grundsätze gegründet, und deren Macht und Gewalt solchergestalt gebildet wird, als ihnen zur Erhaltung ihrer Sicherheit und Glückseligkeit am schicklichsten zu seyn dünket. Zwar gebietet Klugheit, daß von langer Zeit her eingeführte Regierungen nicht um leichter und vergänglicher Ursachen willen verändert werden sollen; und demnach hat die Erfahrung von jeher gezeigt, dass Menschen, so lang das Uebel noch zu ertragen ist, lieber leiden und dulden wollen, als sich durch Umstoßung solcher Regierungsformen, zu denen sie gewöhnt sind, selbst Recht und Hülfe verschaffen. Wenn aber eine lange Reihe von Misshandlungen und gewaltsamen Eingriffen, auf einen und eben den Gegenstand unabläßig gerichtet, einen Anschlag an den Tag legt sie unter unumschränkte Herrschaft zu bringen, so ist es ihr Recht, ja ihre Pflicht, solche Regierung abzuwerfen, und sich für ihre künftige Sicherheit neue Gewähren zu verschaffen.« (Erste deutsche Übersetzung der Unabhängigkeitserklärung, am 5. Juli 1776 erschienen in der deutschsprachigen Zeitung Der Pennsylvanische Staatsbote.)

4 John Quincy Adams (1767–1848), 6. Präsident der USA von 1825–1829, in seiner Ansprache zum Unabhängigkeitstag am 4. Juli 1821, im Original: »Wherever the standard of freedom and Independence has been or shall be unfurled, there will her heart, her benedictions and her prayers be. But she goes not abroad, in search of monsters to destroy. She well knows that by once enlisting under other banners than her own, were they even the banners of foreign independence, she would involve herself beyond the power of extrication, in all the wars of interest and intrigue, of individual avarice, envy, and ambition, which assume the colors and usurp the standard of freedom. The fundamental maxims of her policy would insensibly change from liberty to force. The frontlet on her brows would no longer beam with the ineffable splendor of freedom and independence; but in its stead would soon be substituted an imperial diadem, flashing in false and tarnished lustre the murky radiance of dominion and power. She might become the dictatress of the world; she would be no longer the ruler of her own spirit. . . . Her glory is not dominion, but liberty. Her march is the march of the mind. She has a spear and a shield: but the motto upon her shield is, Freedom, Independence, Peace. This has been her Declaration: this has been, as far as her necessary intercourse with the rest of mankind would permit, her practice.«

5 »Die heutigen Ungleichheiten in den USA sind so ausgeprägt wie die Ungleichheiten im alten Europa zwischen 1900 und 1910«, die Einkommensungleichheit hat dabei das Niveau des Alten Europa in der Belle Epoque erreicht. (Thomas Piketty, Das Kapital im 21. Jahrhundert, S. 461 und 508 f.)

6 Bei weiterreichendem Interesse raten wir für den Anfang zur Lektüre von Peter Benders Weltmacht Amerika. Das neue Rom (2003) sowie Oliver Stones und Peter Kuznicks Amerikas ungeschriebene Geschichte (2015).

7 »Behind the ostensible government sits enthroned an invisible government, owing no allegiance and acknowledging no responsibility to the people.« (Roosevelt, Wahlkampfrede 1912)

8 »Wir in den Institutionen der Regierung müssen uns vor unbefugtem Einfluss — beabsichtigt oder unbeabsichtigt — durch den militärisch-industriellen Komplex schützen. Das Potenzial für die katastrophale Zunahme fehlgeleiteter Kräfte ist vorhanden und wird weiterhin bestehen. Wir dürfen es nie zulassen, dass die Macht dieser Kombination unsere Freiheiten oder unsere demokratischen Prozesse gefährdet. Wir sollten nichts als gegeben hinnehmen. Nur wachsame und informierte Bürger können das angemessene Vernetzen der gigantischen industriellen und militärischen Verteidigungsmaschinerie mit unseren friedlichen Methoden und Zielen erzwingen, so dass Sicherheit und Freiheit zusammen wachsen und gedeihen können.«

9 Vgl. Mathias Bröckers, *JFK. Staatsstreich in Amerika*, 2013
10 Sollten Sie die Spielanleitung bis heute übersehen haben, empfiehlt sich dringend die sofortige Lektüre von Zbigniew Brzezinskis wunderbar klarem *Die einzige Weltmacht. Amerikas Strategie der Vorherrschaft* (1998/2004), denn ohne diese Anleitung versteht man ja tatsächlich nur Bahnhof.
11 Als sich Charles de Gaulle im Namen der Franzosen so bockig zeigte, musste er sich wenigstens unter 31 Attentatsversuchen durchducken. Aber es hat ja auch niemand behauptet, Weltverbessern sei ein Osterspaziergang auf dem Ponyhof.
12 Ihr könnt gern »Europas« ersetzen durch »der Vereinten Nationen«, notfalls auch durch »Deutschlands«. Ersteres scheint uns aber deutlich ungefährliche zu sein, denn auch das bis an die Zähne bewaffnete Empire kann nicht gegen alle Krieg führen.
13 »Indem wir, derohalben, die Repräsentanten der Freien Staaten der Welt, Vereinigten Staaten von Amerika, im General-Congress versammlet, uns wegen der Redlichkeit unserer Gesinnungen auf den allerhöchsten Richter der Welt berufen, so Verkündigen wir hiemit feyerlich, und Erklären, im Namen und aus Macht der guten Leute dieser Colonien, Daß diese Vereinigten Colonien Freye und Unabhängige Staaten sind, und von Rechtswegen seyn sollen; daß sie von aller Pflicht und Treuergebenheit gegen die Brittische Krone frey- und losgesprochen sind, und daß alle Politische Verbindung zwischen ihnen und dem Staat von Großbrittannien hiemit gänzlich aufgehoben ist, und aufgehoben seyn soll; und daß als Freye und Unabhängige Staaten sie volle Macht und Gewalt haben, Krieg zu führen, Frieden zu machen, Allianzen zu schließen, Handlung zu errichten, und alles und jedes andere zu thun, was Unabhängigen Staaten von Rechtswegen zukömmt.« (*Der Pennsylvanische Staatsbote*, 1776, ebd.)

Verschwörungstheorien

1 Dazu hier noch einmal, wie bereits weiter oben angeführt: »Inszenierter Terror. Interview mit Daniele Ganser über die NATO-Armee Gladio«, *Telepolis*, 25.9.2008; www.heise.de/tp/artikel/28/28766/1.html; siehe auch Daniele Ganser, *Nato-Geheimarmeen in Europa. Inszenierter Terror und verdeckte Kriegsführung*, 2009; Regine Igel, *Terrorjahre. Die dunkle Seite der CIA in Italien*, 2006; Andreas von Bülow, *Im Namen des Staates. CIA, BND und die kriminellen Machenschaften der Geheimdienste*, 2008
2 Das 50-seitige Memo wurde erst 1996 komplett veröffentlicht: CIA Dispatch 1035–260, hier im Original: http://www.maryferrell.org/showDoc.html?docId=53510#relPageId=2&tab=page. Mehr dazu: Mathias Bröckers, *JFK. Staatsstreich in Amerika«*, 2013
3 Das World Trade Center 7, ein 174 Meter hoher Büroturm, stürzte am Nachmittag des 11.9.2001 in 4,5 Sekunden in sich zusammen. Ausgelöst wurde der Zusammenbruch nach offiziellen Angaben durch Bürobrände, die ihrerseits durch herabstürzende Trümmerteile der WTC-Türme 1 und 2 verursacht worden seien. Die Computersimulation, mit das National Institute of Standards and Technology diese Premiere begründete – noch nie in der Geschichte des Hochhausbaus ist ein Stahlskelettbau durch einen Brand zusammengestürzt – wird aus Gründen der »nationalen Sicherheit« bis heute geheim gehalten. Siehe Bröckers/Walther, *11.9. Zehn Jahre danach*, 2011
4 Ihr werdet auch nicht zulassen, dass die Aufklärung unterminiert wird, wie es Cass Sunstein, ein Berater der US-Regierung, 2010 vorgeschlagen hat, um durch »kognitive Infiltrierung« des 9/11-Truth-Movements die Forderungen nach einer neuen Untersuchung der Anschläge abzustellen (vgl. Glenn Greenwald, »Obama confidant's spine-chilling proposal«, *Salon*, Januar 2010; www.salon.com/2010/01/15/sunstein_2).
5 »Anders als Verschwörungstheorien, die über jedes verdächtige Ereignis isoliert spekulieren, skizziert das SCAD-Modell eine allgemeine Kategorie der Kriminalität und fordert, Verbrechen in dieser Kategorie vergleichend zu untersuchen. Mit diesem Ansatz kann eine Analyse von SCADs nach dem Zweiten Weltkrieg eine Reihe von Gemeinsamkeiten bei den Zielen, den Zeitpunkten und den politischen Konsequenzen herausstellen. SCADs ereignen sich häufig, wenn sich präsidiale Politik und Außenpolitik kreuzen. SCADs unterscheiden sich von früheren Formen politischer Korruption dadurch, dass oft politische, militärische und/oder ökonomische Eliten auf der höchsten Ebene der sozialen und politischen Ordnung beteiligt sind.« (Lance DeHaven-Smith, *Conspiracy Theory in America*, 2013, S. 53; siehe auch »Beyond Conspiracy Theory. Patterns of High Crime in American Government«, *American Behavioral Scientist*, 2010; http://911.lege.net/ABS53N62010/Beyond_Conspiracy_Theory-Patterns_of_High_Crime_in_American_Government.pdf

Verteilung

1. Die Besitzer des halben Weltvermögens passen also alle zusammen in einen schicken Doppeldeckerbus; die amerikanische Fraktion hingegen kommt mit einem Gulfstream-Jet locker aus, denn im Land der Freien sind es nur mehr 20, die zusammen ebenso viel besitzen wie 152 Millionen ihrer Landsleute (Chuck Collins/Josh Hoxie, »Billionaire Bonanza: The Forbes 400 and the Rest of Us«, *Institute for Policy Studies*, 1.12.2015; www.ips-dc.org/billionaire-bonanza/).
2. »Wealth: Having it all and wanting more«, Oxfam Studie, Januar 2015; www.oxfam.org/sites/www.oxfam.org/files/file_attachments/ib-wealth-having-all-wanting-more-190115-en.pdf
3. Thomas Piketty, *Das Kapital im 21. Jahrhundert*, 2014, S. 437 und 508. Ergänzend dazu: »Die 100 wohlhabendsten Milliardäre der Welt stockten allein im Jahr 2012 ihr Vermögen um 240 Milliarden auf.« (David Harvey, *Siebzehn Widersprüche und das Ende des Kapitalismus*, 2015, S. 13)
4. Heather Stewart, »Wealth doesn't trickle down – it just floods offshore, research reveals«, *The Guardian*, 21.7.2012; www.theguardian.com/business/2012/jul/21/offshore-wealth-global-economy-tax-havens
5. Wie Thomas Piketty in seinem bereits angeführten Buch aufgezeigt hat, ist der »Motor« dieser Ungleichheit die Differenz zwischen dem Anstieg der Reallöhne und der Kapitalerträge. Steigen die Löhne um ein Prozent und liegen die Kapitalerträge bei fünf Prozent, ist die Geldanlage natürlich deutlich attraktiver. Davon profitieren aber nur die Reichen, weil die Lohnabhängigen kaum über Anlagekapital verfügen.
6. Richard Wilkinson/Kate Pickett, *Gleichheit ist Glück. Warum gerechte Gesellschaften für alle besser sind*, 2012. »Während das Bruttosozialprodukt in der Bundesrepublik pro Kopf von 1971 bis 2003 um 60 Prozent stieg, sank parallel dazu die Lebenszufriedenheit um zehn Prozent. In den USA hatte die Glücksrate der Bevölkerung 1957 ihren Höchststand und sinkt seitdem.« (Ute Scheub/Yvonne Kuschel, *Beschissatlas*, 2012, S. 188)

Wachstum

1. Harald Welzer, *Selbst denken. Eine Anleitung zum Widerstand*, 2013, S. 62
2. Kurz vor Ausbruch der Bankenkrise 2008 unterschrieben 73 Prozent der Deutschen den Umfragesatz: »Ohne wirtschaftliches Wachstum kann Deutschland nicht überleben«, 61 Prozent stimmten zu bei der Aussage: »Wachstum ist nicht alles, aber ohne Wachstum ist alles nichts« (vgl. Meinhard Miegel, *Exit. Wohlstand ohne Wachstum*, 2011, S. 28).
3. Welzer, *Selbst denken*, S. 51
4. Kenneth Boulding, US-Ökonom, zit.n. Christian Felber, *Gemeinwohl-Ökonomie*, 2010, S. 61
5. Miegel, *Exit*, S. 62
6. Wir haben aber nicht nur die Bremse vergessen, sondern uns stattdessen ein paar Turbos und Booster gegönnt, die uns anfangs sehr geholfen haben, unsere Seifenkiste in Gang zu bringen (und in Gang zu halten). Der Grund für die marktlogische Notwendigkeit des permanenten Wachstums sind ja primär →*Zinsen* und →*Schulden*, und änderte man diese Parameter nicht mit, hätte ein Nullwachstum tatsächlich verheerende wirtschaftliche Konsequenzen.
7. »Wer also meint, Wachstum sei ohne Beschleunigung zu haben, irrt sich. Wer Wachstum fordert, fordert – wenn auch unbeabsichtigt – Beschleunigung. Weil sich die modern Gesellschaft also nur dynamisch zu stabilisieren vermag, da sie stetig wachsen, beschleunigen und innovieren muss, ist sie in ihrer Grundstruktur auf Steigerung hin angelegt: Sie steigert die Zahl der produzierten und konsumierten Güter und verringert deren Halbwertszeit, sie vermehrt die Zahl der Kontakte und Vernetzungen, sie multipliziert die Handlungsoptionen für Akteure. [...] Beschleunigung ist auch nicht das Problem. Sie wird erst dort kritikwürdig, wo sie das Leben schlechter macht, wo sie beispielsweise zu Entfremdung führt, wozu die Subjekte sich die Welt nicht mehr anverwandeln können. Beschleunigung und Zeitknappheit belasten die Qualität unserer Weltbeziehungen: unserer Beziehung zur Natur, zu unserer Arbeit, zu unseren Mitmenschen und zu unserem eigenen Körper.« (Hartmut Rosa, *Verdichtete Zeit* in *Atlas der Globalisierung*, 2015, S. 42f)
8. »Kein Wachstumsdiskurs kann darüber hinwegtäuschen, dass wir die Grenzen, die uns die Natur setzt, respektieren müssen. Dann ist es aber zwingend notwendig, die Gesellschaft so umzugestalten, dass innerhalb dieser Grenzen das gute Leben für alle Menschen möglich ist.« (Elmar Altvater, *Der Grundwiderspruch des 21. Jahrhunderts* in *Atlas der Globalisierung*, S. 19)
9. Nein, keine Sorge, wir sind keine Phantasten. Wir nicken artig zu Ulrike Hermanns kluger Einschätzung »Es ist ein Dilemma: Ohne Wachstum geht es nicht, komplett grünes Wachstum gibt

es nicht, und normales Wachstum führt unausweichlich in die ökologische Katastrophe.« (Ulrike Hermann, »Der schwierige Übergang«, *Atlas der Globalisierung* 2015, S. 107) Aber angesichts des glasklaren »So geht's nicht weiter« sind wir bockige Optimisten. Wenn's um euer Überleben geht, gilt: »Geht nicht, gibt's nicht!«

Waffen

1 In *Wir sind die Guten* hatten wir den schießwütigen amerikanischen Patienten 2014 schon einmal auf die Couch gelegt. »Könnte es sein«, würde der einfühlsame Seelenarzt den auf der Couch liegenden Uncle Sam fragen, »dass Ihr ständiges Misstrauen daher rührt, dass Sie sich unterbewusst, im Geheimen, diese Monster selbst erschaffen? Dass irgendeine Instanz in Ihrem Inneren dauernd Feinde aufbauen muss, um eine Rechtfertigung für Ihr expansives, gewalttätiges Verhalten zu haben? Könnte es sein, dass dieser Komplex etwas mit dem militärisch-industriellen Komplex zu tun hat, vor dessen ›unbefugtem Einfluss‹ auf die Regierung schon Präsident Eisenhower gewarnt hat?«
Ein halbes Jahrhundert nach Eisenhowers Warnung später müssen wir feststellen, dass sie vergeblich war: »Die Macht und der Einfluss des militärisch-industriellen Komplexes bei der Förderung einer Serie von Kriegen hat sich in außergewöhnlichen Profitraten niedergeschlagen. Einer neuen Studie von Morgan Stanley zufolge sind die Aktien der größten US-Waffenhersteller in den vergangenen 50 Jahren um 27 699 Prozent gestiegen, verglichen mit 6777 Prozent Wachstum des allgemeinen Markts. Allein in den letzten drei Jahren haben Raytheon 124 Prozent, Northrop Grumman 114 Prozent und Lockheed Martin 149 Prozent für ihre Investoren eingebracht.« (Mathias Bröckers/Paul Schreyer, *Wir sind die Guten*, 2014, S. 182 =
2 Eisenhowers Farewell Adress: https://www.youtube.com/watch?v=CWiIYW_fBfY
3 Norman Solomon, »The Military-Industrial-Media Complex«, *Fairness & Accuracy in Reporting*, 1.8.2005; http://fair.org/extra-online-articles/the-military-industrial-media-complex/
4 Auch wenn General Electric seine NBC-Anteile 2013 verkauft hat, ist der Einfluss des militärisch-industriellen Komplexes auf die sechs monolithischen Konzerne, die nahezu den gesamten Medienoutput der USA kontrollieren, nach wie vor groß. Zumal der Watergate-Reporter Carl Bernstein schon 1977 recherchiert hatte, dass die CIA und andere Geheimdienste der USA mindestens 400 offizielle und inoffizielle Mitarbeiter in den Medien beschäftigten (Carl Bernstein, »The CIA and the Media«; www.carlbernstein.com/magazine_cia_and_media.php).
5 Eine Studie der Brown University in Rhode Island hat die Kosten des Anti-Terror-Krieges bis 2011 berechnet. Unsere Angaben fußen auf Ute Scheub/Yvonne Kuschel, *Beschissatlas*, 2012, S. 182.
6 Nicholas Kristof, »On Guns, We're Not Even Trying«, *New York Times*, 2.12.2015; www.nytimes.com/2015/12/03/opinion/on-guns-were-not-even-trying.html?_r=0
7 Die medienwirksamen Amokschießereien kurbeln die Geschäfte der Industrie an. Siehe dazu Lee Fang; »Gun Industry Executives Say Mass Shootings Are Good for Business, *The Intercept*, 3.12.2015; https://theintercept.com/2015/12/03/mass-shooting-wall-st/
8 »Einer Umfrage von Wissenschaftlern der Universität Harvard zufolge, die im wissenschaftlichen Journal *Social Science & Medicine* erschienen ist, besitzt im Waffenland USA etwa jeder zweite Haushalt eine Waffe. Mit bis zu 1,3 Waffen pro Haushalt sind die Schweizer demnach waffenaffiner als die US-Amerikaner.« (Steven Carthy, »Die Schweiz – kleines Land mit enorm vielen Waffen«, *Focus online*, 3.1.2013; www.focus.de/panorama/welt/tid-28830/drei-frauen-in-bergdorf-erschossen-die-schweiz-kleines-land-mit-enorm-vielen-waffen_aid_891107.html)
9 »Waffenexporte – Tendenz stark steigend« meldete die *Welt* im Oktober 2015: In den ersten sechs Monaten dieses Jahres genehmigte die Bundesregierung demnach Rüstungsausfuhren im Wert von 3,5 Milliarden Euro; im ersten Halbjahr 2014 soll der Wert der genehmigten Ausfuhren noch 2,2 Milliarden Euro betragen haben (www.welt.de/wirtschaft/article147794080/Deutschland-exportiert-deutlich-mehr-Waffen.html). Die Angaben zur Tötungsrate nach Ländern haben wir dem UN-Report *Global Study on Homicide* entnommen (https://www.unodc.org/documents/gsh/pdfs/2014_GLOBAL_HOMICIDE_BOOK_web.pdf).
10 Diese Schätzung stammt von dem Heckler-&-Koch-Forscher Jürgen Grässlin: »Der Tod ist ein Meister aus Oberndorf.« Weitere Angaben auf Grässlins Homepage juergengraesslin.com.

Wasser

1 97,5 Prozent des Wassers auf der Erde sind Salzwasser, zwei Drittel der verbleibenden 2,5 Prozent sind in Eiskappen, Gletschern und Schnee gespeichert. Von diesem Süßwasser sind lediglich 0,01–0,3 Prozent für den Menschen zugängliches Trinkwasser (Ute Scheub/Yvonne Kuschel, *Der Beschissatlas*, 2012, S. 30).
2 Maude Barlow, *Blaues Gold. Das globale Geschäft mit dem Wasser*, 2004, S. 13
3 Ebd., S. 22 und www.umweltbundesamt.de/daten/private-haushalte-konsum/wasserver brauch-der-privaten-haushalte
4 Stephen Emmott, *10 Milliarden*, 2013, S. 78
5 Barlow, ebd., S. 22
6 Emmott, ebd., S. 79
7 Christine Ax/Friedrich Hinterberger, *Wachstumswahn*, 2013, S. 158
8 Eine schöne und ausführliche Darstellung findet sich im bereits angeführten *Beschissatlas* auf den Seiten 32 ff. Exemplarisch in Bildern und Zahlen hilft aber auch der *Stern* weiter: www.stern.de/panorama/wissen/wasserverbrauch—so-viel-wasser-steckt-in-kaffee—jeans-und-chips-3603210.html#mg-1_1442141603369.
9 Vgl. *Atlas der Globalisierung*, 2015, S. 64 f.
10 Die Zahlen gehen diesbezüglich bloß um hundert Prozent auseinander. Emmott geht von vier Litern pro Liter aus, während Ax/Hinterberger auf acht kommen.
11 Die meisten PET-Flaschen werden (hörbar für jeden Leergut-Automaten-Fan) nach Gewissenserleichterung für den Käufer zerquetscht und landen auf Müllkippen oder werden verbrannt. In den gar nicht vorbildlichen USA landen jährlich 70 Prozent der PET-Flaschen im Grundwasser oder in der Atmosphäre, was durchaus ins planetarische Gewicht fällt, da die Amerikaner per anno und Kopf etwa 140 Liter Plastikflaschenwasser trinken, d.h. insgesamt etwa 40 Milliarden Liter zum Preis von 50 Milliarden Dollar. Um diesen verheerenden Blödsinn zu motivieren, mussten die weltweiten Wasserkonzerne lediglich 84 Millionen Dollar Werbegeld in den Markt pumpen. In den Produktinformationen fehlte allerdings der Hinweis, dass die Flaschen nicht nur ein ungesundes Entsorgungsproblem nach sich ziehen, sondern zu ihrer Herstellung auch etwa 17 Millionen Barrel Öl benötigt werden. Pro Jahr (vgl. Tara Lohan, »Why America›s Deadly Love Affair with Bottled Water Has to Stop«, *Alternet*, 17.9.2015; www.alternet.org/environment/bottled-water-americas-de structive-love-affair?akid=13485.202437.kOD13A&rd=1&src=newsletter1042591&t=5).
12 Emmott, ebd., S. 80
13 Wir wollen an dieser Stelle gern unter den Tisch fallen lassen, dass unsere Oberflächen- und Grundwasser stark kontaminiert sind – unter anderem mit Rückständen von Antibiotika, Antidepressiva, Betablockern und Östrogen. Denn spätestens 2025 werden wir ja sogar für geburtenkontrollierendes Wasser dankbar sein, weil die Alternative lautete: gar keins.
14 Ein interessanter Kandidat für diesen dramatischen und am Ende jähen Prozess dürfte der US-amerikanische Ogalalla-Aquifer sein – eine der größten weltweiten Grundwasserleitern, die acht US-Bundesstaaten durchzieht und der täglich 1,2 Milliarden Liter entnommen werden, vorwiegend zur Bewässerung landwirtschaftlicher Flächen (http://co.water.usgs.gov/nawqa/hpgw/HPGW_home.html).
15 Barlow, ebd., S. 22
16 Ebd, S. 42
17 *UNEP Global Environment Outlook 4*, 2007, S. 4; www.unep.org/geo/geo4/report/geo-4_re port_full_en.pdf
18 Emmott, ebd., S. 138
19 Barlow, ebd., S. 271, zehn Prinzipien, Nr. 1
20 Aufmerksam weiterlesen bei Friedrich Schmidt-Bleeck, *Grüne Lügen*, 2013

Weltbevölkerung

1 1. Buch Mose, 1:28
2 Vgl. den jeweils aktuellen Stand unter www.weltbevoelkerung.de
3 Wir lassen die Zahlen mal so stehen, uns nicht vollends als Schwarzseher unbeliebt zu machen, aber wer den bekannten derzeitigen Zuwachs von 83 Millionen per anno über den Daumen hochrechnet ins Jahr 2100, dürfte schwerlich nicht auf eine Zahl von unter 15 Milliarden kommen – oder braucht einen anderen Daumen. (Über den von Stephen Emmott landen wir ja sogar bei 28, und seine Hochrechnung hat ja durchaus Hand und Fuß; vgl. *10 Milliarden*, 2013, S. 194 f.)
4 ValentinThurn/Stefan Kreuzberger, *Harte Kost*, 2014, S. 23
5 Yuval Harari, *Eine kurze Geschichte der Menschheit*, 2013, S. 301

6 Bei dieser Spannbreite lassen wir den Extremwert des Physikers und Systemanalysten Cesare Marchetti bewusst außer Acht, der 1979 davon ausging, auf der Erde sei Platz für eine Billion Menschen (»A Check on the Earth-Carrying Capacity for Man«; www.cesaremarchetti.org/archive/scan/MARCHETTI-076.pdf).
7 Patrick Spät, »Der Mythos der Überbevölkerung«, Telepolis, 18.5.2013; www.heise.de/tp/artikel/39/39104/1.html
8 Peter Sloterdijk, »Wie groß ist ›groß‹?«, in Paul Crutzen et al., *Das Raumschiff Erde hat keinen Notausgang*, 2011, S. 107
9 Michail Gorbatschow, Mitbegründer des Internationalen Grünen Kreuzes, wird mit der sachlichen Bemerkung zitiert: »Reduziert die Weltbevölkerung um 90 Prozent, und es sind nicht mehr genügend Menschen übrig, um einen nennenswerten ökologischen Schaden anzurichten«, Henry Kissinger unterbot Gorbatschow deutlich (»Die Weltbevölkerung muss um 50 Prozent reduziert werden«), während Multimilliardär und Medienzar Ted Turner 1996 zu einem niedrigeren Idealwert kam: »Global betrachtet wären 250 bis 300 Millionen Menschen ideal, also eine Reduktion der heutigen Weltbevölkerung um 95 Prozent«; Jacques Cousteau (verstorben 1997), weltweit verehrter Meeresforscher, erklärte dem UNESCO Courier schon 1991: »Der Schaden, den die Menschen dem Planeten zufügen, ist eine demographische Funktion – er entspricht dem Grad der Entwicklung. Ein einziger Amerikaner belastet die Erde viel mehr als zwanzig Einwohner von Bangladesh. […] Um die Weltbevölkerung zu stabilisieren, müssen wir 350 000 Menschen pro Tag eliminieren. Dies auszusprechen ist schrecklich. Es nicht zu tun, ist aber genauso schlimm.« (Zit.n. »Überbevölkerung: Eine Milliarde ist genug!«; www.zeitenschrift.com/artikel/ueberbevoelkerung-eine-milliarde-ist-genug#.VfE4nc5PKMY)
10 Meinhard Miegel, *Exit*, 2011, S. 129
11 Auch die Hälfte der vier Millionen in Deutschland lebenden Muslime sind deutsche Staatsbürger. Der Osten hat allerdings in jeder Hinsicht Nachholbedarf, denn 96,6 Prozent der internationalen Deutschen wohnen in den alten Bundesländern (Juan Moreno, »Wir Kanaken«, *Spiegel online*, 5.9.2015; www.spiegel.de/spiegel/print/d-138493571.html).
12 Laut Miegel galten 2009 nur 18 Prozent der Migranten der ersten Generation als integriert (ebd., S. 132).
13 Moreno, ebd.
14 James Bruges, *Das kleine Buch der Erde*, 2002, S. 300

Werbung

1 »Public Affairs« ist dabei irreführend positive PR-Namensgebung vom Allerfeinsten, denn »Public Affairs« ist Meinungsbildung hinter verschlossenen Türen und wendet sich ausschließlich an Amtsträger, nicht an »the public«. Aber es klingt halt wirklich sehr transparent.
2 Edward Bernays, *Propaganda. Die Kunst der Public Relations*, 1928, dt., 2011, S. 61. Bernays hielt obendrein und weiterreichender fest: »Unsere Demokratie muss von einer intelligenten Minderheit geführt werden, die weiß, wie man die Massen leitet und lenkt. […] Die bewusste und zielgerichtete Manipulation der Verhaltensweisen und Einstellungen der Massen ist ein wesentlicher Bestandteil demokratischer Gesellschaften. Organisationen, die im Verborgenen arbeiten, lenken die gesellschaftlichen Abläufe. Sie sind die eigentlichen Regierungen in unserem Land.« (Ebd., S. 99 und 19)
3 https://de.wikipedia.org/wiki/Die_geheimen_Verführer
4 Exemplarisch sei hier auf den legendär erfolgreichen Claim der Metro-Werber für die Saturn-Elektromärkte verwiesen: »Geiz ist geil«. In ökonomisch schwierigen Zeiten ist das Versprechen, beim Geldsparen zu helfen, entschieden positiv belegt. Entlastet man den Angesprochenen auch noch augenzwinkernd vom Vorwurf, er sei – biblisch unschön – »geizig«, kann man sich der Dankbarkeit des armen Sünders sicher sein. Obendrein verlangt die einzige verbliebene Globalreligion Konsumismus von ihren Gläubigen ohnehin nicht viel außer »Kaufen«, so ist »möglichst günstig kaufen« natürlich ein Mittel zum Zweck »möglichst viel für möglichst wenig Geld«. Kann der Konsument also den *Spiegel* für sechs Euro kaufen, zieht er es dies dem Kauf eines *Spiegel* für 18 Euro selbstredend vor, auch wenn er dafür sichtbare Werbung (Anzeigen) in Kauf nehmen muss. Dem Konsumenten entgeht dabei allerdings, dass die Möglichst-günstig-Rechnung hinten und vorne nicht aufgeht. Denn a) zahlt er mehr für beworbene als für unbeworbene Produkte (muss er doch die Werbeausgaben des Herstellers tragen), hat also am Ende höchstens genauso viel Geld in der Tasche wie in einem Markt mit werbefreiem *Spiegel*, b) sind Print und alle anderen Medien längst in vollständige Abhängigkeit von den Werbebezahlungen geraten, da sie ohne diese ihren Verkaufspreis (hier: sechs statt 18 Euro) nicht halten könn-

ten und wegen Wuchers vom Konsumenten mit Missachtung bestraft werden würden. Aufgrund dieser kompletten Abhängigkeit von den Zahlungen der werbetreibenden Industrie muss auch kein finster durch die Redaktionen geisternder Bilderberger-Mogul die Medienschaffenden ausdrücklich davon abhalten, industriekritische Wahrheiten zu verbreiten: Man verzichtet gern selbst darauf, die Öffentlichkeit umfassend zu informieren (was allerdings Pflicht des →*Journalismus* wäre und Grundlage aller demokratischen Entscheidungen bleibt).

Besonders problematisch ist diese Selbstzensur indes bei unserem Leitmedium, das weiterhin »Film und Fernsehen« heißt, auch wenn seine Verbreitungswege sich verändert haben. Bernays 1928er Feststellung bleibt auch hier stehen, erweitert um das damals noch unbekannte Fernsehen: »Der amerikanische Film ist das größte unterschwellige Propagandamedium unserer Zeit. Er eignet sich hervorragend zur Verbreitung von Meinungen und Ideen.« (Bernays, ebd., S 131)

5 »Niemand wird behaupten wollen, Arte oder der *Spiegel* würden von Corporate Media gezwungen, Propaganda zu drucken oder zu senden. Arte und der *Spiegel* werden von Redakteuren gemacht, die an der Wahrheit interessiert sind, so lange die Wahrheit ihre Position nicht gefährdet. Es bedarf weiterhin keiner heimlichen Meetings der globalen Nachrichtennivellierer, es herrscht auch ganz ohne sie Konsens vom Chefredakteur bis zur Vorzimmerdame: Jene, denen ein System nützt, werden es nicht sabotieren. Aber auch wenn das hinter verschlossenen Türen tagende überparteilich staatlich-mediale Propagandaministerium nicht existiert, ist die Lage alles andere als heiter. Die relevanten Fragen werden nicht gestellt, und das liegt – auch ohne Absprachen – zumindest im Verantwortungsbereich unserer Massenmedien. Der Einfluss von Corporate Media ist gigantisch, die Vertriebskanäle befinden sich fest in der Hand jener, deren einziger Gott Gewinnmaximierung heißt; sie kontrollieren sämtliche Inhalte. Das Ziel dieser Inhaltskontrolle ist indes weder geheim noch per se verwerflich: Wer sich bestens unterhalten und abgelenkt fühlt, stellt keine Fragen, sondern konsumiert mehr oder weniger fröhlich drauflos. Und darauf basiert unser System: Wer auf Konsum verzichtet, ist ein Saboteur. Geiz ist daher allenfalls als Werbewitz geil, in Wahrheit wäre Geiz kontraproduktiv.« (Christian C. Walther, *Der zensierte Tag*, S. 276 f.)

6 John Naish, *Genug. Wie Sie der Welt des Wachstums entkommen*, 2008, S. 58
7 Natasha Geiling, »The Paris Climate Talks, Brought to You by the Fossil Industry«, *Climate Progress*, 7.12.2015; http://thinkprogress.org/climate/2015/12/07/3728747/corporate-fossil-fuel-sponsors-paris-climate/
8 »Führen Sie ›Media-Erziehung‹ als Pflichtfach in der Schule Ihrer Kinder ein, notfalls im Nachmittagskurs, den Sie ebenfalls notfalls selbst leiten. Bringen Sie Ihren Kindern bei, über Werbung lauthals zu lachen. Spielen Sie mit Ihren Kindern vor jedem Plakat und beim Betrachten jedes Werbe-Spots: ›Was will das grinsende Arschgesicht uns verkaufen?‹ Lassen Sie Ihre Kinder nicht allein fernsehen. Nehmen Sie das Programm mit ihnen zusammen auseinander. (Unter Erwachsenen hinzugefügt: ›Unzweifelhaft gibt es für einen Bürger in einer Demokratie wenige nützlichere Dinge als die Geschicklichkeit, beim Lesen von Zeitungen die Wahrheit zu entdecken.‹ (Bertrand Russell)) Also: Bringen Sie Ihren geliebten Braten bei, mit jenen Medien gebührend umzugehen, die sie alltäglich umgeben. Diskreditieren Sie Werbung und anderen Unsinn, wo immer Sie können.« (Walther, ebd. S. 302 f.)

Wettbewerb

1 Vgl. Andreas von Westphalen, »Konkurrenz, Altruismus und Empathie«, *Hintergrund*, 4/2014
2 Vgl. »Psychopathen: Eine Welt ohne Empathie«, *Das Gehirn.info*; https://www.dasgehirn.info/denken/im-kopf-der-anderen/psychopathen-eine-welt-ohne-empathie[
3 Vgl. von Westphalen, ebd.
4 Der psychologische Laie staunt, der Fachmann wundert sich, dass sich ausgerechnet auf dem Sportplatz die gnadenlosen Wettkämpfer und Raubtierkapitalisten aus den →*USA* als Fair-Play-Paradesozialisten erweisen, während die Europäer mal wieder den Schuss nicht gehört haben, dem freien Markt sogar sportiv freie Hand lassen und eklatante Wettbewerbsverzerrungen mittels Einsatz von Oligarchenmilliarden zulassen (siehe bei Bedarf die jüngere Entwicklung der britischen Premier League). Hingegen sind die Grundprinzipien regelwerks vorbildlich, nach denen die US-Amerikaner ihren Nationalsport Nr. 1 organisieren, den spielerisch-kriegerischen und auf Territorialgewinn mittels militärischer Manöver ausgerichteten American Football. American Football ist nämlich mit eben jenen rigorosen Leitplanken versehen, die dem europäischen Fußball ebenso fehlen wie der Weltwirtschaft. Wegen dieser Leitplanken kann es einen Serienmeister FC Bayern oder FC Barcelona unter US-Footballteams per Regelwerk schlicht nicht geben, da die in der jeweils abgelaufenen Saison schlechtesten Teams der Liga im Rahmen

der sogenannten Draft die besten Nachwuchsspieler »einberufen«, also rekrutieren können, und der Vorjahresmeister erst als letztes der 32 teilnehmenden Teams seine Mannschaft verstärkt. Überdies steht es den Managern der Mannschaften eben nicht frei, allein mit der Brieftasche den Wettbewerb für sich zu entscheiden, denn auch die Honoraretats sind mit Leitplanken versehen und mittels einer für alle Teilnehmer gültigen »Salary Cap« gedeckelt. Zwar könnten sich auch die New York Giants Ronaldo, Messi und Lewandowski leisten, hätten dann allerdings kein Geld mehr übrig, um die anderen Positionen halbwegs adäquat zu besetzen, und würden daher jedes Spiel verlieren. Der Grund für all diese rigiden und förmlich sozialistischen Wettbewerbsbeschränkungen liegt auf der Hand: Entschiede nur das Geld, wer im Wettkampf siegt, würde die Sportwelt sehr schnell ad absurdum geführt, also unsportlich – und langweilig. Könnten wir die Amerikaner also auch nur bewegen, die Welt als Sportplatz zu betrachten, wären wir schon mindestens in Field Goal Range.

Wissenschaft

1 Die Entdeckungen der Quantenmechanik – vor allem das mit Werner Heisenbergs berühmter Unschärferelation auftauchende Teilchen-Welle-Paradox, nach dem ein Quantenereignis entweder als Teilchen an einem festen Ort oder als im Raum ausgebreitete Welle erscheint, je nachdem, was der Beobachter zu messen beliebt – veranlassten Einstein zu seinem berühmten Widerspruch: »Gott würfelt nicht.« Bis zu seinem Lebensende suchte er nach einer »vereinigten Feldtheorie«, die diese Paradoxa beseitigt – eine Suche, die bis heute vergeblich geblieben ist.
2 Wäre eine solche klare Abgrenzung von Pseudowissenschaften tatsächlich möglich, dürfte man auch große Entdecker nicht als Wissenschaftler bezeichnen. Kopernikus etwa befasste sich mit Astrologie, Isaac Newton mit alchemistischen Experimenten und Paracelsus mit Hexenkräutern. Galileis »Beweis«, dass sich die Erde um die Sonne dreht, beruhte nur auf einer vagen Beobachtung mit einem völlig neuartigen Gerät, das nach der Methodenlehre des wissenschaftlichen Rationalismus noch keinen Anlass gegeben hätte, die für das geozentrische Weltbild ja durchaus vorliegenden »Beweise« einfach über Bord zu werfen. Es waren insofern häufig Pseudowissenschaftler, die die offizielle Wissenschaft ihrer Zeit entscheidend voranbrachten. Und selbst wenn ein etablierter Wissenschaftler radikal neue Ideen äußerte, bedeutete das keineswegs den Durchbruch. In den Worten von Max Planck: »Eine neue große wissenschaftliche Idee pflegt sich nicht in der Weise durchzusetzen, dass ihre Gegner allmählich überzeugt und bekehrt werden – dass aus einem Saulus ein Paulus wird, ist eine große Seltenheit –, sondern vielmehr in der Weise, dass die Gegner allmählich aussterben und dass die nachwachsende Generation von vornherein mit der Idee vertraut gemacht wird.« (Max Planck, *Physikalische Abhandlungen und Vorträge*, Bd.III, 1958, S. 245)
3 Der Placebo-Effekt beschreibt die nachweisliche Wirkung eines per definitionem nachweislich unwirksamen Stoffes. Vor den Konsequenzen für das eigene Weltbild (und das Potenzial des Effekts bei der Heilung von »unheilbaren« Krankheiten) drücken sich allerdings die meisten Wissenschaftler. Eine exzellente Übersicht liefert Joe Dispenza, *Du bist das Placebo. Bewusstsein wird Materie*, 2014.
4 Günther Harisch/Michael Kretschmer, *Jenseits vom Milligramm. Die Biochemie auf den Spuren der Homöopathie*, 1990
Wie der Placeboeffekt bringt auch die signifikante Wirkung homöopathischer Substanzen die Materialisten alter Schule zur Verzweiflung, und sie versuchen ihn lieber als Unsinn wegzuerklären als weiter zu erforschen. Dabei fängt hier, an der Schnittstelle von Geist und Materie, die wirklich spannende Forschung erst an (siehe Mathias Bröckers, *Können Tomaten träumen? Aufbruch zu einem neuen Naturverständnis*, 1998; zur grundsätzlichen Ignoranz gegenüber »unpassendem« Wissen siehe auch Robert Anton Wilson, *Die neue Inquisition. Irrationaler Rationalismus und die Zitadelle der Wissenschaft*, 1992).
Paul Feyerabend hat dazu einmal bemerkt: »Man zeige einem kritischen Rationalisten einen Gegenstand, der außerhalb seiner Erfahrung liegt – damit kann er gar nichts anfangen, er benimmt sich wie ein Hund, der seinen Herrn in ungewöhnlichen Kleidern sieht; er weiß nicht, soll er ihn beißen, soll er davonlaufen oder soll er ihm das Gesicht lecken? Das ist auch der Grund, warum kritische Rationalisten an den Grenzen der Wissenschaft zu schimpfen beginnen – für sie ist das Ende ihres Glaubens erreicht, und das einzige, was sie sagen können, ist: ›irrationaler Unsinn‹ oder ›ad hoc‹ oder ›unfalsifizierbar‹ oder ›degenerierend‹ – Bezeichnungen, die genau denselben Zweck haben wie die früheren Bezeichnungen ›häretisch‹ etc. etc.« (Paul Feyerabend, »Über die Methode. Ein Dialog«, in: Gerard Radnitzky/Gunnar Andersson (Hg.): *Voraussetzungen und Grenzen der Wissenschaft*, 1981, S. 180)

5 Hans Magnus Enzensberger, »Putschisten im Labor. Über die neueste Revolution in den Wissenschaften«, *Spiegel online*, 2.6.2001; www.spiegel.de/spiegel/print/d-19337228.html
6 Bruno Latour, *Wir sind nie modern gewesen. Versuch einer symmetrischen Anthropologie*, 2008, S. 159. Wir weisen hier ausdrücklich auch auf zwei andere Bücher von Latour hin: *Das Parlament der Dinge. Für eine politische Ökologie*, 2001; *Die Hoffnung der Pandora. Untersuchungen zur Wirklichkeit der Wissenschaft*, 2002
7 Die Verflechtungen von Wissenschaft und Wirtschaft hat der Blog Hochschulwatch im Auge: https://www.hochschulwatch.de/. Zur Notwendigkeit, eine »Citizen Science«, also einen Wissenschaftsbetrieb »von unten« aufzubauen, siehe Peter Finke (Hg.), *Freie Bürger, freie Forschung. Die Wissenschaft verläßt den Elfenbeinturm*, 2015
8 »Bundesverfassungsgericht stärkt die individuelle Wissenschaftsfreiheit und die Selbstverwaltungsrechte der Hochschulangehörigen«, www.nachdenkseiten.de/?p=22637

Zuwanderer

1 Armando Rodrigues de Sá, einmillionster Gastarbeiter und legendärer Moped-Empfänger, erkrankte, hierzulande hart arbeitend, an Krebs und kehrte arbeitsunfähig zum Sterben nach Portugal zurück – weil wir ihm vorsichtshalber nicht verraten hatten, dass er in Deutschland Krankengeld hätte beanspruchen können. Aber nicht, dass uns hier jemand mit Vorwürfen kommt oder gar behauptet, das sei ja wohl wieder mal typisch! Hier die ganze Geschichte: Otto Langels, »Ein Moped für Armando Rodrigues des Sá«, Deutschlandfunk, 10.9.2014; www.deutsch landfunk.de/millionster-gastarbeiter-vor-50-jahren-ein-moped-fuer.871.de.html?dram:article _id=296998)
2 Vgl. Holger Bonin / Zentrum für Europäische Wirtschaftsforschung 2014, Der Beitrag von Ausländern und zukünftiger Zuwanderung am deutschen Staatshaushalt, http://ftp.zew.de/pub/ zew-docs/gutachten/ZEW_BeitragZuwanderungStaatshaushalt2014.pdf
3 Meinhard Miegel, *Die deformierte Gesellschaft. Wie die Deutschen ihre Wirklichkeit verdrängen*, 2003
4 UNHCR-Schätzung (2013): 16,7 Millionen Flüchtlinge, 1,2 Millionen Asylbewerber, ca. 34 Millionen Binnenvertriebene. Andere Schätzungen gehen von 60 Millionen Vertriebenen aus, die unterwegs in eine neue Heimat sind, davon 30 Millionen Kinder.
5 Bereits im Dezember 2014 musste das Welternährungsprogramm der UN (WFP) die Ausgabe von Lebensmittelgutscheinen für die zu diesem Zeitpunkt etwa 1,7 Millionen syrischen Flüchtlinge in der Türkei, Jordanien und dem Libanon einstellen, weil den UN das Geld ausgegangen war – also monatliche Mittel vor etwa 64 Millionen Dollar fehlten (46 Millionen Euro). Das absolut lächerliche Finanzierungsproblem wurde nach den Alarmrufen des WFP nicht etwa aus der Welt geschafft, sondern bestand fort, bis im Juli 2015 aufgrund massiver Rationskürzungen die syrischen Flüchtlinge nicht mehr ernährt werden konnten. Denen blieb nur mehr die verzweifelte Entscheidung zwischen verhungern und dem gefährlichen Weg nach Europa. Viel mehr als Kurzmeldungen am Rande war uns das Thema aber nicht wert, weder im Dezember 2014 (z.B. in der FAZ: www.faz.net/aktuell/politik/ausland/naher-osten/wfp-der-un-stoppen-lebensmittelhilfe-fuer-syrienfluechtlinge-13296531.html) noch im Juli 2015 (z.B. in der Glotze auf N-TV: www.n-tv.de/ticker/WFP-streicht-Nahrungsmittelhilfe-fuer-Syrer-article15419721. html). Wobei das wohl nicht die ganze Wahrheit ist, vermutlich gab's sogar im Deutschlandfunk ein Feature irgendwann mitten in der Woche um 23.45 h, für 12 003 Zuhörer.
6 Die grobe Verkürzung sei uns nachgesehen. Natürlich hätte die Weltgemeinschaft, repräsentiert durch die UN, keinen ganzen Euro pro Kopf und Monat investieren müssen, um das syrische Elend zu lindern, sondern so wenige Centbruchteile, dass unsere Taschenrechner mit einer solchen Berechnung gar nicht klargekommen wären. Hier sollte nur der vereinfachende Hinweis stehen, dass wir (Deutschen) das ganze Problem problemlos allein hätten aus der Welt schaffen können, auch ohne die Weltgemeinschaft.
7 »So schrumpft Deutschland bis 2060«, *Spiegel online*, 7.9.2015; www.spiegel.de/wirtschaft/soziales/bevoelkerungsentwicklung-so-schrumpft-deutschland-a-1051770.html

Zukunft

1 Die Idee einer irgendwie gearteten Zukunft ist für die Spezies Mensch vergleichsweise neu. Jäger und Sammler hatten keinen Bedarf an einem solchen Konzept (im sicheren Wissen, dass sich durch gleich welche Verhaltensänderungen ihrerseits in ihrer Zukunft sowieso nicht ändern würde), daher ist die Zukunft im Kern ein Ackergewächs, also ein Kind der ersten Sesshaf-

ten. Denn erst mit dem frühen Geo-Engineering, der ersten konsequenten Umgestaltung seiner Umwelt zur stationären Lebensgrundlage, sieht sich der Mensch genötigt, sich über das Jetzt hinausweisende Fragen zu stellen – nicht zuletzt, weil er schon im Herbst entscheiden muss, wie viel →*Saatgut* er zurückhalten muss, um es im kommenden Frühjahr zu verwenden und von der fast ein Jahr später zu erwartenden Ernte seine Kinder zu ernähren.
2 Es soll ja sogar Menschen geben, die sich und ihresgleichen nicht nur für die Krone der Schöpfung halten, sondern sogar das Wetter von übernächster Woche für irgendwann vorhersagbar. Oder gar das ganze Wettersystem für beherrschbar. Kein Scherz.
3 »Früher war sogar die Zukunft besser« stammt von dem hoffentlich auch in Zukunft unvergessenen Karl Valentin (1882–1948), »Die Zukunft ist auch nicht mehr das, was sie mal war« vom Baseballer Yogi Berra (1925–2015). Sicherheitshalber weist einer der Autoren dieses Buches aber hier im Kleingedruckten darauf hin, dass er den Yogiismus »The Future ain't what it used to be« noch nie gehört oder gelesen hatte, als er das Motto 1998 über seine erste Website klebte – und wie so oft irrglaubte, ihm sei eine hübsche Formulierung tatsächlich als erstem eingefallen. »Mangels Nachfrage …« ist unsere freie Übertragung des frühen Slogans der Grünen »Due to lack of interest, tomorrow has been cancelled«. Der Urheber ist (uns) unbekannt.
4 Harald Welzer, *Der FuturZwei Zukunftsalmanach*, 2013, S. 27
5 Theodor W. Adorno, »Über die Widersprüche der utopischen Sehnsucht«, in: Rainer Traub/ Harald Wieser (Hg.), *Gespräche mit Ernst Bloch*, 1980, S. 61
6 Maggie Thatchers TINA (»There is no alternative«) ist die Mutter aller Totschlagargumente sowie etwa von Merkels »alternativlosem« Kurs in der Griechenlandkrise.
7 Eckart Tolle ist bestimmt ein feiner Kerl und meint alles entschieden differenzierter, aber die Idee, wir könnten oder sollten dauernd im »Now!« leben, lässt sich problemlos auch als Wunsch nach flächendeckendem Alzheimer übersetzen – beziehungsweise (frei nach D.R. Precht) nur verwirklichen von asozialen und kinderlosen Buddhisten-Millionären, während für uns stinknormal um das zukünftige Glück unserer Kinder besorgten Gestalten so ein dauerndes »Jetzt!« langfristig bloß ein Rezept für heillose Depressionen darstellt.
8 Wer ›Merkel fahren auf Sicht‹ in seinen Browser füttert, stellt erfreut fest, dass die Kanzlerin nicht erst seit der Griechenlandkrise mit diesem Mantra schleicht. Was unsere diesbezüglichen kulturellen Sehgewohnheiten betrifft, wusste William S. Burroughs aber schon vor einigen Jahrzehnten, dass wir alle Autofahrer sind, die nur in den Rückspiegel schauen und alles Neue erst einmal gar nicht wahrzunehmen; wenn es sich dann partout nicht mehr vermeiden lässt, erklären wir es erst einmal für unwichtig und am Ende, wenn es sogar im Rückspiegel unübersehbar geworden ist, heißt es dann: »Aber was wollt ihr denn, das ist doch gar nichts Neues.«
9 Harald Welzer, *Selbst denken. Eine Anleitung zum Widerstand*, 2013, S. 12
10 Natürlich meinen wir auch den Club of Rome, verweisen aber gern ein Stück weiter zurück in die Vergangenheit. Denn schon unsere Großeltern konnten ja bei Förstermeister Günter Schwab haargenau lesen, was sich die Abteilungsleiter des Teufels so alles ausgedacht hatten in Sachen Planeten- und Gesellschaftszerstörung. Und, hey, *Der Tanz mit dem Teufel* war 1958 kein Flugblatt, sondern ein 500-Seiten-Bestseller.
11 Welzer, *Selbst denken*, ebd., S. 19
12 »Und da wir vielleicht bald in der Lage sein werden, auch unsere Wünsche zu programmieren, lautet die eigentliche Frage: ›Was wollen wir wollen?‹ Wem diese Frage keine Angst macht, der hat sich vermutlich nicht genug mit ihr beschäftigt.« (Yuval Noah Harari, *Eine kurze Geschichte der Menschheit*, 2013, S. 506)

Weiterlesen, Weitersehen
Literatur & Dokumentationen

Bücher

Grundlagen
Sven Böttcher, *Quintessenzen. Überlebenskunst für Anfänger* (Ludwig 2013)
Bill Bryson, *Eine kurze Geschichte von fast allem* (Goldmann 2003)
Luc Ferry, *Leben lernen. Eine philosophische Gebrauchsanweisung* (Antje Kunstmann 2007)
Egon Friedell, *Kulturgeschichte der Neuzeit. Die Krisis der europäischen Seele von der Schwarzen Pest bis zum Ersten Weltkrieg* (C.H. Beck 2012)
Erich Fromm, *Haben oder Sein. Die seelischen Grundlagen einer neuen Gesellschaft* (DVA 1976)
Buckminster Fuller, *Bedienungsanleitung für das Raumschiff Erde und andere Schriften* (1969; Fundus 1998/2010)
Yuval Noah Harari, *Eine kurze Geschichte der Menschheit* (DVA 2013)
Thom Hartmann, *Unser ausgebrannter Planet. Von der Weisheit der Erde und der Torheit der Moderne* (Riemann 2000)
Konrad Lorenz, *Die acht Todsünden der zivilisierten Menschheit* (Piper 1973)
Meinhard Miegel, *Hybris. Die überforderte Gesellschaft* (Propyläen 2014)
Neil Postman, *Die zweite Aufklärung* (Berlin Verlag 2000)
Bertrand Russell, *Eroberung des Glücks. Neue Wege zu einer besseren Lebensgestaltung* (1930, dt. Holle 1951)
Michael J. Sandel, *Was man für Geld nicht kaufen kann. Die moralischen Grenzen des Marktes* (Ullstein 2014)
Richard Sennett, *Der flexible Mensch* (btb 2000)
Harald Welzer, *Selbst denken. Eine Anleitung zum Widerstand* (S. Fischer 2013)

Arbeit
Tom Hodkinson, *Anleitung zum Müßiggang* (Rogner & Bernhard 2004)
Paul Lafargue, *Das Recht auf Faulheit und die Religion des Kapitals* (Matthes & Seitz, 2013)
Sascha Lobo, *Wir nennen es Arbeit. Die digitale Boheme oder Intelligentes Leben jenseits der Festanstellung* (Heyne 2008)

Banken, Börsen, Geld, Zinsen, Schulden
Bill Bonner/Addison Wiggin, *Das Schuldenimperium. Vom Niedergang des amerikanischen Weltreichs und der Entstehung einer globalen Finanzkrise* (Riemann 2006)
Colin Crouch, *Bezifferte Welt. Wie die Logik der Finanzmärkte das Wissen bedroht* (Suhrkamp 2015)
David Graeber, *Schulden. Die ersten 5000 Jahre* (Klett-Cotta 2012)
Edward Griffin, *Die Kreatur von Jekyll Island*, 2006

Volker Handon, *Psycho-Trader. Aus dem Innenleben unseres kranken Finanzsystems* (Westend 2015)
Ralph und Stefan Heidenreich, *Forderungen* (Merve 2015)
Joseph Huber, *Monetäre Modernisierung. Zur Zukunft der Geldordnung* (Metropolis) 2011
Margrit Kennedy, *Geld ohne Zinsen und Inflation. Ein Tauschmittel, das jedem dient* (Goldmann 1994)
John Maynard Keynes, *Allgemeine Theorie der Beschäftigung, des Zinses und des Geldes* (Duncker & Humblot 2009)
Bernhard A. Lietaer, *Das Geld der Zukunft. Über die zerstörerische Wirkung unseres Geldsystems und Alternativen hierzu* (Riemann 2002)
–, *Mysterium Geld. Emotionale Bedeutung und Wirkungsweise eines Tabus* (Riemann 200)
–, *Das Geld der Zukunft. Über die destruktive Wirkung des existierenden Geldsystems und die Entwicklung von Komplementärwährungen* (Riemann 1999)
Ron Paul, *Befreit die Welt von der US-Notenbank: Warum die Federal Reserve abgeschafft werden muss* (Kopp 2010)
Daniel Pinchbeck/Ken Jordan, *What Comes After Money? Transforming Currency and Community* (Evolver 2011)
Piers Paul Read, *Die Templer. Die Geschichte der Tempelritter, des geheimnisvollen Ordens der Kreuzzüge* (Atmosphären 2005)
Keith Roberts, *The Origins of Business, Money and Markets* (Columbia Business School Publishing 2011)
Bernd Senf, *Der Nebel um das Geld. Zinsproblematik ‚Währungssysteme, Wirtschaftskrisen. Ein Aufklärungsbuch* (Verlag für Sozialökonomie 2009
Paul Schreyer, *Wer regiert das Geld? Banken, Demokratie und Täuschung* (Westend 2016)
Adam Smith, *Der Wohlstand der Nationen* (1767; dtv 1999)
John Urry, *Grenzenloser Profit. Wirtschaft in der Grauzone* (Wagenbach 2015)
Verein Monetäre Modernisierung (Hg.), *Die Vollgeld-Reform. Wie Staatsschulden abgebaut und Finanzkrisen verhindert werden können* (Edition Zeitpunkt 2013)
Max Weber, *Gesammelte Aufsätze zur Wissenschaftslehre* (Mohr Siebeck 1951)

Commons, Glokalisierung

Ulrich Beck (Hg.), *Perspektiven der Weltgesellschaft* (Suhrkamp 1998)
Rachel Botsman/Roo Rogers, *What's Mine Is Yours. The Rise of Collaborative Consumption* (Collins 2011)
Shaun Chamberlain, *The Transition Timeline. For a Local, Resilient Future* (Green Books 2009)
Lewis Dartnell, *Das Handbuch für den Neustart der Welt. Alles, was man wissen muss, wenn nichts mehr geht* (Hanser 2014)
Silke Helfrich (Hg.), *Commons. Für eine neue Politik jenseits von Markt und Staat* (Transcript 2014)
Geert und Gert J. Hofstede, *Lokales Denken, globales Handeln. Interkulturelle Zusammenarbeit und globales Management* (dtv 2008)
Richard David Precht, *Die Kunst, kein Egoist zu sein. Warum wir gerne gut sein wollen und was uns davon abhält* (Goldmann 2010)
Jeremy Rifkin, *Die Null-Grenzkosten-Gesellschaft. Das Internet der Dinge, kollaboratives Gemeingut und der Rückzug des Kapitalismus* (Campus 2014)

Computer, Cyborgs, Internet, Maschinen

Zygmunt Bauman/David Lyon, *Daten, Drohnen, Disziplin. Ein Gespräch über flüchtige Überwachung* (Suhrkamp 2013)

Yvonne Hofstetter, *Sie wissen alles. Wie intelligente Maschinen in unser Leben eindringen und warum wir für unsere Freiheit kämpfen müssen* (C. Bertelsmann 2014)
Kevin Kelly/Martin Baltes, *Der zweite Akt der Schöpfung. Natur und Technik im neuen Jahrtausend* (S. Fischer 1999)
Constanze Kurz/Frank Rieger, *Die Datenfresser. Wie Internetfirmen und Staat sich unsere persönlichen Daten einverleiben und wie wir die Kontrolle darüber zurückerlangen* (S. Fischer 2012)
Ray Kurzweil, *Homo s@piens. Leben im 21. Jahrhundert – was bleibt vom Menschen?* (Kiepenheuer & Witsch 1999)
–, *Menschheit 2.0. Die Singularität naht* (Lola 2014)
Jaron Lanier, *Gadget. Warum uns die Zukunft noch braucht* (Suhrkamp 2010)
–, *Wem gehört die Zukunft?. »Du bist nicht der Kunde der Internetkonzerne. Du bist ihr Produkt.«* (Hoffmann und Campe 2014)
Jane McGonigal, *Besser als die Wirklichkeit! Warum wir von Computerspielen profieren und wie sie die Welt verändern* (Heyne 2012)
Neil Postman, *Das Technopol. Die Macht der Technologien und die Entmündigung der Gesellschaft* (Piper 1994)
Frank Schirrmacher, *PayBack. Warum wir im Informationszeitalter gezwungen sind zu tun, was wir nicht tun wollen, und wie wir die Kontrolle über unser Denken zurückgewinnen* (Blessing 2009)
Thomas Schulz, *Was Google wirklich will. Wie der einflussreichste Konzern der Welt unsere Zukunft verändert* (DVA 2015)

Demokratie, Staat, Politik
Michail Bakunin, *Staatlichkeit und Anarchie* (1873; Ullstein 1978)
Colin Crouch, *Postdemokratie* (Suhrkamp 2008)
Shadia Drury, *Leo Strauss and the American Right* (Macmillan 1997)
Jean-Marie Guehenno, *Das Ende der Demokratie* (Artemis und Winkler 1998)
Al Gore, *Angriff auf die Vernunft* (Riemann 2007)
Thomas Hobbes, *Leviathan* (Reclam 1986)
Niccolò Machiavelli, *Gesammelte Werke* (Dörfler 2011)
Greg Palast, *Shame on you! Die Wahrheit über Macht und Korruption in westlichen Demokratien* (DVA 2003)
Hermann Ploppa, *Die Macher hinter den Kulissen. Wie transatlantische Netzwerke heimlich die Demokratie unterwandern* (Nomen 2015)
Arundhati Roy, *Die Politik der Macht* (btb 2002)
Carl Schmitt, *Der Begriff des Politischen. Text von 1932 mit einem Vorwort und drei Corollarien* (Duncker & Humblot 2015)
–, *Der Wert des Staates und die Bedeutung des Einzelnen* (1914; Duncker & Humblot 2015)
Henry David Thoreau, *Über die Pflicht zum Ungehorsam gegen den Staat* (1849; Diogenes 1967)

Drogen
Hans Georg Behr, *Weltmacht Droge. Das Geschäft mit der Sucht* (Econ 1980)
Mathias Bröckers (Hg.), *Jack Herer. Die Wiederentdeckung der Nutzpflanze Hanf,* (1993, 42. Aufl. Nachtschatten 2013)
–, *Die Drogenlüge. Warum Drogenverbote der Gesundheit schaden und den Terrorismus fördern* (Westend 2010)
–, *Keine Angst vor Hanf* (Westend 2014)
/Roger Liggenstorfer (Hg.), *Albert Hofmann und die Entdeckung des LSD. Auf dem Weg nach Euleusis* (AT Verlag 2006)
Michael de Ridder, *Heroin. Vom Arzneimittel zur Droge* (Campus 2000)

Johan Hari, *Drogen. Die Geschichte eines langen Kriegs* (S. Fischer 2015)
Alfred McCoy, *Die CIA und das Heroin. Weltpolitik durch Drogenhandel* (Westend 2003/2016)
Carl A. Trocki, *Opium, Empire and the Global Political Economy* (Routledge 1999)
Douglas Valentine, *The Strength of the Wolf. The Secret History of America's War on Drugs* (Verso 2004)

Entwicklungshilfe, Spenden
Björn Lomborg, *How to Spend $75 Billion to Make the World a Better Place* (Copenhagen Consensus Center 2013)
Harald Schumann, *Die Hungermacher. Wie Deutsche Bank, Allianz und Co. auf Kosten der Ärmsten mit Lebensmittel spekulieren* (S. Fischer 2013)
Peter Singer, *Leben retten. Wie sich die Armut abschaffen lässt, und warum wir es nicht tun* (Arche 2009)
Jean Ziegler, *Das Imperium der Schande. Der Kampf gegen Armut und Unterdrückung* (Goldmann 2008)
–, *Die neuen Herrscher der Welt und ihre globalen Widersacher* (Goldmann 2003)
–, *Wir lassen sie verhungern. Die Massenvernichtungswaffen in der Dritten Welt* (btb 2013)

Energie & Erderwärmung
Sven Böttcher, *Prophezeiung* (Kiepenheuer & Witsch 2010)
Christopher Booker, *The Real Global Warming Disaster. Is the Obsession With »Climate Change« Turning out to be the Most Costly Scientific Blunder in History?* (Continuum 2009)
Paul Crutzen et al., *Das Raumschiff Erde hat keinen Notausgang* (Suhrkamp Unseld 2011)
Björn Lomborg, *Cool it! Warum wir trotz Klimawandels einen kühlen Kopf behalten sollten* (Pantheon 2008)
David J.C. MacKay, *Sustainable Energy – Without the Hot Air* (UIT Cambridge 2009)
Bill McKibben, *Eaarth. Making a Life on a Tough New Planet* (St. Martin's Griffin 2011)
Achmed Khammas, *Buch der Synergie* (www.buch-der-synergie.de)
Naomi Klein, *Die Entscheidung. Kapitalismus vs. Klima* (S. Fischer 2015)
Hannes Koch/Bernhard Pötter, *Stromwechsel. Wie Bürger und Konzerne um die Energiewende kämpfen* (Westend 2012)
James Howard Kunstler, *The Long Emergency. Surviving the End of Oil, Climate Change and Other Converging Catastrophes of the 21st Century* (Grove 2005)
Robert Kunzig/Wallace Broecker, *Fixing Climate. The Story of Climate Science and How to Stop Global Warming* (Profile 2008)
Dirk Maxeiner, *Hurra, wir retten die Welt. Wie Politik und Medien mit der Klimaforschung umspringen* (WJS 2010)
James Lovelock, *The Vanishing Face of Gaia. A Final Warning* (Basic Books 2009)
Fred Pearce, *The Last Generation. How Nature Will Take Her Revenge for Climate Change* (Transworld 2007)
Hermann Scheer, *Der energethische Imperativ. 100 % jetzt: Wie der vollständige Wechsel zu erneuerbaren Energien zu realisieren ist* (Antje Kunstmann 2010)
Friedrich Schmidt-Bleek, *Grüne Lügen. Nichts für die Umwelt, alles fürs Geschäft – wie Politik und Wirtschaft die Welt zugrunde richten* (Ludwig 2013)

Evolution
Mathias Bröckers, *Können Tomaten träumen? Von der Intelligenz der Erde. Aufbruch zu einem neuen Naturverständnis* (1998; Westend 2015)

Lynn Margulis, *Die andere Evolution* (Spektrum 1999)
/Dorion Sagen, *Leben. Vom Ursprung zur Vielfalt* (Spektrum 1997)
Pjotr Kropotkin, *Gegenseitige Hilfe in der Tier- und Menschenwelt* (1896; Alibri 2011)
James Lovelock, *Gaia. Die Erde ist ein Lebewesen* (Scherz 1992)

Familie, Frauen, Männer, Kinder

Theresa Bäuerlein/Friederike Knüpling, *Tussikratie. Warum Frauen nichts falsch und Männer nichts richtig machen können* (Heyne 2014)
Birgit Kelle, *Dann mach doch die Bluse zu. Ein Aufschrei gegen den Gleichheitswahn* (Adeo 2013)
Rainer Stadler, *Vater, Mutter, Staat. Das Märchen vom Segen der Ganztagsbetreuung. Wie Politik und Wirtschaft die Familie zerstören* (Ludwig 2014)
Laurie Penny, *Unsagbare Dinge. Sex, Lügen und Revolution* (Nautilus 2015)
Ivan Illich, *Genus. Zu einer historischen Kritik der Gleichheit* (C.H. Beck 1995)

Fleisch, Müll, Ressourcen, Wasser

Christine Ax/Friedrich Hinterberger, *Wachstumswahn. Was uns in die Krise führt und wie wir wieder herauskommen* (Ludwig 2013)
Maude Barlow, *Blaues Gold. Das globale Geschäft mit dem Wasser* (Antje Kunstmann 2004)
–, *Die blaue Zukunft. Das Recht auf Wasser und wie wir es schützen können* (Antje Kunstmann 2013)
James Bruges, *Das kleine Buch der Erde. Wohin gehen wir?* (Riemann 2002)
Jared Diamond, *Kollaps. Warum Gesellschaften überleben oder untergehen* (S. Fischer 2011)
Jonathan Safran Foer, *Tiere essen* (Kiepenheuer & Witsch 2010)
Michael Pollan, *Das Omnivoren-Dilemma. Wie sich die Industrie der Lebensmittel bemächtigte und warum Essen so kompliziert wurde* (Goldmann 2011)
Armin Reller/Heike Holdinghausen, *Wir konsumieren uns zu Tode. Warum wir unseren Lebensstil ändern müssen, wenn wir überleben wollen* (Westend 2011)
Marie-Monique Robin, *Les moissons du futur. Comment l'agroécologie peut nourrir le monde* (La Découverte 2014)
Ute Scheub, *Ackergifte? Nein danke. Für eine enkeltaugliche Landwirtschaft* (ThinkOya 2014)
/Yvonne Kuschel, *Beschissatlas. Zahlen und Fakten zu Ungerechtigkeiten in Wirtschaft, Gesellschaft und Umwelt* (Ludwig 2012)
Jörg Schindler, *Stadt, Land, Überfluss. Warum wir weniger brauchen als wir haben* (S. Fischer 2014)
Valentin Thurn/Stefan Kreutzberger, *Die Essensvernichter. Warum die Hälfte aller Lebensmittel im Müll landet und wer dafür verantwortlich ist* (Kiepenheuer & Witsch 2011)
/, *Harte Kost. Wie unser Essen produziert wird. Auf der Suche nach Lösungen für die Ernährung der Welt* (Ludwig 2014)
Erwin Wagenhofer/Max Annas, *We Feed the World. Was unser Essen wirklich kostet* (Orange Press 2003)

Freiheit

Gerhart Baum, *Rettet die Grundrechte! Bürgerfreiheit contra Sicherheitswahn* (Kiepenheuer & Witsch 2009)
Byung-Chul Han, *Psychopolitik* (S. Fischer 2015)
Ilija Trojanow/Juli Zeh, *Angriff auf die Freiheit. Sicherheitswahn, Überwachungsstaat und der Abbau bürgerlicher Rechte* (dtv 2010)

Wilhelm Reich, *Rede an den kleinen Mann* (1947; S. Fischer 1984)
Peter Schaar, *Das Ende der Privatsphäre. Der Weg in die Überwachungsgesellschaft* (C. Bertelsmann 2009)
Anne-Catherine und Thomas Simon, *Ausgespäht und abgespeichert. Warum uns die totale Kontrolle droht und was wir dagegen tun können* (Herbig 2008)

Götter
Jan Assmann, *Monotheismus und die Sprache der Gewalt* (Picus 2006)
Tullio Aurelio, *Gott, Götter und Idole. Und der Mensch schuf sie nach seinem Bild* (Gütersloher Verlagshaus 2011)
Sven Böttcher, *Götterdämmerung* (Rowohlt 2012)
Karl-Heinz Deschner, *Kriminalgeschichte des Christentums, 10 Bände* (Rowohlt 1986–2013)
Ronald Dworkin, *Religion ohne Gott* (Suhrkamp 2013)
Luc Ferry, *Leben lernen. Die Weisheit der Mythen* (Antje Kunstmann 2009)
James Frazer, *Der goldene Zweig. Das Geheimnis von Glauben und Sitten der Völker* (Rowohlt 2004)
Sigmund Freud, *Der Mann Moses und die monotheistischen Religionen. Schriften über die Religion* (S. Fischer 1975)
Marija Gimbutas, *Die Sprache der Göttin. Das verschüttete Symbolsystem der westlichen Zivilisation* (Zweitausendeins, 1996)
–, *Göttinnen und Götter des Alten Europa. Mythen und Kultbilder* (Arun 2010)
Albert Hofmann/Gordon Wasson/Carl Ruck, *Der Weg nach Eleusis. Das Geheimnis der Mysterien* (Insel 1984)
Aldous Huxley, *Die ewige Philosophie. Philosophia perennis* (1945; Nietsch 2008)
William James, *Die Vielfalt religiöser Erfahrung. Eine Studie über die menschliche Natur* (1904; Insel 1997)
Terrence McKenna, *Speisen der Götter. Die Suche nach dem ursprünglichen Baum der Weisheit* (Grüne Kraft 1995)
Dalai Lama, *Der Appell des Dalai Lama an die Welt. Ethik ist wichtiger als Religion* (Benevento 2015)
Ralph Metzner, *Der Brunnen der Erinnerung. Von den mythologischen Wurzeln unserer Kultur* (Aurum 1994)
Robert Ranke-Graves, *Die Weiße Göttin. Sprache des Mythos* (Rowohlt 1992)
Bertrand Russell, *Warum ich kein Christ bin. Über Religion, Moral und Humanität* (Rowohlt 1968)

Journalismus
Mathias Bröckers/Paul Schreyer, *Wir sind die Guten. Ansichten eines Putinverstehers oder wie uns die Medien manipulieren* (Westend 2014)
Noam Chomsky, *Media Control. Wie die Medien uns manipulieren* (Europa 2002)
Nick Davies, *Flat Earth News. An Award-winning Reporter Exposes Falsehood, Distortion and Propaganda in the Global Media* (Vintage Books 2009)
Dirk Fleck, *Die vierte Macht. Spitzenjournalisten zu ihrer Verantwortung in Krisenzeiten* (Hoffmann & Campe 2012)
Uwe Krüger, *Meinungsmacht. Der Einfluss von Eliten auf Leitmedien und Alpha-Journalisten, eine kritische Netzwerkanalyse* (Halem 2013)
Thomas Meyer, *Die Unbelangbaren. Wie politische Journalisten mitregieren* (Suhrkamp 2015)
Anne Morelli, *Die Prinzipien der Kriegspropaganda* (zu Klampen 2004)
Albrecht Müller, *Meinungsmache. Wie Wirtschaft, Politik und Medien uns das Denken abgewöhnen wollen* (Droemer 2010)
John Pilger, *Verdeckte Ziele. Über den modernen Imperialismus* (Zweitausendeins 2004)
–, *Freedom Next Time. Resisting the Empire* (Bantam 2006)

Arthur Ponsonby, *Lügen in Kriegszeiten. Eine Sammlung und kritische Betrachtung von Lügen, die während des Ersten Weltkriegs bei allen Völkern im Umlauf waren* (1928; Verlag für Ganzheitliche Forschung 1999)
Walter van Rossum, *Die Tagesshow. Wie man in 15 Minuten die Welt unbegreiflich macht* (Kiepenheuer & Witsch 2007)
Upton Sinclair, *The Brass Check. A Study of American Journalism* (1919; University of Illinois Press 2002)
Tom Schimmeck, *Am Besten nichts Neues. Medien, Macht und Meinungsmache* (Westend 2010)
Ronald Thoden (Hg.), *ARD & Co. Wie Medien manipulieren* (Selbrund 2015)
Christian C. Walther, *Der zensierte Tag. Wie man Menschen, Meinungen und Maschinen steuert* (Heyne 2004)
Charlotte Wiedemann, *Vom Versuch, nicht weiß zu schreiben. Oder. Wie Journalismus unser Weltbild prägt* (PapyRossa 2012)

Freihandel, Kapitalismus, Marktwirtschaft

Thilo Bode, *Die Freihandels-Lüge. Warum TTIP nur den Konzernen nützt und uns allen schadet* (DVA 2015)
Ha-Joon Chang, *23 Lügen, die sie uns über den Kapitalismus erzählen* (C. Bertelsmann 2010)
Jacques Généreux, *Les vraies lois de l'économie* (Points 2008)
Christian Felber, *Gemeinwohl-Ökonomie* (Deuticke 2010/2012)
Ulrike Hermann, *Der Sieg des Kapitals. Wie der Reichtum in die Welt kam. Die Geschichte von Wachstum, Geld und Krisen* (Westend 2014)
Robert Kurz, *Schwarzbuch Kapitalismus. Ein Abgesang auf die Marktwirtschaft* (Ullstein 2002)
Karl Marx, *Das Kapital. Kritik der politischen Ökonomie* (Dietz 2013)
Naomi Klein, *Die Schock-Strategie. Der Aufstieg des Katastrophen-Kapitalismus* (S. Fischer 2009)
Greg Palast, *Frühstück für Aasgeier. Wie Ölbosse und Finanzhaie die Weltherrschaft erlangten* (Riemann 2012)
Thomas Piketty, *Das Kapital im 21. Jahrhundert* (C.H. Beck 2016)
Arundhati Roy, *Capitalism. A Ghost Story* (Haymarket Books 2014)
Wolfgang Streeck, *Gekaufte Zeit. Die vertagte Krise des demokratischen Kapitalismus* (Suhrkamp 2013)
Janis Varoufakis, *Time for Change. Wie ich meiner Tochter die Wirtschaft erkläre* (Hanser 2015)
Sahra Wagenknecht, *Freiheit statt Kapitalismus. Über vergessene Ideale, die Eurokrise und unsere Zukunft* (dtv 2013)
Karl Georg Zinn, *Vom Kapitalismus ohne Wachstum zur Marktwirtschaft ohne Kapitalismus* (VSA 2015)

Medikamente

Marcia Angell, *Der Pharma-Bluff. Wie innovativ die Pillenindustrie wirklich ist* (Kompart 2005)
Jörg Blech, *Die Krankheitserfinder. Wie wir zu Patienten gemacht werden* (S. Fischer 2003)
Sven Böttcher, *Diagnose: unheilbar, Therapie: selbstbestimmt. Vom souveränen Umgang mit der Schulmedizin* (Ludwig 2015)
Joe Dispenza, *Du bist das Placebo. Bewusstsein wird Materie* (Koha 2014)
Gerd Gigerenzer, *Risiko. Wie man die richtigen Entscheidungen trifft* (btb 2014)
Ben Goldacre, *Die Wissenschaftslüge. Wie uns Pseudo-Wissenschaftler das Leben schwer machen* (S. Fischer 2010)

–, *Die Pharmalüge. Wie Arzneimittelkonzerne Ärzte irreführen und Patienten schädigen* (Kiepenheuer & Witsch 2013)
Peter Goetzsche, *Tödliche Medizin und organisierte Kriminalität. Wie die Pharmaindustrie unser Gesundheitswesen korrumpiert* (Riva 2015)
Günther Harisch/Michael Kretschmer, *Jenseits vom Milligramm. Die Biochemie auf den Spuren der Homöopathie* (Springer 1990)
Caroline Walter/Alexander Kobylinski, *Patient im Visier. Die neue Strategie der Pharmakonzerne* (Hoffmann & Campe 2010)
Hans Weiss, *Korrupte Medizin. Ärzte als Komplizen der Konzerne* (Kiepenheuer & Witsch 2008)
Gilbert Welch, *Die Diagnose-Falle. Wie Gesunde zu Kranken erklärt werden* (Riva 2013)

Schule

Gerald Hüther, *Etwas mehr Hirn, bitte. Eine Einladung zur Wiederentdeckung der Freude am eigenen Denken und der Lust am gemeinsamen Gestalten* (Vandenhoek & Ruprecht 2015)
Jochen Krautz, *Ware Bildung. Schule und Universität unter dem Diktat der Ökonomie* (Diederichs 2007)
Richard David Precht, *Anna, die Schule und der liebe Gott. Der Verrat des Bildungssystems an unseren Kindern* (Goldmann 2014)
Neil Postman, *Keine Götter mehr. Das Ende der Erziehung* (dtv 1995)
Henning Sußebach, *Liebe Sophie! Brief an meine Tochter* (Herder 2013)

Steuern

Markus Meinzer, *Steueroase Deutschland. Warum bei uns viele Reiche keine Steuern zahlen* (C.H. Beck 2015)
Nicholas Shaxson, *Schatzinseln. Wie Steueroasen die Demokratien untergraben* (Rotpunkt 2013)
Gabriel Zucman, *Steueroasen. Wo der Wohlstand der Nationen versteckt wird* (Suhrkamp 2014)

Terrorismus

Jean Baudrillard, *Der Geist des Terrorismus* (Passagen 2002)
Daniele Ganser, *Nato-Geheimarmeen in Europa. Inszenierter Terror und verdeckte Kriegsführung* (Orell Füssli 2009)
Regine Igel, *Terrorjahre. Die dunkle Seite der CIA in Italien* (Herbig 2006)
Loretta Napoleoni, *Die Ökonomie des Terrors. Auf den Spuren der Dollars hinter dem Terrorismus* (Zweitausendeins 2005)
Heribert Prantl, *Der Terrorist als Gesetzgeber. Wie man mit Angst Politik macht* (Droemer 2008)

USA

William Blum, *Rogue State. A Guide to the World's Only Superpower* (Zed Books 2000)
Zbiginew Breszinski, *Die einzige Weltmacht. Amerikas Strategie der Vorherrschaft* (Kopp 2004)
Peter Bender, *Weltmacht Amerika. Das neue Rom* (Klett Cotta 2003)
Noam Chomsky, *Hybris. Die endgültige Sicherung der globalen Vormachtstellung der USA* (Europa 2003)
Glenn Greenwald, *Die globale Überwachung. Der Fall Snowden, die amerikanischen Geheimdienste und die Folgen* (Droemer 2014)

Thom Hartmann, *The Crash of 2016. The Plot to Destroy America, And What We Can Do to Stop It* (Twelve 2013)
Mark Heertsgard, *Im Schatten des Sternenbanners. Amerika und der Rest der Welt* (Hanser 2003)
Michael Lüders, *Wer den Wind sät. Was westliche Politik im Orient anrichtet* (C.H. Beck 2015)
Greg Palast, *Armed Madhouse. From Baghdad to New Orleans – Sordid Secrets and Strange Tales of a White House Gone Wild* (Dutton 2006)
Eric Schlosser, *Die scheinheilige Gesellschaft. Sex, Drogen und Schwarzarbeit – die dunkle Seite der USA* (Riemann 2004)
Peter Dale Scott, *Die Drogen, das Öl und der Krieg. Zur Tiefenpolitik der USA* (Zweitausendeins 2004)
Oliver Stone/Peter Kuznick, *Amerikas ungeschriebene Geschichte. Die Schattenseiten der Weltmacht* (Propyläen 2015)
Dominic Streatfeild, *A History of the World Since 9/11* (Atlantic 2011)
Armin Wertz, *Die Weltbeherrscher. Militärische und geheimdienstliche Operationen der USA* (Westend 2015)

Verschwörungstheorien

Andreas Anton/Michael Schetsche/Michael Walter, *Konspiration. Soziologie des Verschwörungsdenkens* (Springer 2013)
Mathias Bröckers (Hg.), *Robert Anton Wilson, Lexikon der Verschwörungstheorien* (Eichborn 2000)
–, *Verschwörungen, Verschwörungstheorien und die Geheimnisse des 11. September* (Zweitausendeins 2002)
/Christian C. Walther, *11.9. Zehn Jahre danach, Der Einsturz eines Lügengebäudes* (Westend 2011)
–, *JFK. Staatsstreich in Amerika* (Westend 2013)
Andreas von Bülow, *Im Namen des Staates. CIA, BND und die kriminellen Machenschaften der Geheimdienste* (Piper 2008)
John S. Cooper, *Das fünfte Flugzeug* (Kiepenheuer & Witsch 2007)
Eva Horn, *Der geheime Krieg. Verrat, Spionage und moderne Fiktion* (S. Fischer 2007)
Christian C. Walther, *119 Fragen zum 11.9.* (Heyne 2002)

Verteilung

Heiner Flassbeck/Paul Davidson/James Galbraith/Richard Koo/Jayati Gosh, *Handelt jetzt! Das globale Manifest zur Rettung der Wirtschaft* (Westend 2013)
Richard Wilkinson/Kate Pickett, *Gleichheit ist Glück. Warum gerechte Gesellschaften für alle besser sind* (Haffmans & Tolkemitt 2012)
Joseph Stiglitz, *Der Preis der Ungleichheit. Wie die Spaltung der Gesellschaft unsere Zukunft bedroht* (Pantheon 2014)
Hans-Ulrich Wehler, *Die neue Umverteilung. Soziale Ungleichheit in Deutschland* (C.H. Beck 2013)

Waffen, Krieg

Andrew Feinstein, *Waffenhandel, Das globale Geschäft mit dem Tod* (Hoffmann und Campe 2012)
Jürgen Grässlin, *Schwarzbuch Waffenhandel. Wie Deutschland am Krieg verdient* (Heyne 2013)
/Daniel Harrich/Danuta Harrich-Zandberg, *Netzwerk des Todes. Die kriminellen Verflechtungen von Waffenindustrie und Behörden* (Heyne 2015)

Arthur Koestler, *Der Mensch – Irrläufer der Evolution. Eine Anatomie der menschlichen Vernunft und Unvernunft* (Scherz 1978)
Steven Pinker, *Gewalt. Eine neue Geschichte der Menschheit* (S. Fischer 2011)
James Risen, *Krieg um jeden Preis. Gier, Machtmissbrauch und das Milliardengeschäft mit dem Kampf gegen den Terror* (Westend 2015)
Jeremy Scahill, *Blackwater. Der Aufstieg der mächtigsten Privatarmee der Welt* (Antje Kunstmann 2008)
–, *Schmutzige Kriege. Amerikas geheime Kommandoaktionen* (Antje Kunstmann 2013)
Oliver Stone, *Amerikas ungeschriebene Geschichte. Die Schattenseiten der Weltmacht* (Propyläen 2015)
Armin Wertz, *Die Weltbeherrscher. Militärische und geheimdienstliche Operationen der USA* (Westend 2015)

Wachstum
Le Monde Diplomatique (Hg.), *Atlas der Globalisierung. Weniger wird mehr* (taz-Verlag 2015)
Meinhard Miegel, *Exit. Wohlstand ohne Wachstum* (List 2011)
John Naish, *Genug. Wie Sie der Welt des Wachstums entkommen* (Bastei Lübbe 2008)
Niko Paech, *Befreiung vom Überfluss. Auf dem Weg in die Postwachstumsökonomie* (Oekom 2012)
Robert Skidelsky/Edward Skidelsky, *Wieviel ist genug? Vom Wachstumswahn zu einer Ökonomie des guten Lebens* (Antje Kunstmann 2013)

Werbung
Edward Bernays, *Propaganda. Die Kunst der Public Relations* (1928/1955; Orange Press 2011)
Gustave Le Bon, *Psychologie der Massen* (1895; Körner 1982)
Bas Kast, *Ich weiss nicht, was ich wollen soll. Warum wir uns so schwer entscheiden können und wo das Glück zu finden ist* (S. Fischer 2013)
Vance Packard, *Die geheimen Verführer* (Ullstein 1962)
Wolfgang Ullrich, *Habenwollen. Wie funktioniert die Konsumkultur* (S. Fischer 2008)

Wettbewerb
Zygmunt Bauman, *Leben als Konsum* (Hamburger Edition 2009)
Christian Felber, *Kooperation statt Konkurrenz. 10 Schritte aus der Krise* (Zsolnay 2009)
Stefan Klein, *Der Sinn des Gebens. Warum Selbstlosigkeit in der Evolution siegt und wir mit Egoismus nicht weiterkommen* (S. Fischer 2011)
Richard David Precht, *Die Kunst, kein Egoist zu sein. Warum wir gerne gut sein wollen und was uns davon abhält* (Goldmann 2012)
Jeremy Rifkin, *Die empathische Zivilisation. Wege zu einem globalen Bewusstsein* (S. Fischer 2011)
Michael Tomasello, *Warum wir kooperieren* (Suhrkamp 2010)
Paul Verhaege, *Und ich? Identität in einer durchökonomisierten Gesellschaft* (Antje Kunstmann 2013)

Wissenschaft
Mathias Bröckers, *Können Tomaten träumen? Aufbruch zu einem neuen Naturverständnis* (1998; Westend 2015)
Fritjof Capra, *Wendezeit. Bausteine für ein neues Weltbild* (Scherz 1983)
Joe Dispenza, *Du bist das Placebo. Bewusstsein wird Materie* (Koha 2014)
Albert Einstein/Carl Seelig (Hg.), *Mein Weltbild* (Ullstein 2014)

Paul Feyerabend, *Wider den Methodenzwang* (Suhrkamp 1986)
Peter Finke (Hg.), *Freie Bürger, freie Forschung. Die Wissenschaft verläßt den Elfenbeinturm* (Oekom 2015)
Ernst Peter Fischer, *Die andere Bildung. Was man von den Naturwissenschaften wissen sollte* (Ullstein 2003)
Michel Foucault, *Die Ordnung der Dinge. Eine Archäologie der Humanwissenschaften* (Suhrkamp 2003)
Brian Greene, *Der Stoff, aus dem der Kosmos ist* (Goldmann 2008)
Thomas S. Kuhn, *Die Struktur wissenschaftlicher Revolutionen* (Suhrkamp 1996)
Bruno Latour, *Wir sind nie modern gewesen. Versuch einer symmetrischen Anthropologie* (Suhrkamp 2008)
–, *Das Parlament der Dinge. Für eine politische Ökologie* (Suhrkamp 2009)
–, *Die Hoffnung der Pandora. Untersuchungen zur Wirklichkeit der Wissenschaft* (Suhrkamp 2002)
Steven D. Levitt/Stephen J. Dubner, *Freakonomics. Überraschende Antworten auf alltägliche Lebensfragen* (Riemann 2005)
/, *Superfreakonomics. Nichts ist so wie es scheint* (Goldmann 2011)
Karl Popper, *Auf der Suche nach einer besseren Welt. Vorträge und Aufsätze aus dreißig Jahren* (Piper 1984)
Gerard Radnitzky/Gunnar Andersson (Hg.): *Voraussetzungen und Grenzen der Wissenschaft* (Tübingen 1981)
Rupert Sheldrake, *Sieben Experimente, die die Welt verändern könnten. Anstiftung zur Revolutionierung des wissenschaftlichen Denkens* (Scherz 1994)
Robert Anton Wilson, *Die neue Inquisition. Irrationaler Rationalismus und die Zitadelle der Wissenschaft* (Zweitausendeins 1992)

Weltbevölkerung, Rentenversicherung (und andere Zahlen)

Franz-Xaver Kaufmann, *Herausforderungen des Sozialstaates* (Suhrkamp 1997)
Meinhard Miegel, *Die deformierte Gesellschaft. Wie die Deutschen ihre Wirklichkeit verdrängen* (Ullstein 2003)
Stephen Emmott, *10 Milliarden* (Suhrkamp 2013)
Alan Weisman, *Countdown. Hat die Erde eine Zukunft?* (Piper 2013)

Zukunft

Russell Brand, *Revolution. Anleitung für eine neue Weltordnung* (Heyne 2015)
Eduardo Galeano, *Die Füße nach oben. Zustand und Zukunft einer verkehrten Welt* (Peter Hammer 2000)
Sascha Mamczak, *Die Zukunft. Eine Einführung* (Heyne 2014)
Franz Josef Radermacher, *Welt mit Zukunft. Die ökosoziale Perspektive* (Murmann 2011)
Philipp Ruch, *Wenn nicht wir, wer dann? Ein politisches Manifest* (Ludwig 2015)
Fabian Scheidler, *Das Ende der Megamaschine. Geschichte einer scheiternden Zivilisation* (Promedia 2015)
Michael Schmidt-Salomon, *Hoffnung Mensch. Eine bessere Welt ist möglich* (Piper 2014)
–, *Keine Macht den Doofen. Eine Streitschrift* (Piper 2012)
Alex Steffen (Hg.), *WorldChanging. A User's Guide for the 21th Century* (Abrams 2011)
Angela Steinmüller/Karlheinz Steinmüller, *Visionen 1900–2000–2100. Eine Chronik der Zukunft* (Rogner & Bernhard 1999)
Harald Welzer, *Der FuturZwei Zukunftsalmanach 2015-16* (S. Fischer 2014)
–, *Der FuturZwei Zukunftsalmanach 2013* (S. Fischer 2012)
–, /Klaus Wiegandt (Hg.), *Perspektiven einer nachhaltigen Entwicklung. Wie sieht die Welt im Jahr 2050 aus?* (S. Fischer 2011)
–, (Hg.), *Wege aus der Wachstumsgesellschaft* (S. Fischer 2013)

Dokumentationen

Alternativen zum Primetime-Programm der privaten wie der öffentlich-rechtlichen Dummbox-Versorger finden sich durchaus gelegentlich bei 3Sat und Arte. Einige unserer ewigen Doku-Favoriten seien aber hier doch erwähnt, für einen gelegentlichen Binge-Watching-Infoabend sollte das ausreichen ...

Wissenschaft und Schule

Carl Sagans Cosmos (1980) und/oder die aufwendige und höchst gelungene Neuauflage unter dem fast gleichen Titel (*Cosmos. A Spacetime Odyssey*), präsentiert von Neil deGrasse Tyson (2014) sowie Brian Greenes *Der Stoff, aus dem der Kosmos ist* (2011). Ergänzend einige Blicke wert: *What the Bleep do we know?* (2004). Und: *Alphabet* (Erwin Wagenhofer 2013)

USA

Oliver Stone/Peter Kusznick *The Untold History of the United States* (2012) sowie Naomi Wolf, The End of America (2008), Eugene Jarecki, *Why We Fight* (2005, US-Politik & Waffen) sowie *The House I Live In* (2012; Drogen). John Pilger, *The War on Democray* (2007) und *The War You don´t see* (2010). Michael Moores Dokus muss man eigentlich niemandem empfehlen, wir tun's trotzdem, allen voran: *Bowling for Columbine* (Waffen; 2002), Sicko (Pharma- und Gesundheitssystem; 2007) sowie *Capitalism. A Love Story* (2009).

Banken, Börsen, Zinsen, Geld und Wahnsinn

The Corporation (Mark Achbar, Jennifer Abbott und J. Baken zur Psychopathologie juristischer Personen; 2003); Geld. Collapse (Kate Noble/Chris Smith/Mike Ruppert) und *Let's Make Money* (Erwin Wagenhofer 2008); *Inside Job* (Mockumentary 2010) sowie, selbstredend, ergänzend Scorseses *The Wolf of Wall Street* (2014) und ganz aktuell The Big Short, der auf dem gleichnamigen Sachbuch von Michael Lewis basiert.

Erderwärmung

Immer noch Al Gores Klassiker *Eine unbequeme Wahrheit*, ergänzend Cool it! von Großrechner Björn Lomborg sowie Leonardo di Caprio. *The 11th Hour* (2008) und *The Age of Stupid* (Pete Postlethwaite; 2005)

Wasser

Irena Salina, Flow. Wasser ist Leben (2009) sowie, über die »Ressource« hinausgehend, *Water. Die geheime Macht des Wassers* (TV Channel Russia 2008)

Landwirtschaft, Müll und Lebensmittelindustrie

We Feed the World (Erwin Wagenhofer), Food Inc. (Robert Kenner 2008) und *More than Honey* (Bienen; Markus Imhoof 2014). Was man aus der größten Müllkippe der Welt machen kann zeigt: *Wasteland* (Vik Muniz 2010). Sowie alle Filme von Marie-Monique Robin also: *Monsanto. Mit Gift und Genen, Unser täglich Gift* und *Die Zukunft pflanzen*

Verschwörungstheorien

Bis zum Abwinken: Zeitgeist, der Film (von Peter Joseph 2007) und die später ergänzten Fortsetzungen ...
Und zur richtigen Einordnung aller grobstofflichen Wahrheiten abschließend: *Samsara* (Ron Fricke 2011)